Le grand livre des activités, histoires, jeux et recettes pour les 2 à 7 ans

PAM SCHILLER ET JACKIE SILBERG

ILLUSTRATIONS : RICHELLE BARTKOWIAK, DEBORAH WRIGHT

Le grand livre

des **activités,** danses, histoires, jeux et recettes

pour les 2 à 7 ans

Pam Schiller
Jackie Silberg

PLUS DE **600** activités

Dédicace

À bébé Evan dont la vie, je l'espère, est remplie de la magie des histoires.

– PAM SCHILLER

À tous les professeurs de mon enfance qui m'ont encouragé à chanter, à jouer, à lire et à être joyeuse.

– JACKIE SILBERG

Publié précédemment sous le titre
The Complete Book of Activities, Games, Stories, Props, Recipes, and Dances for Young Children
Copyright © 2003 Pam Schiller and Jackie Silberg
Published by Gryphon House, Inc.

Illustrations : Richelle Bartkowiak et Deborah Wright
Illustrations de la couverture : Joan Waites
Traduction : Josée Plourde
Mise en pages : Olivier Lasser

Imprimé au Canada

ISBN : 978-2-923351-03-2
Dépôt légal – Bibliothèque et Archives nationales du Québec, 2008
© 2008 Éditions Caractère Inc. pour l'édition française
2e Impression

Nous reconnaissons l'aide financière du gouvernement du Canada par l'entremise du Programme d'aide au développement de l'industrie de l'édition (PADIÉ) pour nos activités d'édition.

Canada

Visitez le site des Éditions Caractère
www.editionscaractere.com

MISE EN GARDE
L'éditeur et les auteurs ne peuvent être tenus responsable des blessures et dommages découlant de l'utilisation de ce livre ou de la réalisation de ses activités. Les auteurs recommandent une supervision adéquate et raisonnable selon l'âge et la capacité de chaque enfant.

Table des matières

HISTOIRES

Introduction

Vous est-il arrivé récemment de ne plus pouvoir vous rappeler les règles d'un jeu? Combien de fois avez-vous mal exécuté la recette de vos biscuits sans cuisson favoris? Ne cherchez plus. *Le Grand livre des activités, danses, jeux et recettes pour les 2 à 7 ans* est une ressource rapide et essentielle. Ce livre est conçu pour vous aider à trouver exactement ce dont vous avez besoin rapidement.

ACTIVITÉS ET ACCESSOIRES

Cette section du livre inclut plus de 100 activités avec accessoires. La plupart sont rapides et faciles à réaliser et elles peuvent être faites de la même manière que les jeux.

JEUX

Les jeux font partie de l'enfance parce qu'ils réunissent deux objectifs importants : ils permettent aux enfants de développer des habiletés et ils les aident à canaliser leur énorme quantité d'énergie. Combien de fois avez-vous pensé qu'un jeu développerait bien cette habileté spécifique mais vous étiez incapable de vous remémorer les instructions? Ce livre inclut aussi un grand choix de jeux en duo, de jeux individuels et de jeux en groupe.

HISTOIRES

Ce livre contient plus de 150 histoires qui sont une combinaison de fables, de contes populaires, d'histoires et de comptines traditionnelles ainsi que d'histoires et de comptines écrites par les auteures. Les histoires sont présentées en de multiples formats : histoires en mouvements, à écouter ou avec accessoires, des rébus, des histoires de marionnettes et des histoires à raconter grâce à un tableau magnétique ou de tissu.

Histoires en mouvement

Les histoires en mouvement permettent aux enfants de participer physiquement à l'histoire. Par exemple, «Le voyage au pays des bonbons» transporte les enfants dans un voyage inventé vers un monde de rivières de caramel et de pastilles de menthe poivrée, ou dans «Marley Markle», on demande aux enfants de tapoter leur tête quand ils entendent les mots *bon chien* et d'agiter le doigt quand ils entendent les mots *mauvais chien*. En encourageant la participation physique de l'enfant, l'histoire en mouvement aide à développer ses habiletés d'écoute et de compréhension.

Histoires à raconter devant un tableau magnétique ou de tissu

Nous proposons aussi des histoires à raconter devant un tableau magnétique ou de tissu. Ces histoires sont une solution de rechange aux livres d'histoires. Le plus grand avantage est de permettre aux enfants de raconter de nouveau l'histoire dans leurs propres mots ou de créer une nouvelle histoire en utilisant les mêmes personnages. Il est particulièrement facile pour des enfants de raconter de nouveau des contes familiers comme « Les trois ours ».

Histoires à écouter

Écouter les histoires aide les enfants à développer leur capacité d'attention et leur offre l'occasion de créer leurs propres images mentales de personnages et d'actions. Certaines des histoires à écouter sont spécifiquement conçues pour aider les enfants à aiguiser leur habileté à écouter. Par exemple, dans « Le jardin de ma grand-mère », les enfants doivent dire : « Ah-h-h-h » chaque fois qu'ils entendent le mot *roses*.

Histoires avec accessoires

Les histoires avec accessoires utilisent des accessoires comme des sacs, des pommes, des vêtements. Ces objets vous donnent l'idée générale, mais laissent abondamment la place à l'imagination. Autre avantage : les enfants peuvent facilement les raconter de nouveau.

Histoires de marionnettes

Les enfants adorent les histoires de marionnettes. Elles fournissent d'innombrables occasions de développer leur langage et leur capacité de s'exprimer. Les marionnettes leur permettent aussi de se familiariser plus concrètement avec des personnages. Quand les enfants racontent de nouveau les histoires de marionnettes, ils ajoutent leurs propres idées à la personnalité du personnage. Souvent, cela sera la base de nouvelles histoires. Les histoires de marionnettes offertes dans ce livre utilisent différents types de marionnettes faites à partir d'assiettes, de bâtons, de chaussettes ou de sacs.

Histoires à rébus

Les histoires à rébus aident les enfants à développer leur capacité de lecture. Une combinaison de mots et d'images est utilisée pour raconter l'histoire. Même si les enfants ne savent pas lire, les images leur fournissent la possibilité de participer à l'histoire.

Chaque histoire comporte des suggestions de liens thématiques. Vous trouverez le Tableau des thèmes aux pages 16-18 qui suggère des histoires pour quelques thèmes liés à l'enfance. Plusieurs histoires peuvent s'accorder avec plusieurs thèmes. N'oubliez pas que la répétition aide le processus d'apprentissage. Chaque fois que les enfants réentendent une histoire, ils en tirent quelque chose de nouveau.

BRICOLAGE, RECETTES DE BASE

Le Grand livre des activités, danses, histoires, jeux et recettes pour les 2 à 7 ans propose 50 recettes de pâte à modeler, de peinture au doigt d'autres produits. Jetez-y un œil – vous pouvez trouver quelques nouvelles recettes ou celles que vous avez toujours cherchées.

RECETTES DE CUISINE

Manger est un plaisir, mais ce l'est encore davantage de manger ce qu'on a cuisiné. Cuisiner offre aux enfants l'occasion de faire quelque chose de concret. La cuisine est probablement une des meilleures façons d'intégrer alphabétisation, mathématiques et habiletés sociales. Les recettes de ce livre offrent des suggestions créatrices qui vont du simple au difficile. Avec plus de 100 recettes, gageons que vous trouverez bien quelque chose!

DANSES

Les enfants aiment danser, ils développent ainsi coordination et rythme. La répétition dans la plupart des danses est le parfait ingrédient pour renforcer connexions cérébrales importante pour l'équilibre, la coordination et l'agilité. Les danses présentées dans ce livre sont simples et faciles à apprendre.

Allez, amusez-vous!

Tableau des thèmes

Le diagramme suivant montre comment utiliser ce livre. La colonne d'extrême gauche contient quelques-uns des thèmes liés à la petite enfance. Les autres colonnes indiquent les activités/accessoires, les jeux, les histoires et les danses qui vont avec ce thème.

Thèmes	Activités/Accessoires	Jeux	Histoires	Danses
Respect de soi	Le casse-tête de la silhouette Boîtes à sensations Gant à sensations Boîtes de sons Boîtes parfumées Bouffées d'odeur Mariage de sons Cylindres tactiles Boîte tactile Tourbillon	Sur la corde raide Pensez et partagez! Les bruits du bedon Le jeu des prénoms Construction dos à dos Soulèvements dos à dos Réalité ou fiction Routines d'exercices Suivez le guide Ouais! ou Bof!	Mes nombreux visages Je peux, vous pouvez! Le langage du corps Mon ombre Mon premier jour d'école La coupe du lion Histoires avec marionnettes-photo	Le petit pouce Voilà une danse toute simple Mettez votre petit pied À droite, à gauche Tooty-Ta
Amis	Jeu qui permet de trouver un ami Téléphone en boîtes de conserve Album de photos de la classe Livre de photos de classe Copains-marionnettes Chasse aux trésors Oui ou non?	Où es-tu, jolie Suzie? Construction dos à dos Soulèvements dos à dos Chaise musicale Mouvements de paix Pensez et partagez! L'imitateur Ne laissez pas tomber la balle Réalité ou fiction? *London Bridge is falling down* Le jeu des prénoms Un éléphant Le jeu silencieux Gratte-ciel de paille Mouvements à trois jambes	Gabby Graham, le meilleur ami de Brillant Biscuit M. Tremblé et M. Tremblote Le Zèbre sur le *Zyder Zee* Le lion et la souris Sam et Pam La fourmi et le cygne Issun Boshi La petite poule rouge Le défilé	La danse des lapins Mon merle Hansel et Gretel : une danse des contraires Qui a tiré la queue du chien? Passe, passera Quadrille C'est la mère Michèle Le bon roi Dagobert Mettez votre petit pied

Formes	Peignes de sable Jumeler les ombres Casse-tête en forme de pomme Chute de balles Livre-feutre Quilles Boîte-guitare Train de boîtes de céréales Recouvrir une pièce de monnaie Cerceaux colorés Cube de sac de papier Boîte à puzzles Jumelage	Relais de ping-pong Cercle à relais Jeu de pouf Roulement de balle Perle dans un seau Perle - ramasser Murs mous Ne laissez pas tomber la balle La marelle Hula-hoop Pensez et partagez! Marcher sur une ligne courbe	Tillie le triangle Gabby Graham, le meilleur ami de Brillant Biscuit Une surprise spéciale Porte ouverte chez Pépé le potiron	Quadrille Danse des formes Qui a tiré la queue du chien?
Musique	Tambours et baguettes Harpe de pouce Des tonalités en bouteille Boîte-guitare Blocs tintants Mirlitons Carillons de vent Cloche-boîte Rimes et chaise musicale	Trouvez le titre de cette chanson Des tonalités en bouteille Chaud et froid Cercle musical Figez! Pomme de terre chaude Gazou Balle musicale Chaise musicale Cachette musicale Cascades de sons	Bonhomme, bonhomme Les troubadours Okki-tokki-unga Le Calliope Chantez la chanson des contraires La chanson des couleurs Le méchant loup : un conte afro-américain En haut de la montagne Le rap des trois ours	Danse à claquettes Le twist La promenade La *macarena* Toutes les danses
Transport	Boîtes de rangement Train de boîtes de céréales Garages	Sur les talons Course sur les talons Che-che-koo-lay	Le zèbre sur le *Zyder Zee* Le petit cosmonaute La locomotive 99 Les roues du bus	Un tour d'hélicoptère En passant par la Lorraine La promenade Les petites fourmis

Tableau des thèmes

Le diagramme suivant montre comment utiliser ce livre. La colonne d'extrême gauche contient quelques-uns des thèmes liés à la petite enfance. Les autres colonnes indiquent les activités/accessoires, les jeux, les histoires et les danses qui vont avec ce thème.

Thèmes	Activités/Accessoires	Jeux	Histoires	Danses
Insectes	Yeux d'insectes Marionnettes-tasses Jumelez des pommes et des vers La danse de l'araignée	Les petites fourmis La marche de l'araignée La course des vers de terre Le jeu de la chenille et du papillon (Voir Canard, canard , oie)	La petite chenille Les petites fourmis Métamorphose La fourmi et la sauterelle La chenille poilue Mme Bourdonnette et son miel Le Bélier dans le champ de piments	La danse des abeilles Mouche, ouste Passe, passera

Activités
et accessoires

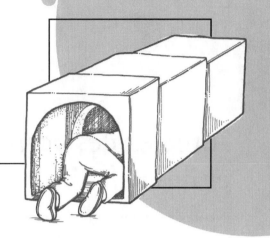

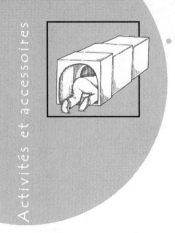

Trier les pommes

Dessinez un pommier sur un morceau de carton rigide. Découpez des petites pommes et des grandes pommes dans du papier de bricolage et conservez-les. Collez un morceau de velcro au dos de chaque pomme et un morceau de velcro correspondant sur l'arbre. Collez les pommes sur l'arbre. Invitez les enfants à choisir les pommes et à les classer en grandes et petites. Fournissez deux ou trois paniers pour faire le tri des pommes.

Thèmes

> Alimentation
> Les contraires
> Cultiver
> Nature
> Pommes

Jumelez des pommes et des vers

Découpez trois formes de pomme dans du papier de bricolage rouge. Découpez un trou dans la première pomme, deux trous dans la deuxième pomme et trois trous dans la troisième pomme. Découpez six vers dans du papier de bricolage vert, jaune, ou brun. Montrez aux enfants à faire correspondre les vers aux différents trous.

Thèmes

> Alimentation
> Compter
> Insectes
> Nombres
> Pommes

Casse-tête en forme de pomme

Découpez des formes de pomme dans du papier de bricolage rouge. Conservez-les et coupez-les pour en faire des pièces de casse-tête.

Thèmes

> Formes
> Pommes

Boîtes parfumées

Trempez des boules d'ouate dans de l'huile parfumée. Mettez les boules d'ouate dans un contenant de margarine vide dont vous aurez percé le couvercle. Assurez-vous que les couvercles soient fixés avec du ruban adhésif ou collés solidement. On peut trouver des huiles parfumées dans la plupart des magasins de bougies. Camomille, orange et lavande sont des parfums qui ont des propriétés calmantes.

Thème
Sens

Minicloches

Cousez une cloche à un morceau d'élastique qui tiendra, sans serrer, aux poignets et aux chevilles des enfants. Assurez-vous que la cloche est cousue solidement. Encouragez les enfants à porter les cloches quand ils dansent.

Thème
Sens

Un poisson pris dans le sac !

Découpez des formes de poissons dans des transparents. Laissez les enfants colorer trois poissons avec des feutres. Aidez-les à mesurer 250 ml de gel bleu pour cheveux. Déposer le gel dans un sac de plastique muni d'une fermeture hermétique. Placez ensuite les trois poissons dans le sac. Assurez-vous que les sacs sont solidement fermés. Changez le nombre de poissons dans les sacs en fonction du nombre que vous voulez étudier.

Thèmes
Couleurs
Compter
Nombres
Poisson

Chute de balles

Découpez un trou dans une petite boîte de carton de manière à ce qu'un rouleau d'essuie-tout puisse y tenir en diagonale. Roulez un essuie-tout en boule et faites-le descendre dans la chute de balles !

Thèmes
Balles
Formes

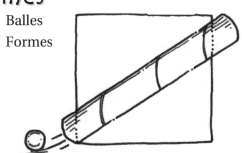

Attrapeur de balles

Découpez le fond et la moitié des côtés (jusqu'à la poignée) d'une bouteille en plastique d'assouplissant vide et propre. Ce sera notre attrapeur. Apprenez aux enfants comment attraper des balles avec le contenant.

Thèmes

Balles
Mouvement

Petites bêtes aux haricots

Découpez deux formes identiques d'animaux dans des torchons. (Vous trouverez des modèles dans des livres à colorier ou utilisez ceux contenus dans ce livre à la section des histoires à raconter.)

Cousez les deux pièces ensemble, en laissant environ 2,5 cm sans couture. Rembourrez l'animal aux trois quarts de haricots secs. Cousez bien le tout pour qu'il soit parfaitement fermé.

Thème

Animaux

Enveloppes de cloches

Remplissez de cloches de petites enveloppes. Déposez une cloche dans la première enveloppe, deux dans la suivante, trois dans la troisième, quatre dans le quatrième et cinq dans la dernière. Scellez toutes les enveloppes et demandez aux enfants de classer les sacs en commençant par le son le plus doux jusqu'au son le plus fort.

Thèmes

Les contraires
Sens

Mangeoires à oiseaux

■ Pomme de pin

Étendez une mince couche de beurre de cacahuète sur une pomme de pin. Roulez-la ensuite dans des graines pour les oiseaux.

■ Boîte à lait

Découpez un trou dans les parois d'une boîte à lait ou à jus (de carton ou de plastique). Laissez environ 2,5 cm au bas. Versez-y des graines pour oiseaux.Vous pouvez aussi ajouter une paille de plastique qui servira de perchoir aux oiseaux. Suspendez vos mangeoires avec de la corde ou du fil.

Thèmes

Nature
Nourriture
Oiseaux

Oiseaux bleus

Coupez des bandes d'environ 2,5 x 28 cm dans du papier journal de différentes couleurs pour faire les ailes. Demandez à chaque enfant de choisir la couleur d'ailes qui lui plaît et, par conséquent, l'oiseau qu'il veut être. Fixez les bandes de papier avec des épingles de sûreté aux épaules de chaque enfant pour leur faire des ailes. Demandez aux enfants de se tenir la main et de former un cercle. Levez ensuite leurs bras pour créer les arches qui représenteront des fenêtres. Changez la couleur de l'oiseau dans chaque couplet. Les enfants portant les ailes de la couleur mentionnée dans la chanson «volent» en entrant et en sortant par les «fenêtres».

Oiseaux bleus, oiseaux bleus,
Entrez par ma fenêtre. (Tous les oiseaux bleus entrent par les fenêtres.)
Oiseaux bleus, oiseaux bleus,
Entrez par ma fenêtre.
Oiseaux bleus, oiseaux bleus,
Entrez par ma fenêtre,
Et posez-vous sur mon lit. (Les oiseaux bleus retournent à leur place dans le cercle.)
Oiseaux rouges, oiseaux rouges,
Entrez par ma fenêtre... (Tous les oiseaux rouges entrent par les fenêtres.)

Thèmes
Couleurs
Sens

Le casse-tête de la silhouette

Tracez la forme du corps d'un des enfants. Découpez la silhouette en plusieurs morceaux. Vous avez maintenant un casse-tête maison. Donnez à chacun des enfants un morceau du casse-tête. Faites-les reconstruire le casse-tête morceau par morceau. Discutez de chaque partie du corps à mesure que celles-ci sont ajoutées au casse-tête.

Thème
Les parties du corps

Bouteille qui roule...

Remplissez des bouteilles de plastique transparent d'un demi-litre d'eau colorée (utilisez du colorant alimentaire). Ajoutez quelques menus objets jolis à regarder, par exemple des perles, des graines, des confettis d'aluminium ou des paillettes, des petits animaux de plastique. Collez bien le couvercle. Faites rouler les bouteilles sur le plancher. Les enfants prendont plaisir à observer le mouvement des articles à l'intérieur de la bouteille.

Thèmes
Couleurs
Sens

Livres reliés

■ **Livre-sac**

Créez un livre-sac à l'aide de cinq sacs de plastique refermables. Agrafez ensemble le bas des cinq sacs (la section qui est fermée). Coller un morceau de ruban sur les agrafes. Demandez aux enfants de créer des illustrations pour le livre et glissez-les à l'intérieur des sacs.

■ **Livre-boîte de céréales**

Découpez le devant de plusieurs boîtes de céréales. Faites deux trous dans les côtés et fixez le tout avec des anneaux.

■ **Livre-feutre**

Prenez cinq morceaux de feutre et cousez-les ensemble (côté gauche) de manière à faire un livre. Dans le reste du feutre, découpez des formes géométriques et placez-les dans un sac de plastique refermable. Les enfants peuvent créer des objets, faire des jeux ou reproduire des modèles sur des pages blanches avec les formes en feutre.

■ **Livre-cartes de souhaits**

Découpez les images de vieilles cartes de souhaits. Étendez les cartes sur du papier de bricolage, tracez les formes et découpez-les ensuite pour en faire les endos de vos livres. Coupez le papier de manière à ce qu'il entre bien dans les livres puis agrafez-le entre la carte et le papier.

■ **Album de photos**

Faites des copies de photos que vous avez rassemblées. Coupez-les et collez-les sur des morceaux de papier de 10 x 13 cm. Glissez dos à dos deux photos dans chaque sac de plastique refermable. Agrafez tous les sacs ensemble à leur extrémité (celle qui est fermée). Couvrez les agrafes de ruban adhésif.

■ **Livre agrafé**

Pliez en deux deux morceaux de papier et brochez-les. Couvrez les agrafes de ruban adhésif.

Thèmes

Congés
Estime de soi
Formes

Quilles

Peignez ou couvrez de papier coloré ou de papier de bricolage plusieurs boîtes de croustilles. Mettez à l'intérieur des boîtes quelques petits cailloux pour leur ajouter du poids. Assurez-vous que le couvercle est collé ou fixé solidement avec du ruban collant.

Thèmes

Formes
Mouvement

Boîte-guitare

Tendez des élastiques autour d'une boîte à chaussures vide. Utilisez des élastiques de largeurs et de longueurs différentes afin d'obtenir une variété de sons.

Thèmes

Formes

Musique

Train de boîtes de céréales

Attachez ensemble plusieurs boîtes de céréales vides ou des boîtes à lait (ou à jus) vides. Décorez les boîtes.

Thèmes

Formes

Transport

Perruque tressée

Coupez les pieds d'une paire de collants. Coupez chaque jambe en trois sections. Tressez les trois pièces ensemble pour faire des nattes. Attachez la base de chaque tresse avec du ruban adhésif. Montrez aux enfants comment enfiler la taille des collants sur leur tête pour créer une perruque.

Thèmes

Humour

Parties du corps

Yeux d'insectes

Coupez une boîte à œufs de manière à ce que deux sections restent attachées. Faites un trou dans le fond de chaque section. Fixez des cure-pipes de 20 cm de chaque côté de la section pour faire une paire de lunettes. Proposez aux enfants de décorer les yeux des insectes de paillettes, de peinture, de tissu et autres.

Thèmes

Humour

Insectes

Sens

Téléphone en boîtes de conserve

Avec un clou, percez le fond de deux boîtes de conserve. (Des boîtes de jus surgelé font aussi l'affaire.) Assurez-vous que les rebords des boîtes ne sont pas coupants. Prenez un bout de corde d'environ 15 cm de longueur. Faites passer une extrémité de la corde par le trou d'une des boîtes et attachez-la. Faites passer l'autre extrémité par le trou de l'autre boîte et attachez-la. Tendez bien la corde entre les deux boîtes et montrez aux enfants comment communiquer avec un ami qui se tient à l'autre extrémité de ce téléphone fort original.

Thèmes

Amis

Sens

Cloche-boîte

Déposez une cloche dans une boîte de film en métal vide (type bobine de film). Assurez-vous que vous fixez le couvercle solidement.

Variation

Créez des *blocs tintants* en déposant des cloches dans des boîtes de mouchoirs de papier vides et couvrez l'ouverture avec du ruban adhésif. Recouvrez la boîte de papier coloré.

Thèmes

Musique

Sens

Attrapez le potiron

Donnez aux enfants des potirons de feutre auxquels vous aurez attaché (avec du velcro ou une épingle de sûreté) un sac de pois secs. Encouragez les enfants à lancer leur potiron dans les airs et voyez avec eux combien de fois ils peuvent « attraper le potiron ».

Thèmes

Fêtes

Mouvement

Potirons

Album de photos

Achetez un album de photos peu coûteux et mettez-y des photos des enfants. Utilisez des photos que vous avez prises ou que les enfants ont apportées.

Thèmes
>Amis
>Familles
>Estime de soi

Livre de photos

Faites des photocopies de photos des enfants. Découpez-les et collez-les sur des morceaux de papier de 10 x 13 cm. Placez les photos dans des sacs en plastique refermables, deux photos dos à dos dans chaque sac. Agrafez tous les sacs ensemble à l'extrémité fermée.
Ainsi, vous pourrez les ouvrir s'il le faut. Utilisez du ruban adhésif de couleur pour couvrir les agrafes.

Thèmes
>Amis
>Estime de soi
>Familles

Recouvrir une pièce de monnaie

Mettez environ 20 cm d'eau dans un pot en plastique ou dans un seau. Au centre, au fond du pot, placez une pièce de monnaie. Donnez une plus petite pièce à chaque enfant. Invitez-les à laisser tomber leur pièce dans l'eau. Le but du jeu est de recouvrir complètement la pièce.

Thème
>Formes

Cerceaux colorés

Mettez de la cellophane de couleur ou du plastique dans des cerceaux de broderie. Encouragez les enfants à regarder à travers les cerceaux.

Variante
>Couvrez le bout d'un rouleau vide de papier hygiénique (ou de serviettes de papier) avec de la cellophane ou du plastique colorés. Collez bien avec de la colle ou du ruban adhésif.

Thèmes
Couleurs
Formes

Jeux de concentration

Faites deux photocopies de 6 à 8 modèles choisis, ou utilisez des autocollants. Si vous utilisez des modèles photocopiés, coloriez-les, découpez-les et collez-les sur des fiches de 7,5 x 10 cm et conservez-les. Si vous utilisez des autocollants, collez-les simplement sur des fiches de 7, 5 x 10 cm et conservez-les. Pour jouer, mélangez les cartes et placez-les en rangée face contre table. Chaque joueur retourne deux cartes à la fois et tente de trouver une paire. Quand un joueur trouve une paire, il prend ces cartes et peut jouer de nouveau. Le joueur qui a le plus de paires gagne.

Thèmes
Tous les thèmes

Serpentin de danse

Coupez des serpentins de 45 cm de papier crépon coloré. Découpez une assiette de carton en quatre pointes de tarte égales. Donnez à chaque enfant une pointe d'assiette et quelques serpentins de papier qu'il collera sur le bord de la pointe d'assiette. Attachez la pointe d'assiette de carton à un abaisse-langue. Faites danser les enfants en agitant leur bandes de papier coloré pour exprimer leur créativité.

Thèmes
Couleurs
Formes
Mouvement

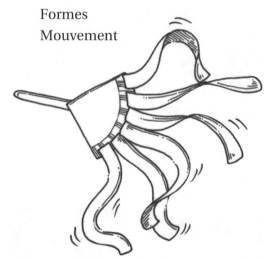

Araignées dansantes

Attachez par le milieu quatre cure-pipes de 20 cm pour faire huit pattes d'araignée. Attachez des morceaux de 30 cm de corde élastique au milieu du *corps* de l'araignée. En tenant le bout libre de la corde élastique et en l'agitant de haut en bas, on fait danser l'araignée.

Thème
Insectes

Dé

Découpez une éponge en cubes. Utilisez un marqueur indélébile pour faire des points sur chaque côté des cubes afin de reproduire un dé. Ces dés ne font pas de bruit quand on les lance.

Thèmes
Compter
Formes
Nombres

Bouteilles de gel capillaire

Remplissez une bouteille de boisson gazeuse de plastique transparent avec du gel capillaire. Ajoutez quelques paillettes, des boutons ou d'autres articles et collez ensuite le bouchon sur la bouteille. Observez les bouteilles. Qu'arrive-t-il quand vous agitez la bouteille? Et quand vous la roulez? Ou alors quand vous renversez la bouteille?

Thèmes
Formes
Sens

Équipement de plongée

Faites un réservoir de plongée avec une bouteille de boisson gazeuse vide de 2 litres. Avec un pistolet à colle, collez un élastique sur la bouteille pour faire des courroies (adultes seulement). Fabriquez des lunettes en coupant deux sections d'une boîte à

œufs. Coupez un trou pour les yeux dans le fond de chaque section. Attachez l'élastique de manière à faire un bandeau.

Thèmes
Bateaux et navires
Emplois

Le chien et l'os Jeu de jumelage

Faites 5 à 10 photocopies des modèles des pages 304-305. Coloriez-les, découpez-les, inscrivez les nombres 1 à 5 (ou, selon les capacités des enfants, 10) sur les étiquettes des colliers. Faites alors 1 à 5 points sur les os (ou, selon les capacités des enfants, 10), plastifiez-les et découpez le coin de la gueule de chaque chien. Si vous utilisez du papier d'emballage ou du carton, vous en aurez moins à colorier. Il s'agit de jumeler les chiens aux os en faisant correspondre les nombres avec la quantité de points. Vous pouvez utiliser le chien et les os en guise de jeu de correspondance de couleurs, si vous préférez.

Thèmes

Chiens
Compter
Couleurs
Nombres

Croquet à points

Fabriquez un jeu d'arceaux de croquet en découpant de larges arcs dans les deux côtés les plus longs de boîtes à chaussures. Placez un point sur le dessus de la première boîte, deux points sur le dessus de la deuxième boîte, et ainsi de suite. Rangez les boîtes aléatoirement sur le sol. À l'aide d'un rouleau de serviettes en papier vide ou un rouleau de papier d'emballage vide, les enfants frapperont une balle de ping-pong ou une balle de tennis au travers des boîtes. Ils devront commencer leur parcours en commençant par la boîte n° 1 et continuer en suivant l'ordre numérique des boîtes.

Thèmes

Balles
Compter
Mouvement

Dreidel

Écrasez le sommet d'un carton à lait ou à jus pour en faire une boîte carrée. Couvrez la boîte de papier. Dessinez un «X» sur le dessus et le dessous de la boîte pour créer une cible centrale. Percez le centre à l'aide d'un crayon (laissez le crayon, il servira à la faire tourner). Écrivez les lettres «G», «H», «S» et «N» sur chacun des quatre côtés de la boîte (voir p. 59 pour instructions de jeu et voir l'illustration).

Thèmes

Alphabet
Compter
Fêtes
Nombres

Tambours et baguettes

Tendez de la toile (ou du plastique résistant) sur l'extrémité ouverte d'une boîte ou d'un contenant. Tendez-la fermement pour obtenir un meilleur son et fixez-la solidement avec du ruban adhésif. Vous pouvez faire des tambours en transformant ainsi n'importe quelle boîte ou contenant. Les enfants peuvent alors frapper sur le tambour avec leurs baguettes. Ces baguettes peuvent être fabriquées en coupant en deux un tube de cintre cartonné ou en recouvrant un gougeon de bois d'un peu de ruban adhésif.

Thème

Musique

La boîte à œufs à secouer

Écrivez les chiffres 1, 2, 3, trois fois chacun, dans les sections d'une boîte à œufs. Collez l'image d'un chien dans une des sections restantes, d'un chat dans une autre et d'un oiseau dans la dernière. Demandez aux enfants de placer un bouton dans la boîte à œufs, de fermer le couvercle et de brasser. Ouvrez alors la boîte et regardez ensemble où le bouton a atterri. S'il est tombé sur un chiffre, les enfants doivent nommer ce chiffre. S'il est tombé sur un des animaux, ils doivent reproduire le cri de cet animal (des miaulements pour le chat, des aboiements pour le chien et des pépiements pour l'oiseau).

Thèmes

Chats	Chiens
Compter	Nombres
Oiseaux	Sons

Élastique pour s'entraîner

Pour chaque enfant, coupez un élastique de 2,5 cm à une longueur de 1 m. Cousez les extrémités pour faire un cercle. Invitez les enfants à se mettre debout sur leur élastique et à le tendre au-dessus de leur tête. Faites-leur faire des formes avec l'élastique. Créez d'autres exercices pour s'entraîner aux flexions et aux étirements.

Thèmes

Grandir

Mouvement

Santé et sécurité

Jumelage d'éléphants et de cacahuètes

Faites 5 à 10 photocopies des modèles des pages 306-307. Coloriez-les, découpez-les, inscrivez les chiffres 1 à 5 sur la selle des éléphants et plastifiez-les. Si vous utilisez du papier gris ou du carton, vous en aurez moins à colorier. Demandez aux enfants de nourrir chaque éléphant en fonction du nombre d'arachides indiqué sur la selle de l'éléphant.

Thèmes

Compter

Éléphants

Nombres

Nourriture

Boîtes à sensations

Remplissez deux ou trois boîtes vides de tissus différents. Faites des trous de 2,5 à 3 cm dans les couvercles des boîtes et fixez-les avec du ruban adhésif. Demandez aux enfants de mettre leur main dans la boîte et de décrire le tissu qui se trouve à l'intérieur.

Thème

Sens

Trouvez un ami

Prenez des photos des enfants. Généralement, vous pourrez mettre trois enfants par groupe. Découpez les photos dans des formats semblables aux petites photos prises à l'école. Faites deux photocopies des photos. Collez une des photos sur une fiche et plastifiez-la. Plastifiez la deuxième série de photos pour en faire un jeu de cartes. Demandez aux enfants de jumeler les photos des fiches aux photos du jeu de cartes.

Thèmes

Amis

Grandir

Copains-marionnettes

Dessinez des visages sur les doigts d'un gant, ou collez-y des photos d'enfants du groupe. Coupez les doigts du gant pour en faire des marionnettes au doigt.

Thèmes

Amis

Grandir

Qui flotte et qui coule !

Découpez un morceau de carton en deux pour faire deux colonnes : l'une pour les flotteurs, l'autre pour les plombs. Écrivez « Flotte » dans la première colonne et « Coule » dans l'autre colonne. Illustrez chaque colonne et plastifiez. Réunissez des articles qui flotteront et d'autres qui couleront. Invitez les enfants à examiner chaque article et à prévoir s'il flottera ou s'il coulera. Demandez aux enfants de mettre leurs prédictions à l'épreuve en agitant d'abord les objets dans l'air puis en les

laissant tomber dans l'eau. Combien de prédictions sont-elles justes ? Pourquoi certains objets coulent-ils rapidement, alors que d'autres flottent en se balançant doucement ? Qu'est-ce qui fait couler les objets ?

Thèmes

Découverte

Contraires

Paillassons

Coupez un rideau de douche de vinyle transparent en quatre morceaux. Pliez chaque morceau en deux et fixez deux des côtés du morceau de vinyle ensemble pour former une poche. Laissez un côté ouvert pour pouvoir y glisser des photos et des affiches. Vous pouvez fixer du velcro sur le côté qui s'ouvre afin de protéger les photos ou les affiches. Les enfants aimeront examiner les photos ou les affiches.

Thèmes
Tous les thèmes

Garage

Rassemblez et lavez des cartons à lait (ou à jus) d'un quart de litre. Agrafez l'extrémité supérieure de chaque carton. Coupez une ouverture sur un côté pour simuler une porte de garage. Couvrez le carton de papier de bricolage. Placez ces « garages » et quelques petites voitures dans le centre de l'aire de jeu et improvisez une saynète.

Thème
Transport

Sac de gel

Mettez 250 ml de gel capillaire dans un sac de plastique refermable d'un 1 l. Collez bien le sac pour qu'il reste fermé. Invitez les enfants à utiliser leur index pour dessiner ou écrire leur prénom sur le sac.

Thèmes
Découverte
Formes

À la pêche

Découpez des formes de poissons dans du papier ou du carton. Fixez une trombone sur le nez de chaque poisson. Fabriquez une canne à pêche avec un tube de cintre cartonné. Fixez du fil à une extrémité de la canne. À l'autre, fixez un aimant qui servira d'hameçon. Si vous travaillez avec de très jeunes enfants, vous pouvez utiliser du velcro au lieu de trombones et d'aimants. Si vous créez des poissons de différentes longueurs, demandez aux enfants de les classer après les avoir attrapés. Vous pouvez aussi coller sur les poissons des objets dont les noms riment. Demandez aux enfants d'attraper les poissons sur lesquels sont collés les objets dont les noms riment. Vous pouvez inventer les consignes à donner aux enfants quant à la manière d'attraper les poissons!

Thèmes
Poisson
Rimes

Dévoreuses de vert

Vaporisez de la peinture en aérosol verte sur des sandales de plage (tongs) aux extrémités desquelles vous aurez collé une balle. Collez-y deux yeux (ou collez des morceaux de feutre pour des enfants plus jeunes). Le résultat ressemblera à une grande bouche de grenouille.

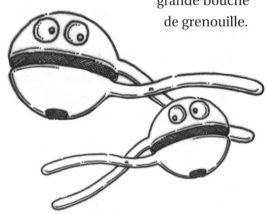

Invitez les enfants à utiliser les sandales dévoreuses pour attraper des pompons ou d'autres articles rigolos.

Thèmes
Couleurs
Grenouilles
Mouvements

Puzzle de carte de souhaits

Rassemblez des cartes de souhaits aux illustrations intéressantes. Découpez les illustrations et coupez-les pour en faire les morceaux d'un puzzle. C'est une excellente idée pour une fête d'enfants. Vous pouvez créer un puzzle pour chaque enfant et le placer dans un sac en plastique refermable

sur lequel est inscrit son prénom. Remettez-les aux enfants quand ils arrivent. Cela les occupera tandis que vous accueillez d'autres enfants.

Thèmes
Tous les thèmes

Pochoirs de cœur

Dessinez des cœurs au centre de trois ou quatre morceaux de carton rigide de 20 x 20 cm. Découpez-les avec un couteau à découper (adultes seulement). Utilisez le carton rigide comme pochoir. Faites des trous sur le pourtour de chaque cœur afin d'y passer un lacet. Vous obtiendrez ainsi des cœurs lacés. Fixez bien le bout de lacet qui restera derrière le cœur.

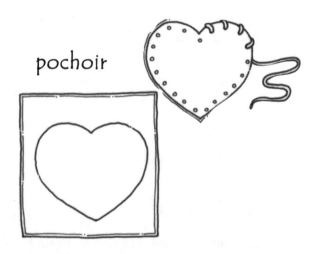

cœur lacé

pochoir

Thèmes
Fêtes
Formes

Chevalet fait maison

Coupez en diagonale une boîte de carton de grandeur moyenne (environ 45 x 60 x 45 cm). Tournez-la et placez-la sur la table pour en faire un chevalet de table. Vous pouvez utiliser du papier adhésif pour fixer du papier de bricolage sur votre chevalet.

Thèmes

Tous les thèmes

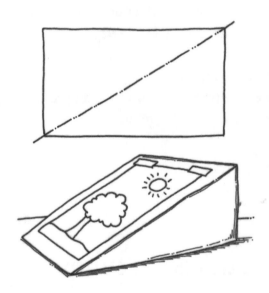

Thermomètre fait maison

Avec un clou, faites un trou dans le couvercle d'une bouteille transparente d'un demi-litre de boisson gazeuse. Le trou devrait être assez grand pour y faire entrer tout juste une paille. Remplissez la bouteille d'eau et ajoutez quelques gouttes de colorant alimentaire rouge. Replacez le couvercle et collez une paille en plastique

transparent de manière à ce qu'elle trempe aux deux tiers dans l'eau. Maintenez-la en place avec un peu de pâte à modeler. Déplacez le thermomètre à différents endroits de la maison où la température pourrait varier, par exemple, près des fenêtres ou près d'une source de chaleur. Laissez la bouteille en place pendant cinq minutes. Vérifiez si l'eau a monté ou descendu dans la paille. L'eau devrait descendre dans la paille dans les endroits plus froids et remonter dans les endroits plus chauds.

Thèmes

Découverte
Température

Jumelage de cornets de glace

Découpez des boules de glace dans du papier de bricolage de couleurs variées. Découpez aussi quelques cornets dans du papier de bricolage brun. Collez sur les cornets des points des mêmes couleurs que les couleurs de boules de glace. Demandez aux enfants de jumeler les boules de glace aux cornets qui portent un point de la même couleur.

Thèmes

Alimentation	Compter
Couleurs	Nombres

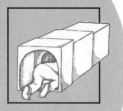

Golf d'intérieur

Coupez les deux extrémités de plusieurs boîtes de café en métal (une variété de tailles ajoute à l'amusement). Enlevez ou couvrez tous les bords pointus ou coupants. Vaporisez-les de peinture en aérosol (adultes seulement) et numérotez-les sur le côté en y collant des chiffres. Placez les boîtes sur le côté tout autour de la pièce. Fournissez aux enfants des balles de ping-pong et des rouleaux cartonnés de serviettes de papier. Demandez aux enfants de frapper les balles à travers les boîtes en suivant l'ordre numérique.

Variante

Jouez au golf-chariot. Au lieu d'utiliser des boîtes numérotées, utilisez des morceaux de papier de bricolage brun fixés au sol de manière à ressembler aux toiles tendues des chariots couverts.

Thèmes

Balles
Compter
Mouvement
Nombres

Mirlitons

Donnez une feuille de papier à colorier à chaque enfant (10 x 15 cm). Quand ils ont fini, aidez-les à coller leur dessin sur un rouleau vide de papier hygiénique. Fixez avec un élastique un morceau de papier sulfurisé à l'extrémité du tube. Montrez aux enfants comment souffler dans l'extrémité ouverte du tube pour faire de la musique sur leur «mirliton».

Thèmes

Humour
Musique

Chasse de charade

Faites un rébus de cinq ou six articles que les enfants doivent essayer de trouver dans un magazine. Les enfants peuvent jouer en équipes de deux ou trois, ou individuellement. Le but du jeu est d'être le premier à trouver et à découper tous les articles du rébus.

Thèmes

Tous les thèmes

Courses de billes

Remplissez deux bouteilles d'un demi-litre, l'une avec de l'eau et l'autre avec du sirop de maïs blanc. Placez une bille dans chaque bouteille et collez les bouchons solidement.

Eau

Sirop de maïs

Renversez les bouteilles afin de constater quelle bille voyage plus rapidement du fond au haut de la bouteille.

Thème

Découverte

Chapeaux de papier journal

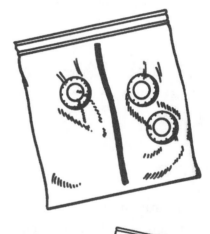

Pliez une feuille de journal en deux pour faire un rectangle. Placez le pli loin de vous. Repliez les coins supérieurs pour qu'ils se rencontrent au milieu de la feuille. Le bord inférieur des morceaux pliés sera à environ 1 cm du bas du morceau original. Pliez les deux côtés de cette section de 1 cm vers le haut et pressez bien. Ouvrez le chapeau aux plis.

Thème

Vêtements

Sacs de nombres

Avec un feutre, tracez une ligne au centre de cinq sacs de plastique refermable.

Écrivez le chiffre 1 sur le premier sac, 2 sur le deuxième, etc. Placez un bouton ou une rondelle d'étanchéité dans le premier sac, deux dans le deuxième et ainsi de suite. Montrez aux enfants comment déplacer les boutons de chaque côté de la ligne pour créer des ensembles. Encouragez-les à utiliser des marques pour indiquer combien d'ensembles ils trouvent pour chaque nombre.

Thèmes

Compter
Nombres

Bouteilles d'observation

Remplissez des bouteilles de plastique transparent d'un demi-litre d'articles qui correspondent aux thèmes choisis. Par exemple, vous pourriez faire une bouteille d'observation automnale en plaçant des glands, des feuilles et des baies dans la bouteille ou une bouteille d'observation océanique en plaçant du sable, des coquillages et des animaux marins en plastique. Collez les bouchons solidement.

Thèmes

Océans et mers
Saisons

Cube de sac de papier

Remplissez aux trois quarts un sac de papier avec du papier journal chiffonné. Rabattez le haut pour former un rectangle et fixez ce

rabat avec du ruban adhésif. Utilisez de petits ou de grands sacs selon la taille du cube que vous voulez créer.

Thème

Formes

Pots de tees

Faites plusieurs petits trous dans le couvercle d'un contenant de margarine vide. Les trous devraient être juste assez grands pour tenir des tees de golf colorés ou de petites chevilles. Dessinez un cercle autour de chaque trou avec un feutre. Les cercles seront de couleurs différentes et correspondront aux tees de golf ou aux chevilles. Placez les tees ou les chevilles à l'intérieur du pot quand vous ne les utilisez pas. Les enfants devront placer les tees de golf ou les chevilles dans les trous en fonction de leur couleur.

Thème

Couleurs

Pendule

Fixez une boucle de ruban adhésif sous un contenant vide de moutarde ou de ketchup (le type de contenant à presser). Remplissez le contenant de sable et fermez le bec d'où s'écoule normalement la moutarde ou le ketchup. Attachez une corde à la boucle pour permettre au contenant de pendre comme un pendule. Placez une bande de rideau de douche ou un grand morceau de papier de boucherie sur le sol sous le pendule. Ouvrez le bec du contenant et invitez des enfants à le balancer.

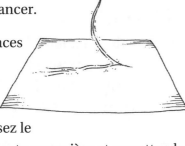

Observez les traces faites par le sable. Quand le contenant est vide, ramassez le sable dans un porte-poussière et remettez-le dans le contenant. Les enfants peuvent recommencer le jeu autant de fois qu'ils le veulent

Thèmes

Découverte
Mouvement

Pierre piment

Photocopiez, coloriez, découpez et plastifiez les illustrations aux pages 308-309. Placez-les sur le mur dans un ordre aléatoire. Apprenez l'exercice de diction suivant aux enfants :

> *Pierre Piment a choisi un paquet de pimens piquants.*
> *Si Pierre Piment a choisi un paquet de pimens piquants,*
> *combien de pimens Pierre Piment a-t-il choisis ?*

Les enfants doivent indiquer l'illustration appropriée en récitant la rime. (Ce n'est pas aussi facile que ça semble l'être.)

Thèmes

Humour
Les sonorités de la langue

Choisir une photo

Collez des photos à l'intérieur d'une chemise de carton. Découpez de petites fenêtres (découpez seulement trois côtés afin de former un petit volet) sur le premier couvert du dossier. Ainsi, les enfants pourront soulever le volet afin de voir les photos. Vous pouvez aussi coller dans le dossier une seule grande photo. Les enfants

Qui est-ce ?

pourraient tenter de deviner ce qui se trouve sur la photo en regardant une partie de l'image par la fenêtre préalablement découpée.

Thème

Découverte

Carrousel de photos

Collez des photos sur une salière vide ou sur une boîte de sel ronde vide.

Couvrez avec du papier contact transparent. Demandez aux enfants de tourner les boîtes afin de voir les photos de tous les côtés. Les jeunes enfants aiment regarder ainsi les photos de famille.

Thèmes

Familles
Grandir

Choisissez une paire de poires

Découpez une cime d'arbre dans du carton vert et un tronc dans du carton brun. Plastifiez-les et collez-les sur un mur. Placez des morceaux de velcro sur l'arbre. Découpez des formes de poires dans du papier jaune. Dans un magazine, découpez des images qui peuvent former des paires : une chaussette et une chaussure, ou des objets dont le nom rime, par exemple un soulier et un nez. Collez les images sur les

Faites la paire !

poires. Collez les autres morceaux de velcro à l'endos des poires. Placez les poires sur l'arbre et invitez les enfants à choisir une paire de poires.

Thèmes

Alimentation
Faire pousser des fruits
Nature
Rimes

Épinglez le nez sur la citrouille

Découpez une grande citrouille dans du papier de boucherie et ajoutez-lui des yeux et une bouche. Découpez un nez dans du carton noir et mettez un morceau de ruban adhésif à l'endos du nez. Invitez les enfants à jouer au Nez de la citrouille, comme ils joueraient à La queue de l'âne.

Thèmes

Fêtes
Humour

Toupies de plastique

Utilisez un petit clou (adultes seulement) pour faire un trou au centre d'un petit couvercle de plastique (un couvercle d'une boîte de croustilles, par exemple). Insérez un cure-dents dans le trou pour faire une pointe. Commencez le concours « Qui fera tourner sa toupie le plus longtemps ? ».

Thèmes

Découverte   Mouvement

Boîtes de rangement

Recouvrez des boîtes de papier à photocopie ou à imprimante pour créer des boîtes de rangement. Voici une liste de choses à ranger dans ces boîtes thématiques :

Cuisine. Marmites, casseroles, tabliers, rouleau à pâtisserie, salière, nappe, batteur à œufs, cuillères en bois, entonnoirs, tasses et cuillères à mesurer.

Jardinage. Semences, pelle, râteau, chapeau de paille, *bandana* et vêtements de jardinage.

Pompier. Boyau d'arrosage, imperméables, bottines et cloche.

Fleuriste. Des fleurs en plastique, des vases, du ruban, des étiquettes, du ruban adhésif, des ciseaux, des bons de commande, une caisse enregistreuse, un téléphone et du papier d'emballage.

Épicerie. Caisse enregistreuse d'épicerie, fausses pièces de monnaie, crayons, sacs de papier, contenant vide, petite balance, paniers de fruits, fruits et légumes en plastique et tabliers.

Salon de coiffure. Sèche-cheveux de salon de coiffure, des brosses, des peignes, des bigoudis, des miroirs, un téléphone, des filets pour tenir les cheveux, des contenants vides de maquillage, une bouteille de shampooing vide et des contenants de rince-crème, des vaporisateurs vides, des rubans, de la fausse monnaie et des perruques. (**Attention :** Assurez-vous que tous ces articles soient gardés propres.)

Hôpital. Un stéthoscope, des seringues, des serviettes, un pèse-personne, un petite sacoche de médecin, des abaisse-langue, des bandages, des couvertures, des gants en caoutchouc, une torche électrique, un tableau de lettres d'optométriste, des pansements, des boules de coton, des masques chirurgicaux, des uniformes et des chapeaux.

Entretien. Des bouteilles de vaporisateur vides et bien lavées de produits ménagers, un chiffon, un balai, un porte-poussière, des chiffons pour épousseter, des éponges, des serviettes et du savon.

Bureau de poste. Des enveloppes de service de courrier, des autocollants en guise de timbres, des chapeaux, des boîtes, du papier d'emballage, des stylos, une règle, des fiches, des tampons encreurs, des sacs et des cartons pour contenir le courrier.

Garage. Des outils de mécanicien, une combinaison de travail, une pompe à pneus, des chiffons, une torche électrique, des gants, un entonnoir et un catalogue de produits.

Poste de police. Des insignes de policier, des chapeaux, des blocs-notes, un radar et des sifflets.

Marionnettes

- Marionnette-sac

Dessinez un visage sur un petit sac de papier.

- Marionnette-verre

Dans la paroi d'un verre de carton, découpez un trou assez grand pour y passer un doigt.

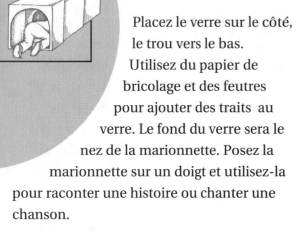

Placez le verre sur le côté, le trou vers le bas. Utilisez du papier de bricolage et des feutres pour ajouter des traits au verre. Le fond du verre sera le nez de la marionnette. Posez la marionnette sur un doigt et utilisez-la pour raconter une histoire ou chanter une chanson.

■ Marionnette-boîte à surprise

Fichez une paille de plastique dans une boule de styromousse de 5 cm. Retirez la paille et mettez un peu de colle dans le trou. Replacez la paille. Laissez sécher la colle. Faites un trou dans le fond d'un verre de carton ou de styromousse. Tenez le verre bien droit et faites pénétrer la paille dans le verre par le trou du fond. Décorez la boule de styromousse de feutre et de corde pour créer un visage de diable à ressort. Dites la comptine suivante en utilisant la marionnette comme un personnage :

> *Diable à ressort*
> *Diable à ressort*
> *Dis-moi bien fort.*
> *Sortiras-tu, turlututu ?*
> *Je sortirai, pied de*
> *nez !*

Vous pouvez fabriquer d'autres marionnettes-verre en fixant vos dessins à une paille tel que décrit dans l'exemple de la page précédente. Par exemple, « Itsy Bitsy l'Araignée » fait une excellente marionnette-verre.

■ Marionnettes-rouleau de papier hygiénique
Décorez un tube de papier hygiénique avec un crayon, du feutre et de la corde pour en faire une marionnette.

■ Marionnettes au doigt
Coupez les doigts d'un gant. Utilisez des crayons-feutres pour dessiner des traits à chaque bout de doigt de gant. Collez-lui des cheveux en corde.

■ Marionnettes de pied
Dessinez un visage sur le dessus de chacun de vos orteils. Utilisez vos orteils pour les comptines qui renferment le nombre cinq, comme « Cinq petits singes » ou « Le petit cochonnet ».

■ Marionnettes-gant
Inventez des personnages et fixez-les à un gant avec du velcro.

■ Marionnettes à main
Dessinez un visage sur la main de chaque enfant avec un marqueur à encre lavable. Dessinez des yeux, un nez et une bouche dans les plis de la paume de l'enfant. Ils peuvent créer plusieurs expressions différentes en tendant et en déplaçant les doigts.

■ Marionnettes-chaussette
Ajoutez des yeux et un nez à une vieille chaussette.

■ Marionnettes-bâton
Utilisez des abaisse-langue pour faire des marionnettes-bâton. Découpez des personnages et collez-les sur les abaisse-langue ou fixez des autocollants aux abaisse-langue ou encore décorez une éponge avec du feutre et des crayons et attachez l'éponge ainsi décorée à un abaisse-langue.

■ Marionnettes-cuillère de bois

Dessinez des traits sur une petite cuillère de bois avec un feutre. Ajoutez de la corde pour les cheveux. Pour faire un collier ou un col, découpez un rond de tissu ou placez un filtre à café autour du cou de la marionnette.

Boîte à puzzles Jumelage

Sur le couvercle d'une boîte à chaussures, dessinez plusieurs petits objets comme un bloc-notes, un crayon, une cuillère et ainsi de suite. Placez ensuite ces objets à l'intérieur de la boîte. Incitez les enfants à jumeler les objets au dessin.

Thème
Formes

Rimes et chaise musicale

Découpez des images simples dans un magazine et collez-les sur des fiches. Choisissez des mots pour lesquels il est facile de trouver des rimes comme chat, pied, mont, auto. Placez quatre chaises dos à dos, en deux rangées. Faites jouer de la musique. Quand la musique s'arrête, les enfants doivent prendre la carte sur la chaise devant laquelle ils sont et s'asseoir.

Chaque enfant dit alors un mot qui rime avec l'image qui se trouve dans sa main. Si le mot est correct, il reste dans le jeu. Si le mot est incorrect, l'enfant est éliminé. Continuez

le jeu jusqu'à ce que chacun des enfants ait eu une chance de trouver une rime.

Thèmes
Humour
Musique
Rimes

Le lancer des anneaux

Fabriquez un jeu d'anneaux. Remplissez deux bouteilles de boisson gazeuse de 2 l avec de l'eau ou du sable. Fixez les bouchons avec de la colle ou du ruban adhésif. Faites des anneaux en coupant les centres de couvercles de plastique de boîtes de café de 2 kg. Invitez les équipes d'enfants à lancer chacun leur tour les anneaux sur les bouteilles.

Thèmes
Formes
Mouvement

Peignes de sable

Découpez trois ou quatre morceaux de carton en bandes de 7,5 x 15 cm. Découpez des dents de 15 cm sur chaque bande. Faites des dents triangulaires sur une des bandes, des dents carrées sur la deuxième. Une coupe en forme de festons dans la troisième donnera une apparence circulaire aux dents. Incitez les enfants à passer les peignes dans le sable pour créer des motifs.

Thèmes

Océans et mers

Formes

Tirons l'écharpe

Attachez plusieurs écharpes ensemble pour faire une longue écharpe. Découpez une fente dans le couvercle de plastique d'une boîte (par exemple de café) et bourrez l'écharpe à l'intérieur. Retirez légèrement une des extrémités du foulard par la fente et replacez le couvercle sur la boîte. Encouragez les petits à tirer l'écharpe par la fente.

Thèmes

Couleurs

Découverte

Chasse aux trésors

Faites plusieurs copies de la liste de Chasse aux trésors de la page 310. Divisez les enfants en trois ou quatre équipes et donnez-leur un sac à trésors. Assurez-vous que chaque équipe reconnaît les illustrations. Ensuite, mettez-les au défi de trouver les objets. Le premier groupe à revenir avec tous les articles gagne !

Thèmes

Amis

Découverte

Nature

Gant à sensations

Remplissez un gant de latex de gak (voir la recette à la page 252) ou de sable. Fermez-le au poignet et invitez les enfants à le peser et à évaluer sa texture.

Thèmes

Découverte

Sens

Jumeler les ombres

Sur du papier de bricolage noir, tracez avec une craie blanche le contour de plusieurs objets familiers comme un bloc-notes, une cuillère, un crayon et une cloche. Découpez chaque contour et collez les formes noires sur une feuille de papier de bricolage blanc. Invitez les enfants à jumeler les objets et leur ombre.

Variante

Tracez la forme de petits objets comme un bloc-notes, un crayon, ou une cuillère sur le couvercle d'une boîte à chaussures. (Vous placerez les objets à l'intérieur de la boîte pour les ranger.) Invitez les enfants à faire passer les objets par la bonne découpe.

Thème

Formes

La chute des boutons

Découpez une fente de 4 cm dans le couvercle en plastique d'un contenant de café. Placez de grands boutons ou des jetons de bingo dans la boîte. Encouragez les enfants à vider la boîte et à la remplir de nouveau en faisant passer les boutons par la fente.

Thèmes

Compter
Formes
Mouvement

Bouffées d'odeur

Prenez six houppettes. Parfumez-les par paires avec des parfums agréables, comme la menthe poivrée, l'orange et la vanille. Mettez les enfants au défi de jumeler les houppettes qui dégagent le même parfum.

Thème

Sens

Boîtes de son

Dans des boîtes de croustilles ou des boîtes de films (métalliques), déposez des trombones, des boutons, des rondelles d'étanchéité, de la monnaie et ainsi de suite. Déposez chaque article dans deux contenants et invitez les enfants à jumeler les contenants qui font le même son.

Thème

Sens

Mariage de sons

Découpez dans des magazines des images d'objets, d'animaux ou de personnes qui émettent des sons, comme un téléphone, une voiture, un sifflet, quelqu'un battant des mains et ainsi de suite. Fixez les images sur des cartes et plastifiez-les. Enregistrez les sons que fait chaque objet, animal ou personne sur une bande magnétique. Invitez les enfants à écouter la bande et à placer les images dans l'ordre dans lequel sont entendus les sons sur la bande.

Thème

Sens

Cadran solaire

Choisissez un endroit ensoleillé de la cour. Plantez droit un bâton de 15 cm. Tracez un cercle autour du bâton. Avec un gros caillou, marquez les endroits autour du cercle où tombe l'ombre du bâton. À chaque heure, marquez d'une pierre le nouvel endroit où tombe l'ombre. Amenez ainsi les

enfants à comprendre que lorsque l'ombre du bâton se déplace, c'est que le temps passe. Expliquez aux enfants que les humains ont utilisé les cadrans solaires avant les montres et les horloges. Ensuite, montrez une horloge aux enfants et attirez leur attention sur la ressemblance entre les mouvements de la grande aiguille et le déplacement de l'ombre autour du cercle du cadran solaire.

Thèmes

Formes

Nature

Soleil, Lune et étoiles

Boîte tactile

Découpez un trou de la taille d'une main d'enfant dans le couvercle ou dans la paroi d'une boîte à chaussures. Remplissez la boîte de deux ou trois articles qui sont facilement identifiables au toucher. Invitez les enfants à entrer leur main dans la boîte par le trou et à identifier les objets.

Thèmes

Découverte

Sens

Cylindres tactiles

Recouvrez de vieux bigoudis de tissu texturé comme de la toile d'emballage, du velours, de la fourrure, du satin, du feutre. Utilisez un pistolet à colle chaude pour de meilleurs résultats (adultes seulement). Invitez les enfants à jumeler les cylindres dont la sensation au toucher est identique.

Thèmes

Découverte

Sens

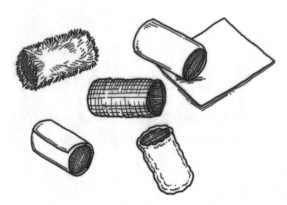

Gant texturé

Collez un tissu différent sur chaque doigt d'un gant de travail. Utilisez une variété de textures comme la toile d'emballage, le velours, le feutre, le satin, etc., afin d'enrichir d'autant l'expérience sensorielle de comparaison des textures.

Thème
Sens

Harpe de pouce

Tendez cinq à huit élastiques de largeurs différentes autour d'un contenant à viande ou à légumes en styromousse pris au marché. Invitez les enfants à jouer un air en plaçant une de leurs mains devant le contenant et en pinçant les élastiques avec leur pouce.

Thèmes
Découverte
Musique
Sens

Tic-tac-toe

Coupez des carrés de 22 cm de feutre et collez-les sur des cartons de même taille. Collez des rubans sur le feutre de manière à former un jeu de Tic-tac-toe. Utilisez deux couleurs de blocs ou des perles pour jouer au tic-tac-toe.

Thème
Couleurs

Des tonalités en bouteille

Remplissez plusieurs bouteilles en verre de différentes quantités d'eau. Remplissez d'abord quatre bouteilles : une au quart, la deuxième à la moitié, la troisième aux trois quarts et remplissez la dernière complètement. Fournissez un bâton pour frapper les bouteilles. Mettez les enfants au défi de classer les bouteilles selon la hauteur du son qu'ils entendent quand ils frappent la bouteille. Le son le plus aigu sera celui de la bouteille contenant le moins d'eau et le son le plus grave proviendra de celle contenant le plus d'eau. Remplissez maintenant de nouvelles bouteilles à des niveaux qui diffèrent de ceux que vous avez déjà. Invitez les enfants à classer ces nouvelles bouteilles en fonction du son. Après un peu d'entraînement, recouvrez les bouteilles de papier de bricolage afin de cacher les niveaux d'eau et refaites le jeu. Les enfants trouvent-ils encore le bon ordre ?

Thèmes
Découverte
Musique
Sens

Amusons-nous dans les tunnels

Découpez une arche dans deux côtés de trois ou quatre boîtes. Demandez aux enfants de placer les boîtes du plus grand au plus petit, en faisant correspondre les arches de manière à faire un tunnel. Invitez les enfants à ramper dans le tunnel ainsi formé.

Thème

Mouvement

Poisson tournoyant

Coupez une feuille de papier (type A4) en bandes de 2,5 cm. Pliez chaque bande en deux. Aux deux extrémités de chaque bande, découpez une fente de 1,5 cm. Faites ces fentes sur les côtés opposés afin que les deux extrémités puissent glisser l'une dans l'autre.

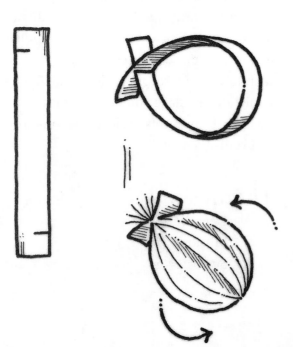

N'appuyez pas sur le pli. Quand les enfants laisseront tomber leur poisson de la hauteur de leur poitrine, les poissons tournoieront lentement jusqu'au sol.

Thèmes

Poisson
Océans et mers

Tourbillon

Découpez un rideau de douche en deux. Découpez une paire de pieds et des mains dans du papier contact jaune, rouge et bleu et collez-les sur le rideau de douche. Recouvrez un petit carton à lait (ou à jus) de papier contact. Découpez des petites mains et des pieds dans du papier contact et collez-les sur les six côtés du carton à lait (ou de jus) pour faire un dé.

Thèmes

Couleurs
Humour
Mouvement

Par ici les trombes d'eau

Collez une boîte de pilules (ou de pastilles) en métal vide et une éponge au fond d'un plateau à viande en styromousse. Remplissez la boîte d'eau. Avec un compte-gouttes, les enfants enlèveront l'eau de la boîte et la laisseront tomber sur l'éponge. Quand toute l'eau a été enlevée, montrez-leur comment serrer l'éponge pour faire sortir l'eau, qui tombera dans le plateau à viande. Ils peuvent alors utiliser le compte-gouttes pour remettre l'eau dans la boîte en métal.

Thème

Découverte

Machine à vagues

Remplissez une bouteille de plastique transparent avec de l'huile minérale ou de l'huile végétale claire. Ajoutez quelques gouttes de colorant alimentaire bleu ou vert. Collez le bouchon solidement sur la bouteille et invitez les enfants à faire tourner la bouteille pour créer des vagues. Des machines à vagues individuelles peuvent être fabriquées en utilisant des bouteilles de 500 ml.

Thèmes

Couleurs

Découverte

Océans et mers

Coupez des encoches de 1,2 cm dans les deux extrémités d'un plateau à viande en styromousse. Coupez 1 m de corde. Fixez avec du ruban adhésif une extrémité de la corde au dos du plateau et enroulez l'autre extrémité autour du plateau en utilisant les encoches pour le tenir en place. Coupez l'extrémité de la corde et fixez-la au dos du plateau. Invitez des enfants à tisser des cure-

pipes ou des bandes de tissu ou du ruban au-travers de la corde.

■ Métier à tisser 2

Agrafez 6 à 8 élastiques à un morceau de carton de 20 x 28 cm. Utilisez du ruban adhésif pour couvrir les agrafes. Invitez les enfants à tisser des rubans, des cordons et de la corde au travers des élastiques.

Thèmes

Couleurs

Sens

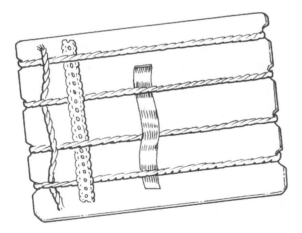

Métiers à tisser

■ Métier à tisser 1

Carillons de vent

Demandez aux enfants d'enfiler des boutons sur des cordes et attachez ensuite chaque corde à un cintre pour créer des carillons de vent. Des coquillages peuvent remplacer les boutons si vous en trouvez qui ont un trou naturel. Ainsi, vous n'aurez pas à les percer.

Thèmes

Musique
Océans et mers
Sens
Temps

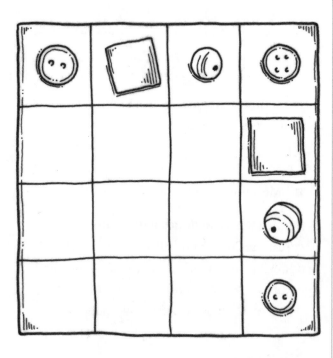

Motifs de contour

Les enfants doivent apprendre que tous les modèles ne font pas des lignes horizontales ou verticales continues. Coupez un morceau de feutre (ou de papier) en carrés de 20 x 20 cm. Dessinez une grille de 16 carrés de 5 cm sur le feutre ou le papier. Donnez aux enfants les perles, des boutons ou des petites tuiles colorées et invitez-les à créer un motif. S'ils font un motif ABC, par exemple, rouge, bleu, vert, rouge, bleu, vert, ils remarqueront qu'ils devront tourner un coin pour maintenir la continuité du motif.

Thèmes

Alphabet
Couleurs
Formes

Oui ou non ?

Collez des images d'animaux sur des feuilles de papier de bricolage de 30 x 45 cm. Mettez les images face contre table. Un enfant pige la première image et il la tient de façon que les autres enfants la voient. L'enfant devra poser des questions aux autres enfants pour savoir de quel animal il s'agit. Les enfants ne peuvent répondre que par « Oui » ou par « Non ».

Thèmes

Animaux
Découverte
Amis

Jeux

Labyrinthes étonnants

Créez un labyrinthe avec des boîtes, des chaises, des draps et des oreillers. Faites parcourir le labyrinthe aux enfants.

Thème

Mouvement

Poussins

Les enfants chantent ou récitent la comptine ci-dessous. Pour le premier vers, un enfant représente la poule et les autres tournent en rond autour de «la poule», bougeant leurs coudes de manière à imiter des poussins. Pour le deuxième vers, les poussins courent dans tous les sens pour trouver de la nourriture. Pour le troisième vers, les poussins s'assoient et ferment les yeux pour se reposer, tandis que la poule marche autour d'eux pour les rassurer.

Les poussins

Les bébés poussins chantent : «Pío, pío, pío,
Maman, nous avons faim, maman, nous avons froid.»
Maman cherche du blé et cherche du maïs,
Maman les nourrit, maman les garde au chaud.
Sous les ailes de maman dormant dans le foin,
Les bébés poussins dorment bien profondément jusqu'au jour suivant.

Thèmes

Familles
Fermes
Poulets

À rebours !

Tenez un tube de papier hygiénique vide contre votre poitrine. Encouragez les enfants à vous poursuivre dans la pièce. Soudain, changez le jeu en vous retournant et en tendant le tube vers les enfants. Dites : «À rebours!» C'est le signal pour que les enfants se sauvent. Quand vous les attrapez, recommencez le jeu. Mettez le tube contre votre poitrine et courez loin des enfants.

Thèmes

Humour
Mouvement

Construction dos à dos

Invitez deux enfants à s'asseoir dos à dos. Donnez-leur des jeux de blocs identiques. Demandez à l'un d'eux de construire quelque chose et de le décrire à l'autre enfant, qui essaie alors de l'imiter. Les deux structures sont-elles similaires ? Comment les instructions pourraient-elles être plus claires ? Comme variante, demandez à deux enfants de construire une structure selon vos instructions.

Thèmes
Estime de soi
Mouvement
Travail

Soulèvements dos à dos

Chaque enfant se choisit un partenaire. Demandez aux partenaires de s'asseoir dos à dos sur le sol. Au compte de trois, les partenaires se lèvent en se poussant l'un contre l'autre.

Thèmes
Amis
Estime de soi
Mouvement

Roulement de balle

Faites asseoir les enfants en cercle sur le sol, jambes étendues. Un enfant nomme un ami en faisant rouler une balle en direction de lui. Continuez le jeu jusqu'à ce que tous les enfants aient eu leur tour.

Thèmes
Amis
Formes

Perle dans un seau

Invitez les enfants à lancer une perle dans un seau. Mettez du feutre ou de la mousse au fond du seau pour réduire le bruit.

Thèmes
Couleurs
Formes
Mouvement

Ramasser les perles

Demandez aux enfants d'enlever chaussures et chaussettes et de ramasser des perles dans une boîte avec leurs orteils et de les laisser tomber dans un seau.

Thèmes

Formes   Humour

Mouvement   Parties du corps

Jeux du sac de fèves

■ En équilibre sur la poutre

Faites marcher les enfant sur la poutre d'équilibre avec un sac de fèves sur la tête.

Thèmes

Mouvement

Parties du corps

■ Dessus ou dehors

Placez un morceau de papier au sol. Invitez les enfants à lancer un sac de fèves sur le papier. Faites-leur noter combien de fois le sac de fèves atterrit sur le papier et combien de fois il atterrit à côté du papier.

Thèmes

Compter

Mouvement

Nombres

■ Sonner la cloche

Fournissez des sacs de fèves et une cloche de service. Mettez les enfants au défi de se tenir debout à un mètre ou plus de la cloche de service et de lancer le sac de fèves en direction de la cloche pour la faire sonner.

Thèmes

Mouvement

Rapport à l'espace

■ Visez la zone

Divisez un morceau de carton en quatre parties ou zones. Coloriez chacune des zones d'une couleur différente. Collez des points de même couleur sur plusieurs cartes-fiches. Brassez les cartes comme un jeu de cartes traditionnel. Demandez aux enfants de piger une carte et de lancer leur sac de fèves sur la zone de couleur correspondante sur le carton.

Thème

Couleurs

La couverture en folie !

Les enfants se tiennent debout autour d'une grande couverture et en tiennent fermement les bords. Demandez-leur de lever leurs bras brusquement au-dessus de leur tête, soulevant ainsi la couverture.

Invitez certains enfants à courir sous la couverture. Par exemple, tous les garçons ou tous les enfants portant du rouge. Une variante : Mettez des balles ou des ballons sur la couverture et agitez-les en soulevant la couverture. Essayez de lever et d'abaisser la couverture en rythme avec de la musique.

Thèmes

> Couleurs
> Mouvement
> Rapport à l'espace

Murs mous

Aidez les enfants à fabriquer un ensemble de grands blocs souples en bourrant de papier journal de grands sacs de papier et en les scellant avec du ruban adhésif. Ils peuvent ensuite construire une tour ou un mur avec les blocs. Chacun pourra s'amuser à jeter le mur par terre en le bombardant avec des sacs de fèves à une distance d'environ 2 m.

Thèmes

> Formes
> Humour
> Métiers
> Mouvement

Sauts en longueur

Placez un morceau de ruban adhésif sur le sol. Demandez aux enfants de se tenir derrière la ligne et de sauter aussi loin qu'ils le peuvent. Marquez la longueur de leurs sauts avec un sac de fèves ou un bloc. Mettez chaque enfant au défi de sauter à une distance égale à sa taille.

Thèmes

> Mouvement
> Rapport à l'espace

Le chat et la souris

C'est un simple jeu de poursuite entre le chat, vous ou un des enfants, et les souris, le reste des enfants. Le chat poursuit les souris. La souris qui est attrapée devient le chat. Vous pourriez aussi utiliser la comptine « Le vieux chat gris » (voir à la page 79).

Thèmes
Chats
Mouvement
Souris

Che-che-koo-lay

Demandez aux enfants de former un grand cercle autour du meneur, qui est debout au milieu du cercle. Le meneur récite chaque vers du chant suivant et les enfants répètent en écho. À la fin du chant, le meneur essaie d'attraper un des enfants. Ces derniers ne peuvent pas se lever et courir avant que le meneur le fasse. L'enfant attrapé devient le meneur pour le tour suivant.

Che-che-koo-lay (le leader place ses mains sur sa tête)
Che-che-koo-lay (les enfants l'imitent)
Che-che-ko-fi-sa (le leader place ses mains sur ses épaules)
Che-che-ko-fi-sa (les enfants l'imitent)
Ko-fi-sa-lan-ga (le leader place ses mains sur ses hanches)
Ko-fi-sa-lan-ga (les enfants l'imitent)
Ca-ca-shi-lan-ga (le leader tombe par terre)
Ca-ca-shi-lan-ga (les enfants l'imitent)
Koom-ma-dei-day (le leader bondit et essaie d'attraper un autre enfant)
Koom-ma-dei-day (les enfants bondissent et courent)

Thèmes
Mouvement
Les sonorités de la langue

Cercle à relais

■ **Art à relais :** Divisez les enfants en groupes. Donnez à chaque groupe une feuille et à chaque enfant, un crayon. Assignez à chaque groupe un objet à dessiner, par exemple une maison. Le premier enfant de chaque groupe dessine une partie de la maison et passe la feuille au suivant. Le suivant ajoute quelque chose à l'image. Le groupe qui finit son dessin le premier gagne.

Thèmes
Mouvement
Les sonorités de la langue

■ **Relais de sacs de fèves :** Divisez les enfants en deux groupes. Demandez aux enfants de placer leurs mains en coupe. Donnez le sac de fèves au premier enfant dans chaque groupe. Au signal, demandez aux enfants de se passer le sac, toujours les mains en coupe, jusqu'à la fin !

Thèmes

Couleurs

Sens

■ **Mouvement à relais :** Formez trois ou quatre groupes. Créez une série de mouvements : touchez vos orteils, frappez des mains ou mettez vos mains sur votre tête. Demandez à chaque enfant dans chaque groupe de répéter les mouvements et ensuite de passer la main à l'enfant suivant en lui donnant une petite tape sur l'épaule. Quel groupe finira l'activité le premier ?

Thème

Mouvement

■ **Relais de perles :** Formez des groupes. Donnez à chaque groupe un fil et des perles. Demandez au premier enfant d'enfiler sa perle puis de passer le fil au suivant pour continuer le collier. Le groupe qui réussit à enfiler toutes ses perles le premier est le gagnant !

Thème

Formes

Indice

Cachez un objet et donnez ensuite des indices pour le trouver. C'est un jeu formidable pour aider les enfants à apprendre le vocabulaire positionnel et spatial.

Thèmes

Rapport à l'espace

Sens

Cercle musical coopératif

Ce jeu est une variante de La chaise musicale. Tracez un cercle sur le sol avec du ruban adhésif. Faites jouer de la musique. Encouragez les enfants à marcher autour du cercle jusqu'à ce que la musique s'arrête. Quand elle s'arrête, chacun entre dans le cercle. Le but est d'avoir tout le monde à l'intérieur du cercle, ainsi tout le monde gagne. Continuez ce jeu tant que les enfants sont intéressés.

Thèmes
Amis
Formes
Mouvement
Musique

L'imitateur

Deux enfants sont debout face à face. Un des enfants fait des mouvements et des grimaces. Le deuxième enfant l'imite.

Thèmes
Amis
Humour

L'art de ramper

Tracez une ligne courbe au sol avec du ruban adhésif. Demandez aux enfants de ramper
le long de la ligne. Faites-les se déplacer comme un serpent (sans utiliser les mains et les pieds). Peuvent-ils le faire ?

Thèmes
Mouvement
Serpents

Le chien et l'os

Les enfants sont assis à l'intérieur d'un cercle. Un des enfants, qui est Toutou, se promène à l'extérieur du cercle, portant un os de papier ou de plastique. Toutou doit ultimement laisser tomber l'os derrière un enfant. Ce joueur prend l'os et poursuit Toutou autour du cercle. Si le deuxième joueur attrape Toutou avant qu'il ait fait un tour complet du cercle, Toutou doit aller « au chenil » (le centre du cercle). Si le joueur ne l'attrape pas, Toutou reprend sa place dans le cercle. Le joueur avec l'os devient le nouveau Toutou et le jeu continue.

Thèmes
Chiens

Mouvement

Ne laissez pas tomber la balle

Demandez aux enfants de former un cercle. Mettez-les au défi de lancer une balle à quelqu'un d'autre dans le cercle sans jamais la laisser tomber.

Thèmes

Amis
Formes
Mouvement

Dreidel

Note : Le dreidel est une toupie à quatre côtés qu'on trouve dans la tradition juive

Chaque joueur met un jeton (par exemple des noix, des raisins secs, des billes, des cure-dents ou de la monnaie) dans un pot. Un joueur fait tourner un *dreidel*. S'il s'arrête sur «N», le joueur ne reçoit rien. S'il atterrit sur «G», le joueur reçoit tous les jetons mis dans le pot. S'il s'arrête sur «H», le joueur en obtient la moitié. Si c'est «S», le joueur ajoute deux jetons dans le pot. Le jeu continue jusqu'à ce qu'un joueur ait gagné tous les jetons. Vous pouvez chanter «Mon dreidel» en jouant. Voir à la page 30 comment fabriquer un *dreidel*.

> **Mon dreidel**
> *J'ai un petit dreidel,*
> *Il est fait d'argile ;*
> *Quand il sera sec et prêt,*
> *Au dreidel, je jouerai.*

Chœur
Oh! dreidel, dreidel, dreidel,
Il est fait d'argile
Oh! dreidel, dreidel, dreidel,
Au dreidel, je jouerai.
Il a belle allure,
Avec son pied menu
Quand il est tout étourdi
Il tombe et moi, je gagne.

Thèmes

Fêtes
Traditions juives

Laissez tomber la pince à linge

Placez une boîte à café sur le sol. Donnez aux enfants cinq ou six pinces à linge et demandez-leur d'en faire entrer au moins trois dans la boîte à café. À mesure que les enfants s'améliorent, demandez-leur de tenir leur pince à linge à hauteur de poitrine. Vous pouvez changer le titre et les consignes de ce jeu. Par exemple, vous pouvez jouer au Lancer de la galette. Faites des galettes de pâte à modeler et lancez-les dans un bol à mélanger. Ou encore le jeu du Lancer de la forme!

Thèmes

Alimentation
Couleurs
Formes
Mouvement

Laissez tomber le mouchoir

Un enfant sera le meneur tandis que les autres sont assis dans un cercle faisant face au centre. Le meneur sautille ou marche autour du cercle et laisse tomber le mouchoir négligemment derrière un des enfants. Ce dernier prend le mouchoir et poursuit le meneur autour du cercle. Le meneur essaie de courir et de s'asseoir à la place du poursuivant sans se faire attraper. S'il réussit, il s'assoit et le poursuivant devient le meneur. S'il est attrapé, il est le meneur pour un autre tour.

Variante

Utilisez un objet thématique, comme un cercle pour les formes, un poussin jaune en plastique pour apprendre la couleur jaune, etc., au lieu d'un mouchoir.

Thèmes

Couleurs
Formes
Humour
Mouvement

Canard, canard, oie

Les enfants sont assis en cercle. Un enfant marche autour du cercle, touchant chaque joueur sur la tête en disant : «Canard». Finalement, il touche un joueur en disant : «Oie» au lieu de «Canard». Le joueur désigné se lève et le poursuit autour du cercle. Si le poursuivant l'attrape avant qu'il fasse un tour complet, le joueur peut retourner à sa place. S'il ne l'attrape pas avant qu'il ait fait un tour complet, le poursuivant devient le nouveau poursuivi et le jeu continue. Vous pouvez changer le titre de ce jeu, l'appeler par exemple Le jeu de la chenille et du papillon.

Thèmes

Canards
Mouvement
Oies

Eeny, meeny, miney, mo

Utilisez cette rimette pour déterminer qui va commencer une activité. Pointez un enfant à chaque mot. L'enfant que vous pointez en disant le mot «mo» est désigné pour commencer l'activité.

Eeny, meeny, miney, mo
Qui donc va commencer
Notre belle activité
Un deux trois
Eeny, meeny, miney, mo

Thème

Rimes

L'œil qui cligne

Joignez le geste à la parole

Les yeux clignent (montrez du doigt vos yeux)
Les oreilles entendent (touchez vos oreilles)
Le nez sent (touchez votre nez)
La bouche mange (touchez votre bouche)
Le menton claque (touchez votre menton)
Le menton claque (touchez encore votre menton)
Le menton claque, claque, claque (touchez votre menton trois fois).

Thèmes

Mouvement
Parties du corps

Yeux éveillés, yeux endormis

Donnez aux enfants 9 yeux de marionnette de 1,5 cm de diamètre et une assiette de carton. Demandez-leur de laisser tomber les yeux l'un après l'autre sur l'assiette. Après chaque tour, les enfants doivent compter les yeux «éveillés» (face vers le haut) et les yeux «endormis» (les yeux contre l'assiette). L'enfant qui prédit avec succès la sorte d'yeux qui se retrouvera en plus grand nombre est le gagnant.

Thèmes

Compter
Éveil, sommeil
Parties du corps

Réalité ou fiction

Faites une affirmation et faites voter les enfants : Est-ce une réalité ou une fiction? Par exemple : «Les chiens remuent leur queue quand ils sont heureux», ou : «Les vaches ont trois oreilles».

Thèmes

Amis
Estime de soi
Humour

Course de plumes

Utilisez du ruban adhésif pour définir une ligne de départ et une ligne d'arrivée à 10 cm l'une de l'autre. Offrez aux enfants, en guise de propulseurs, des pailles, des rouleaux de papier hygiénique vides et des assiettes de carton. Ils devront faire avancer leur plume de la ligne de départ à la ligne d'arrivée uniquement à l'aide du propulseur choisi. Ils ne peuvent pas toucher la plume avec le propulseur. Le premier enfant qui amène sa plume à la ligne d'arrivée est le gagnant. Il peut alors concourir contre un autre concurrent.

Thèmes

Humour
Oiseau
Sens

Routines d'exercices

Exécutez une routine d'exercices, comme quatre sauts sur place, deux flexions des genoux, quatre flexions jusqu'aux orteils et deux étirements de côté. Demandez aux enfants de vous imiter ou d'inventer d'autres routines.

Thèmes

Estime de soi
Grandir
Mouvement
Parties du corps
Santé et sécurité

Poursuite à la torche électrique

Éteignez la lumière dans la pièce. Choisissez un enfant qui sera le poursuivant et donnez-lui une torche électrique. Les joueurs sont attrapés quand le poursuivant braque la torche électrique sur eux.

Thèmes

Moment du jour
Mouvement
Sens

Statues volantes

Ce jeu nécessite la participation d'un adulte. L'adulte tient les mains d'un enfant et le balance en cercle. Après deux ou trois tours, l'adulte lâche délicatement les mains de l'enfant et l'enfant fige dans la position où il atterrit.

Thèmes

Humour
Mouvement

Suivez le guide

Un enfant sera le guide. Les autres se mettent en ligne derrière lui et imitent ses mouvements.

Thèmes

Humour
Respect de soi

Figez !

Faites danser les enfants sur la musique. Quand la musique s'arrête, les enfants doivent figer comme des statues. Arrêtez la musique plusieurs fois.

Thèmes

Mouvement

Musique

Saisons

L'attrape figée

Il faut six à huit joueurs. Un enfant sera le meneur. Il poursuit les autres enfants. Quand il attrape un enfant, celui-ci doit figer. Quand tous les enfants ont été touchés, un nouveau meneur est choisi et le jeu recommence.

Thèmes

Mouvement

Saisons

Corbeille de fruits retournée

Il est encore mieux de jouer à ce jeu au grand air, mais il peut être joué à l'intérieur si l'espace le permet. Divisez les enfants en quatre groupes et faites-les asseoir aux quatre coins de la pièce (si vous êtes au grand air, faites comme s'ils étaient aux quatre coins d'une pièce). Désignez les groupes ainsi : bananes, pommes, oranges et raisins. Donnez aux «pommes» un morceau de papier de bricolage rouge sur lequel ils vont s'asseoir, les «bananes» auront une feuille jaune, les «oranges» une feuille orange et les« raisins» une feuille pourpre.

Un enfant sera le meneur. Il se tiendra debout au centre de la pièce, fermera les yeux et dira : «La corbeille de fruits se retourne». Chaque groupe d'enfants doit devenir un autre type de fruits. Ils doivent trouver une place dans le nouveau groupe. le meneur essaye d'attraper un enfant avant qu'il s'assoit. S'il attrape un enfant, celui-ci devient le nouveau meneur. Sinon, il reste le meneur.

Thèmes

Alimentation

Couleurs

Humour

Mouvement

Allez et stop

Demandez aux enfants de répéter leur prénom à plusieurs reprises quand vous les montrer du doigt et dites : «Allez» et de cesser quand vous dites : «Stop». Marchez rapidement autour du cercle et montrer du doigt tous les enfants. (Exemple : Allez! «Jean, Jean, Jean, Jean, Jean» Stop!) Répétez jusqu'à ce que les enfants suivent les instructions correctement, et commencent et arrêtent au bon moment. Complimentez les enfants sur leur capacité d'écoute lorsqu'ils sont capables de bien suivre les instructions.

Variante

Invitez les enfants à jouer à «Allez et stop» les yeux bandés ou fermés. Expliquez-leur que parfois nous écoutons mieux quand nous ne sommes pas distraits par les choses autour de nous. Un enfant sera le joueur. Bandez-lui les yeux (quelques enfants peuvent se sentir plus à l'aise en fermant les yeux ou en les couvrant de leurs mains). Chuchotez le prénom d'un des autres enfants à SON oreille. Dites : «Allez!» Chacun des enfants dira alors son prénom. Faites circuler le joueur autour du cercle pour entendre le nom que vous avez chuchoté. Arrêtez le joueur devant l'enfant qui prononce le prénom approprié. Répétez cette activité afin que plusieurs enfants soient le joueur à leur tour.

Thèmes

Contraires

Sens

Les sonorités de la langue

Commérage

Assoyez les enfants en cercle. Demandez à l'un d'eux de choisir un mot ou une expression et de la chuchoter à l'oreille de l'enfant à sa droite. Cet enfant chuchotera à son tour le mot ou l'expression à l'enfant à sa droite et ainsi de suite jusqu'à ce que le cercle soit complété. Demandez au dernier enfant de dire ce qu'il a entendu. Est-ce bien le mot ou l'expression que le premier enfant avait choisi(e) ? Continuez le jeu aussi longtemps que les enfants manifestent de l'intérêt.

Thèmes

Mouvement

Sens

Les sonorités de la langue

Jeu de devinettes

Collez des images d'animaux sur quelques cartons pour créer les cartes du Jeu de devinettes. Invitez un enfant à piger une carte et à imiter les mouvements et les cabrioles de l'animal qui se trouve sur cette carte. Quand quelqu'un devine de quel animal il s'agit, il devient celui qui mimera.

Thèmes

Animaux
Mouvement

Tir au brin d'herbe

Chaque enfant se choisit un partenaire. Demandez à chacun de choisir un brin d'herbe. Un des enfants du duo fait une boucle avec son brin d'herbe et son partenaire passe son brin d'herbe dans cette boucle. Les enfants tiennent leurs brins d'herbe et tirent doucement jusqu'à ce qu'un des brins casse. Le joueur dont le brin d'herbe a résisté gagne un point. Le jeu continue jusqu'à ce que les enfants en soient lassés. L'enfant qui a récolté le plus de points est le gagnant.

Thèmes

Compter
Nature

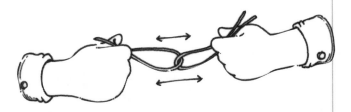

La marmotte

par Jackie Silberg

Faites asseoir les enfants en cercle. Racontez-leur l'histoire de la marmotte. Certains croient que si la marmotte voit son ombre lorsqu'elle sort d'hibernation le 2 février, il y aura encore six semaines d'hiver. Découpez pour chaque enfants un soleil et un nuage dans du papier de bricolage. Un enfant sera la marmotte. Faites-le asseoir au centre du cercle, les yeux fermés. Les autres suivent vos gestes. Si vous tenez un soleil, les enfants tiennent un soleil. Si vous tenez un nuage, les enfants font de même. Demandez à la marmotte d'ouvrir les yeux. Si la marmotte voit des nuages, elle choisit alors un autre enfant pour être la marmotte (son ombre). Si la marmotte voit des soleils, elle reste dans son terrier et couvre ses yeux de nouveau. Apprenez aux enfants la comptine suivante et demandez-leur de la réciter correctement à chaque tour.

Madame Marmotte
Sors et viens jouer
C'est un très beau jour de février.
Le soleil brille et le ciel est bleu.
Pourquoi ne sors-tu pas ?
Je veux jouer avec toi.
Madame Marmotte
Sors et viens jouer
C'est un jour sombre de février.
L'air est froid et le ciel est gris.
Pourquoi ne sors-tu pas ?
Je veux jouer avec toi.

De la tête aux pieds

Mettez les enfants au défi de faire le tour de la cour en marchant sur la pointe des pieds :

«Combien de pas cela prend-il?»

«Combien de temps faut-il?»

«Essayez de faire le même parcours en marchant à pas réguliers.»

«De quelle manière choisirez-vous de marcher si vous êtes pressés?»

Thèmes

Mouvement

Parties du corps

Course sur la pointe des pieds

Sur le sol, tracez deux lignes de 30 cm à l'aide de ruban adhésif. Faites courir deux enfants sur la pointe des pieds jusqu'à la ligne.

Thèmes

Mouvement

Parties du corps

Ici un singe est assis

Demandez aux enfants de former un cercle autour d'un enfant assis au milieu du cercle sur une chaise ou sur le sol. Les enfants marchent ou sautillent autour de l'enfant singe, en chantant la comptine ci-dessous. Quand la comptine dit : «Campez-vous sur vos pieds», les enfants arrêtent de marcher au pas et frappent uniquement dans leurs mains. L'enfant du centre se lève et désigne quelqu'un dans le cercle pour prendre place sur la chaise. Le jeu se poursuit. L'enfant qui se retrouve au centre choisit un animal différent, comme une girafe, un zèbre, un serpent ou un ver.

Un singe est assis dans la chaise, dans la chaise
Il a perdu son amour l'an dernier,
Campez-vous sur vos pieds et saluez votre invité
La fille la plus gentille (le meilleur garçon) que je connais.

Thèmes

Mouvement

Singes

Hé, cow-boy !
Hé, cow-girls !

Demandez aux enfants de s'asseoir en ligne sur le sol. Coiffez le meneur d'un chapeau de cow-boy. Il s'assoit dos aux autres enfants. Désignez un enfant dans le groupe et faites-le se lever et dire : «Hé, cow-boy!» ou «Hé, cow-girl!». Demandez au meneur d'identifier celui qui l'interpelle.

Thèmes

> Cow-boys/cow-girls
>
> Sens

Cache-cache

Un enfant sera le chercheur. Tous les autres joueurs se cachent tandis qu'il compte jusqu'à un nombre déterminé à l'avance. Quand il a fini de compter, il annonce : «Prêts ou pas, j'arrive!» Il se met ensuite à la recherche des enfants cachés.

Thèmes

> Mouvement
>
> Sens

La marelle

Avec de la craie, dessinez une marelle sur le trottoir ou sur le sol. La marelle comporte un carré, puis un autre carré, puis deux, puis un, encore deux, encore un et finalement deux. Numérotez les carrés de 1 à 10. Fournissez un jeton ou un caillou à chaque enfant. Le jeu se joue un enfant à la fois. Le premier enfant jette le caillou sur le premier carré de la marelle, saute par-dessus ce carré et saute ensuite dans les carrés suivants, sautant sur un pied quand il y a un seul carré et sur les deux quand il y en a deux. Rendu au bout, l'enfant revient au début en sautant par-dessus le carré contenant le caillou. L'enfant suivant joue à son tour. Quand c'est au tour du premier enfant de nouveau, il ramasse son caillou et le lance sur le carré numéro 2. Il saute jusqu'au bout en évitant le carré numéro 2 à l'aller et au retour. Le but du jeu est de jeter le caillou sur chaque carré à mesure que les tours passent, de ne pas mettre un deuxième pied au sol sur les carrés simples et de ne pas sauter dans le carré où se trouve le caillou.

Variante

Dessinez des triangles au lieu des carrés.

Thèmes

> Compter
>
> Formes
>
> Mouvement
>
> Nombres

Chaud et froid

Ce jeu se joue avec deux enfants ou plus. Un enfant sera le meneur. Faites-le choisir un petit objet, comme une pomme de pin ou un emporte-pièce pour biscuit, et montrez-le aux autres enfants. Demandez aux autres enfants de quitter la pièce tandis que le meneur cache le petit objet. Quand les autres enfants reviennent, ils commencent à chercher l'objet. Le meneur donne des indices quant à l'endroit où l'objet est caché en disant : « Froid » quand une personne est éloignée de l'objet, « Plus chaud » quand elle s'en approche et « Chaud » quand elle est très près. L'enfant qui trouve l'objet devient le meneur.

Variante

Demandez aux enfants de choisir un objet à cacher. Demandez au meneur de quitter la pièce tandis que les autres enfants cachent l'objet.
Quand le meneur revient, les enfants lui donnent les indices « chauds » et « froids ».

Thèmes

Contraires
Sens

Pomme de terre chaude

Faites asseoir les enfants en cercle et donnez-leur un sac de fèves. Demandez-leur de s'imaginer qu'ils tiennent une pomme de terre chaude. Faites jouer de la musique entraînante pendant que les enfants se passent la pomme de terre chaude rapidement. Quand vous arrêtez la musique, l'enfant qui tient la pomme de terre chaude est hors jeu. Continuez jusqu'à ce qu'il ne reste qu'un enfant.

Thèmes

Alimentation
Musique
Sens

Hula-hoop

Faites un circuit de hula-hoop sur le sol. Encouragez les enfants à sauter d'un cercle à l'autre.

Thèmes

Formes
Mouvement

Le lancer du hula-hoop

Suspendez un hula-hoop au plafond et demandez aux enfants de lancer des sacs de fèves dans le cercle. Vous pouvez aussi mettre le hula-hoop sur le sol et demander aux enfants de lancer les sacs de fèves dans le cercle en se tenant derrière une ligne.

Thèmes

Formes
Mouvement

Gazou

Collez des bandes de papier sulférisé autour d'un peigne pour faire un gazou. Faites essayer le gazou à chaque enfant. Changez le papier chaque fois que vous changez de joueur de gazou!

Thème

Musique

J'espionne

Demandez aux enfants d'identifier des objets dans la pièce. Choisissez des choses faciles à identifier. Ainsi, les enfants auront un haut taux de réussite. À mesure que les enfants deviennent plus familiers avec le jeu, augmentez la difficulté.

Thème

Sens

Glaçons

Par une journée chaude, donnez un glaçon à chaque enfant. Au signal, demandez aux enfants de faire fondre leur glaçon. Le

premier dont le glaçon est entièrement fondu est le gagnant. Les enfants peuvent souffler sur le glaçon, le frotter dans leurs mains, le frotter sur leurs vêtements, le casser et ainsi de suite, sans le mettre dans leur bouche.

Thème

Sens

Dedans et dehors

Demandez aux enfants, debout en cercle, de se tenir par les mains, les bras levés. Un enfant marche alternativement à l'intérieur et à l'extérieur du cercle en passant sous les bras levés des amis. Chantez la chanson suivante :

> *Je suis dedans et dehors*
> *Je suis dedans et dehors*
> *Je suis dedans et dehors*
> *Vous voyez, j'entre et je sors!*

Vous pouvez varier ce jeu en faisant ramper, sautiller ou sauter les enfants dans le cercle.

Thèmes

Maisons et chez-soi
Mouvement

La course des vers de terre

À l'aide de ruban adhésif, dessinez une ligne de départ et une ligne d'arrivée. Montrez aux enfants comment se déplace un ver en rampant au sol. Les mains devant vous, avancez à genoux jusqu'à l'espace entre vos mains et vos genoux. Demandez aux enfants de choisir un ami pour faire la course avec eux, tous deux se déplaçant comme des vers de terre.

Thèmes

Insectes
Mouvement
Nature

Jack l'agile

Placez une chandelle (un bloc) au milieu de la pièce. Demandez aux enfants de se tenir debout sur une ligne à environ 25 cm de la chandelle. Invitez les enfants à sauter par-

dessus un par un en récitant le vers « Jack est agile, Jack est rapide, Jack saute par-dessus la chandelle. » Les enfants qui réussissent à sauter par-dessus restent dans le jeu. Ceux qui ne réussissent pas sont éliminés. Vous pouvez élever la chandelle à chaque tour si vous voulez.

Thème

Mouvement

Corde à sauter

Apprenez aux enfants à sauter à la corde sur des chansons et des comptines. Pour les petits, vous pourrez jouer différemment. Deux enfants tiennent les extrémités de la corde et la balancent de gauche à droite au ras du sol au lieu de la tourner. Voici quelques chansons et comptines appropriées :

■ **Chansons de corde à sauter**
Tim l'ourson
J'avais un ours en peluche qui s'appelait Tim.
Je l'ai mis dans le bain pour le voir nager.
Mais il a bu toute l'eau et mangé le savon
Le médecin est venu pour soigner mon ourson
J'ai vu le médecin ; j'ai vu l'infirmière.
J'ai vu une très grosse dame avec de gros sourcils
Le médecin a crié : « Pénicilline »
L'infirmière a crié : « Pénicilline »
« Nenni ! » a dit la dame avec de gros sourcils.
Le médecin est parti ; l'infirmière est partie.
La dame aux gros sourcils a beaucoup ri !

Les chansons préférées pour le saut à la corde se terminent avec une énumération de nombres qui s'arrête quand le sauteur arrête de sauter.

Cendrillon

Cendrillon est habillée en bleu
Elle voudrait embrasser un monsieur
Elle se trompe et embrasse une mouffette
Combien de fois lavera-t-elle sa binette ?
1, 2, 3, 4, 5…

Andréanne

Andréanne est déguisée en âne
Maquillée jusqu'au bout des pieds
Combien de boîtes a-t-elle utilisées ?
1, 2, 3, 4, 5…

La poule dans l'arbre

J'ai vu une poule blanche juchée sur un
toit,
Elle a soudainement pondu un œuf sur
moi.
Combien d'œufs pondra-t-elle ainsi ?
1, 2, 3, 4, 5…

Combien d'enveloppes

Chaque matin devant la porte
Le facteur laisse des enveloppes
Mon frère court pour ouvrir la porte,
Et il compte les enveloppes

Une enveloppe, deux enveloppes, trois
enveloppes,
4, 5, 6, 7, 8, 9…

Marie dans la baignoire

Marie, comme chaque soir
Fait un saut dans la baignoire.
Elle frotte son dos et savonne sa peau.
Combien de minutes Marie est-elle dans
l'eau ?
1, 2, 3, 4, 5…

Une souris dans le pré

Dans un grand pré un jour d'été,
J'ai vu une petite souris éternuer
Combien de minutes a-t-elle éternué ?
1, 2, 3, 4, 5…

Monsieur l'ordinateur

Ordinateur, cher ordinateur
Voici l'adresse de la belle Isabelle
Combien d'amoureux lui envoient des
courriels ?
1, 2, 3, 4, 5…

Quelques chansons vont en augmentant de vitesse. Le mot sur lequel le sauteur va rater son saut pourrait être sa future carrière, son genre de vêtements ou son genre de maison.

Le grand livre des activités, danses, histoires, jeux et recettes

Fille de riche (ou gars)

*Fille de riche ou fille de
rien
Mendiant, voleur ou avocat
Médecin, dentiste ou
marchand
Coton, soie fine ou guenille
Taudis, château ou porcherie*

D'autres chansons donnent des instructions au sauteur.

Mme Brown

*Je suis allé en ville voir Mme Blancheville.
M'a donné un dollar pour m'acheter un
renard.
Le renard était fou et m'a donné des poux.
Les poux étaient doux mais ils se sont
sauvés
J'ai pris un taxi pour les rattraper
Le chauffeur était nul autre que mon
renard roux*

(Tournez la corde de plus en plus vite jusqu'à ce que le sauteur rate son saut.)

Danseur espagnol

*Danseur espagnol, agitez vos orteils.
Danseur espagnol, remuez vos oreilles
Danseur espagnol, faites le grand écart
Danseur espagnol, dansez très tard le soir!*

Tarte aux fraises

*Tarte aux fraises et trottoir aux
framboises; j'arrêterai de sauter quand
je serai remplacé*

(Continuez à sauter jusqu'à ce qu'un autre joueur entre dans le jeu.)

Ours en peluche

*Bel ourson, bel ourson, tourne en rond.
Bel ourson, bel ourson, touche par terre
Bel ourson, bel ourson, saute bien haut.
Bel ourson, bel ourson, au revoir!*

Ces chansons sont faites pour que le joueur saute hors de la corde à sauter à la fin.

Marmelade d'oranges

*Marmelade d'oranges et confiture
d'airelles
Je vais marier un homme de Marseille
Il sera doux et pas mal travaillant.
Et on ira souvent manger au restaurant!*

Biscuits

*Mon biscuit frais et salé
Est tombé dans l'eau sale et souillée
Biscuit, je ne veux plus te manger
Cours te cacher!*

Le p'tit ours

*Le p'tit ours fait le kangourou.
Le p'tit ours montre son côté doux
Le p'tit ours ne sait plus du tout
Le p'tit ours sort d'un seul coup!*

Trois oies

Fil de fer et fil de soie
Trois oies volent en harmonie
Volent vers l'est et vers l'Asie
Elles ont toutes quitté le nid.
Pour nous laisser seuls ici!

Thèmes

Compter
Comptines et rimes
Humour
Mouvement
Nombres

Kagome (Japon)

Les enfants sont debout en cercle, se tenant par les mains de manière à former une cage. Un enfant, le joueur, se tient debout, les yeux bandés au centre du cercle. Les enfants marchent autour en récitant les paroles. Quand ils ont fini, les enfants s'arrêtent et le joueur a trois chances de deviner qui est debout directement derrière lui. S'il devine correctement, l'enfant derrière lui devient le joueur. Une mauvaise réponse signifie qu'il reste dans le centre pour un autre tour. *Kagome* vient du mot japonais qui désigne un panier d'osier. Aujourd'hui, *Kagome* signifie «cage». Les cages japonaises sont souvent faites d'osier.

Kagome, kagome,
Kago no naka no tori wa,
Itsu Itsu deyaru?
Yoake no nan ni,
Tsuru to Kame to subetta.
Ushirono shomen daare?

Thèmes

Mouvement
Sens
Sonorités de la langue

Les petites fourmis

C'est un jeu de «Suivez le guide». Vous pouvez y jouer en mettant les enfants en file et le guide en tête, ou alors en mettant les enfants en cercle et le guide au centre. Le guide exécute les mouvements de chaque vers.

Sur les petites collines
Et toutes les petites routes
La file de fourmis marche sans arrêt.
La file de petites fourmis,
La file de petites fourmis,
La file de petites fourmis,
Marche sans arrêt.

Remplacez «marche sans arrêt» par une des expressions suivantes:

Marche sur le bout des pieds
Tournoie sans arrêt…
Saute sans arrêt…
Danse sans arrêt…
Patine sans arrêt…
Et fait de grands «au revoir»…

Thèmes
Insectes
Mouvement

Saut de grenouille

Un enfant sera la grenouille. Faites agenouiller les autres enfants les mains au sol. Invitez la grenouille à sauter par-dessus les enfants, ses mains sur le dos de chaque enfant tandis que ses jambes passent de chaque côté de son corps.

Thèmes
Grenouilles
Humour
Mouvement

Le chemin des nénuphars

Découpez dans du vinyle vert ou du carton des nénuphars. Étalez-les sur le sol à environ 30 cm les uns des autres. Faites sauter les enfants d'un nénuphar à l'autre comme une grenouille. Vous pouvez aussi dessiner des nénuphars sur le trottoir avec une craie verte et faire sauter les enfants de l'un à l'autre.

Thèmes
Couleurs
Grenouilles
Mouvement

Rondins roulants

Placez deux longueurs de 30 cm de ruban adhésif sur le plancher, parallèles et à environ 15 cm l'une de l'autre. Demandez aux enfants de se coucher sur le sol entre les lignes et de rouler d'une extrémité à l'autre en restant entre les lignes. Ce n'est pas facile !

Thèmes
Humour
Mouvement

London Bridge is falling down

Choisissez deux enfants pour former le pont. Ils décident qui des deux représentera l'or et qui représentera l'argent. Ils se font face, bras levés au-dessus de leur tête, et joignent les mains. Les joueurs forment une ligne simple sur un côté du pont. Ensemble, ils chantent :

> *London Bridge is falling down,*
> *Falling down, falling down.*
> *London Bridge is falling down,*
> *My fair lady.*

En chantant, les joueurs passent dans l'arche formée par les joueurs qui font office de pont. Aux mots *My fair lady* les joueurs qui font office de pont baissent leurs bras, enfermant ainsi le joueur qui arrive. Les joueurs chuchotent au prisonnier de choisir entre l'or ou l'argent et de se placer derrière celui qui représente l'or ou l'argent selon le choix.

Les joueurs reprennent la marche et recommencent la chanson. Un joueur est emprisonné à chaque *My fair lady*.

> *London Bridge is falling down*
> *falling down, falling down*
> *London Bridge is falling down*
> *My fair lady*

Quand tous les joueurs ont été faits prisonniers, les deux équipes (argent et or) font une partie de souque à la corde.

Thèmes

Amis

Mouvement

Marco Polo

Jouez au grand air dans un grand espace. Un enfant sera le joueur. Demandez aux autres enfants de fermer les yeux. Le joueur choisit une endroit où il se tiendra debout. Les enfants appellent : «Marco» et le joueur répond : «Polo». Les enfants utilisent leurs habiletés d'écoute pour essayer de situer le joueur. Le premier enfant à situer le joueur devient le nouveau joueur.

Thèmes

Mouvement

Sens

Tours de bouchons de lait

Rassemblez des bouchons de plastique de contenants de lait. Donnez-les aux enfants et faites-les les empiler aussi haut qu'ils le peuvent. L'enfant ayant la plus haute tour est le gagnant.

Thèmes

Formes

Humour

Occupations

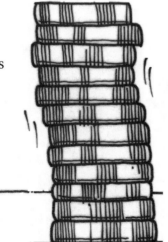

Le singe voit, le singe fait

Un enfant est choisi comme singe alpha. Le singe alpha fait une action et les autres singes le copient.

Thèmes

Humour

Mouvement

Singes

Maman, je peux ?

Maman, je peux? est un jeu dirigé par vous. Appelez les enfants un par un et demandez-leur d'exécuter des mouvements d'animaux (par exemple, des sauts de chiot, des sauts de chat, des galops de chevaux, etc.) vers vous. Encouragez-les à faire les cris des animaux qu'ils imitent.

Thèmes

Mouvement

Les sonorités de la langue

Balle musicale

Les enfants sont debout en cercle, face au centre. Donnez une balle à un enfant et demandez-lui de la lancer à un enfant de son choix. La balle doit être en mouvement jusqu'à l'arrêt de la musique. L'enfant qui tient la balle au moment où la musique s'arrête est hors jeu jusqu'au tour suivant.

Thèmes

> Humour
> Mouvement
> Musique

Chaise musicale

Placez des chaises en deux rangées, dos à dos. Utilisez une chaise de moins qu'il y a de joueurs. Mettez la musique et faites tourner les enfants autour des chaises. Quand la musique arrête, les enfants doivent trouver rapidement une chaise et s'asseoir. Celui qui n'a pas de chaise est hors jeu. Enlevez une ou plusieurs chaises au tour suivant, jusqu'à ce qu'il y ait deux enfants et une seule chaise. L'enfant qui réussit à s'asseoir sur la dernière chaise est le gagnant.

Thèmes

> Mouvement
> Musique

Cache-cache musical

Cachez un jouet musical et voyez si les enfants peuvent le trouver.

Thèmes

> Musique
> Sens

Mystérieuses voix

Enregistrez des voix d'enfants (un à un) en leur faisant prononcer la même chose. Faites jouer l'enregistrement et voyez si les enfants peuvent reconnaître ceux qui parlent.

Thème

> Sens

Le jeu des prénoms

Demandez aux enfants de trouver des mots qui riment avec leur prénom. (Les mots inventés sont acceptés.) Lorsque vous nommez les enfants, utilisez la rime. Par exemple, pour Hubert, vous pourriez dire : « Est-ce que le garçon dont le prénom rime avec fer pourrait ramasser les pinceaux ? »

Thème

> Rimes

Trouvez le titre de cette chanson

Demandez à un enfant de choisir une chanson qu'il connaît et d'en fredonner la première ligne. Si une ligne n'est pas suffisante, il peut fredonner la deuxième et ainsi de suite. Vous pouvez aussi être celui qui fredonne, alors que les enfants devinent le titre de la chanson.

Thèmes

Musique
Sens

Coups de nez

Collez deux bouts de ruban adhésif sur le sol à 30 cm l'un de l'autre. Ils représenteront la ligne de départ et la ligne d'arrivée. Placez deux balles sur la ligne de départ. Deux enfants courront l'un avec l'autre. Ils doivent déplacer la balle de la ligne de départ à la ligne d'arrivée en la poussant avec leur nez.

Thèmes

Humour
Mouvement
Parties du corps

La pieuvre

Mettez deux bouts de ruban adhésif de 50 cm à environ 60 cm l'un de l'autre pour représenter les bords de l'océan. Un enfant sera la pieuvre. Les autres des poissons. Quand la pieuvre crie : « Traversez! », les poissons tentent de se déplacer d'un côté à l'autre de l'océan sans être attrapés par la pieuvre. Un poisson qui est attrapé par la pieuvre devient un tentacule et aide la pieuvre à attraper d'autres poissons. Les tentacules doivent rester immobiles et peuvent seulement utiliser leurs bras pour attraper un poisson.

Thèmes

Mouvement
Parties du corps
Pieuvre

Officier, pourriez-vous m'aider à retrouver mon enfant ?

Un enfant sera le policier. Donnez une description d'un des enfants du groupe au policier et voyez s'il peut retrouver l'enfant que vous décrivez.

Thèmes

> Grandir
> Métiers
> Santé et sécurité
> Sens

Le vieux chat gris

Joignez le geste à la parole.

> *Le vieux chat gris dort, dort et dort.*
> *Le vieux chat gris dort dans la maison.*

(Un enfant est le chat et se pelotonne, feignant de dormir.)

> *Les petites souris rampent, rampent et rampent.*
> *Les petites souris rampent dans la maison.*

(D'autres enfants sont des souris rampant autour du chat endormi.)

> *Le vieux chat gris se réveille, réveille, réveille.*
> *Le vieux chat gris se réveille dans la maison.*

(Le chat s'assoit lentement et s'étire.)

> *Le vieux chat gris poursuit, poursuit et poursuit.*
> *Le vieux chat gris poursuit dans la maison.*

(Le chat poursuit des souris.)

> *Les souris poussent des cris aigus, aigus, aigus.*
> *Les souris poussent des cris aigus dans la maison.*

(Les souris crient. Quand le chat attrape une souris, cette souris devient un chat.)

Thèmes

> Chats
> Heure du dodo
> Maisons et chez-soi
> Mouvement
> Les sonorités de la langue
> Souris

Un éléphant

Les enfants sont assis en cercle. Un enfant met un bras sur son front pour faire une trompe et marche ensuite autour du cercle tandis que le groupe chante la chanson « Un éléphant ». Quand le groupe chante qu'il « a invité un autre éléphant », l'enfant en choisit un autre pour devenir l'éléphant. Le premier enfant met sa main libre entre ses jambes pour faire une queue. Le deuxième enfant met un bras sur son front pour faire une trompe et se tient à la queue du premier enfant. Les deux éléphants marchent, la trompe de l'un tenant la queue et de l'autre, la chanson continue.

Un éléphant
Un éléphant est parti jouer.
Sur une belle toile d'araignée
Il s'amusait tellement,
Qu'il a invité un autre éléphant
Deux éléphants...

Thèmes
Amis
Compter
Éléphants
Mouvement
Nombres

Attrape-papier

Donnez à chaque enfant une feuille de papier journal ou une serviette en papier et demandez-leur de les froisser en boule. Demandez-leur ensuite de lancer les boules de papier en l'air et de les y maintenir en se servant de leurs mains, leur tête, leurs genoux et des autres parties de leur corps.

Thèmes
Humour
Mouvement

Passez la monnaie

Demandez aux enfants de se tenir debout ou de s'asseoir en cercle. Faites circuler une pièce de monnaie parmi eux pendant que joue de la musique. Quand la musique s'arrête, celui qui tient la pièce la garde. Continuez pendant plusieurs tours. Qui a le plus de pièces?

Thèmes
Compter
Formes
Musique
Nombres

Gruau d'avoine

Chaque enfant frappe dans les mains en suivant le rythme de la chanson.

Gruau d'avoine servi chaud
Gruau d'avoine servi froid
Gruau d'avoine servi en pot
A neuf jours de trop!
Certains l'aiment chaud
Certains l'aiment froid
Certains l'aiment en pot
Avec neuf jours de trop!

Thèmes
Alimentation
Rimes et comptines

Course de taies d'oreiller

Apportez de vieilles taies d'oreiller de la maison ou prenez des sacs vides d'un marché d'alimentation. Tracez une ligne de départ et une ligne d'arrivée à environ 50 cm l'une de l'autre. Demandez aux enfants d'entrer chacun dans une taie d'oreiller, de la remonter jusqu'à la taille et de sautiller jusqu'à la ligne d'arrivée.

Thèmes
> Humour
> Mouvement

Relais de ping-pong

Collez deux morceaux de ruban adhésif sur le sol à 30 cm l'un de l'autre. Ils représenteront la ligne de départ et la ligne d'arrivée. Divisez les enfants en deux groupes et donnez-leur une balle de ping-pong et plusieurs objets, comme une paille, un rouleau de carton et un livre. Chaque équipe peut utiliser un de ces objets pour déplacer la balle de ping-pong jusqu'à la ligne d'arrivée sans la toucher avec les mains. Par exemple, les enfants pourraient déplacer la balle vers la ligne d'arrivée en soufflant dans la paille.

Thèmes
> Humour
> Formes

Passez le bretzel

Invitez les enfants à se tenir debout ou à s'asseoir en cercle. Donnez un bâton à chaque enfant (une paille, des baguettes chinoises ou n'importe quel bâtonnet). Mettez un grand bretzel sur chaque bâton. Défiez les enfants de faire circuler les bretzels dans le cercle en utilisant seulement leurs bâtons. Vous pouvez utiliser d'autres grignotines pour cette activité. Quand le jeu est terminé, ils mangent les bretzels!

Thèmes
> Alimentation
> Formes
> Humour

Relais de la citrouille

Divisez les enfants en deux équipes. Demandez-leur de se faire face en deux lignes parallèles à environ 25 cm de distance. Donnez une petite citrouille à chaque équipe (ou une fausse citrouille pouvant faire office de balle). Demandez au premier membre de chaque équipe de faire rouler la citrouille vers le membre de l'autre équipe qui lui fait face. Puis cet enfant devra

faire rouler la citrouille vers le second enfant de l'autre équipe et ainsi de suite. Continuez jusqu'à ce que tous les enfants aient eu leur tour.

Thèmes

Fêtes
Formes
Mouvement

Punchinello

Les enfants forment un cercle. Un enfant sera Punchinello. Punchinello sautille à l'intérieur du cercle jusqu'à ce que les enfants chantent la ligne : « Que pouvez-vous faire, Punchinello, Punchinello ? » Alors Punchinello fait une action, par exemple un grand saut ou un battement de mains. Les autres enfants imitent cette action. Dans le vers suivant, Punchinello ferme les yeux et tourne sur lui-même en montrant du doigts les enfants dans le cercle. À la fin de la chanson, Punchinello arrête de tourner et l'enfant qu'il montre du doigt devient le nouveau Punchinello.

> *Voici venir Punchinello, Punchinello.*
> *Voici venir le rigolo Punchinello.*

(Les enfants marchent en cercle.)

Que pouvez-vous faire, Punchinello,
*   Punchinello ?*
Que pouvez-vous faire, rigolo Punchinello ?

(L'enfant au centre du cercle exécute un mouvement.)

Nous pouvons le faire aussi, Punchinello,
*   Punchinello.*
Nous pouvons le faire aussi, rigolo
*   Punchinello*

(Les enfants reproduisent le mouvement.)

Qui choisissez-vous, Punchinello,
*   Punchinello ?*
Qui choisissez-vous, rigolo Punchinello ?

(L'enfant au centre choisit un autre enfant pour prendre sa place.)

Des pièces dans une tasse

Réunissez plusieurs pièces de monnaie et une tasse. Demandez aux enfants de se tenir à un mètre ou plus de la tasse et d'essayer d'y faire entrer les pièces.

Thèmes

Formes
Mouvement
Rapport à l'espace

Le jeu silencieux

Réunissez les enfants dans un cercle. Chacun doit rester totalement silencieux. La première personne à parler ou à rire perd. Essayez de jouer à ce jeu en équipes. Vous pouvez aussi demander à un enfant d'essayer de faire rire les autres.

Thèmes

Amis   Humour
Sens

Le lapin

Un enfant sera le lapin et un autre le chasseur. Divisez le reste des enfants en groupes de trois. Dans ces groupes, deux enfants se tiennent les mains pour former « un clapier de lapin » et le troisième personnifie un lapin à l'intérieur du clapier. Commencez le jeu en demandant au chasseur de poursuivre le lapin sans clapier. Après un moment, le lapin peut décider de se cacher dans un clapier en changeant de place avec un lapin dans un des clapiers. Le chasseur poursuit alors le nouveau lapin. Si le chasseur attrape le lapin, ils échangent leurs rôles. Il n'y a aucun perdant ou gagnant à ce jeu. Faites en sorte que les enfants qui forment les clapiers puissent être un lapin à leur tour.

Thèmes

    Lapins

    Mouvement

Feu rouge ! Feu vert !

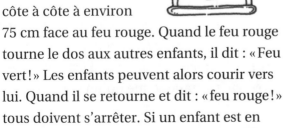

Un enfant sera le feu rouge. Les autres s'alignent côte à côte à environ 75 cm face au feu rouge. Quand le feu rouge tourne le dos aux autres enfants, il dit : « Feu vert ! » Les enfants peuvent alors courir vers lui. Quand il se retourne et dit : « feu rouge ! » tous doivent s'arrêter. Si un enfant est en mouvement, il doit retourner à la ligne de départ. Le premier enfant à atteindre le feu rouge sera le prochain feu rouge !

Thèmes

    Couleurs

    Mouvement

    Opposés

Rime ou raison

Assoyez-vous en cercle avec les enfants. Donnez un mot à l'enfant à côté de vous. Disons que ce mot est « soleil ». L'enfant doit fournir soit un mot rimant avec soleil soit un mot ayant un rapport avec « soleil ». Le mot rimant avec « soleil » pourrait être « oreille ». Un mot en lien avec « soleil » pourrait être « lune » parce que le soleil et la lune sont tous les deux dans le ciel. L'enfant suivant doit alors fournir un mot rimant ou un mot ayant un lien avec le mot que le premier enfant a choisi.

Thèmes

    Rimes

    Les sonorités de la langue

Énigmes en rimes

Dites : «Je pense à quelque chose que vous portez dans vos pieds et qui rime avec confiture» (chaussure), ou : «Je pense à quelque chose que vous portez sur votre tête qui rime avec bateau» (chapeau). Les enfants doivent deviner le mot.

Thème
Rimes

Faire la ronde autour des roses

Les enfants se tiennent les mains et marchent en cercle. Tout le monde tombe quand on prononce les mots *tombent tous.*

*Faisons la ronde autour des roses
Les poches pleines de pétales
Qui tombent, tombent
Tombent tous.*

Variante

Changez les deux dernières lignes pour «Qui tombent, tombent. Tous rouges. »

Thèmes
Mouvement
Rimes

Rouli roulade à relais

Divisez les enfants en deux équipes. Collez du ruban adhésif au sol pour créer une ligne de départ et une ligne d'arrivée. Un enfant de chaque équipe roule au sol de la ligne d'arrivée à la ligne de départ. L'enfant suivant prend le relais quand le premier est arrivé et ainsi de suite. L'équipe dont les membres finissent de rouler les premiers remporte la victoire.

Thème
Mouvement

Réunir la troupe

Choisissez quatre ou cinq enfants pour être des cow-boys et des cow-girls. Les autres enfants font le bétail. Désignez un corral et plusieurs lieux de rassemblement. Au signal, le bétail doit courir d'un lieu de rassemblement à un autre. Si les cow-boys et cow-girls attrapent quelqu'un parmi le bétail, le prisonnier doit se rendre au corral et attendre la fin du jeu. Les quatre ou cinq derniers enfants attrapés deviennent les cow-boys et cow-girls du prochain tour.

Thèmes

Cow-boys/cow-girls

Vaches

Fermes

Courez, les lapins !

Quatre ou cinq enfants seront les renards.
Les autres des lapins. Désignez une base à
une extrémité de la cour pour représenter
une clairière où les lapins sont en sécurité.
Désignez un autre endroit qui sera le repaire
du renard. Quand le signal «Courez, les
lapins!» est donné, les lapins doivent courir
en tous sens. Les renards essaient d'attraper
les·lapins et de les amener à leur repaire.
Les derniers quatre ou cinq lapins attrapés
deviennent les renards au tour suivant.

Thèmes

Mouvement

Lapins

Renards

Sarah tourne autour du soleil

Demandez aux enfants de joindre leurs
mains pour former un cercle. Récitez ou
chantez la comptine suivante et faites les
mouvements qui y sont décrits.

> *Sarah tourne autour du soleil* (marchez
>   vers la gauche)
> *Sarah tourne autour du soleil* (marchez
>   vers la droite)
> *Sarah tourne autour du soleil* (marchez
>   vers la gauche)
> *Chaque jour, c'est pareil*
> *Badaboum!* (tombez)

Thèmes

Mouvement

Rimes

Jeux d'ombres

Demandez aux enfants de chercher des
ombres sur le sol dans la cour. Peuvent-ils
trouver des ombres avec une forme
reconnaissable? Peuvent-ils utiliser leurs
corps pour créer des ombres? Peuvent-ils
exécuter une danse d'ombres? Peuvent-ils
attraper leur ombre?

Thèmes

Mouvement

Nature

David dit

Un enfant sera David. Tous les autres sont debout côte à côte en une ligne faisant face à David. David donne des ordres aux autres enfants. Ceux-ci doivent les exécuter, mais seulement s'ils sont précédés de «David dit…» (par exemple, «David dit : Touchez votre nez»). Si un enfant suit un ordre qui n'était pas précédé de «David dit», il est hors jeu et doit s'asseoir. Le dernier à s'asseoir devient le nouveau David pour le tour suivant.

Thèmes

Mouvement
Parties du corps

Cascades de sons

Demandez aux enfants de composer des séquences de rythmes. Par exemple, taper des mains/taper des pieds/taper des mains/claquer des pieds. Enregistrez les séquences puis faites-les jouer afin de voir si les enfants peuvent reconnaître leur propre séquence.

Thèmes

Musique
Sens

La marche de l'araignée

Quatre enfants en cercle, faisant dos au centre du cercle. Ils se tiennent par les coudes pour bien se soutenir et essaient de marcher comme s'ils avaient huit pieds, comme l'araignée a huit pattes.

Thèmes

Humour
Insectes
Mouvement

Gratte-ciel de paille

Divisez les enfants en équipes (pas plus de trois enfants par équipe). Vous pouvez avoir plusieurs équipes. Fournissez des pailles, du ruban adhésif, des trombones, du fil et des ciseaux à chaque équipe. Demandez-leur de construire un gratte-ciel de paille en utilisant les matériaux qu'on leur a donnés. L'équipe qui construit la tour la plus haute remporte la victoire.

Thème

Amis

La rivière de perles

Demandez aux enfants d'enfiler des perles sur une corde accrochée au plafond. Accrochez deux cordes et invitez des équipiers à voir combien de perles ils peuvent enfiler en une minute.(Utilisez une minuterie de cuisine ou un sablier pour mesurer le temps écoulé.)

Thèmes
Couleurs
Formes

Polo de table

Placez un morceau de ruban adhésif au milieu d'une table et un autre morceau à chaque extrémité de la table à environ 12 cm du bord. Demandez à deux enfants de s'asseoir aux extrémités opposées de la table. Placez une boule de coton sur la ligne centrale. Demandez aux enfants de souffler sur la boule de coton. Le premier qui fait traverser la boule de coton de l'autre côté de la ligne centrale est le gagnant. Si la boule de coton est soufflée en bas de la table, remettez-la au centre et recommencez.

Thèmes
Formes
Humour

Pensez et partagez !

Soumettez un problème aux enfants. Par exemple, vous pourriez leur demander de former la lettre « O » avec leurs corps. Donnez-leur une minute pour réfléchir puis demandez-leur de discuter de la question avec un équipier. Donnez aux équipiers une minute pour discuter de leur idée et demandez-leur ensuite de partager leurs idées avec la classe.

Thèmes
Amis
Estime de soi
Formes

Mouvements à trois jambes

Invitez les enfants à choisir des équipiers et à se tenir debout côte à côte. Utilisez une bande de tissu doux pour lier ensemble les jambes des équipiers qui se touchent. Demandez aux équipiers de marcher, de sauter, de patiner, de ramper ou de courir.

Thèmes
Amis
Humour
Mouvement
Parties du corps

Sur la corde raide

Placez un morceau de corde ou de ruban adhésif de 30 cm sur le sol. Invitez les enfants à marcher sur cette ligne sans « en sortir ». Mettez-les au défi de faire la même chose avec des sacs de haricots secs sur la tête.

Thèmes

Estime de soi
Mouvement

Relais de flambeaux

Fabriquez deux flambeaux. Utilisez des rouleaux vides pour les flambeaux et du papier de bricolage orange pour les flammes. Divisez les enfants en deux équipes de relais. Chaque enfant doit courir et passer le flambeau au suivant dans son équipe. La première équipe à finir est la gagnante. Ce jeu a été inventé en l'honneur du flambeau qui est transporté à Tel-Aviv pour la fête de Hanukkah.

Thèmes

Fêtes
Mouvement

Rimes

Apprenez aux enfants trois paires de rimes, par exemple, chapeau/chaud, chat/repas, bijou/caillou. Placez les enfants en deux lignes parallèles. Remettez un sac de haricots secs au premier enfant de chaque ligne. Demandez-lui de dire un des mots qui

riment en jetant le sac de haricots au premier enfant face à lui. L'ami qui attrape le sac de haricots doit compléter la paire en ajoutant sa propre rime. Continuez jusqu'à ce que chaque enfant ait eu son tour.

Thèmes

Mouvement
Rimes

Constructeurs de chemins

Créez deux chemins faits de blocs d'un côté de la pièce. Divisez les enfants en deux équipes de trois membres. Faites concourir les deux équipes en leur demandant de prolonger leur chemin tout au long de la pièce. Le premier à terminer son chemin gagne.

Thème

Mouvement

Mouvements de paix

Prenez des hula-hoops et demandez aux enfants de jouer aux Mouvements de paix. Ce jeu exige la coopération. Les enfants s'assoient en cercle autour du hula-hoop et le tiennent à deux mains. En tirant sur le hula-hoop, tous devraient pouvoir se lever d'un même mouvement.

Thèmes

Amis
Mouvement

Les bruits du bedon

Faites coucher les enfants sur le sol et demandez-leur de mettre la tête sur le ventre d'un ami. Faites rire les enfants. Demandez-leur ce qui fait bouger leur tête.

Thèmes
Humour

Parties du corps

Marcher sur une ligne courbe

Étendez une corde au sol de manière à ce qu'elle forme des boucles. Faites marcher les enfants un à un sur la ligne et ensuite en groupe. Variez le jeu en suggérant aux enfants de sautiller ou de ramper sur la ligne courbe.

Thèmes
Formes

Humour

Mouvement

La vague

Demandez aux enfants de former un cercle autour de vous et exécutez un mouvement. Par exemple, levez vos mains au-dessus de votre tête. Demandez aux enfants d'imiter le mouvement. Invitez des volontaires à prendre votre place au centre.

Thèmes
Formes

Mouvement

Qu'est-ce qui manque ?

Placez trois objets sur le sol et demandez aux enfants de les observer. Demandez-leur de couvrir leurs yeux et retirez un des objets. Demandez aux enfants d'ouvrir les yeux et de vous dire quel objet manque. À mesure que les enfants s'améliorent, vous pouvez augmenter le nombre d'objets utilisés dans le jeu.

Thème
Sens

Où est mon chapeau ?

Faites asseoir les enfants en cercle autour d'un joueur qui porte un chapeau sur la tête, les yeux fermés. Un deuxième enfant sera M. le Vent. M. le Vent enlève le chapeau du joueur en disant : « Whooo » pour imiter le son du vent. M. le Vent retourne à sa place et cache le chapeau derrière son dos. Tous les enfants mettent aussi leurs mains derrière le dos et disent à l'unisson :

M. le Vent est un drôle de coco,
Il vous enlève votre chapeau.
Où est-il en ce jour venteux ?
Nous le savons, mais ne le dirons.

L'enfant au centre doit deviner qui a pris son chapeau. Il choisit ensuite un autre enfant pour prendre sa place.

Thèmes
Saisons
Temps

Où es-tu, jolie Suzie ?

Désignez un endroit dans la pièce qui sera la maison. Formez deux groupes. Le premier groupe se cachera. Le deuxième groupe cherchera les enfants cachés. Le groupe 2 chante les deux premiers vers de la chanson suivante et commence à chercher les autres enfants pendant le deuxième vers. Le troisième vers est chanté quand tous les enfants sont trouvés et les chasseurs ramènent à la maison leurs amis retrouvés.

Dis donc, où est passée la jolie Susie ?
Dis donc, où est passée la jolie Susie ?
Dis donc, où est passée la jolie Susie ?
Pouvons-nous la ramener à la maison ?
Vite, mes amis, trouvons-la !
Vite, mes amis, trouvons-la !
Vite, mes amis, trouvons-la !
Pouvons-nous la ramener à la maison ?
Vite, mes amis, ramenons-la,
Vite, mes amis, ramenons-la,
Vite, mes amis, ramenons-la,
Pouvons-nous la ramener à la maison ?

Thèmes
Amis
Sens

Quelle tasse cache la pierre ?

Cachez une pierre sous une des trois tasses posées à l'envers sur une table. Déplacez les tasses et laissez les enfants deviner sous quelle tasse se cache la pierre.

Thèmes
Formes
Humour

Qui s'attarde sur mon pont ?

Faites un pont avec des blocs. Un enfant sera le troll. Le troll s'assoit dos au pont, les yeux fermés. Un enfant traversera le pont en disant : « Trip, trap, trip, trap ». Demandez au troll de répondre par le vers ci-dessous :

Qui s'attarde sur mon pont ?
Trip, trap, trip, trap ! Descendez de là !
Personne ne devrait traîner par là.
Descendez ! Descendez ! Que faites-vous là ?

L'enfant sur le pont répond par les vers suivants :

Se cacher ainsi est le jeu
Peux-tu deviner mon prénom. Oui,
qui le peut ?

Si le troll devine correctement le prénom de l'enfant sur le pont, celui-ci devient le troll. S'il ne devine pas, il reste le troll.

Thèmes
Mouvement
Sens

Qui l'a dit ?

Un enfant sera le joueur. Il doit essayer d'identifier un orateur uniquement par la voix. Faites-lui couvrir ses yeux ou bandez-les. Un enfant dans le groupe commencera à parler. Donnez à d'autres enfants la possibilité d'être le joueur. N'oubliez pas de mentionner aux enfants que, quand nous écoutons très attentivement, nous sommes capables d'entendre les particularités de la voix de chacun.

Thème
Sens

Qui a pris le biscuit dans la jarre ?

Tapotez vos cuisses selon une rythmique précise en récitant la comptine suivante. Continuez jusqu'à ce que chacun ait été accusé. Finissez en accusant Cookie Monster.

> *Qui a pris le biscuit dans la jarre ?*
> *(Le nom) a pris le biscuit dans la jarre.*
> *Qui, moi ?*
> *Oui, toi.*
> *Je ne crois pas.*
> *Alors qui ?*
> *(Le premier enfant choisi qui sera accusé) a volé le biscuit dans la jarre.*
> *Qui, moi ?*
> *Oui, toi.*
> *Je ne crois pas !*
> *Alors qui ?*

Thèmes
Alimentation
Humour

Qui a le bouton ?

Faites asseoir les enfants en cercle. Un enfant sera le joueur. Donnez-lui un bouton. Les autres ferment les yeux.
Aidez le joueur à choisir un ami à qui donner le bouton. Invitez les enfants à ouvrir leurs yeux et à essayer de deviner qui a le bouton. Celui qui devine correctement devient le joueur au tour suivant.

Thèmes
Amis
Sens

Jouets à remonter

Les enfants seront des jouets mécaniques et seront en équipes de deux : l'un est le jouet, l'autre celui qui le remonte. Suggérez-leur des jouets à personnifier : des bébés-poupées se déplaçant, des soldats, des chimpanzés dansants et ainsi de suite. Au bout d'un moment, inversez les rôles.

Thèmes
Animaux
Amis
Jouets
Singes

Ouais ! ou Bof !

Faites des affirmations variées et demandez aux enfants d'exprimer leurs sentiments par rapport à ces propositions. Par exemple, si vous dites : « Le brocoli est bon », ils répondent : « Ouais ! » s'ils sont d'accord et « Bof ! » s'ils ne le sont pas. Les enfants peuvent aussi lever le pouce s'ils sont d'accord et le pointer vers le sol s'ils sont en désaccord.

Thèmes

Émotions

Respect de soi

Histoires en mouvement

Le Calliope

Consignes : Inventez une histoire au sujet d'un voyage à la foire ou au parc d'attractions. Incitez les enfants à s'imaginer sur différents manèges. Lorsqu'ils s'imaginent sur le carrousel de chevaux de bois, proposez-leur l'activité suivante.

Formez quatre groupes avec les enfants. Assignez aux trois premiers groupes un son et un mouvement pris dans la liste ci-dessous. Le quatrième groupe fredonnera la chanson qu'on associe généralement à un carrousel.

> Son 1 : Um pa pa, um pa pa… *(Pliez et dépliez les genoux.)*
>
> Son 2 : Um tweedli-dee, um tweedli-dee… *(Balancez d'un côté à l'autre.)*
>
> Son 3 : Um shhh, um shhh, um shhh… *(Tournez lentement en rond.)*

Thèmes

Humour
Mouvement
Les sonorités de la langue

Voyage au pays des bonbons

par Pam Schiller

Faisons un voyage. Qui veut aller au pays des bonbons ? *(Des mains se lèvent.)* Parfait ! Allons-y ! *(Faites le geste d'inciter tout le monde à avancer.)*

Ce n'est pas très loin d'ici. D'abord, marchons. *(Marchez sur place environ 10 pas.)* Maintenant, nous devons monter dans un avion et voler. *(Battez des bras pour voler pendant quelques secondes.)* Regardez! Nous y sommes! *(Baissez les bras et descendez de l'avion.)*

Wow! Voici un trottoir de pastilles de menthe. Sautons sur ces pastilles et voyons où elles vont. *(Faites semblant de sauter d'une pastille à l'autre à plusieurs reprises.)* Soyez prudents afin de ne pas tomber.

Qu'est-ce que c'est? On dirait une rivière de caramel. Essayons de la traverser. *(Marchez comme si vous marchiez dans quelque chose de mou.)*

C'est amusant! Qui aime le caramel? *(Des mains se lèvent.)* Goûtons-y. *(Penchez-vous et faites semblant de ramasser du caramel et de le goûter.)* Ummm!

Eh, regardez l'arbre de bonbons au citron. *(Montrez-le.)* Choisissez quelques bonbons au citron. *(Choisissez des bonbons au citron.)* Goûtons-en un. *(Feignez de mâcher et de croquer.)*

Allons maintenant dans la forêt. *(Faites quelques pas.)* Voici quelques réglisses. Nous pourrions les utiliser pour jouer à la corde à sauter. *(Sautez à la corde.)*

Il est temps de partir maintenant. Retournons vers l'avion. Nous devons retraverser la rivière de caramel. *(Traversez la rivière.)* Sauter sur les pastilles de menthe. *(Sautez de pastille en pastille.)*

Oh! regardez ces grandes sucettes qui poussent comme des fleurs dans un jardin. Cueillons-en pour les ramener à la maison. *(Choisissez une sucette.)*

Bien. Envolons-nous! *(Volez.)*

Maintenant retournons à notre salle de classe. (*Marchez.*)

Nous voilà revenus! Qui s'est bien amusé? (*Des mains se lèvent.*)

Moi, aussi. J'aime le pays des bonbons!

Thèmes

Alimentation
Humour
Mouvement

La chute de la dernière feuille

par Pam Schiller

Samuel ratissait les feuilles pour son papa. Il se disait qu'il n'arriverait jamais à ramasser toutes ces feuilles. Il a regardé vers le ciel pour voir combien de feuilles s'accrochaient encore aux branches du grand érable. Wow! Il n'y en avait qu'une. Au moment où Samuel l'a remarquée, la feuille a commencé à tomber.

(*Les enfants imitent la feuille.*)

Elle s'est balancée. (*Balancez-vous.*)

Elle a tourné. (*Tournez.*)

Elle a tourné et tourné encore sous le souffle du vent. (*Tournez et tournez encore.*)

Le vent soufflait plus fort et la petite feuille flottait doucement et silencieusement. (*Flottez doucement.*)

Elle s'est balancée. (*Balancez-vous doucement.*)

Elle a tourné. (*Tournez doucement.*)

Elle a dansé avec le vent.

(*Dansez lentement.*)

Soudainement, le vent a soufflé plus fort.

La petite feuille a tremblé. (*Secouez-vous.*)

Elle s'est élevée brusquement dans le ciel. (*Lancez vos bras au-dessus de votre tête.*)

Elle s'est balancée. (*Balancez-vous rapidement.*)

Elle a tourné. (*Tournez rapidement.*)

Elle a dansé avec le vent. (*Dansez rapidement.*)

Puis le vent s'est calmé et a lâché la feuille.

La petite feuille a tournoyé. (*Tournoyez.*)

Elle a glissé. (Glissez.)

Elle s'est balancée. (*Balancez-vous lentement.*)

Et elle a finalement atterri sur un tas de feuilles déjà tombées. (*Assoyez-vous.*)

Je me demande si elle était heureuse de retrouver ses amis.

Thèmes

Mouvement
Saisons
Temps

Allons nous baigner

par Pam Schiller

J'aime nager. J'aime nager. J'aime nager. *(Serrez vos bras sur votre poitrine et étreignez-vous.)*

Quand nous allons à la plage, je me réveille tôt. *(Bâillez.)*

Je lave mes lunettes de plongée. *(Feignez de laver des lunettes.)*

Je gonfle mon flotteur. *(Feignez de gonfler un flotteur à trois reprises.)*

Je plie ma serviette de plage. *(Faites semblant de plier une serviette de plage.)*

Je mets mes sandales. *(Feignez de mettre des sandales.)*

Je mets mon maillot de bain. *(Faites semblant de mettre un maillot de bain.)*

J'avale mon petit-déjeuner. *(Feignez de manger.)*

Je sais que j'aurai besoin de beaucoup d'énergie pendant cette journée à la plage.

Ensuite, j'aide maman et papa à charger la voiture. *(Feignez de ramasser des objets et transportez-les à la voiture.)*

Nous aurons besoin de notre glacière, de notre panier à pique-nique et de nos chaises de plage.

Voilà! Nous sommes à la plage. *(Feignez de regarder par les vitres de la voiture.)*

Quand nous arrivons, je bondis de la voiture. *(Bondissez.)*

J'aide maman et papa à trouver une place sur la plage. *(La main en visière au-dessus des yeux, regardez autour de vous.)*

Ce n'est pas facile de marcher dans le sable. *(Marchez comme si vous étiez dans le sable.)*

Je m'arrête et j'écoute le son du vent sur l'océan. *(Portez la main à l'oreille.)*

J'applique de la crème solaire sur mon corps. *(Frottez-vous comme si vous mettiez de la crème solaire.)*

Maintenant, je peux foncer à l'eau. *(Courez sur place.)*

J'aime l'océan. *(Levez vos mains en l'air.)*

J'aime nager. J'aime nager. J'aime nager. *(Serrez vos bras sur votre poitrine et étreignez-vous.)*

Et vous?

Thèmes

Émotions

Familles

Océans et mers

Saisons

La chasse à l'ours

Nous allons à la chasse à l'ours.

Vous voulez venir ?

Bien, venez ici.

Allons-y ! *(Marchez sur place.)*

Regardez! Une rivière.

On ne peut pas passer par-dessus.

On ne peut pas passer au-dessous.

On ne peut pas la contourner.

Nous devrons la traverser. *(Faites semblant de marcher dans la rivière, dans l'eau puis sur l'autre rive. Puis recommencez à marcher sur place.)*

Regardez! Un arbre.

On ne peut pas passer au-dessous.

On ne peut passer au travers.

Nous devrons grimper. *(Feignez de grimper dans l'arbre et recommencez à marcher sur place.)*

Regardez! Un champ de blé.

On ne peut pas passer par-dessus.

On ne peut pas passer au-dessous.

On ne peut pas le contourner.

Nous devrons le traverser *(Faites semblant de traverser le champ. Frottez vos mains contre vos cuisses pour produire des sons de friction. Recommencez à marcher sur place.)*

(Vous pouvez ajouter autant de vers que vous voulez à cette histoire.)

Regardez! Une caverne.

Vous voulez y entrer ?

Ooh, c'est sombre ici. *(Regardez autour de vous en écarquillant les yeux.)*

Je vois deux yeux.

Je me demande ce que c'est. *(Tendez la main pour toucher.)*

C'est doux et poilu.

C'est gros.

C'est un ours! Sauvons-nous! *(Revenez sur vos pas, en courant sur place, passez par le champ de blé, sur place, l'arbre, et la rivière, puis arrêtez-vous.)*

Nous sommes en sécurité! Super!

Thèmes
Mouvement
Ours
Relation à l'espace

Une excursion à cheval

par Pam Schiller

Nous allons faire une excursion à cheval.

Vous voulez venir ?

Formidable!

Préparons-nous!

Prenons les rênes et rassemblons les bêtes. *(Les enfants répètent.)*

Attelons-les. *(Les enfants répètent.)*

Chargeons notre chariot. *(Les enfants répètent.)*

N'oublions pas les couvertures et la nourriture. *(Les enfants répètent.)*

N'oublions pas l'eau. *(Les enfants répètent.)*

Il faut donner de l'eau à nos chevaux. *(Les enfants répètent.)*

Iglou, iglou. *(Les enfants répètent.)*

Nous sommes prêts.

Maintenant, montons à cheval.

Allons-y . *(Les enfants tiennent les rênes des chevaux et font clop entre les phrases.)*

Regardez! Une rivière.

On ne peut pas passer par-dessus. *(Les enfants répètent.)*

On ne peut pas passer au-dessous. *(Les enfants répètent.)*

On ne peut pas la contourner *(Les enfants répètent.)*

Nous devrons la traverser.

Regardez! Un cactus.

On ne peut pas passer par-dessus. *(Les enfants répètent.)*

On ne peut pas passer au-dessous. *(Les enfants répètent.)*

On ne peut pas passer au travers *(Les enfants répètent.)*

Nous devrons le contourner.

Regardez! Une montagne.

On ne peut pas passer au travers. *(Les enfants répètent.)*

On ne peut pas passer au-dessous. *(Les enfants répètent.)*

On ne peut passer par-dessus. *(Les enfants répètent.)*

Nous devrons la contourner. *(Les enfants répètent.)*

Regardez! Un train.

On ne peut pas passer au travers *(Les enfants répètent.)*

On ne peut pas passer au-dessous. *(Les enfants répètent.)*

On ne peut pas passer par-dessus. *(Les enfants répètent.)*

Il va falloir le contourner.

(Option : arrêtez-vous ici et chantez quelques chansons avec les gens du train...)

Regardez! Il y a une ville! *(Plissez les yeux comme si vous regardiez au loin.)*

Exactement ce que nous cherchons!

Dépêchons-nous! Allez, allez, mes petits!
(*Les enfants font semblant de se dépêcher.*)

Nous y sommes presque. (*Les enfants courent sur place.*)

Civilisation, nous voici!

Thèmes

Chevaux
Cow-boys
Mouvement
Nature
Travail

Une expédition d'observation de baleines

par Pam Schiller

Nous partons en expédition pour observer des baleines.

Vous voulez venir?

Bien, venez vite.

Allons-y! (*Marchez sur place.*)

Regardez! C'est notre bateau..

On ne peut pas passer par-dessus.

On ne peut pas passer au-dessous.

Nous devrons y monter. (*Feignez de monter dans le bateau et de trouver une bonne place pour se tenir debout. Placez une main en visière au-dessus de vos yeux comme si vous cherchiez une baleine du regard. Tambourinez avec vos doigts pour marquer votre impatience.*)

Regardez, un bateau.

On ne peut pas passer par-dessus.

On ne peut pas passer au-dessous.

On ne peut pas le traverser.

Nous devrons le contourner. (*Faites semblant de tourner autour du bateau et commencez à tambouriner des doigts pour marquer votre impatience tout en surveillant l'arrivée d'une baleine.*)

Regardez. Il y a un iceberg.

On ne peut pas passer par-dessus.

On ne peut pas passer au-dessous.

On ne peut pas passer au travers.

Nous devrons le contourner. (*Feignez de vous apprêter à contourner l'iceberg et recommencez à tambouriner des doigts tout en cherchant une baleine du regard.*)

(*Ajoutez des vers pour allonger l'histoire tant que vous voulez.*)

Regardez. Il y a un jet d'eau.

Est-ce une baleine?

Ooh, c'est bien possible. (*Regardez droit devant.*)

Je vois une tête énorme.

Je me demande ce que c'est.

Je vois une queue.

C'est énorme.

C'est une baleine! Nous avons trouvé une baleine!

Attention! Voici un autre jet d'eau!

Trop tard! Nous sommes trempés!

Thèmes

Baleines
Bateaux
Mouvement
Océans et mers
Relation à l'espace

Salut, je m'appelle Joe !

Salut, je m'appelle Joe!

J'ai une femme, un enfant et je travaille dans une usine de boutons.

Un jour, mon patron m'a demandé : «Êtes-vous occupé, Joe?»

J'ai répondu : «Non.»

«Alors, tournez un bouton avec votre main droite.» *(Faites le geste de tourner un bouton avec la main droite.)*

Salut! Mon nom est Joe!

J'ai une femme, deux enfants et je travaille dans une usine de boutons.

Un jour, mon patron m'a demandé : «Êtes-vous occupé, Joe?»

J'ai répondu : «Non.»

«Alors, tournez un bouton avec votre main gauche.» *(Faites le geste de tourner un bouton avec la main gauche.)*

(Continuez en ajoutant des enfants à la famille de Joe et ajoutez le pied gauche, puis le droit, puis la tête.)

Salut! Mon nom est Joe!

J'ai une femme, six enfants et je travaille dans une usine de boutons.

Un jour, mon patron m'a demandé «Êtes-vous occupés, Joe?»

J'ai répondu : «Oui!»

Thèmes

Emplois
Famille
Humour
Nombres
Travail

Je peux, vous pouvez !

par Pam Schiller

(Joignez le geste à la parole.)

Je peux lever mes mains très haut. Pouvez-vous?

Je peux cligner de l'œil. Pouvez-vous?

Je peux tirer la langue. Pouvez-vous?

Je peux ouvrir ma bouche toute grande. Pouvez-vous?

Je peux plier mes bras. Pouvez-vous?

Je peux couvrir mes oreilles. Pouvez-vous?

Je peux toucher mon nez. Pouvez-vous?

Je peux me faire un grand câlin. Pouvez-vous?

Thèmes

Estime de soi
Parties du corps

Faisons semblant de faire un gâteau

par Pam Schiller

(Mimez l'histoire et encouragez les enfants à vous imiter.)

Qui veut faire un gâteau ? J'ai besoin que tous les pâtissiers viennent s'asseoir près de moi. Voyons. Nous avons besoin d'un mélangeur, de deux bols, d'une balance, de tasses et de cuillères à mesurer et d'un moule à gâteau. *(Faites semblant de prendre ces articles sur des étagères et dans des tiroirs.)* Maintenant, je pense que nous sommes prêts.

D'abord, mettons notre beurre et notre sucre dans le bol. *(Placez les deux ingrédients dans le bol.)* Nous avons besoin du mélangeur. *(Promenez le mélangeur au-dessus du bol en faisant le bruit ronronnant du moteur.)* Cela semble bien lisse. Ajoutons les œufs. *(Comptez et cassez quatre œufs dans le bol.)* Mélangeons encore. *(Refaites le mouvement et le bruit du mélangeur.)* Ça a l'air bon.

Nous devons maintenant ajouter la farine. *(Pesez-en 500 g et versez-les dans le bol.)* Ensuite, nous devons ajouter le lait *(Mesurez 250 ml de lait.)* Encore 5 ml de vanille. *(Mesurez 5 ml de vanille.)* Mélangeons une dernière fois *(Mélangez.)* et nous sommes prêts à verser notre mélange dans notre moule à gâteau. *(Versez.)* Maintenant, au four. *(Ouvrez la porte du four en faisant un son grinçant, faites glisser le gâteau dans le four et fermez la porte.)*

Maintenant, notre gâteau cuit. *(Tapez des doigts pour marquer l'impatience.)* Je ne peux plus attendre ! Vous sentez ? *(Sentez.)* Comme ça sent bon ! Allons ! Sortons-le. *(Sortez le gâteau et sentez-le.)* Qui veut du gâteau ?

Thèmes

Compter　　Cuisine
Mouvement　Nombres
Nourriture

Les petites fourmis

*Dans les petites collines
Et sur les petites routes,
La file de fourmis marche sans s'arrêter
La file de petites fourmis,
La file de fourmis marche sans s'arrêter.*

Répétez, en remplaçant « *marche sans s'arrêter* » par l'une des expressions suivantes :

... trottine sans s'arrêter

... tourne sans s'arrêter

... saute sans s'arrêter

... danse sans s'arrêter

... patine sans s'arrêter

... et les fournis font toutes au revoir

Thèmes

Insectes
Mouvement

La petite chenille

par Pam Schiller

(Joignez le geste à la parole.)

La petite chenille a sorti sa tête de l'œuf qui avait été sa maison pendant deux semaines. Elle a regardé autour d'elle. Il lui a semblé qu'elle se trouvait dans une forêt. Tout était vert. Elle a regardé en bas. Elle n'a vu que des feuilles vertes. Elle a regardé à gauche. Elle n'a vu que des feuilles vertes. Elle a regardé à droite. Encore une fois, elle n'a vu que des feuilles vertes. Elle a levé les yeux. Le soleil éclatant lui a fait détourner la tête brusquement vers le sol. Elle a pris une bouffée d'air frais et a compris qu'elle avait extrêmement faim. Elle a pris une bouchée de la feuille à laquelle son œuf était toujours attaché. C'était délicieux! Elle a pris une autre bouchée et encore une autre.

Soudain, elle s'est retrouvée face à face avec une autre chenille placée sur une feuille voisine. Elle a salué l'autre chenille qui l'a saluée à son tour. Alors les deux chenilles ont recommencé à manger chacune de leur côté. On aurait dit qu'elles faisaient la course. Les deux chenilles ont mangé et mangé avidement. Jour après jour, elles ont mangé. Nuit après nuit, elles ont mangé. Comment quelqu'un pourrait-il avoir aussi faim?

Un jour, la première petite chenille s'est sentie brusquement pleine et somnolente. Elle s'est allongée sur une feuille et a commencé à se couvrir de soie. Le temps de le dire, elle dormait à poings fermés. Elle a dormi au chaud et dans le confort de son cocon pendant plusieurs jours. Quand elle s'est réveillée, elle s'est sentie beaucoup mieux. Elle s'est étirée. Elle a agité ses ailes. Ses quoi? Quelque chose était différent. Elle est sortie de son cocon. Elle s'est sentie pleine d'énergie. Elle a battu des ailes! Puis elle a quitté la seule maison qu'elle avait jamais eue pour foncer vers le ciel, très haut au-dessus du sol.

Ainsi, si jamais vous mangez trop et que vous vous endormez sous une couverture de soie, ne soyez pas étonné de vous réveiller avec une paire d'ailes!

Thèmes

Grandir	Insectes
Mouvement	Nature

Le petit cosmonaute

par Pam Schiller

Une soucoupe volante a tourbillonné dans le ciel et a atterri directement dans mon jardin. Je ne pouvais pas en croire mes yeux. J'ai regardé la porte de la soucoupe volante s'ouvrir lentement. Un petit homme mauve en est sorti.

Il s'est étiré. *(Les enfants mettent les mains au-dessus de la tête pour s'étirer.)*

Il s'est penché et a touché le sol. *(Les enfants se penchent pour toucher leurs orteils.)*

Il s'est tourné à droite pour étirer son dos. *(Tournez-vous vers la gauche.)*

Puis il s'est tourné vers la droite pour s'étirer de nouveau. *(Tournez-vous vers la droite.)*

Il a sorti deux antennes; une sur le côté gauche de sa tête et l'autre sur le côté droit.

(Faites semblant de sortir des antennes.)

Il a retiré le réservoir d'oxygène de son dos. *(Feignez d'enlever le réservoir.)*

Il a pris une profonde respiration par les narines et a expiré par la bouche. *(Respirez par le nez et expirez par la bouche.)*

Il a sautillé plusieurs fois sur place. *(Sautillez plusieurs fois.)*

Je me suis approché.

Il m'a vu. Il a sauté dans son vaisseau, a refermé la porte et a décolé. *(Sautez dans le vaisseau et fermez la porte.)*

J'ai raconté à tout le monde ce que j'avais vu, mais personne ne m'a cru. J'aimerais bien que le petit homme mauve revienne.

Thèmes
Cosmos
Couleurs

Mes nombreux visages

par Pam Schiller

Ma mère dit que j'ai plusieurs visages.

Quand je suis heureux, je ressemble à ceci. *(Tournez-vous et souriez.)*

Quand je suis mécontent, je ressemble à ceci. *(Tournez-vous et prenez un air fâché.)*

Quand je suis triste, je ressemble à ceci. *(Tournez-vous et prenez un air triste.)*

Quand je suis embarrassé, je ressemble à ceci. *(Tournez-vous et ayez l'air embarrassé.)*

Quand je rêvasse, je ressemble à ceci. *(Tournez-vous et prenez l'air rêveur.)*

Quand ma grand-mère vient nous visiter, je ressemble à ceci. *(Tournez-vous de l'autre côté et souriez.)*

Quand mon frère détruit mon château de sable, je ressemble à ceci. *(Tournez-vous et ayez l'air fâché.)*

Quand je ne peux pas avoir une seconde portion de glace, je ressemble à ceci. *(Tournez-vous et ayez l'air triste.)*

Quand je ne trouve pas mes chaussures, je ressemble à ceci. *(Tournez-vous et ayez l'air embarrassé.)*

Quand je pense aux vacances d'été, je ressemble à ceci. *(Tournez-vous et ayez l'air songeur.)*

Combien de visages as-tu? *(Montrez du doigt un enfant.)*

Invitez les enfants à penser à ce qui les amène à avoir certaines expressions.

Thèmes
Émotions
Estime de soi

Mon chien Marley

Instructions : Demandez aux enfants de tapoter leur tête quand ils entendent les mots bon chien et d'agiter leur index quand ils entendent les mots mauvais chien.

Marley est mon chien. Il est mon meilleur ami . C'est un Golden Retriever. C'est un grand chien jaune. Vous l'avez peut-être déjà vu. C'est un bon chien.

Marley dort au pied de mon lit. Chaque matin, quand je me réveille, je dis : « Bonjour, Marley. Tu es un bon chien. »

Quand nous descendons petit-déjeuner, ma mère dit : « Bonjour, Austin. Bonjour, Marley. As-tu été un bon chien ? »

Marley mange son petit-déjeuner tandis que je mange le mien. Il essaie parfois de chiper un morceau de ma saucisse. Je dis : « Non, Marley. Mauvais chien. »

Ma maman dit : « Non, Marley. Mauvais chien. »

Quand je sors, Marley vient avec moi. Je lui lance une balle et Marley la rapporte. Je dis : « Bon chien » quand il met la balle dans ma main.

Quand Tigger, le chat du voisin, s'arrête en passant pour jouer, Marley le poursuit. Je dis : « Mauvais chien, Marley. »

Marley aime courir. Il pourchasse tout. Parfois il n'est pas prudent. Il renverse les ordures. Mon père hurle : « Mauvais chien ! »

Il traverse en courant le jardin de maman. Elle crie : « Mauvais chien ! »

Un jour où nous n'étions pas à la maison et que Marley était tout seul, un cambrioleur a essayé d'entrer par la porte arrière de la maison. Marley l'a entendu et a commencé à aboyer. Notre voisin est venu pour voir ce qui se passait et le cambrioleur s'est sauvé. Notre voisin a dit : « Bon chien, Marley. »

Quand nous sommes revenus à la maison, maman a dit que Marley était un bon chien. Papa a dit : « C'est bien vrai. » Moi, j'ai ajouté : « Marley, tu es le meilleur ami qu'un garçon pourrait avoir. Tu es vraiment un bon chien ! »

Thèmes

Chiens   Mouvement

Métamorphose

Je suis un œuf. Je suis un œuf. Je suis un œuf, un œuf, un œuf ! *(Pelotonnez-vous dans la position fœtale.)*

Je suis un ver. Je suis un ver. Je suis un ver tout ondulé ! *(Ouvrez-vous et agitez-vous au sol.)*

Je suis un cocon. Je suis un cocon. Je suis un cocon rond et soyeux ! *(Pelotonnez-vous dans une position fœtale, une main posée sur le visage.)*

Je suis un papillon. Je suis un papillon. Je suis un papillon grand et glorieux ! *(Levez-vous et volez en utilisant vos bras en guise d'ailes.)*

Je peux voler ! Je peux voler ! Je peux voler, voler, voler ! *(Après que les enfants se sont métamorphosés en papillons, donnez à chacun deux assiettes en plastique coloré pour faire des ailes et incitez-les à voler dans la pièce au son de la musique classique.)*

Thèmes

Insectes   Mouvement

M. Tremblé et M. Tremblote

Voici M. Tremblé (*Levez la main droite, fermez le poing, mais laissez le pouce sorti. Agitez le pouce.*) et voici M. Tremblote (*Levez la main gauche, fermez le poing, mais laissez le pouce sorti. Agitez le pouce.*). M. Tremblé et M. Tremblote vivent dans des maisons sur des collines différentes à trois collines l'un de l'autre. (*Entrez les pouces dans les poings.*)

Un jour, M. Tremblé décide de visiter M. Tremblote. Il ouvert sa porte (*Ouvrez le poing droit.*) – pop – et sort (*Levez le pouce.*) – pop – et referme la porte (*Refermez le poing.*) – pop. Puis il descend la colline et monte l'autre colline et descend la colline suivante et remonte encore une autre colline et descend une dernière colline.

Enfin, il monte une dernière colline. (*Déplacez la main droite en haut et en bas en suivant le texte.*)

Quand il arrive à la maison de M. Tremblote, il frappe à la porte, toc-toc-toc. (*Tapez le pouce droit contre le poing gauche.*) Personne ne répond. M. Tremblé redescend la colline, remonte l'autre colline, descend une autre colline et remonte l'autre colline et redescend la colline et remonte la colline qui mène à sa maison (*De vos mouvements des mains, suivez le texte.*) – pop!

Le jour suivant, M. Tremblote décide de visiter M. Tremblé. Il ouvre sa porte (*Ouvrez le poing droit.*) – pop – et sort (*Levez le pouce.*) – pop – et referme la porte (*Refermez le poing.*) – pop. Puis il descend la colline et monte l'autre colline et descend la colline suivante et remonte encore une autre colline et descend une dernière colline.

Enfin, il monte une dernière colline. (*Déplacez la main droite en haut et en bas en suivant le texte.*)

Quand il arrive à la maison de M. Tremblé, il frappe à la porte, toc-toc-toc. (*Tapez le pouce droit contre le poing gauche.*) Personne ne répond. M. Tremblote redescend la colline, remonte l'autre colline, redescend une autre colline et remonte l'autre colline et redescend la colline et remonte la colline qui mène à sa maison (*De vos mouvements des mains, suivez le texte.*) – pop!

Le jour suivant, M. Tremblé (*Secouez le poing droit.*) décide de visiter M. Tremblote et M. Tremblote (*Agitez le poing gauche.*) décide de visiter M. Tremblé. Ils ouvrent leur porte (*Ouvrez les deux poings.*) – pop – sortent (*Sortez les pouces.*) et referment leur porte (*Fermez les poings.*) – pop. Chacun descend sa colline et monte l'autre colline et descend l'autre colline et monte une autre colline (*Suivre le mouvement du texte avec les mains.*) et ils se rencontrent finalement au sommet d'une colline. Enfin!

Thèmes

Amis
Parties du corps

Ce que le singe voit, le singe le fait

par Pam Schiller

Quand mes amis et moi allons au zoo, ce que nous préférons, c'est la maison des singes. Nous aimons observer les drôles de choses que font les singes et je pense que les singes aiment bien nous observer, aussi. Je me demande s'ils trouvent que nous sommes aussi drôles que nous pensons qu'ils le sont. Je me demande toujours qui observe qui.

Tiens, j'ai une idée. Vous serez les singes et moi, je serai moi. Je vais vous montrer ce qui se passe au zoo. Écoutez attentivement parce que parfois ce sera vous qui dirigerez le jeu. Souvenez-vous, vous êtes les singes. *(Vous êtes le conteur et les enfants sont les singes. Mariez les gestes aux mots.)*

Quand nous arrivons aux cages des singes, nous frappons des mains avec joie. Le temps de le dire, les singes frappent aussi des mains.

Ils sautillent et nous aussi.

Nous faisons des grimaces et eux aussi.

Ils tournent en rond et nous aussi.

Nous balançons nos bras dans tous les sens comme des singes et les singes nous imitent.

Ils soulèvent leurs pattes *(sur le côté et de haut en bas)* et nous faisons de même avec nos jambes.

Nous nous grattons la tête et ils grattent la leur.

Ils se grattent sous les bras et nous nous grattons aussitôt sous les bras.

Nous tirons nos oreilles et ils tirent les leurs.

Ils s'assoient sur le sol et comptent leurs orteils.

Nous feignons de faire de même.

Alors ils rient hi-hi-hi, hi-hi-hi.

Nous nous roulons au sol en riant.

Voilà ! Ils se roulent aussi sur le sol en riant.

Avez-vous déjà vu les singes au zoo ? Vous devez vraiment aller les voir.

Quand vous irez, vous jouerez à notre drôle jeu : Ce que le singe voit, le singe le fait.

Thèmes

Humour	Mouvement
Parties du corps	Singes

Le langage du corps

par Pam Schiller

Quand je veux dire : « Salut », je fais un signe de la main.

Quand je veux dire : « Non », je secoue la tête d'un côté à l'autre.

Quand je veux dire : « Oui », j'incline la tête en haut et en bas.

Quand je veux dire : « Bravo », je redresse mon pouce.

Quand je veux dire que je ne suis pas d'accord, j'agite mon pouce vers le sol.

Quand je veux souligner un succès, je bats des mains.

Quand je veux dire : «Assez ou arrête», je place ma main devant moi.

Quand je veux dire : «Viens ici», je bouge la main vers moi.

Quand je veux dire : «Au revoir», je vous fais un signe de la main ou vous envoie un baiser.

Quand je veux dire que je vous aime, je vous serre dans mes bras.

Thèmes

Estime de soi
Mouvement
Parties du corps

Okki-tokki-unga

Consignes : Cette chanson et les mouvements qui l'accompagnent illustrent une chasse à la baleine, à la manière des Inuits. Chantez ou récitez les mots en faisant les mouvements suivants :

Okki-tokki-unga, okki-tokki unga *(Faites semblant de pagayer dans un canoë.)*

Eh missa day, missa doh, missa day.

Okki-tokki-unga, okki-tokki unga *(Faites semblant de pagayer dans un canoë.)*

Eh missa day, missa doh, missa day.

Hexa-cola-misha-won-i *(Plisser les yeux et faites semblant de scruter la mer.)*

Hexa-cola-misha-won-i.

Vous racontez l'histoire tandis que les enfants chantent et font les mouvements.

Vous :
Nous allons partir à la recherche des baleines comme le font les Inuits. D'abord, nous devons mettre nos bottes. *(Chacun feint de mettre des bottes.)* Ensuite, nous devons fermer nos manteaux. *(Chacun feint de remonter la fermeture-éclair de son manteau.)* Maintenant, mettons nos filets et nos cordes dans le canoë. *(Feignez de mettre des filets et des cordes dans le canoë.)* Bien, embarquons dans le canoë. *(Feignez d'embarquer dans le canoë.)* Allons-y !

Tout le monde :
Okki-tokki-unga, okki-tokki-unga,
Eh missa day, missa doh, missa day.
(Faites semblant de pagayer.)

Vous :
Regardons pour voir si nous pouvons trouver une baleine.

Tout le monde :
Hexa-cola-misha-won-i
Hexa-cola-misha-won-i.
(Faites semblant de pagayer.)

Vous :
Je n'en vois pas. En voyez-vous ? Non ? Continuons.
Répétez l'échange ci-dessus et ensuite continuez l'histoire.

Vous :

Regardez ! Une baleine ! Pagayons jusqu'à elle. *(Chantez le refrain et pagayez rapidement.)* Jetons nos filets et essayons de l'attraper. *(Feignez de jeter des filets sur la baleine.)* Maintenant, attachez la corde autour de sa queue. *(Feignez d'attacher la corde.)* Maintenant, tirez-la dans le canoë. *(Feignez de tirer une très lourde baleine dans le canoë.)* Amenons-la au royaume de la mer ! *(Chantez le refrain et pagayez lentement.)*

Pouvons-nous voir le royaume de la mer d'ici ? *(Chantez le vers, scrutez l'horizon du regard, recommencez puis repartez.)* Voici le royaume de la mer. Pagayons jusque-là ! *(Chantez le refrain et pagayez lentement car le canoë est très lourd.)* Pagayons encore un peu pour aller déposer notre baleine dans le bassin. *(Chantez le refrain et pagayez un peu plus rapidement.)*

Détachez la corde. *(Feignez de détacher la corde.)* Maintenant, enlevez le filet. *(Feignez de retirer le filet de la baleine.)* Maintenant, libérez-la ! *(Feignez de pousser la baleine par-dessus le bord du canoë.)*

Maintenant, retournons à la maison !

Chantez le refrain encore une fois et pagayez bien vite pour rentrer à la maison.

Thèmes

Baleines
Océans et mers

Une promenade au printemps

par Pam Schiller

J'adore marcher dans le jardin au printemps. Tout est si beau et si vivant.

J'arrête et je prends quelques profondes inspirations juste pour sentir le merveilleux parfum des fleurs. *(Prenez deux ou trois profondes inspirations.)*

Je m'accroupis et j'observe les fourmis transportant de petits colis en direction de leurs maisons.

(Accroupissez-vous et feignez d'observer des fourmis.)

Parfois elles transportent des choses plus grandes qu'elles.

(Tenez les mains au-dessus de la tête, comme si vous transportiez quelque chose.)

Quand je marche dans un champ de fleurs sauvages, je fais bien attention à ne pas marcher sur les fleurs.

(Marchez soigneusement et feignez d'éviter des fleurs.)

Je m'arrête de nouveau et je respire les parfums du printemps. *(Arrêtez-vous et respirez profondément.)*

Je sens la chaleur du soleil sur mes bras et sur mon visage. *(Tendez votre visage vers le soleil.)*

Je sens une douce brise. *(Mettez vos bras autour de votre corps.)*

Les abeilles sont partout, cueillant le pollen des fleurs. Je les observe alors qu'elles dansent autour des fleurs. C'est amusant d'imiter leur danse. *(Dansez en rond.)*

Les mûres sauvages sont en train de mûrir et deviennent noires. Je m'arrête pour en choisir quelques-unes et je les mange immédiatement. Elles sont âcres. *(Cueillez une mûre, mangez-la et plissez les lèvres.)*

Les fleurs sont belles. Il semble y avoir des fleurs de toutes les couleurs. J'ai une formidable idée. Je vais choisir quelques fleurs pour égayer la table au dîner. *(Cueillez des fleurs.)*

Maman sera heureuse d'avoir un peu de printemps sur notre table.

Thèmes

> Alimentation
> Faire pousser quelque chose
> Insectes
> Saisons
> Temps

Comptine pour marcher

Consignes : Coupez un morceau de papier en bandes de 35 cm de long. Dessinez dans cet ordre : des traces de pas, une flèche en spirale, des pieds qui avancent, de l'herbe, des pieds qui avancent, une porte, des pieds qui avancent, une balle, des pieds qui avancent, une chaise, des pieds qui avancent, un lit, des pieds qui avancent, des pieds qui marchent jusqu'au bout du papier. Collez le papier. Invitez les enfants à réciter la comptine comme s'ils marchaient à travers l'histoire.

Boucles d'Or, Boucles d'Or gratte son nez *(Grattez votre nez.)*

Boucles d'Or, Boucles d'Or touche ses pieds *(Touchez vos pieds.)*

Boucles d'Or, Boucles d'Or veut entrer. *(Frappez à la porte.)*

Boucles d'Or, Boucles d'Or mange du gruau sucré! *(Feignez de manger du gruau.)*

Boucles d'Or, Boucles d'Or veut s'asseoir *(Assoyez-vous.)*

Boucles d'Or, Boucles d'Or dort le soir *(Mettez votre tête dans vos mains et dormez.)*

Boucles d'Or, Boucles d'Or court et court encore. *(Partez en courant et sortez de l'espace papier. Puis recommencez!)*

Thèmes

> Humour
> Mouvement

Le temps

par Pam Schiller

Les enfants étaient tout excités. Ils sautillaient sur place avec joie. *(Sautillez.)* C'était le temps d'aller dehors. Ils ont mis leur manteau. *(Feignez de mettre un manteau.)* Ils ont mis leurs mitaines. *(Feignez de mettre des mitaines.)* Puis ils ont mis leur chapeau. *(Feignez de mettre un chapeau.)* Ils ont ouvert la porte *(Faites semblant d'ouvrir une porte.)* et sont sortis en courant.

Le vent soufflait fort contre eux. *(Feignez de marcher contre le vent.)* Les enfants ont marché plus lentement vers les balançoires et la glissoire. Ils se sont balancés pendant quelque temps. *(Feignez de vous balancer.)* Le vent a soufflé sur les balançoires qui bougeaient dans tous les sens. *(Feignez de vous balancer dans tous les sens.)* Ils ont décidé d'essayer la glissoire. Ils sont montés dans l'échelle. *(Feignez de monter.)* Quand ils ont glissé, le vent les a poussés dans le dos. *(Feignez de glisser et d'atterrir sur le derrière.)* Quelques enfants ont décidé de faire du tricycle *(Feignez de pédaler.)* tandis que d'autres ont joué à la balle. *(Feignez d'attraper une balle.)*

Puis les enfants ont remarqué que le vent s'était apaisé. Ils ont commencé à avoir chaud. *(Éventez-vous.)* Les enfants ont enlevé leurs mitaines. *(Feignez d'enlever des mitaines.)* Ils sont allés jouer dans le sable. *(Feignez de tenir du sable dans votre main.)*

Ils avaient encore chaud. *(Éventez-vous.)* Ils ont enlevé leur chapeau. *(Feignez d'enlever votre chapeau.)* Ils ont enlevé leur manteau. *(Feignez d'enlever votre manteau.)* Ils sont retournés jouer sur les balançoires *(Feignez de vous balancer.)* et sur la glissoire *(Feignez de glisser.).*

Après un moment, ils ont senti sur leurs mains des gouttes de pluie. *(Tendez la main pour sentir la pluie.)* Les enfants ont pris leurs mitaines, leur manteau et leur chapeau et ont couru à l'intérieur juste à temps. Quand ils ont regardé par la fenêtre, ils ont vu un grand nuage noir et des tonnes, et des tonnes de gouttes de pluie.

Thèmes

Mouvement
Saisons
Temps
Vêtements

Histoires à raconter devant un tableau de flanelle ou un tableau magnétique

Toutes les histoires de cette section peuvent être racontées sur tableau de flanelle ou sur un tableau magnétique. Parfois, l'histoire est mieux servie par un tableau magnétique. Si c'est le cas, cela est mentionné dans les consignes.

La brioche

(Russie)

Consignes : Photocopiez les modèles des pages 311-315. Utilisez un marqueur noir pour tracer les modèles sur un morceau de carton réversible. Coloriez-les et découpez-les.

Il était une fois une vieille femme et un vieil homme qui vivaient seuls à la lisière de la forêt.

Le vieil homme demanda à la vieille femme de faire une brioche.

«Avec quoi ? rétorqua-t-elle. Nous n'avons pas de farine. »

«Gratte le fond de la boîte de farine et tu en auras assez », répondit le vieil homme.

La vieille femme ouvrit la boîte de farine et gratta le fond jusqu'à ce qu'elle ait suffisamment de farine pour faire une petite brioche ronde. Elle mélangea la farine avec le lait et la cuisit dans du beurre. Quand elle la sortit du four, elle la plaça sur l'appui de fenêtre pour la laisser refroidir. Brusquement, la brioche sauta sur le plancher et roula jusqu'à la porte. Puis elle traversa la cour et passa la clôture sans s'arrêter.

La brioche roulait tranquillement sur la route quand elle rencontra un lièvre.

«Petite brioche, petite brioche, laisse-moi te manger ! » dit le lièvre.

«Ne me mange pas ! Ne me mange pas ! Je te chanterai une chanson. » Et la brioche chanta :

«Je suis une brioche ronde
Je suis née d'un peu de farine
Mélangée à du lait,
J'ai été cuite dans le beurre.
Et me suis sauvée de grand-père,
Je me suis sauvée de grand-mère,
Et je me sauverai de toi aussi ! »

La brioche roula le plus rapidement possible et laissa le lièvre loin derrière. La brioche continua à rouler et rencontra un loup.

«Petite brioche, petite brioche, laisse-moi te manger ! » dit le loup.

«Ne ne mange pas, loup gris ! fit la brioche. Je te chanterai une chanson. » Et la brioche chanta :

«Je suis une brioche ronde
Je suis née d'un peu de farine
Mélangée à du lait,
J'ai été cuite dans le beurre.
Et me suis sauvée de grand-père,
Je me suis sauvée de grand-mère
Je me suis sauvée du lièvre
Et je me sauverai de toi aussi ! »

Et la brioche roula le plus rapidement possible et laissa le loup loin derrière. La brioche roula encore et rencontra un ours.

«Petite brioche, petite brioche, laisse-moi te manger», dit l'ours.

«Vous ne me mangerez jamais, vieil ours aux jambes arquées!» a répondu la brioche et elle chanta :

«Je suis une brioche ronde
Je suis née d'un peu de farine
Mélangée à du lait,
J'ai été cuite dans le beurre.
Et me suis sauvée de grand-père,
Je me suis sauvée de grand-mère
Je me suis sauvée du lièvre
Je me suis sauvée du loup
Et je me sauverai de toi aussi!»

Et de nouveau la brioche roula très vite et laissa l'ours loin derrière.

La brioche roula, roula, roula et rencontra un renard.

Bonjour, petite brioche, comme vous avez l'air délicieuse», fit le renard. Et la brioche chanta :

«Je suis une brioche ronde
Je suis née d'un peu de farine
Mélangée à du lait,
J'ai été cuite dans le beurre.
Et me suis sauvée de grand-père,
Je me suis sauvée de grand-mère
Je me suis sauvée du lièvre
Je me suis sauvée du loup
Je me suis sauvée de l'ours,
Je me sauverai de toi aussi!»

«Quelle merveilleuse chanson», dit le renard. Mais petite brioche, je suis vieux, je ne t'entends pas très bien. S'il te plaît, assieds-toi sur mon museau et chante ta chanson de nouveau, plus fort cette fois.»

La brioche sauta sur le museau du renard et chanta :

«Je suis une brioche ronde
Je suis née d'un peu de farine
Mélangée à du lait,
J'ai été cuite dans le beurre.
Et me suis sauvée de grand-père,
Je me suis sauvée de grand-mère
Je me suis sauvée du lièvre
Je me suis sauvée du loup
Je me suis sauvée de l'ours,
Je me sauverai de toi aussi!»

«Merci, petite brioche pour ta merveilleuse chanson. Comme j'aimerais l'entendre de nouveau! Eh bien, assieds-toi sur ma langue et chante-la une dernière fois.»

Le renard tira la langue. Bêtement, la brioche y sauta. Clac! Le renard a mangé la petite brioche d'un coup de gueule. Miam!

Thèmes

Alimentation
Escrocs
Lapins
Loups
Ours
Renards

Chapeaux à vendre

par Esphyr Slobodkina

Consignes : *Photocopiez les modèles aux pages 316-317. Utilisez un marqueur noir pour tracer des modèles sur un morceau de carton. Coloriez-les et découpez-les.*

Il était une fois un vendeur de chapeaux qui n'était pas un vendeur ordinaire. Il ne transportait pas ses marchandises sur son dos ou dans un chariot. Il les portait sur sa tête.

D'abord, il y avait son propre chapeau. Puis, par-dessus, des chapeaux gris, ensuite des chapeaux bruns, des chapeaux bleus et des chapeaux jaunes. Sur le dessus, il y avait des chapeaux rouges. Il marchait très, très lentement d'un bout à l'autre de la rue. Il devait marcher très droit pour ne pas renverser ses chapeaux. Il marchait en criant : «Chapeaux! Chapeaux à vendre! Cinquante cents chacun!»

Mais ce matin-là, personne ne voulait de chapeau. Pas même un chapeau gris ou un brun ou un bleu ou un jaune. Pas même un rouge. Le vendeur n'était pas heureux. Il décida donc de parcourir le pays. Il marcha très, très lentement pour ne pas renverser ses chapeaux.

Après un long moment, il arriva à un grand arbre. «Voilà une place agréable pour se reposer», se dit-il.

Il s'assit lentement, très, très lentement. Il s'appuya contre l'arbre lentement, très, très lentement. Puis il toucha les chapeaux de sa main. Étaient-ils tous là? Il toucha son propre chapeau. Il toucha les chapeaux gris et ensuite les chapeaux bruns, les chapeaux bleus et les chapeaux jaunes. Tout en haut, il toucha les chapeaux rouges. Ils étaient tous là. Il pouvait s'endormir.

Il dormit longtemps. Puis il s'éveilla. Il bâilla. Il s'étira lentement, très, très lentement. Il ne voulait pas renverser ses chapeaux. Ses chapeaux? Quelque chose n'allait pas. Il toucha son propre chapeau. Il ne toucha à... rien... «Où sont mes chapeaux?» Il se mit à pleurer.

Il regarda ici. Il regarda là. Pas de chapeaux.

Il regarda à gauche. Il regarda bien. Pas de chapeaux.

Il regarda en bas. Il leva les yeux. Et que vit-il?

Un arbre plein de singes. Et sur la tête de chaque singe, il y avait un chapeau. Chapeaux gris et chapeaux bruns. Chapeaux bleus et chapeaux jaunes. Au sommet de l'arbre, il vit des chapeaux rouges. Le vendeur regarda les singes. Les singes regardèrent le vendeur. Que faire?

« Hé, les singes ! lança-t-il, en agitant le doigt. Rendez-moi mes chapeaux. »

« Tsk, tsk, tsk », firent les singes, agitant leurs doigts en direction du vendeur.

Le vendeur se fâcha.

« Hé, les singes ! cria-t-il, en tapant du pied. Rendez-moi mes chapeaux. »

« Tsk, tsk, tsk », firent les singes, tapant du pied à leur tour.

Le vendeur enrageait.

« Hé, les singes ! cria-t-il, en sautant sur place. Rendez-moi mes chapeaux. »

« Tsk, tsk, tsk », dirent les singes, en sautant sur place.

Le vendeur devint encore plus enragé.

« Voilà », dit le vendeur.

Il devint si enragé qu'il enleva son chapeau et le jeta par terre. Alors chaque singe enleva son chapeau et le jeta en bas. Les chapeaux flottèrent vers le sol, lentement, très, très lentement. Chapeaux gris et chapeaux bruns. Chapeaux bleus et chapeaux jaunes. Et même du sommet de l'arbre vinrent des chapeaux rouges. Le vendeur sourit. Il mit ses chapeaux. Et lentement, très, très lentement, il retourna en ville.

« Chapeaux ! Chapeaux à vendre ! Cinquante cents chacun ! »

Thèmes

Humour
Singes
Travail

La chanson des couleurs

par Pam Schiller

Consignes : *Photocopiez les modèles aux pages 318-321. Utilisez un marqueur noir pour tracer les modèles sur un morceau de carton. Coloriez-les et découpez-les.*

*Rouge est la couleur d'une bonne grosse
pomme
Rouge est aussi la couleur des cerises.
Rouge est la couleur des délicieuses
fraises.
J'aime le rouge, et toi ?*

*Bleu est la couleur du superbeau ciel
Bleu est la couleur préférée des bébés.
Bleu est la couleur des yeux de ma sœur.
J'aime le bleu, et toi ?*

*Jaune est la couleur du merveilleux soleil.
Jaune est la couleur de la citronnade.
Jaune est la couleur d'un petit poussin
J'aime le jaune, et toi ?*

*Vert est la couleur des feuilles dans les
arbres.
Vert est aussi la couleur des petits pois.
Vert est la couleur d'un beau gros melon.
J'aime le vert, et toi ?*

*Orange est la couleur des juteuses
oranges.
Orange est aussi la couleur des carottes.
Orange est la couleur d'une lanterne
citrouille
J'aime la couleur orange, et toi ?*

Pourpre est la couleur d'une grappe de raisins. Pourpre est aussi la couleur du jus de raisin. Pourpre est la couleur d'une violette.
J'aime le pourpre, et toi?

Thèmes

Couleurs
Nature

Poupées à habiller : Marc et Melissa

par Pam Schiller

Consignes : Photocopiez les modèles aux pages 322-336. Utilisez un marqueur noir pour tracer des modèles sur des morceaux de carton. Coloriez-les et découpez-les. Ou photocopiez les modèles, coloriez-les, coupez-les et placez un morceau de bande magnétique à l'arrière de chaque morceau pour créer votre histoire magnétique.

Note : Les vêtements restent plus facilement sur les personnages quand vous utilisez une bande magnétique plutôt que de la flanelle.

Histoire de base

Chaque matin, Marc et Melissa sautent en bas du lit, brossent leurs dents et courent à leur garde-robe. Et chaque matin ils disent la même chose : «Hmmm. Que porterai-je aujourd'hui?»

Marc regarde dans sa garde-robe. «Je pense que je porterai des jeans bleus et une chemise pourpre.» Il se regarde dans le miroir. «Non, je pense que je porterai ma chemise rayée bleue et mes bleus de travail rouges.»

«Parfait!» dit-il.

Melissa regarde dans sa garde-robe. «Je pense que je porterai ma chemise rose et le short vert, dit-elle. Ou peut-être que je porterai ma tunique jaune à la place.» Donc elle met sa tunique jaune et se regarde dans le miroir. «C'est parfait!» dit-elle.

Après le petit-déjeuner, Marc, Melissa et leur maman sont prêts à partir. Marc et Melissa mettent leurs chaussures et courent vers la voiture. Ils sont prêts pour un autre formidable jour d'école.

Thèmes

Vêtements
Couleurs
Familles
Respect de soi

Poupées à habiller : automne

L'automne est la saison préférée de Melissa. Elle aime les couleurs des arbres et la fraîcheur de l'air. Une de ses activités préférées est de regarder les feuilles tomber. Elle et Marc adorent jouer dans les feuilles.

Quand Melissa et Marc veulent jouer dans les feuilles, leur maman dit toujours : «Mettez vos vieux vêtements et assurez-vous de porter un chandail. Le temps se refroidit.»

Donc Marc et Melissa sortent leurs vieux jeans, ceux avec des pièces sur les genoux, et leurs chandails. Ils portent des chaussettes épaisses et de vieilles chaussures de tennis.

Ils ratissent les feuilles en gros tas et sautent ensuite dedans. Parfois ils jouent à qui fait le plus gros tas et parfois ils jouent à s'enterrer sous les feuilles. Quand ils ont fini de s'amuser avec les feuilles, papa dit :

« Maintenant, ramassez les feuilles, nous en ferons du compost. »

Marc et Melissa ne s'en font pas. Ils savent que demain il y aura d'autres feuilles et qu'ils pourront encore jouer.

Thèmes

> Vêtements
> Saisons
> Respect de soi
> Temps

Poupées à habiller : hiver

Marc et Melissa n'aiment pas l'hiver. Ils aiment jouer dans la neige, mais ils n'aiment pas devoir porter tant de vêtements pour se garder au chaud. Melissa s'inquiète de devoir prendre soin de tous ses vêtements d'hiver à l'école et Marc perd toujours une mitaine.

Melissa aime porter des collants sous sa jupe pour garder ses jambes chaudes. Elle a des collants de plusieurs couleurs différentes. Son vêtement d'hiver préféré est une jupe plissée et un chandail à col roulé que son cousin lui a donné. Quand elle part pour l'école, elle met son écharpe, son manteau, ses mitaines, son chapeau et ses bottes d'hiver.

Marc porte de grosses chaussettes, ses pantalons en velours côtelé, sa camisole et un chandail. Quand il part pour l'école, il met son manteau, son écharpe, son chapeau, ses mitaines et ses bottes d'hiver. Il dit : « Je ne dois perdre mes mitaines. Ma maman dit qu'elle ne m'en achètera pas une autre paire. »

Quand Marc et Melissa rentrent de l'école, ils enlèvent leurs vêtements propres et mettent leurs combinaisons de ski. Maintenant, ils sont prêts à aller construire un fort de neige.

Thèmes

> Vêtements
> Saisons
> Respect de soi
> Temps

Poupées à habiller : printemps

Marc aime le printemps. Le temps est parfait – ni trop chaud ni trop froid. La fraîcheur de l'air le fait se sentir plein d'énergie. Il brosse ses dents et peigne ses cheveux et ensuite, il réveille Melissa. « Lève-toi, la marmotte ! Le soleil est levé. Nous serons en retard à l'école. » Melissa ouvre les yeux et tire les couvertures par-dessus sa tête. Elle n'est pas prête à se lever.

Marc court à sa garde-robe pour trouver quelque chose à se mettre. « Voyons, dit-il, j'ai déjà porté une chemise rouge cette semaine. Je pense que je porterai ma chemise pourpre avec les rayures jaunes. » Il enfile la chemise et met ses jeans préférés. Il regrette de ne pas pouvoir porter un short, mais le temps est encore un peu frais.

Marc met ses chaussettes et ses chaussures de tennis et retourne voir ce que Melissa fait.

Elle est assise sur le bord de son lit, fixant ses jeans et la chemise qu'elle a choisie hier soir. Melissa aime choisir ses vêtements le soir et ne pas avoir à y penser le matin. Cependant, ce matin, elle n'est pas contente de son choix.

«Qu'est-ce qui ne va pas?» demande Marc.

«Je ne veux pas porter de jeans. C'est une journée à porter une robe aujourd'hui.»

Mélissa examine ses vêtements. Elle écarte les robes de lainage, les robes à pois et les robes sans motifs. Elle choisit finalement une robe verte avec des pâquerettes sur la jupe.

«Je porterai celle-ci. Elle sent le printemps.»

Les deux enfants finissent de s'habiller et se dépêchent d'aller petit-déjeuner. C'est un beau jour de printemps et Marc et Melissa sont prêts à en profiter.

Thèmes

Vêtements
Saisons
Respect de soi
Temps

Poupées à habiller : été

Marc et Melissa aiment l'été. Ils aiment les nombreuses activités estivales : le football, les leçons de natation, les pique-niques, les journées à la plage et les vacances d'été. Marc et Melissa font leurs valises pour aller visiter leurs grands-parents toute une semaine. Leurs grands-parents vivent au bord d'un beau lac.

Marc va porter son short vert et un maillot rayé vert et blanc. Bien sûr, il porte toujours ses chaussures de tennis préférées l'été.

Melissa va porter sa robe soleil jaune et des sandales.

Marc prend ses maillots de bain et sa casquette.

Melissa prend deux maillots de bain et ses lunettes de soleil.

Maman ne les laissera pas partir de la maison sans leur crème solaire. Ainsi Marc et Melissa emporteront beaucoup de crème solaire. Pouvez-vous penser à d'autres articles que Marc et Melissa devraient emporter?

Thèmes

Vêtements
Couleurs
Saisons
Respect de soi
Temps

L'elfe et le loir

par Oliver Herford

Consignes : *Photocopiez les modèles aux pages 337-339. Utilisez un marqueur noir pour tracer les modèles sur du carton. Coloriez-les avec des crayons de couleur et découpez-les.*

Sous un champignon vénéneux, un petit elfe a rampé
Pour de la pluie s'abriter.
Sous ce champignon vénéneux, profondément endormi,
Un grand loir était assis.
Le petit elfe, tremblant et effrayé,
Avait peur de repartir et de se faire mouiller.
Le prochain abri était si éloigné !
Subitement, le petit elfe a eu une idée
Il a arraché d'un coup le champignon vénéneux
Et est reparti, le tenant au-dessus de lui
Ainsi, il pourrait rentrer chez lui, sec comme un haricot.
Quand le loir s'est réveillé, il s'est écrié :
« Où est mon champignon vénéneux ? On me l'a volé. »
Et c'est ainsi que les parapluies ont été inventés.

Thèmes

Souris
Opposés
Temps

Les elfes et le cordonnier

par Hans Christian Anderson

Consignes : *Faites deux photocopies des modèles des pages 340-345. Utilisez un marqueur noir pour tracer les modèles sur du carton. Coloriez-les et découpez-les.*

Il était une fois un cordonnier honnête et bon qui travaillait très fort chaque jour. Cependant, le pauvre homme ne gagnait pas assez d'argent pour les nourrir sa femme et lui. Certains jours, ils avaient seulement de l'eau et un peu de pain pour dîner. Un jour, le pauvre cordonnier en était à son dernier morceau de cuir et il n'avait pas d'argent pour en acheter d'autres. Sans cuir, il ne pourrait plus faire de chaussures.

Tristement, il a dessiné un modèle sur le dernier morceau de cuir et l'a découpé. Il a posé les pièces sur son établi. « Demain matin, a-t-il dit, je vais coudre ces morceaux de cuir ensemble pour faire ma dernière paire de chaussures. » Alors il est allé se coucher.

Le lendemain matin, le cordonnier est descendu à son magasin pour assembler les chaussures. Sur son établi, là où il avait laissé le morceau en cuir la nuit précédente,

il y avait une belle paire de chaussures cousues, cirées et prêtes à être vendues.

Le cordonnier n'en croyait pas ses yeux. Il a regardé autour de lui pour trouver une explication. Qui avait fabriqué les chaussures? Il a couru en haut demander à sa femme : «Comment as-tu fait?»

Sa femme a levé les yeux vers lui : «Fait quoi?»

«Les chaussures! Les chaussures!» L'homme s'est mis à pleurer. La femme a regardé son mari et il a bien vu qu'elle ne savait pas de quoi il parlait. Le cordonnier a tiré sa femme de sa chaise et l'a fait descendre au magasin. «D'où viennent-elles? Qui les a faites?» a demandé la femme en prenant les chaussures dans ses mains. «Comme elles sont belles!» Elle admirait toujours les chaussures quand un client est entré.

Le client a aussi admiré les chaussures et les a payées un très bon prix. Le cordonnier était très content. Il a pris l'argent et a acheté assez de cuir pour faire encore deux paires de chaussures. Ce soir-là, il a taillé les morceaux de cuir, les a mis sur son établi et est allé se coucher. Il a rêvé au lendemain quand il coudrait les chaussures.

Le lendemain, le cordonnier est descendu à son magasin. Sur l'établi, il y avait deux magnifiques paires de chaussures, belles et brillantes. Le cordonnier est allé chercher sa femme et ensemble ils ont cherché des indices qui pourraient expliquer l'apparition de ces chaussures.

Puis des clients sont entrés. Chaque a payé un très bon prix pour les chaussures et en a commandé d'autres. Le cordonnier est sorti en courant et a acheté le cuir pour faire plus de chaussures. Il a taillé les morceaux dans la soirée et a trouvé les chaussures finies le lendemain. Les clients étaient heureux, la femme était heureuse et le cordonnier était heureux.

Une nuit, la femme a dit à son mari : «Je veux savoir qui coud les chaussures chaque nuit. Restons dans le magasin ce soir et observons. Peut-être pourrons-nous découvrir qui vient nous aider ainsi chaque nuit.»

Ainsi l'homme et la femme ont descendu discrètement l'escalier et se sont cachés derrière le comptoir. Ils ont attendu. Vers minuit, ils ont vu deux petits elfes entrer dans le magasin. Ils étaient très petits et bien miséreux. Leurs vêtements étaient en lambeaux. Leurs petits orteils sortaient par les trous de leurs chaussures.

Le lendemain, le cordonnier et sa femme, songeant à quel point les elfes les avaient aidés, ont voulu en retour faire quelque chose pour les elfes. Le cordonnier décida de faire de nouvelles chaussures pour les elfes. La femme décida de faire de nouveaux pantalons, une chemise, un gilet et une veste pour chacun d'entre eux. Quand les nouveaux vêtements furent prêts, le couple a disposé le tout sur l'établi. Alors ils se sont cachés derrière le comptoir et ont attendu.

Vers minuit, les elfes sont entrés dans le magasin. Quand ils ont trouvé leurs belles chaussures neuves et leurs beaux vêtements neufs, ils se sont dépêchés de les mettre. Ils ont dansé, ont ri et ont chanté. Les petits elfes ravis sont finalement partis en dansant. Le cordonnier et sa femme ne les ont jamais revus. Mais le magasin de chaussures a continué à bien marcher et l'homme et la femme ont été très heureux. Très souvent, ils ont pensé aux elfes, espérant qu'ils étaient aussi très heureux.

Thèmes

Argent
Contraires
Émotions
Familles
Vêtements

Gros minet : un conte populaire danois

Consignes : Photocopiez les modèles des pages 346-353. Utilisez un marqueur noir pour tracer les modèles sur du carton. Coloriez-les et découpez-les.

Il était une fois une vieille femme qui faisait cuire du gruau. Elle devait aller visiter un voisin et demanda donc au chat s'il pouvait s'occuper du gruau pendant son absence. «Avec plaisir», a dit le chat.

La vieille femme partie, le gruau a semblé si bon que le chat l'a mangé.

Et le chaudron aussi. Quand la vieille femme est revenue, elle a dit au chat : «Qu'est-ce qui est arrivé au gruau?»

«Oh, a dit le chat, j'ai mangé le gruau et j'ai mangé le chaudron, et maintenant je vais vous manger aussi.» Et il a mangé la vieille femme.

Il est parti sur la route et a rencontré Skohottentot. Et Skohottentot lui a dit : «Qu'avez-vous mangé, gros minet? Vous êtes si gras.»

Et le chat a dit : «J'ai mangé le gruau et le chaudron et la vieille femme. Et maintenant, je vais vous manger aussi.»

Il a donc mangé Skohottentot.

Il est reparti sur la route et a rencontré Skolinkenlot. Et Skolinkenlot lui a dit : «Qu'avez-vous mangé, gros minet? Vous êtes si gras.»

Et le chat a dit : «J'ai mangé le gruau et le chaudron et la vieille femme et Skohottentot. Et maintenant, je vais vous manger aussi.»

Il a donc mangé Skolinkenlot.

Ensuite il a rencontré une volée de cinq oiseaux. Et ils lui ont dit : «Qu'avez-vous mangé, gros minet? Vous êtes si gras.»

«J'ai mangé le gruau et le chaudron et la vieille femme et Skohottentot et Skolinkenlot. Et maintenant, je vais vous manger aussi.»

Et il a mangé la volée de cinq oiseaux.

Plus tard, il a rencontré trois danseuses. Et elles aussi lui ont dit : «Ma foi! Qu'avez-vous mangé, mon petit chat? Vous êtes si gras.»

Et le chat a dit : «J'ai mangé le gruau et le chaudron et la vieille femme aussi et Skohottentot et Skolinkenlot et une volée de cinq oiseaux. Et maintenant, je vais vous manger aussi.»

Et il a mangé les trois danseuses.

Quand il est reparti, il a rencontré une dame avec un parasol rose. Elle aussi lui a dit :

«Ciel! Qu'avez-vous mangé mon petit chat? Vous êtes si gras.»

«J'ai mangé le gruau et le chaudron et la vieille femme aussi et Skohottentot et Skolinkenlot et une volée de cinq oiseaux et trois danseuses. Et maintenant, je vais vous manger aussi.» Et il a mangé la dame et le parasol rose.

Un peu plus tard, il a rencontré un pasteur au dos voûté. «Mon Dieu! Qu'avez-vous mangé, mon petit chat? Vous êtes si gras.»

«Oh, a dit le chat, j'ai mangé le gruau et le chaudron et la vieille femme aussi et Skohottentot et Skolinkenlot et une volée de cinq oiseaux et trois danseuses, et la dame avec le parasol rose. Et maintenant, je vais vous manger aussi.»

Et il a mangé le pasteur au dos voûté.

Ensuite il a rencontré un bûcheron avec une hache. «Seigneur! Qu'avez-vous mangé, mon petit chat! Vous êtes si gras.»

«J'ai mangé le gruau et le chaudron et la vieille femme aussi et Skohottentot et Skolinkenlot et cinq oiseaux dans un bosquet et trois danseuses, et la dame avec le parasol rose et le pasteur au dos voûté. Et maintenant, je vais vous manger aussi.»

«Non. Vous avez tort, mon petit chat», a dit le bûcheron.

Il a pris sa hache et a ouvert le chat en deux.

Sont sortis le pasteur au dos voûté, la dame avec le parasol rose et les trois danseuses, et les cinq oiseaux et Skolinkenlot et Skohottentot. Et la vieille femme a pris son chaudron et son gruau et est rentrée à la maison.

Quant au chat, le bûcheron l'a recollé, il a placé un pansement sur son ventre et lui a fait promettre de manger uniquement de la nourriture pour chats.

Thèmes

Contraires
Nourriture
Oiseaux
Rimes

Cinq petites mésanges à tête noire

Consignes : *Photocopiez les modèles aux pages 354-358. Utilisez un marqueur noir pour tracer les modèles sur du carton. Coloriez-les avec des crayons et découpez-les.*

Présentation : *Apprenez la rime suivante aux enfants. Collez sur le tableau de flanelle une porte, le soleil et l'arbre. Montrez aux enfants une carte où est écrit le nombre cinq.*

Demandez à un enfant de mettre cinq mésanges à tête noire dans l'arbre.

Comptez tous ensemble : « *Un, deux, trois, quatre, cinq* ». Répétez la rime. Quand les mots « *L'une d'elles s'envole* » sont prononcés, demandez au même enfant d'enlever un des oiseaux. Compter de nouveau les mésanges à tête noire avec toute la classe – « *Un, deux, trois, quatre* ». À la fin de la rime, choisissez un autre enfant et répétez l'activité.

Cinq petites mésanges pépient à la porte,
L'une d'elles s'envole et il en reste quatre.

Mésange à tête noire, au chant ravi,
Mésange à tête noire, pars loin d'ici.

Quatre petites mésanges assises dans un arbre,
L'une d'elles s'envole et il en reste trois.

Mésange à tête noire, au chant ravi,
Mésange à tête noire, pars loin d'ici.

Trois petites mésanges vous regardent,
L'un d'elles s'envole et il en reste deux.

Mésange à tête noire, au chant ravi,
Mésange à tête noire, pars loin d'ici.

Deux petites mésanges à tête noire assises au soleil,
L'une d'elles s'envole et il n'en reste qu'une.

Mésange à tête noire, au chant ravi,
Mésange à tête noire, pars loin d'ici.

Une petite mésange est partie toute seule,
Elle s'est envolée, il n'en est plus resté.

Mésange à tête noire, au chant ravi,
Mésange à tête noire, pars loin d'ici.

Thèmes

Oiseaux
Compter
Émotions
Nature
Nombres

Mon bonhomme de neige

Consignes : Photocopiez les modèles aux pages 359-361. Utilisez un marqueur noir pour reproduire les modèles sur un carton. Coloriez-les avec des crayons et découpez-les.

Mon bonhomme de neige est un gentil rigolo
Avec un nez en bouton, des yeux en balle de bolo.
Mon bonhomme de neige, on dit qu'il n'existe pas
Mais les enfants savent bien comment il s'est retrouvé là.
Il doit y avoir de la magie dans son vieux chapeau haut-de-forme.
Quand ils l'ont déposé sur sa tête, il a commencé à danser.
Mon bonhomme de neige était aussi vivant que possible

*Et les enfants disent qu'il
pourrait rire et jouer
comme vous et moi.
Mon bonhomme de neige
savait que le soleil était
chaud*

*Il a dit : «Courons, amusons-nous
avant que je sois fondu.»*

*Il est allé au village, un manche à balai
dans sa main,*

*Courant un peu partout en criant :
«Attrapez-moi si vous pouvez!»*

*Il a conduit les enfants vers l'agent de la
circulation*

*Et s'est arrêté un instant quand il a
entendu : «Stop!»*

Mon bonhomme a alors dû se dépêcher.

*Il a fait un signe d'adieu : «Ne pleurez
pas, je reviendrai!»*

*Thumpety, thump, thump, thumpety,
thump, thump,*

Regardez-le s'en aller;

*Thumpety, thump, thump, thumpety,
thump, thump,*

Sur la colline enneigée.

Thèmes

Émotions

Saisons

Les sonorités de la langue

Temps

Le bonhomme
de pain d'épice

Consignes : *Photocopiez les modèles aux
pages 362-366. Utilisez un marqueur noir
pour tracer les modèles sur un carton.
Coloriez-les avec des crayons et découpez-les.*

Il était une fois une vieille petite femme et un vieux petit homme qui vivaient dans une vieille petite maison dans un vieux petit village. Un jour la vieille petite femme a décidé de faire un bonhomme en pain d'épice. Elle l'a découpé dans de la pâte et l'a mis à cuire dans le four. Après un moment, la vieille petite femme s'est dit : «Ce bonhomme en pain d'épice doit être prêt aujourd'hui.» Elle est allée au four et a ouvert la porte. Le bonhomme en pain d'épice a sauté hors du four et s'est éloigné en courant. Tout en courant, il a crié : «Courez, courez aussi vite que vous le pourrez. Vous ne pouvez pas m'attraper. Je suis le bonhomme en pain d'épice!»

La vieille petite femme a couru après le bonhomme en pain d'épice, mais elle ne pouvait pas l'attraper.

Il est passé devant le vieux petit homme, qui travaillait dans le jardin. «Arrêtez-vous, arrêtez-vous!» a crié le vieil homme. Mais le bonhomme en pain d'épice a répété : «Courez, courez aussi vite que vous le pourrez. Vous ne pouvez pas m'attraper. Je suis le bonhomme en pain d'épice!»

Le vieux petit homme a rejoint la vieille petite femme et a couru aussi vite qu'il pouvait après le bonhomme en pain d'épice, mais il ne pouvait pas l'attraper. Le bonhomme en pain d'épice est passé devant un chien. «Arrêtez-vous, arrêtez-vous!» a dit le chien. Mais le bonhomme en pain d'épice a répété : «Courez, courez aussi vite que vous le pourrez. Vous ne pouvez pas m'attraper. Je suis le bonhomme en pain d'épice.»

Le chien a rejoint la vieille petite femme et le vieux petit homme et a couru aussi vite qu'il pouvait après le bonhomme de pain d'épice, mais il ne pouvait pas l'attraper. Le bonhomme en pain d'épice est passé devant un chat. «Arrêtez-vous, arrêtez-vous!» a dit le chat. Mais le bonhomme en pain d'épice a répété : «Courez, courez aussi vite que vous le pourrez. Vous ne pouvez pas m'attraper. Je suis le bonhomme en pain d'épice!»

Le chat a rejoint la vieille petite femme et le vieux petit homme et le chien, mais il ne pouvait pas attraper le bonhomme en pain d'épice. Puis le bonhomme en pain d'épice est arrivé près d'un renard couché au bord d'une rivière et il a crié : «Courez, courez aussi vite que vous le pourrez. Vous ne pouvez pas m'attraper. Je suis le bonhomme en pain d'épice! Je me suis sauvé de la vieille petite femme, du vieux petit homme, du chien et du chat et je peux me sauver de vous aussi.»

Le vieux renard rusé a juste ri et dit : «Si vous ne traversez pas cette rivière rapidement, vous serez sûrement attrapé. Si vous montez sur ma queue, je vous ferai traverser.» Le bonhomme en pain d'épice voyait bien qu'il n'avait pas de temps à perdre. Il a donc sauté sur la queue du renard.

«Oh! a dit le renard. L'eau devient plus profonde. Montez sur mon dos, vous ne vous mouillerez pas.» Et le bonhomme en pain d'épice l'a fait.

«Oh! a dit le renard. L'eau devient plus profonde. Montez sur mon nez, vous ne vous mouillerez pas.» Et le bonhomme en pain d'épice l'a fait. Alors le renard a projeté le bonhomme en pain d'épice dans sa bouche. Et ce fut la fin du bonhomme en pain d'épice!

Thèmes

Chats
Chiens
Nourriture
Renards
Escrocs

Boucles d'Or et les trois ours

Consignes : *Photocopiez les modèles aux pages 367-372. Utilisez un marqueur noir pour tracer les modèles sur du carton. Coloriez-les avec des crayons et découpez-les.*

Il était une fois trois ours. Il y avait une maman ours, un papa ours et un bébé ours. Ils vivaient tous dans la forêt. Un jour, les ours sont partis visiter un ami malade.

Alors qu'ils étaient partis, une petite fille nommée Boucles d'Or marchait dans les bois. Réalisant qu'elle s'était perdue, elle a marché droit devant jusqu'à ce qu'elle arrive à une petite maison de campagne. En entrant dans la maison, elle a vu trois bols de gruau d'avoine posés sur une table. Elle avait très faim. Elle a goûté le gruau d'avoine dans le grand bol. Il était trop chaud. Elle a goûté le gruau d'avoine dans le moyen bol. Il était trop froid. Elle a essayé le gruau d'avoine dans le petit bol. Il était juste parfait. Boucles d'Or a donc mangé tout ce gruau.

Après le repas, elle a essayé les trois chaises devant la cheminée. Elle trouvait que la plus grande chaise était trop dure. La moyenne chaise était trop molle. Elle s'est assise sur la troisième chaise parce qu'elle lui a semblé juste parfaite. Comme elle était assise sur la chaise, celle-ci s'est mise à bouger et est tombée en morceaux.

Maintenant, la petite fille tombait de fatigue. Elle est donc entrée dans la chambre et a trouvé trois lits. Le premier lit était très dur. Le deuxième lit était trop mou. Le troisième lit était juste parfait. Elle s'est donc endormie tout de suite.

Pendant ce temps, les ours sont rentrés de leur promenade. Trouvant un bol vide sur la table, maman ours et papa ours se grattaient la tête. De son côté, bébé ours a trouvé sa chaise en mille morceaux sur le plancher. Il était très peiné et a commencé à pleurer.

En entendant du bruit, Boucles d'Or est descendue pour voir ce qui se passait. Quand elle a vu les ours, elle a été très étonnée et un peu effrayée! Elle leur a expliqué qu'elle était perdue et qu'elle était désolée d'avoir mangé le gruau et d'avoir cassé la chaise. Les ours étaient des ours gentils. Ils ont dit à Boucles d'Or qu'ils lui pardonnaient. Maman ours a emballé un paquet de biscuits pour Boucles d'Or et papa ours et bébé ours l'ont aidée à retrouver son chemin vers sa maison.

Thèmes

Ours
Émotions
Nourriture
Maisons
Nombres

L'immense citrouille

par Pam Schiller

Consignes : *Photocopiez les modèles aux pages 373-374. Utilisez un marqueur noir pour tracer les modèles sur du carton. Coloriez-les et découpez-les.*

Un jour, bébé oursonne était à la recherche de miel. Elle avait très faim, mais elle ne pouvait pas trouver une seule petite chose à manger. Alors qu'elle allait renoncer, elle a aperçu une chose bien étrange. C'était grand, très grand, tout rond et tout orange. Bébé oursonne n'avait jamais rien vu rien de tel. Elle est allée jeter un coup d'œil de plus près.

«Je vais vous apporter à ma mère», a-t-elle dit. Bébé oursonne a essayé de rouler l'immense chose orange. La chose n'a pas bougé. Elle a essayé de nouveau. La chose n'a pas bougé.

À ce moment même une mouffette est arrivée. «Eh, qu'est-ce que c'est?»

«Je ne sais pas, a dit bébé oursonne. Je veux l'apporter à la maison, mais je n'arrive pas à la déplacer.»

«Laisse-moi t'aider», a fait la mouffette.

Bébé oursonne et la mouffette ont poussé et poussé. L'immense chose orange n'a pas bougé.

Un écureuil est arrivé : « Eh, qu'est-ce que c'est ? »

« Nous ne savons pas, a dit bébé oursonne. Je veux l'apporter à la maison, mais nous ne pouvons pas la déplacer. »

« Laissez-moi vous aider », a proposé l'écureuil.

Bébé oursonne, la mouffette et l'écureuil ont poussé et poussé et poussé. L'immense chose orange n'a pas bougé.

Une souris est arrivée. « Eh, qu'est-ce que c'est ? »

« Je ne sais pas, a dit bébé oursonne. Je veux l'apporter à la maison, mais nous ne pouvons pas le déplacer. »

« Laissez-moi vous aider », a dit la souris. Bébé oursonne, la mouffette, l'écureuil et la souris ont poussé et poussé et poussé et poussé.

Lentement, l'immense chose orange a commencé à bouger. Puis elle s'est mise à rouler. Elle a roulé et a roulé et a roulé... jusqu'à au repaire de bébé oursonne. La mère de bébé oursonne est sortie pour voir ce qui se passait. « Où avez-vous trouvé cette belle grosse citrouille orange ? » a-t-elle demandé.

Les quatre amis se sont regardés et ont dit : « Une citrouille ? »

La mère de bébé oursonne a fait, avec la grosse citrouille, une grande, grande tarte à la citrouille et c'était délicieux ! Miam !

Thèmes

Contraires
Culture des végétaux
Écureuils
Familles
Mouffettes
Nourriture
Ours

L'immense navet

par Pam Schiller

Consignes : *Photocopiez le modèle à la page 375. Utilisez un marqueur noir pour tracer le modèle sur du carton. Coloriez-le et découpez-le.*

Un jour, un vieil homme avait planté un navet. Le navet a poussé et a grandi. Enfin, il était prêt à être cueilli.

Le vieil homme a tiré sur le navet. Il a tiré et tiré. Il a tiré et tiré. Mais le navet ne sortait pas de terre.

Le vieil homme a appelé la vieille femme. Le vieil homme a tiré sur le navet. La vieille femme a tiré sur le vieil homme. Ils ont tiré et ils ont tiré. Ils ont tiré et ils ont tiré. Mais

le navet ne sortait pas de terre.

La vieille femme a appelé le chien.

Le vieil homme a tiré sur le navet. La vieille femme a tiré sur le vieil homme.

Le chien a tiré sur la vieille femme. Ils ont tiré et ils ont tiré. Ils ont tiré et ils ont tiré. Mais le navet ne sortait pas de terre.

Le chien a appelé le cochon.

Le vieil homme a tiré sur le navet. La vieille femme a tiré sur le vieil homme. Le chien a tiré sur la vieille femme. Le cochon a tiré sur le chien. Ils ont tiré et ils ont tiré. Ils ont tiré et ils ont tiré. Mais le navet ne sortait pas de terre.

Le cochon a appelé le chat.

Le vieil homme a tiré sur le navet. La vieille femme a tiré sur le vieil homme. Le chien a tiré sur la vieille femme. Le cochon a tiré sur le chien. Le chat a tiré sur le cochon. Ils ont tiré et ils ont tiré. Ils ont tiré et ils ont tiré. Mais le navet ne sortait pas de terre.

Le chat a appelé la souris.

Le vieil homme a tiré sur le navet. La vieille femme a tiré sur le vieil homme. Le chien a tiré sur la vieille femme. Le cochon a tiré sur le chien. Le chat a tiré sur le cochon. La souris a tiré sur le chat. Ils ont tiré et ils ont tiré. Ils ont tiré et tiré, ils ont tellement tiré. Et, comme ils tiraient, le navet est enfin sorti de terre !

Thèmes

Chats

Chiens

Culture des végétaux

Cochons

Contraires

Nourriture

Souris

Le méchant loup :
un conte afro-américain

Consignes : *Photocopiez les modèles aux pages 376-377. Utilisez un marqueur noir pour tracer les modèles sur un carton. Coloriez-les et découpez-les.*

Un homme et sa petite fille vivaient seuls près du bord de la forêt. Cet homme savait qu'il y avait des loups dans la forêt. Il a donc construit une clôture autour de la maison et a dit à sa petite fille qu'elle ne devait sous aucun prétexte sortir de la cour quand il n'était pas là.

Un matin, alors qu'il était parti, la petite fille cueillait des fleurs. Elle s'est dit qu'il n'y avait rien de mal à jeter un coup d'œil par la porte pour voir s'il y avait des fleurs de l'autre côté. Évidemment, il y avait de belles fleurs juste de l'autre côté de la porte. Elle est donc sortie de la cour pour cueillir les fleurs. Puis elle a vu qu'il y avait d'autres fleurs juste un peu plus loin. Elle a cueilli ces fleurs et a continué à s'éloigner, plus loin à mesure qu'elle voyait des fleurs tout près de celles qu'elle venait de cueillir. Pendant qu'elle cueillait ces fleurs, elle chantait une chanson :

«Tra-la-la-la

Fa-sol-la

Do-ré-mi»

Soudain, elle a entendu un bruit. Elle a cessé de cueillir des fleurs, a regardé autour d'elle et a vu un grand méchant loup. Le loup a dit : « Chante-moi encore cette belle chanson douce. »

La petite fille a donc chanté :

« Tra-la-la-la
Fa-sol-la
Do-ré-mi »

Le méchant loup s'étendit et tomba endormi.

« Zzzzz... » *(Imitez son ronflement.)*

La petite fille s'éloigna sur la pointe des pieds.

Mais le méchant loup se réveilla !

« Hunk-a-cha !
Hunk-a-cha !
Hunk-a-cha ! »

Il se mit à courir après la petite fille et quand il l'a rattrapa, il lui dit : « Chante-moi encore cette belle chanson douce. »

La petite fille a donc chanté :

« Tra-la-la-la
Fa-sol-la
Do-ré-mi »

Le méchant loup s'étendit et tomba endormi.

« Zzzzz... » *(Imitez son ronflement.)*

La petite fille s'éloigna sur la pointe des pieds.

Mais le méchant loup se réveilla !

« Hunk-a-cha !
Hunk-a-cha !
Hunk-a-cha ! »

Il se mit à courir après la petite fille et quand il l'a rattrapa, il lui dit : « Chante-moi encore cette belle chanson douce. »

La petite fille a donc chanté :

« Tra-la-la-la
Fa-sol-la
Do-ré-mi »

Le méchant loup s'étendit et tomba endormi.

« Zzzzz... » *(Imitez son ronflement.)*

La petite fille s'est éloignée sur la pointe des pieds jusqu'à la maison et elle a fermé la porte de la clôture. Elle est entrée dans la maison et a fermé la porte. Après cette journée, plus jamais elle ne s'est aventurée dans les bois où vit le méchant loup.

Thèmes

Escrocs
Familles
Fleurs
Musique
Les sonorités de la langue
Loups

Cot-Cottie

Consignes : *Photocopiez les modèles aux pages 378-379. Utilisez un marqueur noir pour tracer les modèles sur du carton. Coloriez-les et découpez-les.*

Il était une fois une petite poule nommée Cot-Cottie. Elle vivait dans une basse-cour avec ses amis, Pintade-Bourrue, Canard-

Dansant, Dinde-à-dents et Oie-Dodue. Tous les jours, la femme du fermier distribuait des graines pour Cot-Cottie et ses amis.

Un jour, alors que Cot-Cottie pircorait, picorait et picorait les graines, quelque chose l'a heurtée en plein sur la tête. «Qu'est-ce que c'était?» a demandé Cot-Cottie. Elle a regardé le ciel et, ne voyant rien de spécial, a commencé à glousser très fort. «Quelque chose m'a frappée sur la tête. Le ciel tombe. Je dois aller rapidement avertir le roi.»

Ainsi, Cot-Cottie marcha aussi vite qu'elle pouvait. Elle rencontra Pintade-Bourrue. «Où allez-vous?» a demandé Pintade-Bourrue. Sans même regarder derrière elle, Cot-Cottie a répondu : «Le ciel tombe! Je dois aller le dire au roi.» Pintade-Bourrue a regardé le ciel et a dit : «Le ciel me semble très bien.» «Un morceau de ciel m'est tombé sur la tête», a dit Cot-Cottie. «Incroyable!» a dit Pintade-Bourrue et elle s'est jointe à Cot-Cottie.

Cot-Cottie et Pintade-Bourrue marchaient aussi vite qu'elles pouvaient. Puis elles ont rencontré Canard-Dansant. «Où allez-vous?» a demandé Canard-Dansant. Sans même regarder derrière elle, Cot-Cottie a répondu : «Le ciel tombe! Nous allons le dire au roi.»

Canard-Dansant a regardé le ciel. Il a dit : «Le ciel me semble très bien.» «Un morceau du ciel m'est tombé sur la tête», a dit Cot-Cottie. «Incroyable!» a dit Canard-Dansant et il s'est joint à Cot-Cottie et Pintade-Bourrue.

Cot-Cottie, Pintade-Bourrue et Canard-Dansant marchaient aussi vite qu'ils pouvaient. Ils rencontrèrent Dinde-à-dents. «Où allez-vous?» a demandé Dinde-à-dents.

Sans même regarder derrière elle, Cot-Cottie a répondu : «Le ciel tombe! Je dois aller le dire au roi.» Dinde-à-dents a regardé le ciel et a dit : «Le ciel me semble très bien.» «Un morceau de ciel m'est tombé sur la tête», a dit Cot-Cottie. «Incroyable!» a dit Dinde-à-dents et elle s'est jointe à Cot-Cottie, Pintade-Bourrue et Canard-Dansant.

Cot-Cottie, Pintade-Bourrue, Canard-Dansant et Dinde-à-dents marchaient aussi vite qu'ils pouvaient. Ils rencontrèrent Oie-Dodue. «Où allez-vous?» a demandé Oie-Dodue. Sans même regarder derrière elle, Cot-Cottie a répondu : «Le ciel tombe! Je dois aller le dire au roi.» Oie-Dodue a regardé le ciel et a dit : «Le ciel me semble très bien.» «Un morceau de ciel m'est tombé sur la tête», a dit Cot-Cottie. «Incroyable!» a répondu Oie-Dodue et elle s'est jointe à Cot-Cottie, Pintade-Bourrue, Canard-Dansant et Dinde-à-dents.

Puis les cinq amis rencontrèrent Renard-Rusé. «Où allez-vous?» a demandé Renard-Rusé.

«Le ciel tombe. Nous allons le dire au roi», ont répondu en chœur les cinq amis. «Puis-je vous montrer le chemin?» a demandé Renard-Rusé. Les cinq amis se sont brusquement rendu compte qu'ils ne savaient pas où vivait le roi. Ils ont donc répondu: «Oh, merci, Renard-Rusé.»

Renard-Rusé a amené Cot-Cottie, Pintade-Bourrue, Canard-Dansant, Dinde-à-dents et Oie-Dodue directement dans son terrier et on ne les a jamais revus. Savez-vous ce qui leur est arrivé?

Thèmes

Amis

Escrocs

Fermes

Renards

Rimes

Rois et reines

J'aime le noir

par Pam Schiller

Consignes: Photocopiez les modèles aux pages 380-381. Utilisez un marqueur noir pour tracer les modèles sur du carton. Coloriez-les et découpez-les.

J'aime le noir,
Pas le jaune, le rouge ou le bleu.
J'aime le noir,
Je parie que vous l'aimez un peu.
Merles noirs, fleurs noires,
Grandes et brillantes tours noires.

Minuscules chatons noirs,
Chaudes mitaines de laine noire.
Mûres sauvages, cerises noires,
Chaussettes noires, roches noires.
J'aime le noir,
Pas le jaune, le rouge ou le bleu.
J'aime le noir,
Je dirais même que je l'adore!

Thème

Le noir

J'aime le bleu

par Pam Schiller

Consignes: Photocopiez les modèles aux pages 382-384. Utilisez un marqueur noir pour tracer les modèles sur du carton. Coloriez-les et découpez-les.

J'aime le bleu,
Je l'aime autant que je peux.
J'aime le bleu,
Vous l'aimez un peu?

J'aime les nuages blancs sur des cieux
bleus,
J'aime de grands bateaux sur des océans
bleus,
J'aime, des yeux de ma sœur, la couleur
bleue
J'aime aussi, c'est fou, les lotions bleues.

Balles bleues, voitures bleues,
Couvertures bleues, étoiles bleues,
Oiseaux bleus, chapeaux bleus,
Font-ils des chats bleus?

Les bleuets sont délicieux,
Ils chatouillent mon palais.
J'aime aussi les gommes bleues.
Comme bonbon, il n'y a pas mieux.

J'aime le bleu,
Je l'aime autant que je peux.
J'aime le bleu,
Vous l'aimez un peu ?

Thème
Couleur bleue

J'aime le vert

par Pam Schiller

Consignes : Photocopiez les modèles aux pages 385-386. Utilisez un marqueur noir pour tracer les modèles sur du carton. Coloriez-les et découpez-les.

J'aime le vert plus que tout.
J'aime les grenouilles vertes, ça, c'est fou.
J'aime le jello et les insectes verts.
Du sol au plafond, partout, je vois du vert.

Des rubans verts retiennent mes cheveux.
J'aime vraiment le vert. Il n'y a pas mieux.
J'aime les poissons verts plus que les bleus.
Ah, vraiment le vert, on ne fait pas mieux !

Thème
Couleur verte

J'aime l'orangé

par Pam Schiller

Consignes : Photocopiez les modèles à la page 387. Utilisez un marqueur noir pour tracer les modèles sur du carton. Coloriez-les et découpez-les.

J'aime l'orangé. Je l'aime beaucoup.
J'aime l'orangé. J'en suis fou.
Bonbons orange, chats orange,
Balles orange et bâtons orange.
Crayons orange, peinture orange,
Orange n'est-elle pas la plus grande des couleurs ?
Du moins, c'est la couleur que j'aime avec ardeur.
Je le dis avec cœur ; je le dis avec cran.
Vous pouvez porter du rouge ou du bleu.
Laissez-moi l'orangé et je serai heureux !

Thème
Couleur orange

J'aime le pourpre

par Pam Schiller

Consignes : Photocopiez les modèles aux pages 388-390. Utilisez un marqueur noir pour tracer les modèles sur du carton. Coloriez-les et découpez-les.

J'aime le pourpre. J'en suis toute rose
J'aime le regarder, je suis toute chose
Je l'aime dans des livres et puis sur les
    clowns.
J'aime le pourpre un peu plus chaque jour.
Je l'aime quand je joue, je l'aime quand je
    cours.
J'aime le pourpre, je l'aime pour toujours
Quoi que je fasse, c'est pourpre pour moi.
Les boissons pourpres me mettent en émoi
Maisons pourpres, encres pourpres,
Chiens pourpres et chats pourpres,
Escargots pourpres et rats pourpres.
Monstres pourpres, rêves pourpres,
Étoiles pourpres et lune pourpre.
Donnez-moi du pourpre chaque jour.
Vive le pourpre! Je suis pour!

Thème

Couleur pourpre

J'aime le rouge

par Pam Schiller

Consignes : Photocopiez les modèles aux pages 391-392. Utilisez un marqueur noir pour tracer les modèles sur du carton. Coloriez-les et découpez-les.

J'aime le rouge. Je l'aime, je l'avoue
J'aime la confiture rouge. J'en mets partout
J'aime les fleurs rouges et les chaussures
    rouges.
Rouge est la couleur qui fait que je bouge.
J'aime le rouge. Il n'y a pas mieux.
J'aime les bas rouges et les bonbons rouges.
J'aime les cheveux roux. Ils sont presque
    rouges!

Rouge est vraiment pour moi ce qu'il y a de
    mieux!

Thème

Couleur rouge

J'aime le blanc

par Pam Schiller

Consignes : Photocopiez les modèles aux pages 393-395. Utilisez un marqueur noir pour tracer les modèles sur du carton. Coloriez-les et découpez-les.

J'aime le blanc. Je l'aime jour et nuit.
J'ai des souliers blancs, je les ai choisis.
Je choisis les blanches quand je cueille des
    roches.
J'aime le blanc, j'en ai toujours dans mes
    poches.
En rubans, en ceintures, toujours élégant.
Couvertures blanches et oreillers blancs,
Je les ai dans mon lit depuis que je suis
    enfant.
Les balles blanches, les fleurs et les
    chapeaux blancs,
Les gâteaux blancs et, tout blancs, les nuages
Je sais que j'aimerai le blanc à tout âge.

Thème

Le blanc

J'aime le jaune

par Pam Schiller

Consignes : *Photocopiez les modèles aux pages 396-399. Utilisez un marqueur noir pour tracer les modèles sur du carton. Coloriez-les et découpez-les.*

J'aime le jaune, jaune est le soleil.
J'aime le jaune, il n'y a rien de pareil !
Ballons jaunes et boucles jaunes,
Vernis à ongles jaune sur mes orteils.
Chatons jaunes, ballons de plage jaunes,
Mitaines jaunes et foulards aussi.
Glaçage jaune sur mon gâteau.
Chambres à air jaunes pour flotter sur l'eau.
Les fleurs sont jaunes et les abeilles aussi,
Les feuilles jaunes dans les arbres d'ici.
Jaune, jaune et jaune,
Je n'aurai jamais fini !

Thème
Couleur jaune

Issun Boshi

Consignes : *Photocopiez les modèles aux pages 400-405. Utilisez un marqueur noir pour tracer les modèles sur un morceau de flanelle. Coloriez-les et découpez-les.*

Il était une fois une mère qui avait un petit garçon minuscule. Il était si minuscule ; il était à peine plus grand que votre pouce. Ses parents l'ont appelé Issun Boshi. Issun signifie « un ». Boshi signifie « pouce ».

Les parents d'Issun Boshi le nourrissaient de repas de poupée. Ils l'habillaient de vêtements de poupée minuscules. Il dormait dans une boîte à allumettes. Il aimait se cacher sous des tasses à thé et pagayer dans l'étang sur des brindilles. Issun Boshi était un bébé adorable, minuscule, mais il n'a jamais grandi du tout. Ainsi, alors qu'il avait un an, il ne mesurait toujours qu'un pouce de haut.

À cinq ans, il mesurait encore un pouce. Et quand Issun Boshi eut douze ans, il mesurait toujours un pouce.

Malgré sa taille minuscule, Issun Boshi voulait sortir et voir le monde.

« Papa, maman, a dit Issun Boshi. Je suis prêt à aller dans le monde. »

« Non, non. Tu es trop petit, a dit sa mère, Comment te défendras-tu ? »

« Je prendrai une épée », a dit Issun Boshi.

« Où trouveras-tu une épée assez petite pour toi, petit Tom Pouce ? »

Issun Boshi a regardé autour de lui. « J'utiliserai l'aiguille de couture de ma mère. »

Sa mère lui a donc fait une petite ceinture et il a porté l'aiguille à sa taille comme une épée.

« J'aurai besoin d'un bateau », a dit Issun Boshi.

« Où trouverions-nous un bateau assez petit pour toi ? » ont demandé ses parents.

Issun Boshi a regardé autour de lui. « Donnez-moi un grain de riz en guise de bateau ! »

« Et pour mes avirons… », a dit Issun Boshi.

«Mais où pourrions-nous trouver des avirons assez petits pour toi?» ont demandé ses parents.

Issun Boshi a regardé autour de lui. «Donnez-moi juste une paire de baguettes chinoises!»

Les parents d'Issun Boshi ont porté son bateau en grain de riz à la rivière et l'ont mis à l'eau. Ils ont déposé le petit Issun Boshi sur le grain de riz et lui ont remis ses avirons en baguettes chinoises.

«Au revoir, mère. Au revoir, père. Quand vous me reverrez, j'aurai fait fortune.»

Issun Boshi s'est éloigné de la rive et a commencé à ramer. Il a ramé et ramé. Il a ramé d'un côté à l'autre de la rivière.

Enfin, son petit bateau a atteint la ville. Il a amené son bateau au rivage et a sauté.

Issun Boshi a erré dans les rues, admirant les grandes maisons. Il a dû faire très attention en marchant, longeant un mur de pierre afin que les milliers de pieds des passants pressés ne le piétinent pas.

Enfin, Issun Boshi est arrivé devant la maison d'un riche prince. Il est allé à la porte et a frappé.

«Issun Boshi vient offrir ses services.»

Un domestique a ouvert la porte. Issun Boshi était debout à côté d'un sabot en bois sur le seuil. Le domestique ne pouvait le voir. Une voix minuscule a crié : «Issun Boshi vient offrir ses services.»

Le domestique a regardé tout autour. «Qui parle?»

«Moi. Regardez en bas», a dit le petit homme d'un pouce.

Le domestique a été si effrayé par ce qu'il a vu qu'il a fait claquer la porte et a couru avertir le prince.

Le prince est venu à la porte et a parlé au petit homme : «Qui êtes-vous et que voulez-vous?»

«Je suis Issun Boshi et je veux travailler pour vous. Je veux être votre domestique.»

«Mon domestique? a demandé le prince. Non, pas mon domestique, mais vous ne voudriez pas être l'ami de ma fille?»

Donc, Issun Boshi et la princesse sont devenus des amis. Partout où la princesse allait, Issun Boshi allait avec elle, parfois perché sur une fleur dans ses cheveux, parfois passé dans sa ceinture.

Ils aimaient jouer aux cartes. Issun Boshi a appris à les étaler sur le bord d'une table et à les retourner. La princesse lui a appris l'origami. Il pouvait faire les plus petits cygnes que vous ayez jamais vus.

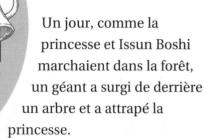

Un jour, comme la princesse et Issun Boshi marchaient dans la forêt, un géant a surgi de derrière un arbre et a attrapé la princesse.

« Laissez mon amie, a crié Issun Boshi. Laissez-la aller ou vous souffrirez. »

Cela, bien sûr, a amusé le géant, qui ne pouvait pas imaginer ce qu'une personne si minuscule pourrait faire pour lui nuire. Comme les larmes de joie coulaient sur son visage, le géant a laissé tomber son marteau magique en or.

« Regarde, a crié Issun Boshi à la princesse. Le géant a laissé tomber son marteau magique. Ramasse-le et fais un vœu. »

Le géant avait si peur que la princesse souhaite sa mort qu'il est parti en courant et en criant dans la forêt.

La princesse a pris le marteau et a regardé Issun Boshi. Elle a regardé le marteau. Elle a regardé de nouveau Issun Boshi.

« Veux-tu être grand ? » a-t-elle demandé.

« Être un peu plus grand, ce serait bien », a-t-il répondu.

La princesse a frappé la terre de son marteau. « Rendez Issun Boshi un peu plus grand. »

Issun Boshi a commencé à grandir.

« Encore plus grand, ce serait bien », a-t-il dit.

La princesse a frappé de nouveau le sol et Issun Boshi a grandi un peu plus. En peu de temps, Issun Boshi était devenu aussi grand que la princesse.

Issun Boshi était habitué à être minuscule, il a donc dû apprendre à être grand. C'était parfois incommode, mais il aimait être grand. Et il a aimé assurément être l'ami de la princesse pour toujours.

Thèmes

Amis
Bateaux et navires
Contraires
Familles

Jack et le plant de haricots

Consignes : *Photocopiez les modèles aux pages 406-410. Utilisez un marqueur noir pour tracer les modèles sur du carton. Coloriez-les avec des crayons et découpez-les.*

Il y avait, il y a longtemps, un garçon nommé Jack, qui vivait avec sa mère, une pauvre veuve. Le père de Jack était mort le cœur brisé quand son or et son oie magique avaient été volés. Les temps étaient durs pour Jack et sa mère. Ils étaient très pauvres. Ils avaient vendu la plupart de leurs meubles pour acheter du pain. Leur pauvre petite maison de campagne était presque vide. La seule chose de valeur qu'il leur restait était Pâquerette, leur vache. Chaque matin elle donnait du lait, que Jack apportait au marché et vendait. Mais un jour, Pâquerette cessa de donner du lait et les choses empirèrent. « Ne t'en fais pas, maman, a dit Jack. Nous devons vendre Pâquerette. Aie confiance en moi pour faire une bonne affaire. » Puis il partit pour le marché.

Comme Jack descendait vers le marché, il rencontra un boucher. «Bonjour, a dit le boucher. Où vas-tu?»

«Je vais vendre ma vache.» «Tu es chanceux de m'avoir rencontré, a dit le boucher. Je vais te sauver l'ennui d'aller jusqu'au marché. Je vais acheter ta vache immédiatement ici.»

Le boucher mit la main dans sa poche et en retira cinq haricots qui avaient une drôle d'allure. «Je vais te donner ces haricots magiques en échange de ta vache. Si tu les plantes la nuit, ils grandiront et atteindront le ciel le matin suivant.»

«Entendu!» a crié Jack. Il a pris les haricots et a couru à la maison pour annoncer à sa mère combien il avait été chanceux. Sa mère était horrifiée. «Nous aurions pu manger beaucoup de repas avec l'argent que la vache aurait rapporté, mais maintenant tout ce que nous avons, ce sont des haricots sans valeur!» Elle pleurait. Elle était si fâchée qu'elle a jeté des haricots de la fenêtre et a envoyé le pauvre Jack au lit.

Quand Jack s'est réveillé le matin suivant, il a couru à la fenêtre pour voir si les haricots avaient grandi. Là, à côté de sa fenêtre, se dressait un plant de haricots géant. Il s'étirait haut, très haut, aussi loin que Jack pouvait voir dans les nuages.

Jack a sauté par la fenêtre et a commencé à grimper dans le plant de haricots. Il est monté très haut dans les nuages. Quand il a atteint le bout de la tige, il s'est trouvé dans un beau pays nouveau. Et non loin de là se trouvait un grand château.

Jack a marché vers le château. Il était énorme, trop grand pour les gens de sa taille. Jack était très curieux. Il s'est glissé sous la porte et est entré. Là, il a vu une grande table. Sur la table gisaient de grands sacs de pièces d'or. Jack a reconnu les grands sacs de pièces d'or : ils appartenaient à son père!

Tout à coup, le plancher du château a commencé à trembler. C'étaient des pas! Jack a alors entendu une voix profonde, une voix tonitruante venant du hall : «Fee, fi, fo, fum, je sens le sang d'un Français.»

Jack était terrifié. Il a vu un géant très laid traverser le hall. Tremblant, il a levé le bras, a saisi un des sacs de pièces d'or et a couru aussi vite qu'il pouvait. Il s'est glissé sous la porte, a couru vers le plant de haricots et s'est précipité vers sa maison de campagne.

Jack et sa mère étaient maintenant bien riches. Ils avaient tout ce dont ils avaient besoin et presque tout ce qu'ils voulaient. Mais Jack n'était pas satisfait. Il continait à penser aux autres sacs de pièces d'or de son père. Un jour, tandis que sa mère était au marché, il est de nouveau monté dans le plant de haricots jusqu'en haut.

Jack a couru au château et s'est glissé sous la porte pour prendre un autre sac de pièces d'or. Comme il se glissait dans la pièce où se trouvait la grande table, il a vu quelque chose de très choquant. Le géant était assis à la table parlant à l'oie magique qui avait appartenu au père de Jack! «Ponds!» a ordonné le géant et l'oie a immédiatement pondu un bel œuf d'or. «Ponds!» a ordonné le géant et l'oie a pondu un autre œuf d'or. «Ponds!» a ordonné le géant et l'oie a pondu un troisième œuf d'or.

Alors le géant s'est arrêté. Il a reniflé l'air. Il a pris un air mauvais et a hurlé : «Fee, fi, fo, fum, je sens le sang d'un Français.» Avec un hurlement terrifiant, le géant a saisi son bâton de chêne et s'est précipité sur Jack. Jack a couru sous la table. Quand le géant abattit son puissant bâton, la table éclata en morceaux et les pièces d'or et l'oie tombèrent sur le plancher. Sans attendre, Jack attrapa l'oie et courut vers la porte.

Le géant poursuivit Jack, mais il était maladroit et il s'enfargea sur son propre pied. Jack se laissa glisser sur le plant de haricots. Avant que le géant puisse se relever et courir, Jack avait atteint le sol. Rapidement, il prit une hache et coupa le plant de haricots. Le géant ne pouvait plus le poursuivre dorénavant.

Jack se précipita à la maison pour montrer à sa mère l'oie magique qui pondrait des œufs d'or pour eux. Et tous les trois, Jack, sa mère et l'oie vécurent heureux pour toujours.

Thèmes

Agriculture
Argent
Émotions
Familles
Maisons
Nourriture
Oies
Vaches

Le renard paresseux:
un conte afro-américain

Consignes : Photocopiez les modèles d'histoire à la page 411-413. Utilisez un marqueur noir pour tracer les modèles sur un carton. Coloriez-les et découpez-les.

Un renard rusé avait une ferme. Il était trop paresseux pour travailler sur sa ferme, mais personne ne voulait travailler pour lui. Un matin, il se dit : «Je dois planter quelque chose dans mes champs sinon j'aurai faim. Qu'est-ce que je peux faire?» Il a réfléchi et réfléchi. Finalement, il a eu une idée. «Je dirai à mon voisin, qui est un tatou idiot, de planter dans mes champs. Je promettrai de lui donner une partie de la récolte, mais ce sera seulement une très petite partie.»

Le renard est allé voir le tatou. «Bonjour, mon ami, a dit le renard. Je veux vous aider.» «M'aider?» a rétorqué le tatou. Il ne pouvait pas en croire ses oreilles. «Oui. Le sol de votre ferme est sec et plein de roches. Pourquoi ne plantez-vous pas sur ma bonne terre? Comme paiement, vous pourriez me donner une petite partie de votre récolte.»

«Vous êtes très aimable», a répondu le tatou. Le tatou savait que le renard était très intelligent. Il a pensé que le renard lui jouait un tour. «Vous pouvez planter ce que vous voulez, a dit le renard. J'en prendrai seulement la moitié.» «C'est juste», a dit lentement le tatou. «J'ai une meilleure idée, a dit le renard. Je prendrai seulement la partie ce qui pousse sous la terre. Vous pouvez avoir tout ce qui pousse au-dessus de la terre.» «Bien», a dit le tatou. Le matin suivant, le tatou et sa famille sont allés aux champs du renard. Le renard les a vus travailler dur. Il était heureux de son tour. Il n'a pas demandé ce qu'ils plantaient.

Les plantes ont poussé sous la pluie et le soleil. Finalement, il était temps de ramasser la récolte. Le tatou et sa famille ont eu une grande récolte de blé, mais le renard paresseux a obtenu seulement des racines. Le renard était très fâché et très affamé. Il est allé à la maison du tatou. «Vous avez fait une terrible erreur, a crié le renard à son voisin. Je ne peux pas manger ces racines! Vous savez que la bonne partie du blé grandit au-dessus de la terre. L'année prochaine, nous travaillerons ensemble de nouveau. Vous prendrez la partie qui pousse sous la terre. Je prendrai la partie qui pousse au-dessus de la terre.» «C'est juste, a dit le tatou lentement. Voulez-vous choisir la récolte?» «Non, mais vous devez la choisir

soigneusement. Dites-moi juste quand la nourriture sera prête à manger.»

L'année suivante, le tatou a planté des pommes de terre. De nouveau, la récolte était très bonne. Le renard a obtenu seulement le haut des plants de pommes de terre. Les pommes de terre poussent sous la terre. Le renard est allé à la ferme de son voisin. «L'année dernière, j'ai pensé que vous aviez fait une erreur stupide. Maintenant, je pense que vous vous jouez de moi. Je ne peux pas manger le haut des plants de pommes de terre. Vous ne pensez jamais à moi quand vous plantez votre récolte. Regardez comme je suis mince et faible.»

«Vous êtes mince, a dit le tatou, mais vous êtez beaucoup mieux ainsi.» Le renard était fâché. «L'an prochain, je prendrai le haut des plants et la partie qui pousse sous la terre. Vous prendrez la partie qui pousse au milieu. Je dois avoir la plus grande partie l'an prochain. Je n'ai rien eu pendant deux ans.» Le tatou a répondu lentement : «C'est juste.» Le renard était heureux. Il était sûr que le tatou ne pourrait pas le duper de nouveau.

L'année suivante, le tatou a planté du maïs. La récolte était généreuse, avec de beaux épis de maïs au milieu des plants. Le renard a seulement obtenu les racines et les feuilles. Le renard a couru à la maison du tatou. Lui et sa famille mangeaient du maïs. «Eh bien, mangez un peu de maïs avec nous, a dit le tatou. Nous en profiterons pour parler de la récolte de l'année prochaine.» «Non! a dit le renard. Vous m'avez dupé pendant trois ans.» Le tatou a dit : «Je suis désolé. Vous avez demandé une partie de la récolte. Je

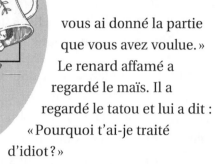

vous ai donné la partie que vous avez voulue.» Le renard affamé a regardé le maïs. Il a regardé le tatou et lui a dit : «Pourquoi t'ai-je traité d'idiot?»

«L'an prochain, je planterai ma propre récolte, a dit le renard, et je garderai tout!» Il s'en est allé à la maison tristement. Le tatou a pris un autre épi de maïs et a ri si fort que sa carapace a presque craqué.

Thèmes

Escrocs
Agriculture
Renards
Tatous

La petite Annie Oakley

par Pam Schiller

Consignes : Photocopiez les modèles aux pages 414-416. Utilisez un marqueur noir pour tracer les modèles sur du carton. Coloriez-les et découpez-les.

Annie Oakley a vécu il y a longtemps. Elle était une des cow-girls les plus courageuses de l'Ouest. Marie-Line a aimé Annie Oakley. Elle regardait toutes les émissions d'Annie Oakley à la télévision. Elle a lu tous les livres d'Annie Oakley. Elle avait une grande affiche d'Annie Oakley à la tête de son lit. Marie-Line aimait comment Annie Oakley montait à cheval. Elle aimait son habileté. Elle aimait

la façon dont elle portait son chapeau de cow-girl, ses bottines de cow-girl et sa veste à franges et sa jupe. Marie-Line voulait être comme Annie Oakley quand elle serait grande.

Quand le papa de Marie-Line lui a donné un costume d'Annie Oakley à son anniversaire, Marie-Line était plus heureuse qu'elle ne pouvait le dire. Sur la boîte, on pouvait lire : «Costume officiel d'Annie Oakley». Quand Marie-Line mettait ce costume, elle était convaincue qu'elle était devenue la seule et unique Annie Oakley, reine de l'Ouest.

Le jour du rodéo, Marie-Line était très excitée à l'idée de porter son nouveau costume d'Annie Oakley à l'école. Elle a mis les bottes. Elle a mis la veste à franges et la jupe. Elle a mis le grand chapeau de cow-girl. Elle s'est regardée dans la glace et a dit : «Je suis la seule et unique Annie Oakley, reine de l'Ouest.»

Quand Marie-Line est arrivée à l'école, elle a dit à chacun qu'elle était la seule et unique Annie Oakley. Ses amis ont ri et ont dit que ce n'était pas vrai. Marie-Line a dit : «Oui, je suis vraiment Annie Oakley.» Ses amis ont dit : «Non, tu ne l'es pas!» Marie-Line a rétorqué : «Oui, je suis!»

Ses amis l'ont dit au professeure. Marie-Line ne s'en souciait pas. Elle continuait à dire : «Je suis la seule et unique Annie Oakley.»

La professeure de Marie-Line a souri et a mis son bras autour d'elle. Elle a dit : «Quand j'étais une petite fille, je voulais être une chanteuse célèbre. Quand j'ai chanté pour ma mère et mon père et qu'ils ont applaudi, j'ai cru que j'étais une vraie chanteuse. Je trouve que Marie-Line ressemble en tout point à la Annie Oakley que j'ai vue à la télévision. Je suis sûre que quand elle sera grande, elle fera une excellente cow-girl. Elle sera comme Annie Oakley. »

Marie-Line était si heureuse que quelqu'un la prenne au sérieux. Elle s'est sentie grandir de deux mètres! Quand elle est rentrée à la maison, elle a répété à sa maman tout ce que sa professeure avait dit. Alors elle a enlevé son costume d'Annie Oakley, l'a plié proprement et l'a remis dans la boîte. Elle a décidé que quand elle serait grande elle créerait son propre costume de cow-girl.

Thèmes

    Cow-boys/cow-girls
    Émotions
    Grandir
    Vêtements

La locomotive 99

Consignes : Photocopiez les modèles aux pages 417-422. Utilisez un marqueur noir pour tracer les modèles sur un carton. Coloriez-les et coupez-les.

Avant même que la dernière couche de peinture noire sur sa cheminée soit sèche, la locomotive 99 savait quel genre de train elle voulait être.

Elle ne voulait pas tirer des wagons-citernes pleins de produits chimiques. Elle ne voulait pas tirer des voitures pleines de passagers. Elle ne voulait pas tirer de lourd équipement. Elle voulait être un train de cirque. Elle voulait tirer des voitures pleines d'éléphants, de girafes, d'ours et de lions. Elle aimait les animaux. Elle rêvait d'être un train de cirque depuis le jour où les mécaniciens avaient vissé les premiers boulons sur ses roues.

Le moment était enfin venu. Bientôt, quelqu'un démarrerait son moteur et elle commencerait à travailler comme les autres trains qu'elle avait vus arriver et partir de la station. Elle était si enthousiaste qu'elle avait envie de faire chanter son klaxon, mais elle resta calme, espérant que quelqu'un la déclarerait prête pour le travail.

Elle attendit toute la journée, toute la nuit et toute la journée encore. Quelqu'un viendrait-il jamais pour elle? Puis, elle a vu une grande locomotive brune venir vers elle. Elle lui demanda : « Hé! savez-vous quand ils me mettront au travail? »

« Quand ils seront prêts », a soufflé la locomotive brune.

Et la locomotive 99 a continué d'attendre.

Alors qu'elle n'en pouvait plus d'attendre, un homme à la combinaison rayée est monté à bord. L'homme a démarré le moteur et la locomotive 99 a été submergée de joie. Elle a commencé à se déplacer

lentement. Puis elle a pris de la vitesse. Puis elle s'est mise à filer sur la voie. Wow! Elle a aimé sentir le vent sur son visage.

Après un moment, l'homme a tiré sur les commandes et a arrêté le moteur. Il est sorti et a déplacé les rails. Quand l'homme est revenu, il a démarré le moteur de nouveau. Cette fois, la locomotive 99 s'est sentie tirée vers l'arrière puis vers l'avant, puis vers l'arrière puis encore vers l'avant. Clink! Quelques voitures ont été attachées derrière elle. La locomotive 99 a retenu son souffle et a regardé derrière elle. Les éléphants, les lions, les girafes et les ours qu'elle avait rêvé de transporter n'étaient pas là. Il y avait quelque chose d'encore mieux. Savez-vous quoi?

Des enfants, plein d'enfants heureux, chantant et riant.

La locomotive 99 était ravie.

La locomotive 99 était une locomotive de tête. Et c'était encore mieux que la sorte de locomotive qu'elle avait rêvé d'être.

Tuuuuut-tuuuuuuuut!

Thèmes

Émotions
Grandir
Trains
Transport
Travail

La petite vieille qui vivait dans une bouteille de vinaigre

Consignes : *Photocopiez les modèles aux pages 423-428. Utilisez un marqueur noir pour tracer les modèles sur du carton. Coloriez-les et découpez-les.*

Il était une fois une petite vieille qui vivait dans une bouteille de vinaigre. Ne me demandez pas pourquoi. C'était une vieille bouteille de vinaigre ordinaire, mais exceptionnellement grande. Tout de même, cela faisait un endroit bien petit pour vivre.

Chaque jour, la vieille femme s'assoyait sur le pas de sa porte et se plaignait de sa maison.

« Oh, quel dommage! Quelle misère! Quelle pitié de devoir vivre dans une maison comme celle-ci.

Je devrais vivre dans une charmante petite maison de campagne avec un toit couvert de chaume et des roses grimpant sur les murs. »

Une fée passait par là. Quand elle a entendu la vieille femme elle a pensé : « Bien, si c'est ce qu'elle veut, c'est ce qu'elle aura. »

La fée a parlé à la vieille femme. Elle a dit : « Quand vous vous coucherez ce soir, retournez-vous trois fois et fermez les yeux. Quand vous les ouvrirez, vous verrez ce que vous verrez. »

La vieille femme se disait que la fée était un peu timbrée, mais quand elle est allée se coucher ce soir-là, elle s'est retournée trois fois, a fermé les yeux et s'est endormie.

Le matin, quand elle a ouvert les yeux, elle était dans une charmante petite maison de campagne avec un toit couvert de chaume et des roses grimpant sur les murs.

«C'est exactement ce que j'ai toujours voulu, a-t-elle dit. Comme je vais vivre heureuse ici!» Mais elle ne remercia pas la fée.

La fée alla vers le nord et vers le sud. La fée alla vers l'est et vers l'ouest. Elle faisait tout le travail magique qu'elle devait faire.

Alors la fée s'est rappelé la vieille femme. «Je me demande comment elle va dans sa maison de campagne. Elle doit être très heureuse en fait. Je vais aller la visiter juste en passant.»

Quand la fée s'approcha, elle vit la vieille femme assise sur sur le pas de sa porte... à se plaindre.

«Oh, quel dommage! Quelle misère, quelle pitié de devoir vivre à l'étroit comme cela dans une petite maison de campagne. Pourquoi est-ce que je ne vis pas dans une maison en rangée avec de belles maisons de chaque côté et des rideaux de dentelle à la fenêtre et un heurtoir de cuivre sur la porte? C'est ce que je mérite!»

«Je peux le faire, a pensé la fée. Si c'est ce qu'elle veut, c'est ce qu'elle aura.»

La fée a parlé à la vieille femme. Elle a dit : «Quand vous irez vous coucher ce soir, retournez-vous trois fois et fermez les yeux. Quand vous les ouvrirez le matin, vous verrez ce que vous verrez.»

On n'a pas eu à le lui dire deux fois. La vieille femme est allée se coucher. Elle s'est retournée trois fois, a fermé les yeux et s'est endormie.

Le matin, quand elle a ouvert les yeux, elle était dans une flamboyante maison en rangée!

Avec des voisins de chaque côté, des rideaux de dentelles à la fenêtre et un heurtoir de cuivre sur la porte!

«C'est exactement ce que j'ai toujours voulu, a dit la vieille femme. Je serai si heureuse ici.» Mais elle n'a jamais dit un mot de remerciement à la fée.

La fée alla vers le nord et vers le sud. La fée alla vers l'est et vers l'ouest. Elle a fait tout le travail magique qu'elle devait faire.

Alors elle a pensé à la vieille femme. «Je me demande comment cette vieille femme qui

vivait dans la bouteille de vinaigre se porte. J'irai la visiter en passant. »

Mais quand la fée est arrivée à la superbe maison de la vieille femme, la vieille femme était assise dans son nouveau fauteuil à bascule et se balançait en se plaignant...

« Oh, quel dommage ! Quelle misère, quelle pitié de devoir vivre dans une maison comme celle-ci. Avec des gens ordinaires de chaque côté. Je devrais vivre dans un hôtel particulier sur une colline avec une servante et un valet de chambre à mon service. C'est ce que je mérite ! »

Quand la fée a entendu cela, elle en a été stupéfiée. Elle a dit : « Bien, si c'est ce qu'elle veut, c'est ce qu'elle aura. »

La fée a parlé à la vieille femme. Elle a dit : « Quand vous irez vous coucher ce soir, retournez-vous trois fois et fermez les yeux. Quand vous les ouvrirez le matin, vous verrez ce que vous verrez. »

La vieille femme s'est vite mise au lit. Elle s'est retournée trois fois, a fermé les yeux et s'est endormie.

Le matin, quand elle a ouvert les yeux, elle était dans un hôtel particulier sur une colline avec une servante et un valet de chambre pour répondre à ses demandes.

« C'est ce que j'ai toujours voulu, a dit la vieille femme. Comme je vivrai heureuse ici ! » Mais il ne lui est jamais venu à l'idée de remercier la fée.

La fée alla vers le nord et vers le sud. La fée alla vers l'est vers l'ouest. Elle a fait tout le travail magique qu'elle devait faire.

Puis elle s'est de nouveau rappelé la vieille femme. « Je me demande comment cette vieille femme qui vivait dans une bouteille de vinaigre se porte maintenant. Elle doit être tout à fait heureuse dans son nouvel hôtel particulier. »

Mais quand elle s'est approchée de l'hôtel particulier, elle a vu que la vieille femme assise dans sa chaise de velours... se plaignait.

« Oh, quel dommage ! Quelle misère, quelle pitié de devoir vivre tout seule dans ce vieil hôtel particulier. Je devrais être reine. Je devrais vivre dans un palais avec des dames de compagnie et des musiciens pour me distraire. C'est ce que je mérite. »

« Mon Dieu ! pensa la fée. Elle ne sera donc jamais contente ? Bien, si c'est ce qu'elle veut, c'est ce qu'elle aura. »

La fée a parlé à la vieille femme. Elle a dit : « Quand vous irez vous coucher ce soir, retournez-vous trois fois et fermez les yeux. Quand vous les ouvrirez au matin, vous verrez ce que vous verrez. »

La vieille femme se dépêcha d'aller au lit. Elle s'est retournée trois fois, a fermé les yeux et s'est endormie.

Le matin, elle était dans le palais avec des dames de compagnie et des musiciens pour la distraire.

« C'est ce que je voulais depuis toujours, a dit la vieille femme. Je serai très heureuse de vivre ici. » Elle n'a jamais pensé à remercier la fée.

La fée alla vers le nord et vers le sud. La fée alla vers l'est vers l'ouest. Elle a fait tout le travail magique qu'elle devait faire.

Puis elle a pensé à la vieille femme qui vivait dans une bouteille de vinaigre.

Elle s'est donc arrêtée la voir au palais.

La vieille femme était assise sur son trône... Vous l'avez deviné, elle se plaignait...

«Oh, quel dommage! Quelle misère, quelle pitié! Que je doive être la reine d'un royaume si minuscule. Pourquoi? Je devrais être le pape à Rome. Le pape gouverne l'Empire romain chrétien. Alors je pourrais gouverner les esprits de chacun dans le monde! C'est ce que je mérite. »

«Bien! a dit la fée. Si c'est ce qu'elle veut, c'est ce qu'elle n'aura pas!»

Et à la vieille femme elle a dit : «Quand vous irez vous coucher ce soir, retournez-vous trois fois et fermez les yeux. Au matin, vous verrez ce que vous verrez. »

La vieille femme est allée droit au lit. Elle s'est retournée trois fois et a fermé les yeux.

Le matin, quand elle les a ouverts... elle était revenue dans sa bouteille de vinaigre!

Thèmes

Émotions

Maisons

Rois et reines

La petite poule rouge

Consignes : Photocopiez les modèles aux pages 429-431. Utilisez un marqueur noir pour tracer les modèles sur du carton. Coloriez-les et découpez-les.

Il était une fois une petite poule rouge qui partageait sa minuscule maison de campagne avec une oie, un chat et un chien. L'oie était une commère. Elle bavardait avec les voisins toute la journée. Le chat était vaniteux. Il brossait sa fourrure, redressait ses moustaches et polissait ses griffes toute la journée. Le chien était somnolent. Il sommeillait sur le porche toute la journée. La petite poule rouge faisait tout le travail. Elle cuisinait, elle nettoyait et elle sortait les ordures. Elle ratissait et faisait tous les achats.

Un jour, en allant au marché, la petite poule rouge a trouvé quelques grains de blé. Elle les a mis dans sa poche. Quand elle est rentrée à la maison, elle a demandé à ses amis : «Qui plantera ces grains de blé?»

«Pas moi», a dit l'oie.
«Pas moi», a dit le chat.
«Pas moi», a dit le chien.

«Alors je les planterai moi-même», a dit la petite poule rouge. Et elle l'a fait.

Tout l'été, elle s'est souciée du blé. Elle s'est assurée qu'il avait assez d'eau et elle a arraché les mauvaises herbes soigneusement entre chaque rangée. Et quand le blé a finalement été prêt à être moissonné, la petite poule rouge a demandé à ses amis :

«Qui m'aidera à battre ce blé?»
«Pas moi», a dit l'oie.
«Pas moi», a dit le chat.
«Pas moi», a dit le chien.

«Alors je le couperai et le battrai moi-même», a dit la petite poule rouge.
Et elle l'a fait.

Quand le blé a été coupé et battu, la petite poule rouge a mis le blé dans une brouette et a demandé : «Ce blé doit être moulu en farine. Qui m'aidera à le porter au moulin?»

«Pas moi», a dit l'oie.
«Pas moi», a dit le chat.
«Pas moi», a dit le chien.

«Alors je le ferai moi-même», a dit la petite poule rouge. Et elle l'a fait.

Le meunier a moulu le blé et a mis la farine dans un sac pour la petite poule rouge. Alors, toute seule, elle a apporté le sac dans la brouette jusqu'à la maison.

Un matin frisquet, quelques semaines plus tard, la petite poule rouge s'est levée tôt et a demandé : «C'est une journée parfaite pour cuire du pain. Qui m'aidera à le cuire?»

«Pas moi», a dit l'oie.
«Pas moi», a dit le chat.
«Pas moi», a dit le chien.

«Alors je cuirai le pain moi-même», a dit la petite poule rouge. Et elle l'a fait.

Elle a mélangé la farine avec le lait, les œufs, le beurre et le sel. Elle a pétri la pâte et en a formé une boule dodue et parfumée. Alors elle a mis le pain dans le four et l'a observé pendant qu'il cuisait.

L'odeur du pain a bientôt rempli l'air. L'oie a arrêté de bavarder. Le chat a arrêté de se brosser et le chien s'est réveillé. Un à un, ils sont entrés dans la cuisine. Quand la petite poule rouge a sorti le pain du four elle a dit : «Qui m'aidera à manger ce pain?»

«Moi, a dit l'oie.
«Moi», a dit le chat.
«Moi», a dit le chien.

«Vraiment? a dit la petite poule rouge. Qui a planté le blé et s'en est occupé? Qui a coupé le blé et l'a battu? Qui a porté le blé au moulin? Qui a cuit le pain? J'ai fait tout cela toute seule. Maintenant, je vais aussi manger toute seule.» Et elle l'a fait.

Thèmes

Alimentation
Amis
Chats
Chiens
Agriculture
Oies
Poules
Travail

Le petit Chaperon rouge

Consignes : Photocopiez les modèles aux pages 432-435. Utilisez un marqueur noir pour tracer les modèles sur du carton. Coloriez-les et découpez-les.

C'était un beau jour ensoleillé. Les oiseaux chantaient et les papillons voletaient ici et là, cueillant le nectar des fleurs. Le petit Chaperon rouge trottinait dans la forêt en se rendant à la maison de sa grand-mère. Soudainement, dans le sentier, est apparu un énorme loup gris . «Où allez-vous?» a demandé le loup.

«À la maison de ma grand-mère, a répondu le petit Chaperon rouge. Je lui apporte un panier de friandises. »

«Où votre grand-mère vit-elle ? » a demandé le loup.

«En haut, sur le chemin près du ruisseau », a répondu le petit Chaperon rouge.

«Soyez prudente, a chuchoté le loup. La forêt est pleine de surprises. » Alors il partit en courant. Le loup pensait que le petit Chaperon rouge et sa grand-mère feraient un dîner très savoureux. Il connaissait un raccourci par la forêt. Il était sûr qu'il pourrait être à la maison de la grand-mère avant le petit Chaperon rouge.

Quand le loup arriva à la maison de campagne, il frappa à la porte, mais personne ne répondit. Il frappa de nouveau. Aucune réponse. Il ouvrit la porte et entra. Il n'y avait personne dans la maison.

Le loup a pris la robe de la grand-mère et a sauté dans son lit. Il espérait tromper le petit Chaperon rouge. Bientôt, on frappa un coup à la porte. «Entrez », a dit le loup, feignant d'être la grand-mère du petit Chaperon rouge.

Le petit Chaperon rouge entra dans la maison. C'était sombre à l'intérieur. Elle s'avança jusqu'au lit de sa grand-mère puis vit que sa grand-mère n'avait pas l'air bien.

«Grand-mère, a-t-elle dit, vous n'avez pas l'air bien. »

«Je sais, chérie. J'ai été malade », a dit le loup.

«Grand-mère, quels grands yeux vous avez », a dit le petit Chaperon rouge.

«C'est pour mieux te voir, chérie », a chuchoté le loup.

«Grand-mère, quel nez noir vous avez », a dit le petit Chaperon rouge.

«C'est pour mieux te sentir, ma chérie », a répondu le loup sournois.

«Grand-mère, quelles grandes dents vous avez », a-t-elle dit.

«C'est pour mieux te manger », a dit le loup et il sauté du lit.

Le petit Chaperon rouge a crié et a couru vers la porte. Le loup a essayé de la poursuivre, mais il s'est empêtré dans la robe de la grand-mère. Quand le petit Chaperon rouge a ouvert la porte, elle s'est heurtée à sa grand-mère, un balai à la main. La grand-mère a frappé le loup durement sur le museau. Il a glapi. Elle l'a giflé de

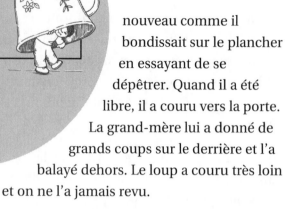

nouveau comme il bondissait sur le plancher en essayant de se dépêtrer. Quand il a été libre, il a couru vers la porte. La grand-mère lui a donné de grands coups sur le derrière et l'a balayé dehors. Le loup a couru très loin et on ne l'a jamais revu.

Le petit Chaperon rouge a étreint sa grand-mère. «Grand-mère, je suis si heureuse que vous soyez revenue à la maison. Où étiez-vous?»

«J'étais dans la grange à balayer le plancher et je t'ai entendue crier.»

Le petit Chaperon rouge a raconté à sa grand-mère sa rencontre avec le loup dans la forêt. La grand-mère a serré dans ses bras sa petite-fille qu'elle aimait plus que tout au monde et elle a demandé : «As-tu appris quoi que ce soit aujourd'hui?»

«Oui, a dit le petit Chaperon rouge. J'ai appris à ne pas parler aux étrangers.»

«Très bien!» a dit sa grand-mère.

Thèmes

Escrocs

Familles

Loups

Les parties du corps

La journée de Marie-Line

par Pam Schiller

Consignes : *Photocopiez les modèles aux pages 436-437. Utilisez un marqueur noir pour tracer les modèles sur du carton. Coloriez-les avec des crayons et découpez-les.*

Laissez-moi vous parler de ma merveilleuse et superbe journée! Je veux vous présenter ma famille. D'abord, maman et papa. J'ai aussi deux frères, Sam et Arthur. Sam est le plus vieux. J'ai une sœur également. Son nom est Gabrielle. Oh, j'ai presque oublié, Marie-Line, c'est moi. Nous sommes quatre, presque cinq! Je suis la plus jeune. Nous sommes la famille Marquis et vous ne devinerez jamais ce qui m'est arrivé en cette merveilleuse et superbe journée!

Hier, notre famille est allée au parc. Nous étions tous prêts à partir. Sam, Arthur et Gabrielle se sont précipités en bas et sont sortis en courant. Ils entraient déjà dans la fourgonnette alors que j'étais encore derrière la porte. «Attendez-moi!» ai-je hurlé en courant. «Encore la dernière, je suis toujours la dernière me suis-je dit. Juste une fois je voudrais être la première!»

Être la plus jeune et la plus petite est difficile. Je fais de gros efforts pour me maintenir à leur niveau. C'est toujours la même chose... Je suis la dernière que maman réveille pour l'école, la dernière dans la salle de bains pour brosser mes dents, la dernière à avoir mon assiette à table, toujours, toujours la dernière pour quoi que ce soit!

Je suis allée me coucher cette nuit-là en souhaitant que je puisse être la première à faire quelque chose, n'importe quoi, juste une fois! Très tôt, le matin suivant, maman est venue me réveiller. J'ai pris mon temps pour descendre, mais quand je suis arrivée à la cuisine devinez quoi? J'étais la première que maman avait sortie du lit! « Bon anniversaire, Marie-Line! » a dit papa, tout sourire.

Wow! J'avais oublié qu'aujourd'hui c'était mon anniversaire! Sam, Arthur et Gabrielle sont entrés dans la cuisine avec de grands sourires et des vœux pour mon anniversaire. Maman a mis un grand plat de crêpes devant moi! LA PREMIÈRE! Après le petit-déjeuner, j'ai été la première à me brosser les dents aussi. Ça a été comme ça toute la journée. J'ai été la première à tout faire! Wow! Quelle merveilleuse et superbe journée! Quel grand cadeau d'anniversaire!

Thèmes

Anniversaires

Familles

Grandir

Contraires

Miguel l'intrépide

par Pam Schiller

Consignes : Photocopiez les modèles aux pages 438-440. Utilisez un marqueur noir pour tracer les modèles sur du carton. Coloriez-les avec des crayons et découpez-les.

Miguel est le cow-boy le plus intrépide de l'Ouest sauvage. Il porte un chapeau de cow-boy énorme et une paire de bottes en peau de serpent. Il est toujours à la recherche d'action. Ce n'est rien pour Miguel de sauter sur son cheval fidèle, Dollar, et de partir à la recherche de quelqu'un qui aurait besoin de son aide.

Certains jours, il combat des pumas vicieux jusqu'à ce qu'ils tombent par terre, trop épuisés pour hurler. Les pumas essaient d'éviter Miguel l'intrépide.

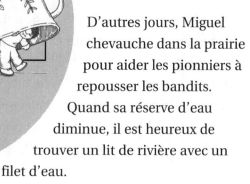

D'autres jours, Miguel chevauche dans la prairie pour aider les pionniers à repousser les bandits. Quand sa réserve d'eau diminue, il est heureux de trouver un lit de rivière avec un filet d'eau.

Quand il rejoint finalement la caravane, il fait rapidement leur affaire aux mauvais types.

Il aide alors les pionniers à réparer leur roue de chariot cassée.

Quand Miguel arrive à la prison avec les bandits, personne n'est étonné. Miguel amène chaque jour quelqu'un au shérif.

Tout le monde connaît l'histoire de Miguel et de l'ours. L'ours est sorti de nulle part et a sauté sur Miguel. Miguel a combattu l'ours tout seul. Tout le monde sait qu'il a eu de la chance de survivre.

Miguel pense rarement à la nourriture. Il survit à l'aide de bœuf séché et d'une poignée de haricots.

Quand la nuit tombe, Miguel dort seul dans la prairie. Miguel l'intrépide n'a peur de rien.

Thèmes

Chevaux
Cow-boys/cow-girls
Nourriture
Ours
Vêtements

Mon premier jour d'école

Consignes : *Photocopiez les modèles aux pages 441-443. Utilisez un marqueur noir pour tracer les modèles sur du carton. Coloriez-les et découpez-les.*

C'était le premier jour d'école. Élise s'est vite réveillée. Elle était excitée, mais elle avait aussi un peu peur. Sa mère lui a dit qu'il ne fallait pas avoir peur. Son grand frère lui a dit qu'il ne fallait pas avoir peur.

Mais Élise avait encore un peu peur. Elle a mangé son petit-déjeuner, a revêtu ses nouveaux vêtements d'école et a aidé sa maman à emballer son déjeuner. Finalement, il était le temps de partir.

La mère d'Élise l'a conduite à l'école. Élise a été étonnée par la grandeur de l'école. Elle a tenu la main de sa mère alors qu'elles entraient dans le hall et se rendaient à l'étage où se trouvait la nouvelle salle de classe d'Élise. Mme Marotta a accueilli Élise à la porte avec un grand sourire amical.

Élise a bravement salué sa mère de la main, même si elle n'avait pas envie de la voir partir. Elle a accompagné Mme Marotta là où les autres enfants étaient assis en cercle. Elle s'est assise.

Mme Marotta a expliqué aux enfants tout ce qu'ils feraient à l'école : peinture au chevalet avec des couleurs vives dans le centre d'art, jeu de pâte à modeler dans le centre de la motricité fine, déguisement avec des vêtements d'adultes dans le théâtre, constructions avec blocs dans le centre des blocs, jeux d'énigmes dans l'aire de jeu et danse avec écharpes sur musique enjouée dans les cours de musique et de mouvements. Élise allait même se faire raconter une histoire ou deux.

Élise a commencé à penser que l'école pourrait être amusante. Elle a regardé les autres enfants. Ils semblaient heureux. Quand Mme Marotta a dit que chacun pouvait aller travailler dans un des centres, un gentil garçon nommé Michel a demandé à Élise de venir jouer avec lui. Élise et Michel ont eu beaucoup de plaisir. Ils ont fait toutes les activités que Mme Marotta avait décrites. Quand la mère d'Élise est venue la chercher, Élise ne voulait pas vraiment s'en aller. À contre-cœur, elle a envoyé la main à Michel et lui a dit : « Je te verrai demain ! »

Thèmes

École
Émotions
Familles
Grandir

Mon ombre

par Robert Louis Stevenson

Consignes : Photocopiez les modèles aux pages 444-447. Utilisez un marqueur noir pour tracer les modèles sur du carton. Coloriez-les avec des crayons et découpez-les.

J'ai une petite ombre qui m'accompagne partout.
Elle est plus utile que je ne le pense.
Elle me ressemble parfaitement des pieds à la tête.

Je la vois sauter avant moi quand je saute dans mon lit.
Le plus amusant est la façon dont elle aime grandir,
pas du tout comme les enfants, qui le font toujours petit à petit.
Parfois, elle s'étire en longueur, telle une balle en caoutchouc qui rebondit,
et parfois elle est si petite qu'on ne la voit plus du tout.
Elle ignore comment les enfants doivent jouer
Et se joue de moi chaque fois.
Elle reste près de moi comme un lâche vous voyez ;
Je serais gêné de me coller à ma nannie comme cette ombre se colle à moi.
Un matin, très tôt, avant que le soleil soit en haut,
Je me suis levé et ai trouvé la rosée brillant sur chaque fleur
Mais ma petite ombre paresseuse, comme une tête somnolente,
Était restée à la maison derrière moi et dormait à poings fermés dans le lit.

Thèmes

Contraires
Humour
Période de la journée
Respect de soi

Mon petit âne malade

(Mexique)

Consignes : *Photocopiez les modèles à la page 448. Utilisez un marqueur noir pour tracer les modèles sur du carton. Coloriez-les et découpez-les.*

Mon âne a mal à la tête.
Mon âne ne peut pas jouer.
Le vétérinaire apportera bientôt un
 chapeau noir et du foin.
Un chapeau noir et du foin,
Et claqueront bientôt vos petits sabots.
Tap, tap, tap, hourra!

Mon âne a un mal de gorge. Mon âne ne
 peut pas jouer.
Le vétérinaire apportera bientôt une
 écharpe blanche et du foin.
Une écharpe blanche et du foin,
Un chapeau noir pour le mal de tête
Et claqueront bientôt vos petits sabots.
Tap, tap, tap, hourra!
Les côtes de mon âne sont endolories.

Mon âne ne peut pas jouer.
Le vétérinaire apportera bientôt un
 manteau jaune et du foin.
Un manteau jaune et du foin,
Une écharpe blanche et du foin,
Un chapeau noir pour le mal de tête
Et claqueront bientôt vos petits sabots.
Tap, tap, tap, hourra!

Mon âne a mal au cœur. Mon âne ne peut
 pas jouer.
Le vétérinaire apportera bientôt du jus de
 citron et du foin.
Du jus de citron et du foin,
Un manteau jaune et du foin,
Une écharpe blanche et du foin,
Un chapeau noir pour le mal de tête
Et claqueront bientôt vos petits sabots.
Tap, tap, tap, hourra!

Mon âne est très heureux. Mon âne peut
 maintenant jouer,
Le vétérinaire apportera bientôt des
 pommes vertes et du foin.
Des pommes vertes et du foin,
Du jus de citron et du foin,
Un manteau jaune et du foin,
Une écharpe blanche et du foin,
Un chapeau noir pour le mal de tête
Et claqueront bientôt vos petits sabots.
Tap, tap, tap, hourra!

Thèmes

Ânes
Couleurs

Mon animal de compagnie à moi

par Pam Schiller

Consignes : *Photocopiez les modèles à la page 449. Utilisez un marqueur noir pour tracer les modèles sur du carton. Coloriez-les avec des crayons et découpez-les.*

Arthur voulait un animal de compagnie. Il le voulait depuis si longtemps. Tous ses amis avaient des animaux de compagnie. Arthur rêvait d'un animal de compagnie la nuit. Il pensait aux animaux de compagnie toute la journée. Il pensait aux éléphants, aux girafes et aux lions, comme ceux qu'il avait vus au zoo. Mais il savait que sa mère dirait certainement « Non ! » à l'idée d'avoir un de ces grands animaux.

Une fois, Arthur avait trouvé une tortue et l'avait apportée à la maison, mais sa maman avait dit qu'il devait la retourner chez elle dans le lac. Selon elle, la tortue ne serait pas heureuse dans la chambre d'Arthur.

Une autre fois, il a essayé de cacher un lézard dans sa poche, mais le lézard a sauté sur la table au dîner et sa maman l'a fait sortir par la porte de derrière.

Une fois, son meilleur ami, Chen, lui a donné une grenouille. Arthur a pris une boîte pour lui faire une maison. Il s'est assuré que la boîte avait un couvercle et que la grenouille ne sauterait pas, mais sa mère n'était pas convaincue que la grenouille devait rester dans la maison. Elle a dit : « N'apporte plus de petits animaux de compagnie dans la maison ! » Arthur commençait à penser qu'il n'aurait jamais d'animal de compagnie à lui.

Hier, c'était l'anniversaire d'Arthur. Il avait demandé un animal de compagnie, mais il savait qu'il aurait probablement un tricycle. Tout en finissant de s'habiller, il essayait de ne pas penser aux animaux de compagnie. Ainsi, il ne serait pas déçu. À cet instant même, il a entendu sa maman entrer dans sa chambre. Quand Arthur s'est retourné, il n'en revenait pas !

Il était là ! Pas un tricycle ! Non. Là, à côté de sa maman, il y avait un chiot juste pour lui. Enfin, Arthur avait son animal de compagnie, un animal juste pour lui.

Thèmes
Chiens

Émotions

Familles

La ferme à Mathurin

Consignes : *Photocopiez les modèles aux pages 450-452. Utilisez un marqueur noir pour tracer les modèles sur du carton. Coloriez-les et découpez-les.*

Dans la ferme à Mathurin
I-A-I-A-O
Y a des centaines de vaches
I-A-I-A-O
Y a des meuh par ci,
Y a des meuh par là,
Ici des meuh, là des meuh,
Partout des meuh, meuh, meuh
Dans la ferme à Mathurin
I-A-I-A-O

Vers complémentaires :
cochon - grognement, grognement
Chat – miaou, miaou
Chien – wouf wouf
Cheval – hennissement, hennissement
Canard – coin, coin

Thèmes

Chats

Chevaux

Chiens

Cochons

Métiers

Vaches

Travail

La crêpe
(Norvège)

Consignes : *Photocopiez les modèles d'histoire aux pages 453-456. Utilisez un marqueur noir pour tracer les modèles sur du carton. Coloriez-les et découpez-les.*

Il était une fois une bonne femme qui avait sept enfants affamés. Elle faisait frire une crêpe pour eux. C'était une crêpe au lait doux. La crêpe grésillait dans la poêle, faisant des bulles et brunissant. Les sept enfants observaient et attendaient, les yeux agrandis par la faim.

«Oh, donnez-moi un peu de crêpe, mère chérie», a dit un des enfants.

«Oh, mère chérie», a dit le deuxième enfant.

«Oh, bonne mère chérie», a dit le troisième.

«Oh, bonne mère chérie et agréable», a dit le quatrième.

«Oh, bonne mère chérie, agréable et jolie», a dit le cinquième.

«Oh, bonne mère chérie, agréable, jolie et intelligente», a dit le sixième.

«Oh, bonne mère chérie, agréable, jolie, intelligente et douce», a dit le septième.

Ils ont tous supplié pour avoir cette crêpe, l'un encore plus tendrement que l'autre, parce qu'ils étaient tous si affamés.

«Oui, oui, mes enfants, a dit la bonne femme. Attendez juste un peu qu'elle se tourne.»

La crêpe a été tout étonnée d'entendre la mère dire cela.

«Eh bien, je me tournerai», a-t-elle dit. La crêpe a bondi en l'air et a atterri de l'autre côté et elle a grésillé un peu. Elle a sauté de nouveau, si haut qu'elle a atterri sur le plancher. Alors la crêpe s'est enfuie vers la porte.

«Oh, crêpe! Arrête, crêpe!» a crié la femme et elle l'a poursuivie, la poêle à frire dans une main et la louche dans l'autre. Elle a couru aussi vite qu'elle pouvait et les sept enfants l'ont suivie.

«Arrêtez cette crêpe! Arrêtez cette crêpe!» ont-ils crié en essayant de l'attraper, mais la crêpe a roulé sans s'arrêter jusqu'à ce qu'ils ne puissent plus la voir.

Après avoir roulé un peu plus loin, la crêpe a rencontré un homme.

«Bonjour, crêpe», a dit l'homme.

«Bonjour à vous et tourlou», a dit la crêpe.

«Hé crêpe, ne roulez pas si vite. Arrêtez-vous quelque temps et laissez-moi prendre une bouchée de vous.»

Mais la crêpe ne s'est pas arrêtée et en roulant elle a dit :

«J'ai roulé loin de la bonne maman

Et de ses sept enfants hurlants.

Et je roulerai loin de vous, aussi, monsieur-grands-yeux!»

Alors la crêpe a roulé sans arrêt jusqu'à ce qu'elle rencontre une poule.

«Bonjour, crêpe», a dit la poule.

«Bonjour à vous, Cot-Cottie», a dit la crêpe.

«Douce crêpe, ne roulez pas si vite. Arrêtez-vous, s'il vous plaît, quelque temps et laissez-moi vous picorer un peu.»

Mais la crêpe ne s'est pas arrêtée et en roulant elle a dit :

«J'ai roulé loin de la bonne maman

Et de ses sept enfants hurlants

Et de monsieur-grands-yeux!

Et je roulerai loin de vous aussi, Cot-Cottie!»

La crêpe a roulé sur la route comme une roue. À ce moment, elle a rencontré un canard.

«Bonjour, la crêpe», a dit le canard.

«Bonjour à vous, mignon chanceux», a dit la crêpe.

«Chère crêpe, ne roulez pas si vite. Attendez un peu, que je puisse vous finir.»

Mais la crêpe ne s'est pas arrêtée et en roulant elle a crié :

«J'ai roulé loin de la bonne maman

Et de ses sept enfants hurlants

Et de monsieur-grands-yeux!

Et de Cot-Cottie

Et je roulerai loin de vous, aussi, mignon chanceux!»

Et la crêpe a roulé plus rapidement que jamais. Alors elle a rencontré une oie.

«Bonjour, crêpe», a dit l'oie.

«Bonjour à vous, Oie-coua-coua», a dit la crêpe.

«Chère crêpe, ne roulez pas si vite. Attendez une minute et je vous finirai.»

Mais la crêpe a continué à rouler et en roulant elle a crié :

«J'ai roulé loin de la bonne maman

Et de ses sept enfants hurlants

Et de monsieur-grands-yeux!

Et de Cot-Cottie

Et de mignon chanceux

Et je roulerai loin de vous aussi, Oie-coua-coua!»

Puis elle a roulé plus loin, la crêpe, et est arrivée à la lisière d'une forêt. Là, se tenait un cochon.

«Bonjour, crêpe», a dit le cochon.

«Bonjour à vous, cochonin-poin-poin», a dit la crêpe.

«Ne soyez pas si pressée, a dit le cochon. La forêt est dangereuse. Nous devrions marcher ensemble.»

La crêpe s'est dit que ce pourrait être vrai et elle a roulé tranquillement aux côtés du cochon un moment. Après un certain temps, ils sont arrivés à un ruisseau. Le cochon a sauté directement dans l'eau et a commencé à nager pour traverser.

«Et moi? Et moi?» a crié la crêpe.

«Oh, vous n'avez qu'à vous asseoir sur mon museau, a dit le cochon, et je vous porterai de l'autre côté.»

Donc, la crêpe s'est assise sur le museau du cochon.

Le cochon a lancé la crêpe en l'air, et ouf, ouf, ouf il a avalé la crêpe en trois bouchées.

Comme la crêpe n'est pas allée plus loin, cette histoire ne peut aller plus loin non plus.

Thèmes

Alimentation
Canards
Cochons
Couleurs
Escrocs
Poules

Bout de chou, le plus petit chiot de la planète

par Pam Schiller

Consignes : *Photocopiez les modèles aux pages 457-459. Utilisez un marqueur noir pour tracer les modèles sur du carton. Coloriez-les et découpez-les.*

Bout de chou était le plus heureux petit chien du monde. Il vivait dans des foires et était l'attraction principale de la foire. Tout le monde aimait Bout de chou et tous les jours on venait de partout pour le voir. C'était une bonne chose que tant de personnes aiment Bout de chou parce qu'il n'avait pas de famille, du moins personne qu'il se rappelait.

Bout de chou avait toujours vécu à la foire. Les cochons l'avaient élevé. Une nuit, au milieu d'un orage énorme, Bout de chou était entré dans la porcherie pour se sauver de la pluie. Les cochons l'avaient aimé tout de suite. Ils l'avaient nourri et l'avaient tenu au chaud. Quand Steve, le propriétaire de la foire, a vu Bout de chou dans la porcherie le lendemain matin, il a été surpris. Il a pris Bout de chou et l'a regardé de près. Il a dit :

«Tu n'es pas un cochon, mais tu es le chiot le plus petit que je n'ai jamais vu. Tu feras très bien à la foire. Tu seras ma vedette principale.»

Ainsi, chaque jour, Steve mettait un petit col plissé et un petit chapeau de clown à Bout de chou et le plaçait délicatement sous une minuscule boîte. Alors il disait : «Venez, venez tous voir le chiot le plus minuscule de la planète!» Quand Steve soulevait la boîte, chacun retenait son souffle. Personne ne pouvait en croire ses yeux. Personne n'avait jamais vu un chiot aussi petit auparavant.

Les choses ont continué comme ça assez longtemps. Un jour, cependant, quelque chose de terrible est arrivé. Bout de chou a commencé à grandir. Il a grandi et il a grandi et il a grandi. Bientôt il n'était plus le chiot le plus minuscule de la planète. Loin de là. Il a probablement grandi parce qu'on l'a tellement aimé et on s'en est si bien occupé, mais il n'était plus la vedette principale de la foire. Personne ne voulait voir un chien ordinaire. Bout de chou était très triste. Son petit col et son chapeau ne faisaient même pas sur une de ses pattes. La petite boîte qui le couvrait habituellement n'aurait même pas pu contenir son museau.

Les jours ont passé et Bout de chou a continué à grandir, non seulement en taille, mais aussi en tristesse. Il savait qu'il devrait quitter la foire et trouver autre chose à faire.

Mais quelque chose d'autre est arrivé. Bout de chou a continué à grandir et très rapidement. Il a grandi et il a grandi et il a grandi. Il est devenu si grand qu'il n'entrait même plus dans la porcherie. Quand Steve a vu comment le petit Bout de chou était devenu grand, il a ri tout haut. Il a dit : «Bout de chou, tu seras de nouveau ma vedette principale. Maintenant, tu es le plus grand chien de toute la planète.»

Il a confectionné pour Bout de chou un nouveau col et un nouveau chapeau et il a construit une très grande boîte pour le couvrir. Alors il a dit : «Venez, venez tous voir Bout de chou, le chien le plus grand de la planète.» Les gens sont venus de partout pour voir Bout de chou à nouveau. Ils ne pouvaient pas en croire leurs yeux. Sous la boîte se trouvait le chien le plus grand et le plus heureux qu'ils n'avaient jamais vu!

Thèmes

Chiens

Cochons

Contraires

Émotions

Grandir

La princesse et le pois

par Hans Christian Anderson

Consignes : Photocopiez les modèles aux pages 460-463. Utilisez un marqueur noir pour tracer les modèles sur du carton. Coloriez-les et découpez-les.

Il était une fois un prince qui voulait épouser une princesse, mais une vraie princesse. Il fit le tour de la Terre pour en trouver une, mais il y avait toujours quelque chose qui clochait. Des princesses, il n'en manquait pas, mais étaient-elles de vraies princesses ? Il y avait toujours une chose ou une autre qui ne lui semblait pas parfaite. Il rentra chez lui tout triste. Il aurait tant voulu avoir une véritable princesse.

Un soir, par un temps affreux, d'éclairs, de tonnerre et de cascades de pluie, un temps effrayant, on frappa à la porte du château et le vieux roi lui-même alla ouvrir.

C'était une princesse qui était là, dehors. Mais, grands dieux ! de quoi avait-elle l'air dans cette pluie, par ce temps ? L'eau coulait de ses cheveux et de ses vêtements, entrait par la pointe de ses chaussures et ressortait par le talon… et elle prétendait être une véritable princesse !

On lui a donné des vêtements secs et de quoi manger. Le prince était tout heureux de voir comme elle était jolie, mais comment être sûr qu'elle était bel et bien une vraie princesse ?

« Nous allons bien voir ça », pensait la vieille reine, mais elle ne dit rien. Elle alla dans la chambre à coucher, retira toute la literie et mit un petit pois au fond du lit ; elle prit ensuite vingt matelas qu'elle empila sur le petit pois et, par-dessus, elle mit encore vingt édredons en plumes d'eider. C'est là-dessus que la princesse devait coucher cette nuit-là. Le matin, on lui demanda comment elle avait dormi.

« Affreusement mal, répondit-elle. Je n'ai presque pas fermé l'œil de la nuit. Dieu sait ce qu'il y avait dans ce lit. J'étais couchée sur quelque chose de si dur que j'en ai des bleus et des noirs sur tout le corps ! C'est terrible ! »

La vieille reine sut immédiatement que la princesse était une vraie princesse parce qu'elle avait senti le pois malgré les vingt matelas et les vingt édredons de plume. Seule une vraie princesse pouvait être aussi sensible. Le prince la prit donc pour femme, sûr maintenant d'avoir une vraie princesse, et le petit pois fut exposé dans un musée, où on peut encore le voir si personne ne l'a volé.

Thèmes

Contraires
Émotions
Rois et reines

Le bélier dans le champ de piments (Mexique)

Consignes : Photocopiez les modèles aux pages 465-466. Utilisez un marqueur noir pour tracer les modèles sur du carton. Coloriez-les et découpez-les.

Il était une fois un petit garçon qui avait un champ de piments. Il en prenait le plus grand soin, ce qui lui permettait d'en vivre. Un jour, un petit bélier y est entré.

Le garçon l'appela : « Petit bélier, petit bélier, sors de ce champ de piments. »

Le bélier a dit : « Toi, petit garçon sans façons, sors d'ici ou je te chasserai d'un coup de sabot. »

Le garçon a essayé de sortir le petit bélier, mais le bélier lui a donné un coup de sabot et l'a renversé. Il a pris ses jambes à son cou et est parti en pleurant.

Il a rencontré une vache et elle lui a demandé : «Qu'est-ce qu'il y a, petit garçon?»

Il a dit : «Le petit bélier m'a renversé.»

«Et pourquoi?»

«Parce qu'il est dans mon champ de piments», a crié le garçon.

«Attends. Je vais le faire sortir.»

La vache est allée au champ et a dit : «Meuh, meuh, meuh! Petit bélier, petit bélier, sors de ce champ.»

«Vous, la vache cornue, de quoi vous mêlez-vous? Sortez d'ici ou je vous donnerai un coup de sabot.»

La vache essaya de l'accrocher avec ses cornes, mais le petit bélier s'est retourné et a donné un coup de sabot à la vache.

Puis un chien est venu. Il a dit : «Je peux le faire sortir, j'en suis sûr.» Et il a commencé à aboyer. «Wouf, wouf, wouf! Petit bélier, petit bélier, sors de ce champ de piments.»

«Vous, le chien effronté, de quoi vous mêlez-vous? Sortez d'ici ou je vous donnerai un coup de sabot.»

Le chien insista et il s'approcha de plus en plus du bélier, qui lui donna, à lui aussi, un coup de sabot.

Alors est venu un coq. Il a commencé à chanter et a dit : «Petit bélier, petit bélier, sors de ce champ de piments.»

«Vous, le coq à l'air idiot, de quoi vous mêlez-vous? Sortez d'ici ou je vous donnerai un coup de sabot.»

Finalement, le bélier donna un coup de sabot au coq et le laissa pattes en l'air.

Le bélier continua à manger dans le champ de piments et le garçon était très triste de voir son champ tout abîmé. Un âne est venu et il a dit : «Ne t'inquiète pas, petit garçon, j'irai faire sortir le bélier.» L'âne a commencé à parlementer : «Petit bélier, petit bélier, sors de ce champ de piments.»

«Vous, l'âne aux longues oreilles, de quoi vous mêlez-vous? Sortez d'ici ou je vous donnerai un coup de sabot.»

Le bélier s'approcha et donna un coup de sabot à l'âne. Le garçon vit que son champ de piments était presque vide.

Puis une petite fourmi est venue. Le garçon a dit : «Petite fourmi, petite fourmi, si vous réussissez à faire sortir le petit bélier de mon petit champ de piments, je vous donnerai beaucoup de grains.»

«Combien m'en donnerez-vous?» a demandé la fourmi.

«Je vous en donnerai un boisseau.»

«C'est trop», a dit la fourmi.

«Je vous donnerai la moitié d'un boisseau.»

«C'est trop», a dit la fourmi.

«Je vous en donnerai une poignée.»

«Ça va, alors», a dit la fourmi. Ainsi, tandis que le garçon commençait à moudre le grain, la petite fourmi commença à monter,

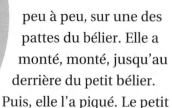

peu à peu, sur une des pattes du bélier. Elle a monté, monté, jusqu'au derrière du petit bélier. Puis, elle l'a piqué. Le petit bélier a sauté et a commencé à hurler : « Oh, mon cher! Oh, mon cher! Elle m'a piqué sur le derrière! Oh, mon cher! Oh, mon cher! Elle m'a piqué sur le derrière!»

Et c'est comme ça qu'on a fait sortir le petit bélier du champ de piments.

Thèmes

Agriculture	Ânes
Chèvres	Chiens
Contraires	Coqs
Humour	Insectes
Vaches	

Le défilé des biscuits en farandole

Consignes : *Photocopiez les modèles aux pages 467-470. Utilisez un marqueur noir pour tracer les modèles sur du carton. Coloriez-les et découpez-les.*

Un jour, Linda décida de cuire quelques biscuits de fantaisie. Elle avait envie d'être créatrice. Elle a battu son mélange et l'a roulé sur la table. Puis elle a sorti ses emporte-pièces préférés. Elle a découpé un canard, un lapin, un chien, un chat et un ours. Elle a cuit les biscuits jusqu'à ce qu'ils soient beaux et bruns. Quand les biscuits ont été refroidis, Linda était prête pour la partie amusante : la décoration.

Elle a fait du glaçage et ensuite elle a regardé chaque biscuit d'un œil créateur.

Elle a décidé de faire le canard pourpre avec des points jaunes. Elle a pensé que le lapin serait beau avec des rayures et le chien avec des spirales. Elle a fait un beau modèle de plaid à l'ours et au chat des dessins en «x». Après avoir glacé et décoré chaque biscuit, elle a reculé et soupiré : «Ce sont les biscuits les plus beaux de la ville. »

Linda a placé les biscuits dans un pot. Elle a pensé qu'ils étaient trop beaux pour être mangés. Ce que Linda ne savait pas, c'est que le pot de biscuits était magique. Quand les biscuits ont été placés à l'intérieur, ils se sont animés. Aussitôt que Linda a quitté la pièce, les biscuits ont poussé le couvercle et ont dansé hors du pot.

Ils ont dansé en ligne comme dans un défilé. Ils ont dansé sur la table, sur les chaises, sur le plancher et sont sortis par la porte. Ces beaux biscuits doivent encore danser quelque part parce qu'ils ne sont jamais revenus dans le pot de biscuits.

Thèmes

Alimentation
Canards
Chats
Chevaux
Chiens
Couleurs
Cuisine
Lapins
Ours

Sammy, l'hippocampe de rodéo

par Pam Schiller

Consignes : Photocopiez les modèles aux pages 471-473. Utilisez un marqueur noir pour tracer les modèles sur du carton. Coloriez-les et découpez-les.

Sammy est un hippocampe. Il vit dans l'océan. Il aime l'océan. C'est la seule maison qu'il a jamais connue. Sammy rêve d'être un vrai cheval. Il veut être un cheval de rodéo.

Vous vous demandez comment un petit hippocampe au milieu de l'océan Atlantique connaît les chevaux de rodéo. Eh bien, depuis que Sammy est un petit hippocampe, son papa lui a raconté des histoires de rodéo. Vous voyez, il y a des tas de rodéos au Texas et le papa de Sammy a déjà vécu dans l'aquarium du monde de la mer à San Antonio, au Texas. Le papa de Sammy aimait entendre les gens parler de rodéos, et particulièrement de chevaux de rodéo. Bien sûr, c'était il y a longtemps, avant que les gens du monde de la mer aient décidé de remettre le papa de Sammy dans l'océan.

Tôt chaque matin, Sammy joue dans les vagues, feignant d'être un cheval de rodéo. Vers midi, il fonce à la maison pour le déjeuner, feignant de mener un banc de poissons comme un troupeau. Il trouve que le poisson fait du bon bétail. Les poissons l'ignorent, mais il ne s'en soucie pas. Il se précipite au fond de l'océan et grignote des algues en feignant qu'il s'agit d'une balle de foin.

Après le déjeuner, Sammy file du coral comme une flèche, feignant d'être un cheval portant un cavalier autour des barils. Il est devenu vraiment bon au slalom dans des espaces étroits. Quand un banc de poissons-perroquets vivement colorés s'approche, Sammy fait semblant qu'ils sont des clowns de rodéo. Il aime penser qu'ils sont venus pour le sauver des cornes d'un taureau en colère.

Sammy sait qu'il ne sera jamais dans un vrai rodéo, mais ça ne le dérange pas. Il aime vivre dans l'océan et ne voudrait pas le quitter. En plus, il a un plaisir fou à vivre dans son monde imaginaire.

Thèmes

Cow-boys/cow-girls
Familles
Océans et mers
Respect de soi

Jack l'idiot

Consignes : *Photocopiez les modèles aux pages 474-478. Utilisez un marqueur noir pour tracer les modèles sur du carton. Coloriez-les et découpez-les.*

Il était une fois un garçon nommé Jack. Jack vivait avec sa mère dans une vieille petite maison. Ils n'avaient pas beaucoup d'argent et la mère de Jack gagnait sa vie en cousant.

Jack était si paresseux que tout ce qu'il faisait était de rester couché. L'été, il se couchait au soleil sur le porche. L'hiver, il se couchait devant le feu. Sa mère n'arrivait pas à le faire travailler. Un jour, elle lui dit : « Jack, si tu ne travailles pas, tu n'auras rien à manger. » Voilà qui attira l'attention de Jack, car Jack aimait manger. Le lendemain, Jack alla travailler pour un fermier. À la fin de la journée, le fermier lui donna un *penny*. Jack, qui n'avait jamais eu d'argent, ne savait quoi faire d'un *penny*. En retournant à la maison, il échappa le *penny* dans une rivière et le perdit.

« Oh, pauvre idiot ! a dit sa mère. Tu aurais dû le mettre dans ta poche. »

« Je le ferai la prochaine fois », a-t-il dit.

Le lendemain, Jack alla travailler pour un gardien de vaches. Le gardien de vaches donna à Jack un litre de lait en guise de paie. Jack se rappela ce que sa mère avait dit et mit la bouteille de lait dans sa poche. Au moment où il rentrait à la maison, le lait se renversa.

« Oh, pauvre idiot ! a dit sa mère. Tu aurais dû le porter sur ta tête. »

« Je le ferai la prochaine fois », a-t-il dit.

Le lendemain, Jack alla travailler pour un autre fermier, qui le paya d'une livre de beurre. Jack se rappela ce que sa mère avait dit et mit le beurre sur sa tête. Alors qu'il rentrait à la maison, le soleil chaud fit fondre le beurre. La moitié du beurre coulait dans le cou de Jack et l'autre moitié était collée dans ses cheveux.

« Oh, pauvre idiot ! a dit sa mère. Tu aurais dû l'envelopper dans du tissu et le déposer dans un seau de glace. »

« Je le ferai la prochaine fois », a-t-il dit.

Le lendemain, Jack travailla pour un boulanger. Le boulanger ne lui donna pas de pain, mais il lui donna un chat. Jack enveloppa très soigneusement le chat dans du tissu et le mit dans un seau de glace. Alors que Jack rentrait à la maison, le chat était si fou qu'il déchira le tissu et griffa Jack partout. Jack dut laisser partir le chat.

« Oh, pauvre idiot ! a dit sa mère. Tu aurais dû attacher une corde autour de son cou et le faire marcher derrière toi. »

« Je le ferai la prochaine fois », a-t-il dit.

Alors Jack alla travailler pour un boucher. Le boucher lui donna un jambon en guise de paie. Jack se rappela ce que sa mère avait dit. Il attacha donc le jambon et le tira derrière lui. Quand il rentra à la maison, le jambon n'était plus bon.

«Oh, pauvre idiot ! a dit sa mère. Tu aurais dû le porter sur ton épaule. »

«Je le ferai la prochaine fois », a-t-il dit.

Encore une fois, Jack trouva un travail. Il alla travailler pour un autre gardien de vaches, qui lui a donné un âne en guise de paie. Jack se rappela ce que sa mère avait dit. Bien que Jack soit très fort, il eut de la difficulté à mettre l'âne sur ses épaules. Mais quand il y réussit finalement, il commença à marcher vers la maison, sifflant joyeusement.

Comme il marchait, il passa devant le château du roi. Le roi avait une fille qui était très triste ; elle n'avait jamais ri de sa vie. Quand la fille du roi vit que Jack portait un âne sur son épaule, elle se mit à rire. Elle a ri et a ri et a ri. Le roi était si heureux que sa fille rie qu'il invita Jack et sa mère à vivre dans le château. Jack et la princesse sont devenus les meilleurs amis du monde et Jack et sa mère vécurent heureux dans le château pour toujours.

Thèmes

Alimentation
Agriculture
Familles
Humour
Travail

Millie l'idiote

par Pam Schiller

Consignes : *Photocopiez les modèles aux pages 479-481. Utilisez un marqueur noir pour tracer les modèles sur du carton. Coloriez-les et découpez-les.*

Millie l'idiote vit à Kalamazoo, dans le Michigan, avec sa mère et son père. Elle est tellement idiote qu'elle fait rire tout le monde. Son papa dit : «Comment ai-je pu avoir une fille pareille ? »

Elle peigne ses dents et brosse ses sourcils.

Elle utilise des gants de toilette au lieu de serviettes.

Elle est tellement idiote.

Elle promène son poisson rouge et laisse le chat se baigner dans l'aquarium.

Elle mange ses beignets chauds seulement quand ils sont froids.

Millie l'idiote est étonnamment idiote.

Elle met ses chaussettes après ses chaussures.

Et joue du tambour quand elle chante le blues.

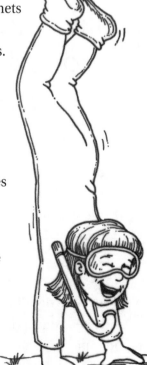

Le grand livre des activités, danses, histoires, jeux et recettes

Millie l'idiote est étonnamment et ridiculement idiote.

Elle marche sur ses mains partout où elle va.

Et porte du rouge vif en guise de bas.

Millie l'idiote est étonnamment, ridiculement, exotiquement idiote.

Elle porte son équipement de plongée quand elle prend un bain.

Je parie que Millie l'idiote peut vous faire rire !

Elle est étonnamment, ridiculement, exotiquement, sottement idiote.

Thèmes

Familles

Humour

Nellie l'idiote : l'histoire d'une drôle de dinde

par Pam Schiller

Consignes : *Photocopiez les modèles aux pages 482-487. Utilisez un marqueur noir pour tracer les modèles sur du carton. Coloriez-les et découpez-les.*

Nellie est une des dindes les plus idiotes que vous n'ayez jamais vues. Elle a deux très grandes pattes de dinde, un cou plus long que le cou d'une oie et des plumes qui donnent l'impression qu'elle participe à un défilé. Nellie a une maman qui pense qu'elle est vraiment la dinde la plus belle du monde et un papa qui pense qu'elle a inventé le bouton à quatre trous.

Nellie a aussi plus d'amis que quiconque. Ses amis l'aiment. Pas parce qu'elle a de grandes pattes ou un long cou ou même parce qu'elle a de drôles de plumes colorées. Ils l'aiment parce qu'elle a un grand cœur. Elle est toujours prête à aider ses amis.

Les écureuils sont reconnaissants de son long cou parce qu'elle peut s'étirer très haut pour cueillir dans les arbres un gland qui pousse sur une branche trop fragile pour que les écureuils puissent y grimper.

Les lapins l'aiment parce que, avec ses grandes pattes, elle peut courir plus rapidement qu'ils ne peuvent sauter. Quand les vieux chiens de la basse-cour poursuivent les lapins, Nellie prend les lapins sur son dos et les met en sécurité.

Tous les animaux aiment les plumes colorées de Nellie. Elles sont si originales. Aucun des animaux n'a jamais vu des plumes à pois. En fait, ils n'ont jamais vu de plumes rayées, de plumes roses ou de plumes arc-en-ciel. Juste à regarder les plumes colorées de Nellie, ils sont heureux.

Il y a un secret au sujet de Nellie que seuls sa maman, son papa, ses amis animaux et maintenant vous connaissent. Ce secret est que, quand Nellie est vraiment heureuse, comme quand elle aide ses amis, elle affiche un sourire idiot et très drôle sur son visage de dinde.

Fermez vos yeux pendant une minute et je demanderai à Nellie de vous montrer son sourire.

Bien, maintenant vous pouvez regarder. Voici Nellie !

Thèmes

Amis

Chiens

Dindes

Écureuils

Familles

Fêtes

Lapins

Respect de soi

Chantez la chanson des contraires

par Pam Schiller

Consignes : *Photocopiez les modèles aux pages 488-490. Utilisez un marqueur noir pour tracer les modèles sur du carton. Coloriez-les et découpez-les.*

C'est grand et c'est petit,
C'est grand ; c'est petit,
C'est grand et c'est petit,
Chantez avec moi.

(Vers supplémentaires :)
C'est grand et c'est petit.
C'est en haut et c'est en bas.
C'est dedans et c'est dehors.
C'est heureux et c'est triste.
C'est doux et c'est dur.
C'est rapide et c'est lent.

Thèmes

Contraires

Rapport à l'espace

Gabby Graham, le meilleur ami de Brillant Biscuit

par Pam Schiller

Consignes : *Photocopiez les modèles aux pages 491-492. Utilisez un marqueur noir pour tracer les modèles sur du carton. Coloriez-les et découpez-les.*

Brillant Biscuit est un merveilleux biscuit aux pépites de chocolat parfaites. Gabby Graham est un biscuit carré et croquant de Graham. Brillant Biscuit et Gabby Graham sont les meilleurs amis du monde. Ils ont toujours hâte d'arriver à l'école chaque jour pour jouer ensemble. Leur activité préférée est de faire des constructions avec des blocs. Ils font des routes et des rues, des granges et des fermes, un grand gratte-ciel et de confortables maisons de campagne.

Brillant Biscuit trouve un bloc carré qui ressemble au corps de Gabby Graham et il

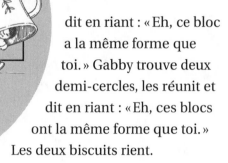

dit en riant : « Eh, ce bloc a la même forme que toi. » Gabby trouve deux demi-cercles, les réunit et dit en riant : « Eh, ces blocs ont la même forme que toi. » Les deux biscuits rient.

En plus du jeu de blocs, les deux biscuits aiment le moment de l'histoire d'amour. Ils aiment les contes de Perreault, bien sûr, mais Le petit bonhomme en pain d'épice est leur histoire préférée. Savez-vous pourquoi ?

Les biscuits aiment le dessin et la peinture. Ils aiment jouer dehors. Ils aiment jouer avec les autres enfants et tous deux chantent fort pendant la ronde du matin. Les biscuits aiment tout de l'école, mais leur activité préférée à l'école est de passer du temps ensemble. Ils sont les meilleurs amis du monde. Avez-vous un meilleur ami ?

Thèmes

Amis

École

Formes

La brillante idée de Brillant Biscuit

par Pam Schiller

Consignes : *Photocopiez les modèles aux pages 493-494. Utilisez un marqueur noir pour tracer les modèles sur du carton. Coloriez-les et découpez-les.*

Un jour, Brillant Biscuit aidait sa mère à faire des biscuits en forme d'animaux. Sa tâche était d'enlever les biscuits de la tôle au sortir du four et de les mettre sur le plateau de biscuits. Elle aimait beaucoup sa tâche parce qu'elle aimait toutes les formes d'animaux.

Brillant Biscuit mettait tous les biscuits en forme d'éléphant sur un plateau et les biscuits en forme de girafe sur un autre, comme sa mère le lui avait demandé. Elle était vraiment fière des belles rangées qu'elle faisait. Elle se concentrait sur son travail. Elle voulait que sa mère soit fière d'elle.

Soudain, Brillant Biscuit pensa à la leçon de mathématiques qu'elle avait eue à l'école le matin. Cette leçon concernait la fabrication de modèles. En y pensant bien, elle pourrait peut-être faire de plus beaux plateaux !

Brillant Biscuit réarrangea les biscuits. Elle fit une rangée de biscuits en forme d'éléphant, de biscuits en forme de girafe, de biscuits en forme d'éléphant, de biscuits en forme de girafe, et ainsi de suite dans tout le plateau. C'était tellement plus intéressant. Elle ne pouvait pas attendre pour montrer sa trouvaille à sa mère.

Brillant Biscuit termina d'arranger les biscuits, puis elle prit le plateau pour le montrer à sa mère. Sa mère sourit de toutes ses dents. Elle était si fière de sa fille. Le plateau était tellement beau. Elle serra sa fille dans ses bras et lui dit : « Tu es vraiment un brillant biscuit ! »

Thèmes

Alimentation

Familles

Grandir

Respect de soi

L'enfant de neige

Consignes : Photocopiez les modèles aux pages 495-497. Utilisez un marqueur noir pour tracer les modèles sur du carton. Coloriez-les et découpez-les.

Il était une fois un vieil homme et une femme qui vivaient dans une ferme au nord de tout. Les hivers étaient longs et froids. Les vents d'hiver soufflaient et la neige s'empilait de plus en plus haut. Personne ne pouvait voyager ou faire des visites pendant l'hiver. Le vieil homme et la femme étaient bien seuls. Chaque jour, le vieil homme allait à la grange et nourrissait la vache et le cheval. Chaque jour, la vieille femme cuisait des pommes de terre, des choux et d'autres légumes qu'ils avaient cultivés en été. Il y avait beaucoup de travail à faire.

Tout de même, ils étaient bien seuls. Parfois en soirée, ils s'assoyaient près du feu et se racontaient des histoires. Une de ces histoires parlait de l'enfant qu'ils auraient aimé avoir. Elle serait belle! Son rire tinterait comme les cristaux de glace qui tombaient du toit dans le vent. Ses yeux scintilleraient comme le soleil miroitant sur la neige blanche.

Un matin, le vieil homme et la femme eurent une idée. Ils décidèrent de fabriquer une enfant de neige. Ils mirent leurs lourds vêtements et leurs bottes. C'était très froid à l'extérieur, mais le soleil brillait. D'abord, ils ont fait le corps de l'enfant de neige. Puis ils ont fait une petite boule pour la tête. Soigneusement, ils ont dessiné des yeux scintillants et une bouche souriante. Ils avaient presque terminé. Quelle merveilleuse enfant de neige c'était! Le vieil homme et la femme ont reculé pour regarder attentivement leur enfant de neige. Rapidement, ils ont frotté leurs yeux. Qu'est-ce qui arrivait? L'enfant de neige se déplaçait-elle? Oui! Oui!

Ils pouvaient à peine en croire leurs yeux : leur enfant de neige était vivante! Elle a marché vers eux et ils l'ont serrée dans leurs bras. Enfin, ils avaient un enfant à eux. Chaque jour, le vieil homme et la femme aimaient de plus en plus leur enfant de neige. Elle aidait son père à soigner les animaux dans la grange. Elle aidait sa mère à cuisiner. Plus que tout, elle aimait jouer dans la neige. Elle dansait et tournoyait dans les flocons de neige qui tombaient et dans le vent froid qui tourbillonnait. Puis un matin l'hiver s'est éloigné. Les bancs de neige ont commencé à fondre. Les oiseaux ont commencé à chanter. Le vent n'était plus aussi fort et aussi froid.

Le printemps était une période heureuse pour le vieil homme et la femme. Enfin, ils pourraient visiter leurs voisins. Ils pourraient se préparer à planter leurs pommes de terre et leurs choux. Le cheval et la vache pourraient sortir de la grange. Mais l'enfant de neige semblait triste. Des garçons et des filles sont venus jouer avec elle, mais elle était très calme. Elle voulait seulement rester assise près des bancs de neige fondants. Le vieil homme et la vieille femme lui ont demandé pourquoi elle était triste. Elle leur a dit que le temps chaud l'épuisait. Elle avait très envie de froid, de vents hivernaux. La femme et le vieil homme se sont soudainement rendu compte que le temps chaud ferait fondre leur enfant chérie. La vieille femme a commencé à réfléchir à ce qu'elle pourrait faire. «Il n'y a aucune façon d'arrêter l'été, a-t-elle dit à son mari. Nous ne pouvons pas arrêter l'été, mais nous savons que l'hiver reviendra l'an prochain.» L'enfant de neige a souri. La femme a souri aussi et ils ont tous commencé à penser à ce qu'ils feraient quand la neige serait revenue.

Un jour, les garçons et les filles ont organisé un pique-nique pour célébrer le printemps. Ils sont allés dans la forêt. Dans une clairière, ils ont allumé un petit feu autour duquel ils pourraient danser. L'enfant de neige a joint ses mains à celles des autres enfants, mais quand elle est passée près du feu elle s'est transformée en flaque d'eau. Les garçons et les filles ont eu beau la chercher, ils ne l'ont trouvée nulle part.

Le vieil homme et la femme étaient très tristes, mais ils savaient qu'ils retrouveraient leur enfant chérie. Ils ont cueilli la flaque d'eau et l'ont amenée à la maison afin d'attendre l'hiver. Ils savaient que la magie qui leur avait apporté leur enfant de neige reviendrait l'hiver suivant.

Thèmes

> Émotions
> Familles
> Fermes
> Saisons

Le Soleil et la Lune

Consignes : Photocopiez les modèles aux pages 498-499. Utilisez un marqueur noir pour tracer les modèles sur du carton. Coloriez-les et découpez-les.

Le Soleil et la Lune vivaient dans une caverne. Aucune lumière du Soleil et aucun reflet de la Lune ne sortait de la caverne. Seules les étoiles brillaient dans le ciel.

Le Soleil et la Lune étaient fatigués de vivre entassés dans une caverne. Le Soleil a dit à la Lune : «Je suis le père de toute vie. Ce n'est pas juste pour moi d'être avec toi dans une caverne. Pars et laisse-moi cette caverne.»

«Où puis-je aller? a demandé la Lune. Je n'ai aucune autre maison», a-t-elle dit.

«Va au ciel, a répondu le Soleil. Il y a suffisamment d'espace pour toi dans le grand ciel bleu.»

La Lune était triste, mais elle a quitté la caverne. Elle était effrayée d'être dans le grand ciel bleu. Elle n'était qu'une mince lune d'argent. Elle s'est cachée derrière les nuages. Peu à peu, elle a montré son visage entier. Chacun a dit que c'était beau.

Le Soleil a vu la Lune dans le ciel bleu et s'est fâché. La petite Lune avait une meilleure place que lui! Il est sorti de la caverne et a sauté dans le ciel. Quand elle a vu venir le Soleil, la Lune, effrayée, est partie en courant. Elle a continué à regarder vers le Soleil. Bientôt, plus personne n'a vu la Lune.

Le Soleil avait donc le ciel entier pour lui tout seul. Il a envoyé sa merveilleuse lumière dans toutes les directions. Il a réchauffé la Terre. Des plantes vertes et de belles fleurs ont commencé à pousser. Les gens ont dansé et ont joué dans la lumière du Soleil. Mais le Soleil se sentait seul. Personne ne s'approchait de lui. Il n'avait personne à qui parler. Le Soleil est parti à la recherche de la Lune, qui se cachait dans la vieille caverne. Quand le Soleil s'est approché de la caverne, la Lune s'est sauvée.

«Oh, la Lune, a crié le Soleil. Où vas-tu? Pourquoi pars-tu quand je m'approche? Chère Lune, ne pars pas!»

La Lune n'a pas attendu le Soleil. Elle est retournée rapidement dans le ciel. Quand le Soleil est entré dans le ciel, la Lune est partie.

Depuis ce jour, le Soleil n'a jamais pu rattraper la Lune. Parfois la Lune tourne son visage froid vers le Soleil pendant un court instant. Parfois elle lui tourne le dos et passe tranquillement devant lui. Le Soleil et la Lune retournent chacun leur tour dormir dans la caverne. Chaque jour, ils voyagent séparément dans le ciel.

Thèmes

Cosmos
Moment du jour
Nature
Soleil, Lune, étoiles

Bonhomme, bonhomme, sais-tu jouer?

par Pam Schiller et Tracy Moncure

Consignes : *Photocopiez les modèles aux pages 500-501. Utilisez un marqueur noir pour tracer les modèles sur du carton. Coloriez-les et découpez-les.*

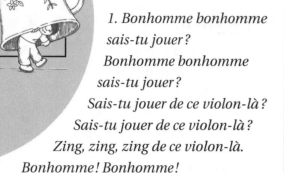

1. Bonhomme bonhomme
sais-tu jouer ?
Bonhomme bonhomme
sais-tu jouer ?
Sais-tu jouer de ce violon-là ?
Sais-tu jouer de ce violon-là ?
Zing, zing, zing de ce violon-là.
Bonhomme ! Bonhomme !

refrain
Bonhomme !
Tu n'es pas maître dans ta maison
Quand nous y sommes !

2. Bonhomme bonhomme sais-tu jouer ?
Bonhomme bonhomme sais-tu jouer ?
Sais-tu jouer de cette flûte-là. ?
Sais-tu jouer de cette flûte-là. ?
Flût, flût, flût de cette flûte-là. .
Zing, zing, zing de ce violon-là.

3. Bonhomme bonhomme sais-tu jouer ?
Bonhomme bonhomme sais-tu jouer ?
Sais-tu jouer de ce tambour-là ?
Sais-tu jouer de ce tambour-là ?
Boum, boum, boum de ce tambour-là.
Flût, flût, flût de cette flûte-là.
Zing, zing, zing de ce violon-là.

4. Bonhomme bonhomme sais-tu jouer ?
Bonhomme bonhomme sais-tu jouer ?
Sais-tu jouer de ce cornet-là ?
Sais-tu jouer de ce cornet-là ?
Ta-ta-ta de ce cornet-là.
Boum, boum, boum de ce tambour-là.
Flût, flût, flût de cette flûte-là.
Zing, zing, zing de ce violon-là.

Thèmes

Humour
Mouvement
Musique

Trois chèvres des montagnes

Consignes : *Photocopiez les modèles aux pages 502-505. Utilisez un marqueur noir pour tracer les modèles sur du carton. Coloriez-les et découpez-les.*

Il était une fois trois chèvres des montagnes. En hiver, elles vivaient dans une grange dans la vallée. Le printemps venu, elles ont eu très envie de voyager jusqu'aux montagnes pour manger de l'herbe luxuriante et tendre.

Dans leur marche vers les montagnes, les trois chèvres des montagnes ont dû traverser une rivière bouillonnante. Il n'y avait qu'un pont de planches de bois et, au-dessous du pont, vivait un terrible troll très laid. Il ne laissait personne traverser le pont sans sa permission, et il n'avait jamais donné la permission à personne. Il les mangeait toujours.

La plus petite des chèvres atteignit le pont en premier. Trippity-trop, trippity-trop faisaient ses petits sabots alors qu'elle trottait sur les planches en bois. Ting-ting, ting-ting faisait la petite cloche dans son cou.

« Qui trotte sur mon pont ? » gronda le troll sous les planches.

« Une chèvre des montagnes, a dit la chèvre de sa plus petite voix. Je monte seulement à la montagne pour manger l'herbe tendre du printemps. »

« Oh, non, je ne crois pas ! a dit le troll. Je vais vous manger pour le petit-déjeuner ! »

«Oh, non, s'il vous plaît, monsieur le troll, a gémi la chèvre. Je suis la plus petite des chèvres des montagnes. Je suis trop petite pour que vous me mangiez, je ne goûterais pas très bon. Pourquoi n'attendez-vous pas ma sœur, la seconde chèvre des montagnes? Elle est beaucoup plus grande que moi et sera beaucoup plus savoureuse.»

Le troll ne voulait pas perdre son temps avec une petite chèvre s'il y avait plus grand et meilleur à manger. «Ça va, vous pouvez traverser mon pont, a-t-il grogné. Allez et engraissez-vous dans la montagne. Je vous mangerai à votre retour!»

Ainsi la plus petite des chèvres des montagnes traversa de l'autre côté.

Le troll n'eut pas à attendre longtemps la seconde chèvre des montagnes. Clip-clop, clip-clop faisaient ses sabots sur les planches en bois. Ding-dong, ding-dong faisait la cloche dans son cou.

«Qui cliquète ainsi sur mon pont?» cria le troll, apparaissant soudainement entre les planches. «Une chèvre des montagnes, a dit la seconde chèvre de sa voix moyenne. Je monte à la montagne pour manger la belle herbe du printemps.»

«Oh, non, je ne crois pas! a dit le troll. Je vais vous manger pour le petit-déjeuner.»

«Oh, non, s'il vous plaît, a dit la deuxième chèvre. Je suis plus grande que la première chèvre des montagnes, mais je suis beaucoup plus petite que ma sœur, la troisième chèvre des montagnes. Pourquoi ne l'attendez-vous pas? Elle fera un meilleur repas que moi.»

Le troll avait très faim, mais il ne voulait pas gaspiller son appétit sur une chèvre de grandeur moyenne s'il y en avait une encore plus grande à venir. «Ça va, vous pouvez traverser mon pont, a-t-il grondé. Allez et engraissez-vous dans la montagne et je vous mangerai à votre retour!» Ainsi la chèvre des montagnes de grandeur moyenne galopa de l'autre côté.

Le troll n'eut pas à attendre longtemps pour que la troisième chèvre arrive. Trom-trim, trom-trim faisaient ses sabots sur les planches en bois. Bong-bing, bong-bing faisait la grande cloche dans son cou.

«Qui tape du pied sur mon pont?» a hurlé le troll, le menton dans les mains. «Une chèvre des montagnes, a répondu la troisième chèvre d'une voix profonde. Je monte à la montagne pour manger l'herbe luxuriante de printemps.»

«Oh, non, je ne crois pas, a dit le troll en grimpant sur le pont. Je vais vous manger pour le petit-déjeuner!»

«C'est ce que vous pensez», a dit la plus grande chèvre des montagnes. Elle a alors abaissé ses cornes, a galopé tout le long du pont et a donné un coup de corne au vilain troll, qui est monté très haut dans les airs, puis est retombé tout en bas, dans la rivière bouillonnante. Il a disparu dans les eaux tourbillonnantes.

«Voilà pour son petit-déjeuner, a pensé la plus grande chèvre. Il est temps de penser à mon déjeuner, maintenant!» Elle traversa triompalement le pont pour rejoindre ses deux sœurs dans les pâturages de montagne.

Depuis, chacun peut traverser le pont chaque fois qu'il le veut grâce aux trois chèvres des montagnes.

Variation

Utilisez un rétroprojecteur pour raconter l'histoire comme une histoire d'ombres. Photocopiez les dessins aux page 503-506. Utilisez les dessins pour découper des formes dans du papier à dessin noir. Placez les formes sur le rétro-projecteur alors que vous racontez l'histoire.

Thèmes

Chèvres
Contraires
Escrocs
Nombres
Rapports spatiaux

Les trois petits cochons

Consignes : Photocopiez les modèles aux pages 506-511. Utilisez un marqueur noir pour tracer les modèles sur du carton. Coloriez-les et découpez-les.

Il était une fois trois petits cochons qui ont quitté leur mère et leur père pour se faire une place dans le monde. Tout l'été, ils ont erré dans les bois et sur les plaines, en s'amusant. Personne n'était plus heureux que les trois petits cochons et ils se liaient facilement d'amitié avec chacun. Partout où

ils sont allés, ils ont été accueillis chaleureusement. Mais comme l'été tirait à sa fin, ils se sont rendu compte que les gens retournaient à leurs emplois habituels et se préparaient pour l'hiver.

L'automne est venu et il a commencé à faire froid et à pleuvoir. Les trois petits cochons ont décidé qu'ils avaient chacun besoin d'une maison. Ils savaient que le temps de s'amuser était terminé. Maintenant, ils devaient se mettre au travail comme les autres, ou ils se retrouveraient dans le froid et sous la pluie sans toit sur leur tête. Ils ont donc discuté du type de maison qu'ils devraient construire.

Le premier petit cochon a dit qu'ils devraient construire une maison faite de paille.

«Cela prendra seulement une journée», a-t-il dit.

«C'est trop fragile», ont dit ses frères, mais le premier cochon ne s'en est pas soucié. Il tenait beaucoup à retourner jouer. Aussi a-t-il construit une maison de paille.

Moins paresseux, le deuxième petit cochon est parti à la recherche de planches de bois.

Tap-tap-tap! Il lui a fallu deux jours pour les clouer ensemble.

Le troisième petit cochon n'aimait pas la maison en bois.

«Ce n'est pas une façon de construire une maison! a-t-il dit. Cela prend du temps, de la patience et un dur labeur pour construire une maison assez solide pour résister au vent, à la pluie et à la neige, et surtout, pour nous protéger du loup!»

Les jours ont passé et la maison du petit cochon le plus sage a pris forme, brique par brique. De temps en temps, ses frères l'ont visité, riant sous cape :

«Pourquoi travailles-tu si fort? Pourquoi ne viens-tu pas jouer avec nous?»

«Non», a dit le dernier petit cochon. Il a continué son travail. Bientôt, son travail a été terminé. Il était temps.

Un jour d'automne où personne ne s'y attendait, est venu le grand méchant loup, fronçant les sourcils devant la maison de paille du premier cochon.

«Petit cochon, petit cochon, laisse-moi entrer, laisse-moi entrer!» a ordonné le loup, l'eau à la bouche.

«Par les poils de mon menton, non!» a répondu le petit cochon d'une petite voix.

«Alors je soufflerai sur ta maison jusqu'à ce qu'elle s'effondre!» a grondé le loup en colère.

Le loup a inspiré profondément, a râlé, a haleté et il a soufflé sur la maison de paille du premier petit cochon jusqu'à ce qu'elle s'effondre.

Fier de sa brillante idée, le loup n'a pas remarqué que le petit cochon s'était glissé sous le tas de paille et se précipitait vers la maison de bois de son frère.

Quand il s'est rendu compte que le petit cochon s'échappait, le loup est devenu fou de colère.

«Reviens!» a-t-il hurlé, essayant d'attraper le cochon qui entrait déjà dans la maison en bois de son frère en tremblant comme une feuille.

«Ouvrez! Ouvrez! Je veux seulement vous parler!» a grondé le loup affamé.

«Pars!» ont crié les deux petits cochons. Le loup a inspiré profondément, a râlé, a haleté et il a soufflé sur la maison de bois du deuxième petit cochon jusqu'à ce qu'elle s'effondre.

Heureusement, le petit cochon le plus sage avait observé la scène de la fenêtre de sa maison de brique. Il a prestement ouvert la porte à ses frères qui fuyaient. Le temps de le dire, le loup frappait furieusement à la porte. Cette fois, il n'a pas gaspillé son temps à discuter. Il a inspiré profondément, a râlé, a haleté et il a soufflé sur la maison de brique du troisième petit cochon. Comme la maison ne bougeait pas, le loup a essayé de nouveau. Il avait beau souffler et souffler, la maison résistait.

Les trois petits cochons l'ont observé et leur crainte a commencé à s'effacer. Épuisé par ses efforts, le loup a décidé d'essayer un de ses tours. Il a grimpé tant bien que mal sur une échelle voisine et est monté sur le toit pour examiner la cheminée. Pendant ce temps, les petits cochons devenus plus sages savaient exactement ce que le loup voulait faire.

« Vite ! Allumez le feu ! Il descend par la cheminée. »

Le grand méchant loup a commencé à descendre dans la cheminée. Il n'a pas fallu longtemps avant qu'il sente quelque chose de très chaud sur sa queue. « Ouch ! » s'est-il exclamé. Sa queue était en feu. Il a sauté de la cheminée et a essayé d'éteindre les flammes sur sa queue puis il est parti en courant aussi vite qu'il pouvait.

Les trois petits cochons, heureux, ont fait une ronde dans la cour en chantant : « Tra-la-la ! Tra-la-la ! Le grand méchant loup ne reviendra pas ! » Et il n'est jamais revenu !

Thèmes

Cochons
Loups
Nombres
Saisons
Travail

Trois vœux
(Porto Rico)

Consignes : *Photocopiez les modèles aux pages 512-513. Utilisez un marqueur noir pour tracer les modèles sur du carton. Coloriez-les et découpez-les.*

Il était une fois un bûcheron et sa femme qui vivaient dans une petite maison dans la forêt. Ils étaient pauvres, mais très heureux. Ils s'aimaient beaucoup. Ils étaient toujours prêts à partager tout ce qu'ils avaient avec quelqu'un qui venait frapper à leur porte.

Un jour, le bûcheron travaillait dans la forêt. Sa femme travaillait à la maison. Un vieil homme a frappé à la porte de leur petite maison en disant qu'il avait très faim. La femme avait seulement un peu de nourriture, mais elle l'a partagée avec lui. Le vieil homme a mangé, puis il a dit : « Vous et votre mari, vous partagez tout ce que vous avez avec les autres. Parce que vous avez été si gentils, j'ai un cadeau spécial pour vous. »

« Quel est ce cadeau ? » a demandé la femme. Le vieil homme a répondu : « Vous et votre mari pouvez faire trois vœux et ils se réaliseront. » La femme était très heureuse. Elle a dit : « J'aurais souhaité que mon mari soit ici pour vous entendre ! » En un instant, son mari fut là. Son premier vœu s'était réalisé.

« Qu'est-ce qui se passe ? a demandé le bûcheron. J'étais dans la forêt. Pourquoi suis-je ici maintenant ? » Sa femme l'a embrassé et lui a expliqué. Le bûcheron a écouté son histoire. Puis il s'est fâché.

Il a crié après sa femme pour la première fois. « Tu as gaspillé un de nos vœux. Maintenant, il nous reste seulement deux vœux. Tu es stupide ! J'aimerais que tu aies des oreilles d'âne ! » Les oreilles de sa femme ont commencé à pousser. Elles sont devenues de grandes oreilles d'âne. La femme a touché ses longues oreilles et s'est mise à pleurer. Son mari s'est senti très mal de ce qu'il avait dit.

Le vieil homme a dit : « Vous n'avez jamais crié l'un après l'autre auparavant. Maintenant, vous êtes différents. Vous savez que vous pouvez avoir le pouvoir et être riches. Il ne vous reste qu'un vœu. Voulez-vous être riches ? Voulez-vous avoir de beaux vêtements ? » Le bûcheron a dit : « Nous voulons seulement être heureux comme avant. »

Les oreilles d'âne ont disparu. Le bûcheron et sa femme ont remercié Dieu. Ils étaient heureux de nouveau. Le vieil homme a dit : « Les pauvres peuvent être très heureux et les riches peuvent être très malheureux. Bientôt, vous aurez le plus grand bonheur

dont un couple marié peut rêver. » Quelques mois plus tard, le bûcheron et sa femme avaient un bébé et la famille a vécu heureuse pour toujours.

Thèmes

Émotions
Familles
Humour

La tortue gagne la course
(Brésil)

Consignes : *Photocopiez les modèles aux pages 514-516. Utilisez un marqueur noir pour tracer les modèles sur du carton. Coloriez-les et découpez-les.*

Une tortue nommée Jaboti vivait dans la jungle de l'Amazonie. Elle jouait de la flûte. Tous les autres animaux voulaient son instrument, mais elle ne l'a jamais donné à personne. Un jour, Jaboti marchait et jouait de la flûte. Elle aperçut Suasú, le cerf.

« Salut, Jaboti, a dit le cerf. Où vas-tu ? »

« Bonjour, a répondu Jaboti. Je vais visiter mon cousin. »

« Où as-tu eu cette flûte ? » a demandé le cerf.

« J'ai tué un jaguar et j'ai fait la flûte à partir d'un de ses os. »

« Tu as tué un jaguar ? Je ne te crois pas ! a dit le cerf. Tu ne peux pas tuer une mouche. Tout le monde dans la jungle le sait. »

«Tu penses que je suis faible, mais tu as tort, a dit Jaboti. Dis-moi quelque chose. Dans quoi es-tu le meilleur?»

«La course», a répondu Suasú.

«Ça va. Alors nous ferons une course!» a dit Jaboti.

Suasu s'est mis à rire! «Penses-tu vraiment que tu peux faire la course avec moi?»

«Bien sûr, je peux faire une course avec toi», a dit Jaboti.

«Alors, commençons tout de suite», a dit le cerf.

«Je suis occupé aujourd'hui, a dit Jaboti. Nous courrons demain. Tu courras dans cette clairière. Je sais que tu ne peux pas courir dans la jungle. C'est plein de vignes. Je courrai à l'orée de la jungle. Quand tu voudras savoir où je suis, appelle-moi et je te répondrai. D'accord?»

«D'accord, a répondu le cerf. J'ai une idée. Le vainqueur de la course gagnera ta flûte.»

Jaboti eut peur. Et si elle perdait sa flûte?

Mais elle ne pouvait plus reculer maintenant.

«Entendu», a dit Jaboti. Elle avait l'air courageuse, mais elle était effrayée. Cette nuit-là, Jaboti demanda à sa famille et à ses amis de participer à une réunion.

«C'est une réunion très importante, leur a dit Jaboti. Demain je participe à une course avec Suasú, le cerf. Je dois gagner cette course.»

«C'est stupide! ont crié les tortues. Jaboti est folle. Elle ne peut pas gagner une course contre un cerf! Nous devons faire quelque chose, ou elle nous mettra tous dans l'embarras!»

Jaboti a répliqué : «Une minute. Laissez-moi finir.» Elle leur a tranquillement expliqué son plan. Ils ont tous écouté. Le jour suivant, Suasú s'est présenté dans la clairière. Il a été étonné d'entendre la voix de Jaboti dans la jungle.

«Bonjour, mon ami Suasú. Je suis prête pour le départ. Est-ce que tu es prêt?»

«Je suis prêt», a répondu le cerf.

«Un... deux... trois... allons-y!» a crié la tortue.

Suasú pensait qu'il gagnerait facilement la course. Il a marché dans un petit sentier. Puis il a regardé derrière lui et a appelé : «Jaboti!» La réponse est venue de la jungle, en avant de lui!

«Je suis ici. Dépêche-toi ou je gagnerai!»

Le cerf a été très étonné. «Comment a-t-elle pris de l'avance sur moi?» Suasú s'est mis à courir. Un peu plus tard, il a appelé de nouveau. De nouveau, une voix a répondu d'en avant :

«Me voici, Suasú.»

Suasú a couru plus rapidement, mais quand il a appelé de nouveau il a entendu une voix toujours devant lui dans la jungle :

«Me voici, Suasú.»

Et la course a continué ainsi. Le cerf a couru aussi rapidement qu'il pouvait. La voix de la tortue venait toujours de l'avant.

Finalement, Suasú n'arriva plus à courir. Il était trop fatigué. Jaboti l'a trouvé étendu sur le sol, la langue pendante.

«Eh bien, a dit Jaboti. Je crois bien qu'une tortue peut gagner une course contre un cerf! Tu as pensé que tu pourrais avoir ma flûte, mais regarde-toi! Tu es trop fatigué pour te déplacer.»

Jaboti était très heureuse. Son plan avait fonctionné grâce à l'aide de ses amis et de sa famille. Chaque tortue a pris une place dans la jungle, près de la clairière. Quand Suasú appelait Jaboti, une tortue qui se trouvait devant lui répondait à sa place. Jaboti a pris sa flûte et est partie. Elle a marché et a joué une chanson joyeuse pour que tous puissent l'entendre.

Thèmes

Cerf
Tortues
Émotions
Escrocs
Amis

Les troubadours

Consignes : Photocopiez les modèles aux pages 517-522. Utilisez un marqueur noir pour tracer les modèles sur du carton. Coloriez-les et découpez-les.

Il était une fois un vieil âne gris debout sous un arbre. Il se disait : «Le fermier est bon pour moi. J'ai suffisamment de nourriture. J'ai une grange agréable et chaude pour dormir. Je n'ai pas à travailler dur. J'ai une vie agréable comme un animal de compagnie, mais je suis fatigué de cette vie. Je veux faire quelque chose de plus passionnant. Je veux être chanteur et partir pour la ville.» L'âne est revenu en courant à la grange, a saisi son tambourin et son bandeau pailleté et est parti en courant vers la ville.

Peu de temps après, il a aperçu un grand chien rouge jouant de la guitare, assis sur une clôture. «Bonjour, le chien! a dit l'âne. Vous jouez assez bien de la guitare!» Le chien a répondu : «Merci, cher monsieur. Je fais de mon mieux. Voudriez-vous vous joindre à moi le temps d'une chanson?» «Bien, sûr!» a dit l'âne. Ils ont trouvé plusieurs chansons qu'ils connaissaient tous les deux. Leur favorite était *Dans la ferme à Mathurin*, qu'ils ont chantée plusieurs fois.

Alors que l'âne et le chien chantaient *Dans la ferme à Mathurin* pour la quatrième fois, un chat avec son clavier et un canard avec son saxophone les ont rejoints. Comme *Dans la ferme à Mathurin* était la seule chanson qu'ils connaissaient tous, ils ont continué à la chanter et à la jouer toute la journée.

Au coucher du soleil, les animaux ont été interrompus par un son étrange. Ils ont regardé tout autour jusqu'à ce qu'ils voient un lapin blanc dansant joyeusement sur son tambour. Le lapin s'est soudain rendu compte que les autres l'observaient et s'est senti très embarrassé. Il a arrêté de danser et est parti en courant. «Attendez! a appelé le canard. Revenez. Nous aimons votre danse. Nous sommes fatigués d'être des animaux de compagnie, nous voulons avoir un orchestre et aller jouer en ville. Voudriez-vous venir avec nous ? »

Le lapin a jeté un coup d'œil de derrière un buisson. « Vous aimez vraiment ma danse ? »

« Bien sûr que nous l'aimons. Vous êtes merveilleux. Pouvez-vous faire le *moonwalk* ? » a demandé le canard.

« Regardez bien », a répondu le lapin et il a sauté très haut sur son tambour et a fait le *moonwalk*. Il a même réussi à ajouter un tour et un grand écart. Chacun a applaudi et, le temps de le dire, ils chantaient, dansaient et jouaient tous dans le soleil couchant.

Vous vous demandez probablement : « Ces animaux fous n'étaient jamais fatigués ou affamés ? » Bien sûr. En fait, leur estomac s'est mis à gronder plus fort que leur chant et leur musique. « Je suis affamé et fatigué. J'aimerais être à la maison », a dit le canard. « Je suis affamé et fatigué. J'aimerais être à la maison aussi », ont dit le chien et le chat en même temps. « Nous ne pouvons pas retourner à la maison, a dit l'âne. Nous voulons faire quelque chose de plus passionnant. Nous ne pouvons pas renoncer. Nous devons continuer. »

Les animaux ont donc décidé de continuer vers la ville, de trouver quelque chose à manger et une place pour dormir. Ils ont marché, marché, marché. Finalement, ils ont vu une vieille maison au sommet d'une colline. « Il y a de la lumière dans cette maison, a dit le chat. Voyons si nous pouvons y trouver quelque chose à manger.

Peut-être le propriétaire nous laissera-t-il dormir dans la grange ? »

Quand les animaux affamés et fatigués sont arrivés à la maison, l'âne, qui était le plus grand, a trotté jusqu'à une fenêtre et a jeté un coup d'œil à l'intérieur. « Que vois-tu ? » a demandé le chien. L'âne a répondu, » je vois une table couverte de nourriture et autour de la table, il y a de vilains voleurs rigolant et faisant les idiots. »

« Oh, j'ai tellement faim et je suis si fatigué », a dit le chat.

« Oh, j'ai tellement faim et je suis si fatigué », a dit le lapin. « Ce serait une bonne place pour rester », a dit le canard, si seulement nous pouvions penser à une façon d'entrer et de faire sortir les voleurs. »

Les animaux ont réfléchi un bon moment. Ils ont finalement trouvé un plan. L'âne s'est tenu sur ses pattes arrière, près de la fenêtre et a tenu son tambourin entre ses pattes de devant. Le chien a saisi sa guitare et est monté sur les épaules de l'âne. Le chat a accroché son clavier autour de son cou et a grimpé tant bien que mal sur le dos du chien. Le lapin a pris son tambour et a sauté sur le dos du chat et le canard avec son saxophone a volé et s'est assis sur la tête du lapin.

Alors tous ensemble, les animaux ont commencé à jouer et à chanter Sur la ferme à Mathurin. Soudainement, ils ont perdu l'équilibre et se sont effondrés par la fenêtre dans la pièce où se trouvaient les voleurs. Terrifiés, les voleurs sont sortis en criant de la maison et se sont sauvés par la route. Les voleurs partis, les animaux se sont assis à la table et ont mangé comme s'ils n'avaient pas mangé depuis un mois. Puis, ils ont fermé les lumières et sont allés se coucher.

Au bout d'un moment, les voleurs ont arrêté de courir et se sont rendus compte qu'ils n'avaient plus peur. En fait, ils se sont trouvés idiots de s'être enfuis si rapidement. Ils sont retournés à la maison et, dans la pénombre, un voleur s'est glissé à l'intérieur. Comme il traversait la cuisine sur la pointe des pieds, le voleur a marché sur la queue du chat. Le chat a sauté en l'air, griffant le voleur. Cela a effrayé le voleur, tellement qu'il a marché sur le chien. Le chien lui a mordu le pied. Les cris ont réveillé les autres animaux, qui ont commencé à attaquer le voleur. Le voleur s'est mis à hurler en courant dans la maison.

Épuisés, les animaux se sont effondrés au sol. «Vous savez a dit l'âne, la vie est passionnante depuis que j'ai quitté la maison. Mais je m'ennuie d'être un animal de compagnie. Je ne suis pas très bon troubadour et je n'aime pas me battre avec les voleurs. J'aime avoir de la nourriture, et une place pour dormir sur la ferme.» «Je m'ennuie d'être un animal de compagnie et de nager dans mon étang», a dit le canard. Le chat a commencé à pleurer : «Je m'ennuie de mon petit garçon et je veux retourner à la maison!» «Retournons à la maison», a dit le lapin. «Je ferai la course avec vous jusqu'à la route», a dit le chien en sortant de la maison. Ainsi, les animaux sont retournés à la maison et ont vécu heureux pour toujours. Si vous écoutez attentivement par une nuit calme, vous pourriez entendre les animaux chanter *Dans la ferme à Mathurin.*

Thèmes

Amis

Ânes

Canards

Chats

Chiens

Émotions

Fermes

Lapins

Musique

Le grand livre des activités, danses, histoires, jeux et recettes

Valérie Valentine

par Pam Schiller

Consignes : *Photocopiez les dessins ausx pages 523-524. Utilisez un marqueur noir pour tracer les modèles sur du carton. Coloriez-les et découpez-les.*

C'était presque le jour de la Saint-Valentin. Valérie ne pouvait pas attendre. Elle était enfin assez vieille pour être mise en magasin pour la Saint-Valentin. Ses frères, Victor et Vance, avaient quitté la maison l'année dernière et maintenant, c'était son tour. Elle voulait être resplendissante. Elle mit sa dentelle victorienne en songeant que c'était là son plus bel atout.

Elle trouva un bon emplacement sur le comptoir du magasin de cartes. Elle afficha son plus beau sourire et attendit. Le premier jour, personne n'a acheté Valérie. Elle était très triste. Elle n'a pas voulu sembler prétentieuse, mais elle se croyait vraiment plus belle que les autres cartes. Valérie a décidé de mettre son chapeau noir avec un voile de dentelle. Cela devrait faire l'affaire.

Le jour suivant, même chose. Personne n'acheta Valérie. Quand l'autobus scolaire est venu plein d'enfants et que personne ne l'a remarquée, elle a été dévastée.

Cette nuit-là, Valérie a pris une branche de chèvrefeuille et l'a mise autour d'elle. Puis elle a choisi une place vide sur le comptoir, un endroit où on pourrait la voir de la porte. Elle pensait bien que cela fonctionnerait.

Mais le jour suivant, la même chose se produisit. Quand le magasin ferma, Valérie se mit à pleurer. Elle était trop triste pour penser à quoi que ce soit d'autre. Soudain, elle a entendu une voix près d'elle. C'était Valentino, le petit ours de peluche. Il a dit qu'il connaissait un secret qui ferait de Valérie la Valentine la plus spéciale de tout le comptoir. Il l'a chuchoté dans son oreille. Connaissez-vous son secret ?

C'était un poème spécial. Valérie l'a écrit sur son visage avec un crayon violet. Il disait :

« Les roses sont rouges,

Les violettes bleues,

Le sucre est doux

De même que vous ! »

Enfin, Valérie réussit. Elle fut la première carte de Saint-Valentin à être achetée le lendemain !

Thèmes

Émotions

Fêtes

Respect de soi

Qu'y a-t-il dans la boîte?

par Pam Schiller

Consignes : *Photocopiez les modèles aux pages 525-528. Utilisez un marqueur noir pour tracer les modèles sur du carton. Coloriez-les et découpez-les.*

Regardez cette merveilleuse boîte. Elle est tout enveloppée d'un beau papier et d'un joli chou. C'est un cadeau. Je me demande ce qu'il y a à l'intérieur. Vous demandez-vous ce qui est à l'intérieur?

Que pensez-vous qu'il y a dans la boîte? Peut-être est-ce une balle. Peut-être une poupée. Peut-être un hochet pour un bébé.

Si nous pouvions prendre la boîte, nous saurions si elle est lourde ou légère. Si nous pouvions secouer la boîte, nous pourrions entendre quelque chose à l'intérieur. Nous saurions si la chose à l'intérieur fait un son dur ou un son doux. Mais nous ne pouvons pas secouer cette boîte, nous devons donc juste deviner.

Peut-être est-ce un livre. Peut-être est-ce une voiture jouet. Peut-être est-ce un diable à ressort. Voyons voir.

D'abord, enlevons le chou. Nous le mettrons ici. Il est si joli. Peut-être pourrons-nous l'utiliser de nouveau. Maintenant, enlevons le papier. Si nous sommes délicats et ne le déchirons pas, nous pourrons réutiliser le papier aussi.

Bien! Êtes-vous prêts à découvrir ce qu'il y a à l'intérieur? Regardez! C'est une toupie!

Thèmes
Anniversaires
Émotions
Fêtes

Le zèbre sur le Zyder Zee

par Pam Schiller

Consignes : *Photocopiez les modèles aux pages 529-535. Utilisez un marqueur noir pour tracer les modèles sur du carton. Coloriez-les et découpez-les.*

Le zèbre capitaine du Zyder Zee
Voulait voir du pays.
Il a fait appel à ses amis, 1, 2, 3 :
« Venez naviguer avec moi. »

Le zèbre capitaine du Zyder Zee
Dit : «Je suis toujours seul ici.
Je veux naviguer sur les mers,
Mais je dois avoir des compères. »

Le premier à venir sur le Zyder Zee
Fut son ami prénommé Denis.
Il a dit : «Je serai ta compagnie
Je veux bien voir du pays. »

La suivante à venir sur le Zyder Zee
Fut l'amie Nathalie de l'Italie
Elle est venue avec trois gamins
Qui rêvaient de devenir des marins.

Le zèbre capitaine du Zyder Zee
Était heureux avec tous ses amis.
Il allait voir du pays.
Enfin le Zyder Zee avait d'la compagnie.

Il a hissé les voiles 1, 2, 3,
Et ses amis sont sortis
dans le froid.
Ils ont vogué trois jours
comme des frères
Oui, ils ont navigué sur les mers.

Le bateau se balançait sur les vagues
Pendant que les copains se lançaient des
blagues,
Les plus petits ont mangé et ont ri
Et le zèbre pilotait le Zyder Zee.

Jour après jour, Denis faisait la vigie,
Tandis que Nathalie lisait de la poésie.
Les gamins jouaient au chat et à la souris
Et le zèbre pilotait le Zyder Zee.

Quand la nuit est tombée sur l'océan
profond
Nathalie a chanté deux ou trois chansons
Et son nouvel ami, M. Denis
A chanté avec elle en harmonie.

Enfin, le voyage sur les océans
A finalement pris fin à trois heures et
demie.
Le zèbre et sa gentille compagnie
Avaient rejoint soudain un autre pays.

Les petits et Mme Nathalie
Ont pris la main de M. Denis
Et ont quitté le pont du Zyder Zee,
Faisant leurs adieux à leurs amis.

Le zèbre a nettoyé le Zyder Zee
Baissé les voiles, 1, 2, 3.
Poli les ponts joyeusement
Et rêvé de naviguer encore souvent!

Thèmes

Amis
Bateaux
Émotions
Nombres
Temps du jour
Zèbres

Histoires à écouter

La fourmi et le cygne
(Ésope)

Une fourmi s'est rendue au bord d'une rivière pour étancher sa soif. Elle a été emportée par le courant et était sur le point de se noyer. Un cygne, perché sur un arbre surplombant l'eau, a cueilli une feuille et l'a laissée tomber dans l'eau près de la fourmi. La fourmi a monté sur la feuille et a flotté saine et sauve jusqu'au bord. Peu après, un chasseur d'oiseaux est venu s'installer sous l'arbre où le cygne était perché. Il a placé un piège pour le cygne. La fourmi a compris ce que le chasseur allait faire et l'a piqué au pied. Le chasseur d'oiseaux a hurlé de douleur et a échappé son piège. Le bruit a fait s'envoler le cygne, ce qui l'a sauvé.

Morale

Ce qu'on donne nous sera rendu !

Variante

Le cygne et la fourmi (Ésope)

Une fourmi, se rendant à la rivière pour boire, est tombée à l'eau et a été emportée par le courant. Un cygne, perché dans un arbre voisin, a eu pitié de la fourmi et a jeté une petite branche dans la rivière. Cette branche a permis à la fourmi de flotter jusqu'au rivage. Peu après, la fourmi a vu qu'un homme portant une arme à feu visait le cygne. Elle a piqué brutalement l'homme au pied et l'a fait rater sa cible. Elle a donc sauvé la vie du cygne.

Thèmes

Amis

Insectes

Oiseaux

Le garçon qui criait au loup
(Ésope)

Il était une fois un petit garçon qui aimait raconter des mensonges. Il trouvait fort amusant de faire croire aux gens des choses qui n'étaient pas vraies. Bien sûr, il a rendu sa famille et ses amis malheureux et cela lui a causé des ennuis.

Pour aider son père, le petit garçon allait parfois aux champs surveiller le mouton. Son travail de berger consistait à tenir le loup loin du mouton. S'il voyait un loup, il devait hurler aussi fort qu'il le pouvait : « Au loup ! Au loup ! » Quelqu'un allait alors l'entendre et venir l'aider à chasser le loup.

Un après-midi ensoleillé, le petit garçon, qui s'ennuyait, décida de s'amuser un peu. Que pensez-vous qu'il a fait ? Il s'est mis à crier : « Au loup ! Au loup ! » aussi fort qu'il le pouvait. Son père, ses frères, ses sœurs et les voisins ont attrapé de grands bâtons et ont accouru pour chasser le loup. Quand ils ont rejoint le petit garçon et le mouton, le petit garçon se roulait par terre en riant. Il trouvait cela si drôle de voir tous ces gens quitter leur travail et venir l'aider. Personne d'autre n'a trouvé cela drôle.

L'après-midi suivant, le petit garçon s'ennuyait de nouveau. Que pensez-vous qu'il a fait ? Il s'est remis à crier : « Au loup ! Au loup ! » aussi fort qu'il pouvait. Son père,

lui. Son frère, le faux loup, a grondé de nouveau et a commencé à ramper lentement vers le petit garçon et son mouton. Le petit garçon a crié : « Au loup ! Au loup ! »

Le loup se rapprochait de plus en plus. Le petit garçon a crié de nouveau : « Au loup ! Au loup ! » Il a continué à crier, mais personne n'est venu l'aider. Alors que le loup s'approchait, le petit garçon est devenu de plus en plus effrayé. Il était certain que le loup le mangerait ainsi que son mouton.

Le petit garçon est parti en courant vers la maison, se jurant que plus jamais il ne dirait de mensonge, plus jamais ! Et il n'a plus jamais menti.

Thèmes

> Familles
> Grandir
> Loups
> Travail

Le chat et la souris

La nourriture se faisait rare dans le hameau. Ramon, le chat du village, a donc décidé de déménager. Il a marché et marché pendant plusieurs jours jusqu'à ce qu'il arrive dans une petite ville qui lui semblait accueillante. Toutes les souris de la ville ont pleuré. « Un grand chat vient d'arriver dans le village ! » « Miaou, miaou, meooooww », a dit le chat et les souris ont répondu : « Nous savons que vous voulez nous manger, mais ne sortirons jamais de nos maisons ».

ses frères, ses sœurs et les voisins ont attrapé de grands bâtons et ont accouru pour chasser le loup. Quand ils ont rejoint le petit garçon et le mouton, le petit garçon se roulait par terre en riant. Cette fois, les gens se sont fâchés et son père lui a dit : « Mentir n'est pas bien. Un bon jour, le loup viendra et tu auras vraiment besoin d'aide, mais personne ne te croira, car tu auras menti trop souvent ». Le petit garçon s'est contenté de rire.

Quand son père, ses frères et ses voisins ont été de retour à la maison du fermier, ils ont discuté de la manie du petit garçon de mentir. Ils ont décidé de lui donner une leçon avant que le loup le blesse. Que pensez-vous qu'ils ont fait ? Quelques jours plus tard, un des frères s'est déguisé en loup. Alors le père du garçon, ses frères, ses sœurs et ses voisins se sont rendus au champ où le garçon surveillait le mouton et ils se sont cachés derrière les buissons. Le frère déguisé en loup a rampé derrière un buisson et a grondé. Le petit garçon a regardé autour de

Les heures et les jours passaient et la même conversation continuait. «Miaou, miaou, meooooww», disait le chat et les souris répondaient : «Nous savons que vous voulez nous manger, mais ne sortirons jamais de nos maisons».

Quelque temps après, les souris ont entendu les aboiements d'un chien : «Woof, woua, woof, woua.» Les souris ont immédiatement pensé que le chat avait été chassé par le chien. «Nous pouvons sortir de nos maisons», se sont-elles dit. Elles sont sorties, mais à leur grande surprise elles n'ont pas vu de chien. Au lieu de cela, elles ont vu le chat qui avait miaulé un peu plus tôt. Cette fois, il avait aboyé comme un chien. Le chat avait piégé les souris ! D'une voix effrayée, l'une d'elles a demandé au chat : «D'où venait l'aboiement que nous avons entendu ? Nous avons cru qu'il y avait un chien à l'extérieur et nous avons pensé qu'il vous avait fait peur. C'est vous qui imitiez un chien ?» Fier de lui, le chat a répondu : «En effet, c'était moi. J'ai appris que ceux qui parlent au moins deux langues réussissent beaucoup mieux
dans la vie».

Thèmes

Chats
Chiens
Escrocs
Les sonorités de la langue
Souris

La corneille et le renard
(Ésope)

Perchée sur une branche d'un arbre, une corneille mangeait un délicieux fromage. Pendant ce temps, attiré par l'odeur du fromage, un renard très intelligent rôdait sous l'arbre. Le renard a commencé à flatter la corneille pour obtenir le fromage. «Bonjour, madame la corneille. Comme vous avez de belles plumes. Ce sont les plus belles que j'ai jamais vues. Qui peut résister à tant de beauté ?» La corneille, incapable de résister à la flatterie, ne pouvait pas rester silencieuse. Elle a répondu : «Merci monsieur le renard. Bonne journée». Et, en ouvrant son bec pour remercier le renard, elle a laissé tomber le délicieux fromage, que le renard a mangé.

Morale

Ne croyez pas tout ce que vous entendez parce que vous pourriez perdre ce que vous avez déjà.

Thèmes

Alimentation
Escrocs
Oiseaux
Renards

Le chien : une légende maya

Il y a longtemps, le chien était la seule créature qui pouvait parler. Il a alors révélé tous les secrets de la Création. Voyant que le chien ne pouvait garder un secret, le Créateur a pris la minuscule queue du chien et l'a mise dans sa gueule. Puis le Créateur a pris la longue langue du chien et l'a mise à la place de sa queue. C'est pourquoi maintenant, quand le chien veut vous dire quelque chose, il remue la queue.

Thèmes

Chiens

Humour

L'âne dans la peau du lion

(Ésope)

Un âne revêt un costume de lion et erre dans la forêt, s'amusant de voir qu'il effraie tous les animaux qu'il rencontre. Il effraie les oiseaux, les lapins, les écureuils et le cerf. Finalement, il se heurte à un renard. Il essaie de l'effrayer aussi, mais le renard se contente de rire. « J'aurais probablement été effrayé si je n'avais pas entendu votre braiement. »

Morale

Les vêtements peuvent déguiser un imbécile, mais ses mots le perdront.

Thèmes

Ânes

Escrocs

Lions

Renards

Le duel

par Eugene Field

Le chien de vichy et le chat de calicot
Assis côte à côte à table.
Il était minuit et demi et (Que croyez-
vous ?)
Personne n'avait fermé l'œil !
La vieille horloge hollandaise et l'assiette
chinoise
Semblaient persuadées
Qu'une querelle allait éclater !
Je n'étais pas là ; je fais simplement un
exposé
Sur ce que l'assiette chinoise m'a raconté !

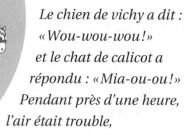

Le chien de vichy a dit :
« Wou-wou-wou ! »
et le chat de calicot a
répondu : « Mia-ou-ou ! »
Pendant près d'une heure,
l'air était trouble,
Des particules de vichy et de
calicot, çà et là,
Et la vieille horloge hollandaise qui
Relevait les bras devant tout ce branle-
bas,
Car elle redoutait toujours les querelles de
famille !
Tenez-vous-le bien pour dit : Je vous dis
seulement ce que la vieille horloge
hollandaise déclare avoir été la pire
des bisbilles !

L'assiette chinoise était sens dessus
dessous,
Et hurlait : « Oh misère ! Que ferons-
nous ? »
Mais le chien de vichy et le chat de calicot
Rôdaient et bousculaient, le dos bien
rond,
Sortant toutes leurs griffes et toutes leurs
dents
De la façon la plus terrible et la plus
sournoise,
Et, oh ! comme ils bondissaient ! C'était
époustouflant !
Ne vous imaginez pas que j'exagère. Je ne
répète que ce que m'a raconté
l'assiette chinoise !

Le matin suivant, à l'endroit où les deux
étaient assis
Ils n'ont trouvé aucune trace de chien ou
de chat
Et certaines gens pensent encore
aujourd'hui
Qu'ils auraient été volés par deux goujats !

Mais la vérité du chat et du chien de vichy
Est celle-ci : Ils se sont mangés et c'en était
fini !
Maintenant, que pensez-vous de tout
cela ?
Voilà comment j'ai appris cette histoire
Et c'est grâce à la vieille horloge
hollandaise
C'est elle qui me l'a dit !

Thèmes

Chats

Chiens

Humour

Rimes

Les sonorités de la langue

L'aigle et le serpent
(Ésope)

Un aigle a fondu sur un serpent et l'a saisi dans ses serres avec l'intention de l'emporter et de le dévorer, mais le serpent était trop rapide pour l'aigle. Il enserra son corps et une lutte s'engagea entre les deux. Un homme, témoin de la rencontre, est venu en aide à l'aigle et a réussi à le libérer du serpent et à lui permettre de s'échapper. Par vengeance, le serpent a mis un peu de son poison dans la gourde de l'homme. Assoiffé par ses efforts, l'homme était sur le point d'étancher sa soif avec un peu d'eau quand l'aigle l'a frappé et a renversé le contenu de la gourde sur le sol.

Morale

Une bonne action en amène une autre.

Thèmes

Aigles

Amis

Émotions

Serpents

Le mauvais roi

Il était une fois un mauvais roi qui était mesquin et détestable envers tous ceux qu'il rencontrait. Il est allé de ville en ville, volant l'argent et les biens du peuple. Quand il se sentait particulièrement mauvais, il mettait les gens en prison et se moquait d'eux jusqu'à ce que ça ne l'amuse plus.

Chacun avait peur du mauvais roi. Même les soldats les plus grands, les plus forts avaient peur. Devant lui, ils l'appelaient le bon roi, mais dans son dos ils l'appelaient le méchant. Un jour, le mauvais roi est allé voler les gens dans une des villes voisines. Quand il est arrivé dans cette ville, il a vu que tout avait déjà été pris. Il est passé au village suivant. On avait déjà volé les gens là aussi. De ville en ville, il a voyagé, constatant que partout toutes les possessions des gens avaient été prises.

Le mauvais roi était perplexe. Que devait-il faire? Qui pourrait-il donc voler? Que ferait-il? Soudain, une idée lui est venue. «Je vais m'emparer des cieux!» Il a dit : «Je gouvernerai le monde d'en haut!»

Le mauvais roi a ordonné à ses domestiques et à ses soldats de lui construire un dirigeable. Quand il a été achevé, il ressemblait à un bateau attaché à un ballon géant. Cent aigles attendaient pour soulever le dirigeable jusqu'aux nuages.

Le mauvais roi était très enthousiaste! Il est monté dans son dirigeable et a ordonné aux aigles de le faire s'élever dans le ciel. «Je gouvernerai le monde! a-t-il crié. Je gouvernerai l'Univers! Même le Soleil et la Lune se prosterneront devant moi!» Soudain, un minuscule moustique a bourdonné à l'oreille du roi et l'a mordu. Le roi a sursauté. Il a frappé son oreille de la main. Il a sursauté de nouveau. Il s'est roulé sur le plancher de son gros dirigeable. Mais la douleur était toujours là. Le roi a sauté, s'est roulé par terre, a frappé son oreille de nouveau, a sauté, roulé, frappé. Les soldats, les domestiques et même les aigles ont commencé à glousser. Puis ils se sont mis à rire. Ils ont ri si fort que le dirigeable en a été tout agité.

Quand le mauvais roi a vu que tous ces gens se moquaient de lui, il s'est senti embarrassé et honteux. Après tout, s'est-il dit, n'était-il pas le roi le plus puissant d'entre tous les rois? Un minuscule moustique l'avait battu. Le roi s'est senti si embarrassé qu'il est parti en courant et n'est jamais revenu dans son royaume. Les gens ont récupéré leur argent et leurs biens et n'ont plus jamais eu peur.

Thèmes

Contraires

Émotions

Insectes

Oiseaux

Rois et reines

Jeux de poissons

par Pam Schiller

Beaucoup de poissons, beaux et petits, vivent et nagent dans la grande mer bleue. Freddie et Frankie sont des poissons amis. Ils vivent dans le récif de corail. Freddie est un scalaire et Frankie, un poisson arc-en-ciel. Ils jouent ensemble tous les jours.

Freddie et Frankie aiment nager dans le récif de corail. Ils croient qu'ils ont la plus belle cour de récréation de tout l'océan. Ils aiment jouer à attrape-poisson. Ils se poursuivent sans arrêt en dedans et à l'extérieur du récif de corail.

Freddie et Frankie ont beaucoup d'amis poissons. Leurs amis se joignent souvent à leurs jeux. Les poissons jouent à la coquille musicale comme nous jouons à la chaise musicale. Ils utilisent le bruit des vagues en guise de musique. Freddie gagne toujours à ce jeu.

Ils jouent à l'algue à sauter comme nous jouons à la corde à sauter. Voici une des comptines qu'ils utilisent quand ils sautent à l'algue :

> *Petits poissons dans l'océan bleu,*
> *Petits poissons nagent deux par deux.*
> *Petits poissons, si vous faites un souhait*
> *Combien de vœux se réaliseront ?*
> *Un, deux, trois...*

Frankie et Freddie jouent aussi à cache-cache dans un vieux bateau coulé au fond de l'eau depuis de nombreuses années. Il y a un coffre à l'intérieur du bateau, un coffre plein de colliers et de bijoux que les poissons aiment porter quand ils jouent à se déguiser avec leurs amis.

À l'école, les poissons jouent à saumon dit. Pouvez-vous dire à quel jeu pourrait ressembler celui-là ?

Thèmes

Amis

Océans

Poisson

Le renard qui a perdu son repas

Il était une fois un basse-cour remplie de bonnes grosses volailles à plumes picorant et placotant. «Cot-coti», disaient les poules. «Coin-coin», disaient les canards. «Corn-corn», disaient les oies. «Glouglou, glouglou», disaient les dindes. «Cocorico», disait le coq.

Puis est venu un renard rusé qui s'est dit : «Oh oh! Voilà pour ce soir un excellent repas de volailles bien grasses».

«Salut, mes jolies volailles bien grasses, a fait le renard rusé. Je vais vous manger pour dîner ce soir.»

«Oh, s'il vous plaît, ne nous mangez pas», ont supplié les poules.

«Laissez-nous retourner dans notre grange», ont dit les canards.

« Malheureusement, je ne crois pas pouvoir faire ça, a dit le renard rusé. Je vous mangerai tous, un par un. »

« Oh mon Dieu, mon Dieu, mon Dieu ! » ont dit les oies.

« C'est très dur pour nous de mourir ainsi, ont dit les dindes. Ne nous laisseriez-vous pas faire une dernière chose avant de nous manger ? »

« Oui, a repris le coq. Laissez-nous juste un dernier souhait, ensuite nous nous mettrons en file et vous nous enfilerez dans votre estomac. »

« Quel est ce souhait ? » a demandé le renard rusé.

« Laissez-nous, s'il vous plaît, prier avant que vous nous mangiez », ont proposé les poules.

« S'il vous plaît », ont dit les canards.

« Très bien, a dit le renard rusé. Je vous accorderai juste un souhait, mais faites vite. J'ai très faim. »

Toutes les belles volailles grasses se sont mises à prier.

« Vous faites trop de bruit, a dit le renard rusé. Priez plus silencieusement. » Mais les belles volailles grasses ont prié plus fort.

« J'ai dit plus silencieusement, pas plus fort », a crié le renard rusé, qui commençait à perdre patience. Mais les poules, les canards, les oies, les dindes et le coq ont prié de leur voix la plus forte.

La prière était si forte que le fermier est aussitôt sorti pour voir ce qui se passait. Quand il a aperçu le renard rusé, il a saisi son arme à feu et a couru à la basse-cour pour protéger ses volailles, tirant tout en courant. Le renard rusé s'est enfui par les champs, courant plus vite que les balles du fermier.

Morale

Si vous coopérez, vous pouvez berner même un renard rusé.

Thèmes

Alimentation

Canards

Escrocs

Fermes

Oies

Poulets

Renards

Une maison pour Francesca

par Pam Schiller

Rachel était emballée. « Devinez ce que j'ai trouvé à l'étang ! » a-t-elle crié en ouvrant la porte de derrière.

« Si c'est vivant, ne l'apporte pas dans la maison », a dit sa mère.

Rachel a tiré de sa poche quelque chose de petit et vert. « Maman, ce n'est qu'une petite grenouille verte. N'est-ce pas mignon ? Je vais la nommer Francesca. »

«Rachel, je te l'ai répété cent fois, tu ne peux pas apporter des créatures vivantes de l'étang à la maison. Nous n'avons pas de place pour elles. Rappelle-toi ce qui est arrivé à la salamandre!»

«Oui, mais je serai prudente et je mettrai un couvercle sur le bocal. Francesca ne pourra pas sortir. Dans le bocal, je mettrai quelques cailloux sur lesquels elle pourra monter. Et j'attraperai des mouches pour qu'elle puisse manger».

Tout en parlant, Rachel a pris un grand bocal dans le buffet. Elle y a mis de l'eau et y a laissé tomber Francesca. Celle-ci s'est mise à nager en rond. Puis elle s'est arrêtée dans l'eau, les yeux fixes.

«Penses-tu que Francesca aimera vivre dans ce bocal?» a demandé la mère de Rachel.

«Si j'étais une grenouille, j'aimerais ça», a répondu Rachel.

«Peut-être...» a répondu sa mère.

«Aimerais-tu que quelqu'un vienne te chercher chez toi pour te mettre dans une chambre minuscule? Tu pourrais avoir un lit et une chaise, mais aucun jouet, aucun ami, aucun téléphone et tu n'aurais rien pour t'amuser. Tu ne pourrais jamais sortir de la maison. Quelqu'un viendrait parfois te porter quelques légumes afin que tu manges...»

«J'aime mieux les hamburgers que les légumes», a dit Rachel.

«Mais tu devrais manger ce que quelqu'un d'autre aurait choisi pour toi. Penses-y, Rachel.»

En soupirant, Rachel a regardé Francesca dans son bocal d'eau. C'était une si belle grenouille. Ce serait si agréable de l'avoir comme animal de compagnie. Mais l'étang était la maison de Francesca. Rachel s'est dit qu'elle aimerait probablement mieux sauter dans la boue humide et attraper ses propres mouches. Elle l'imaginait nageant à l'abri des nénuphars, puis montrant subitement ses yeux à la surface de l'eau...

«As-tu décidé ce que tu feras?» a demandé sa mère.

«Oui», a dit Rachel.

Que pensez-vous que Rachel fera? Que feriez-vous?

Thèmes

Émotions

Familles

Grenouilles

Comment le dromadaire a hérité de sa bosse

Il y a très longtemps, quand le monde était nouveau et que les animaux commençaient tout juste à travailler pour l'homme, le dromadaire vivait seul au milieu du désert parce qu'il était paresseux et grognon et ne voulait pas travailler. Quand les gens lui parlaient, il répondait seulement : « Bof ! »

Un lundi matin, le cheval est arrivé lourdement chargé et a dit : « Dromadaire, sors donc et trotte comme nous tous ! » Le dromadaire a répondu : « Bof ! » Le cheval est donc parti et a dit à l'homme que le dromadaire ne voulait pas travailler.

Le matin suivant, le chien est venu avec un bâton dans sa gueule et a dit : « Dromadaire, sors donc et trime comme nous tous. » Encore une fois, le dromadaire a juste répondu : « Bof ! » Le chien est donc parti et a dit à l'homme que le dromadaire ne voulait pas travailler.

Le mercredi matin, le bœuf est venu avec un joug sur son cou et a dit : « Dromadaire, viens et tire la charrue comme nous. » Le dromadaire a juste répondu : « Bof ! » Le bœuf est donc parti et a dit à l'homme que le dromadaire ne travaillerait pas.

À la fin de la journée, l'homme a appelé le cheval, le chien et le bœuf et a dit : « Dans ce monde si nouveau, vous devrez tous les trois travailler deux fois plus parce que le dromadaire ne fera rien ; il dit juste : « Bof ! »

Le cheval, le chien et le bœuf étaient très fâchés.

Alors qu'ils bougonnaient, un génie est apparu. Ils lui ont demandé s'il était juste que le dromadaire soit si paresseux dans ce monde si nouveau. « Le dromadaire ne trottera pas », a dit le cheval. « Et il ne trimera pas non plus », a dit le chien. « Et il ne labourera pas », a dit le bœuf.

« Que dit le dromadaire à ce sujet ? » a demandé le génie.

Ils ont répondu : « Il dit juste : "Bof !" »

Le génie est donc allé dans le désert pour voir le dromadaire. Quand il l'a trouvé, il lui a dit : « Dans ce monde si nouveau, pourquoi ne veux-tu pas travailler ? » Le dromadaire a juste répondit : « Bof ! »

« À cause de ta paresse, les autres animaux doivent travailler davantage. Je veux que tu travailles aussi. » Le dromadaire a juste répondu : « Bof ! »

« Je cesserais de dire : "Bof !" si j'étais à ta place. Tu pourrais le dire une fois de trop. » Encore une fois, le dromadaire a dit : « Bof ! »

Aussitôt, son dos, dont il était si fier, a commencé à se gonfler en une grosse bosse !

« Tu vois ? a dit le génie. Voilà que tu as hérité d'une "Bof", oups, je veux dire bosse. Tout ça parce que tu as dit que tu ne travaillerais pas. Maintenant, quitte ce désert et va travailler avec les autres animaux. »

« Mais comment vais-je faire avec cette bof... oups, cette bosse sur mon dos ? » a gémi le dromadaire.

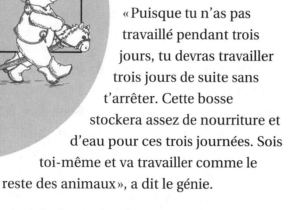

«Puisque tu n'as pas travaillé pendant trois jours, tu devras travailler trois jours de suite sans t'arrêter. Cette bosse stockera assez de nourriture et d'eau pour ces trois journées. Sois toi-même et va travailler comme le reste des animaux», a dit le génie.

Ainsi, le dromadaire est parti le matin suivant avec sa bof, oups, sa bosse et a rejoint le cheval, le chien et le bœuf pour aider l'homme dans son travail. Et même de nos jours, le dromadaire a toujours sa bof, oups, bosse. Il a toujours trois jours de retard dans son travail, est toujours paresseux et grognon et il dit toujours : «Bof!»

Thèmes

Bœufs
Chevaux
Chiens
Dromadaires
Les sons de la langue
Travail

J'aime l'école

par Pam Schiller

Consignes : *Photocopiez les dessins des pages 441-443. Utilisez un marqueur noir pour tracer les modèles sur un morceau de carton. Coloriez-les et découpez-les.*

J'aime l'école,
Beaucoup, beaucoup.
C'est mon lieu préféré,
Croyez-le ou non.
J'aime faire des bulles.

J'aime tous les jouets.
J'aime le silence
Et j'aime le bruit.
J'aime peindre avec des plumes
Et construire avec des blocs.
Lire de bons livres
Et danser en chaussettes.
Ma professeure m'aime.
Je sais que c'est vrai.
Elle sourit et rit
Toute la journée.
Je suis un enfant de (insérez le nom de votre école),
C'est beau de voir
Que je suis aussi heureux
Qu'un enfant peut l'être.

Thème

École

Jack et Ol' Mossyfoot

Jack avait 10 ans et il s'ennuyait dans sa cour. Il s'est dit qu'il était assez vieux pour explorer un peu, alors il est parti. Jack était ravi de tout ce qu'il voyait dans le monde, mais voyager est fatigant et il s'est endormi sous un arbre.

Il a dormi longtemps et quand il s'est réveillé le soleil se couchait. Il commençait à faire sombre. Jack a suivi la route et s'est retrouvé dans un grand bois.

Pour se tenir chaud, Jack a fait un feu. Comme il était devant son feu, il a entendu quelque chose : whoomity whop, whoomity whop.

Jack a tout de suite su que c'était Ol' Mossyfoot et il était effrayé! Il a saisi une bûche et l'a jetée en direction du son. La bûche a atterri avec une gerbe d'étincelles et la créature a couru se cacher dans les bois. Jack se demandait s'il devait partir quand il a entendu de nouveau : whoomity whop, whoomity whop.

Il a saisi une autre bûche et il a attendu que Ol' Mossyfoot s'approche jusqu'à ce qu'il sente le feu de ses terribles yeux. Alors Jack a lancé la bûche aussi fort qu'il le pouvait. La bûche a atterri directement dans la mousse gluante aux pieds du monstre, en grésillant. La créature s'est de nouveau enfuie dans les bois.

Jack savait qu'il ferait mieux de partir mais, avant qu'il puisse le faire, il a entendu de nouveau : whoomity, whop, whoomity whop.

Il a commencé à courir aussi vite qu'il le pouvait. Il entendait derrière lui les pas visqueux du monstre. À la première occasion, Jack est monté dans un grand arbre. Le monstre était si gluant qu'il ne pouvait pas monter jusqu'à lui et glissait sans arrêt.

Jack a alors entendu l'effroyable mâchoire qui mâchait bruyamment. Le monstre rongeait l'arbre! L'arbre a commencé à pencher un peu, puis de plus en plus et encore plus. Enfin, il y a eu une grande agitation et l'arbre, avec Jack dans ses branches, est tombé vers Ol' Mossyfoot.

Juste avant que l'arbre frappe le sol... Jack s'est réveillé!

Thèmes
Congé
Émotions
Sommeil
Veille

Jack et le conte sans fin

Il y a longtemps, vivait un roi qui avait une magnifique fille. Ce roi adorait les histoires. Il fit donc savoir à tout le royaume que si un homme pouvait lui raconter un conte qui ne finissait jamais, il lui permettrait d'épouser sa fille. Un jour, cette fille deviendrait reine et l'heureux conteur serait le nouveau roi. Mais il y avait un hic! Si le conteur s'arrêtait pour quelque raison que ce soit, il se ferait couper la tête!

Quoi qu'il en soit, beaucoup de jeunes hommes essayèrent de raconter un conte sans fin au roi. Mais il ne fallait pas longtemps pour que chaque conteur s'épuise, bredouillant et tendu, et n'arrive pas à poursuivre son histoire. Ainsi, beaucoup de jeunes hommes se firent couper la tête !

Un garçon nommé Jack vivait dans les collines de ce royaume. Il aimait raconter de longs et interminables contes. Il faisait cela pour éviter de faire des travaux ménagers. L'existence du fameux concours du roi parvint jusqu'à ses oreilles.

Il se dit : « Je suis celui qu'il faut pour raconter au roi un conte sans fin. J'ai justement ce qu'il faut ». Jack se rendit au palais. Quand il a annoncé au portier ce qu'il venait faire, l'homme a secoué la tête et l'a regardé tristement, mais il a tout de même fait entrer Jack et dès que le roi a été installé dans son fauteuil préféré Jack commença.

« Il était une fois un roi qui avait rassemblé tout le blé que les habitants de son royaume avaient fait pousser dans une seule grange au beau milieu de son royaume. Ce roi diviserait le blé en différentes portions pour que personne ne souffre de la faim alors qu'approchait le froid hiver. »

« Lorsque la grange fut presque remplie, une vieille petite souris rongea un trou dans un coin de la grange. La grange était si grande et la souris si minuscule que personne ne la vit ! Eh bien, un jour elle se faufila dans la grange, elle se prit un bon gros morceau de blé et elle ressortit rejoindre sa famille dans les champs. »

« Le jour suivant, la souris revint, elle se faufila dans la grange, elle prit encore un bon gros morceau de blé et elle ressortit rejoindre sa famille dans les champs. »

« Le jour suivant, la souris revint, elle se faufila dans la grange, elle prit encore un bon gros morceau de blé et elle ressortit rejoindre sa famille dans les champs. »

« Le jour suivant, la souris revint, elle se faufila dans la grange, elle se prit encore... »

Toute la journée, Jack continua a raconter l'histoire de la souris et même très tard après le dîner. Finalement, le roi ne put plus le supporter.

« Arrête-toi, a-t-il commandé d'une voix forte. Est-ce tout ce que tu vas raconter, la même chose à plusieurs reprises ? »

« Mais bien sûr, car c'est tout ce qu'elle faisait, la souris ; elle s'est pris un bon gros morceau de blé et elle est ressortie rejoindre sa famille dans les champs. Est-ce que je peux continuer maintenant ? »

« Non, non, arrête ! a dit le roi. J'en ai assez entendu. Je n'en peux plus. Tu peux épouser ma magnifique fille. »

Alors, Jack a épousé la magnifique fille du roi et un jour elle est devenue la nouvelle reine. Ainsi, Jack n'a plus jamais eu besoin de raconter des histoires pour ne pas travailler, plus jamais. Et d'après les rumeurs, la souris n'a jamais cessé de transporter du blé.

Thèmes

   Alimentation
   Escrocs
   Humour
   Rois et reines
   Souris
   Travail

Jean Pépin

Jean Pépin a vécu il y a presque 150 ans. Bien qu'il ait vécu il y a longtemps, les fruits de son travail – le pommier – sont toujours avec nous. Il est célèbre pour avoir planté des pommiers dans tout le pays.

Le vrai nom de Jean Pépin était Jean Bonhomme. Les gens l'appelaient Jean Pépin à cause de son amour des pommiers.

Jean était un homme simple qui passa presque tout son temps seul à la belle étoile sous les arbres qu'il aimait tant. Il était l'ami de chacun et de chaque créature qu'il a rencontrée. Il semble que les animaux venaient vers lui et n'avaient pas peur.

Voici quelques anecdotes amusantes au sujet de Jean Pépin.

Il marchait pieds nus la plupart du temps, même quand il faisait froid. Les chaussures étaient difficiles à user à cette époque, mais Jean a tant marché qu'il en aurait sûrement usé plusieurs paires.

Jean portait un chaudron sur la tête au lieu d'un chapeau. Pouvez-vous l'imaginer ? En vérité, il l'a probablement porté sur son dos la plupart du temps.

Il était petit et les images qu'on voit de lui le montrent dans des vêtements deux fois trop grands.

Jean Pépin préférait marcher au lieu d'aller à cheval. Il sema des pépins de pommes partout où il alla. Selon certains, nous n'aurions pas autant de pommes aujourd'hui s'il n'avait pas fait tout ce travail, il y a 150 ans.

Jean Pépin aimait les gens et surtout les enfants. Il leur racontait des histoires et leur en lisait dans la pénombre après le souper. Il semble qu'il était triste de ne pas avoir d'enfant.

La prochaine fois que vous mordrez dans une pomme, n'oubliez de murmurer un merci à Jean Pépin.

Thèmes

   Pommes
   Alimentation

L'agneau et le loup

(Ésope)

Un agneau qui trottinait seul dans un pâturage était poursuivi par un loup. Voyant qu'il ne pouvait pas s'échapper, il s'est retourné et a dit : «Je sais, mon ami le loup, que je dois être ta proie, mais avant de mourir je te demanderais une faveur. Me jouerais-tu un air sur lequel je pourrais danser?» Le loup a pris sa flûte et a joué un air. Alors qu'il jouait et que l'agneau dansait, quelques chiens ont entendu la musique et se sont lancés à la poursuite du loup. Se tournant vers l'agneau, le loup a dit : «J'ai ce que je mérite, car je n'aurais pas dû jouer de la flûte pour te plaire».

Morale

En cas de besoin, l'intelligence vous permettra de rouler votre ennemi et de sauver votre peau.

Thèmes

Agneaux
Alimentation
Escrocs
Loups
Musique

Petit Buckaroo

par Pam Schiller

Maman dit que je suis son petit Buckaroo. J'aime regarder et lire des westerns. J'aime m'habiller en cow-boy. Je porte toujours mes bottes de cow-boy. Je regrette de ne pas pouvoir dormir avec elles.

Mon professeur nous a demandé de raconter ce que nous voulons devenir quand nous serons grands. Voici mon histoire :

«Je serai un cavalier de rodéo. Je chevaucherai des taureaux ruants. Je serai le meilleur cavalier de tout le Texas. Je serai le champion du lasso. Je serai capable d'attraper une bête à 30 mètres de distance. Je saluerai de mon grand chapeau noir quand la foule m'acclamera. J'aurai quelques paires de superbes bottes munies d'éperons d'argent et une selle spéciale pour mon cheval. Le nom de mon cheval sera Dusty, c'est-à-dire Poussiéreux. Pour quelle raison ? Il sera toujours couvert de poussière, comme moi ! Quand je serai grand, je serai célèbre. Je ne me marierai jamais. Ma femme serait trop seule parce que je chevaucherai des taureaux partout, tous les jours ! Voilà, mon histoire est finie ! »

Thèmes

Chevaux
Cow-boys
Familles
Taureaux

Le lion et la souris
(Ésope)

Un lion est tiré de son sommeil par une souris marchant sur son visage. En colère, il attrape la souris par la queue et est sur le point de la tuer quand la souris dit, toute penaude : « Si vous m'épargnez, je récompenserai votre bonté un jour ».

Le lion éclate de rire. « Comment une petite créature comme toi pourrait-elle récompenser un puissant lion ? » Le lion hurle de rire et laisse finalement partir la souris. Il se réinstalle pour poursuivre sa sieste. « Merci, puissant lion. Tu ne le regretteras pas », a promis la souris.

Peu après, des chasseurs prirent au piège le puissant lion dans un filet. Le lion se mit à rugir avec angoisse. La petite souris, qui n'était pas loin, reconnut le rugissement du lion. Elle s'amena rapidement et vint ronger

les cordes pour libérer le lion. Le lion, très reconnaissant, fut tout étonné de voir la souris et plus étonné encore qu'une si petite créature puisse lui sauver la vie. La souris lui dit : « Tu pensais que je ne pourrais jamais te récompenser. J'espère que, maintenant, tu sais qu'il est possible, même pour une petite souris, d'aider un puissant lion ». Depuis ce jour, le lion et la souris sont devenus les meilleurs amis du monde.

Thèmes

Amis
Contraires
Lions
Souris

Le chaudron magique

Il était une fois une petite fille qui vivait avec sa mère à la lisière d'une forêt. Elles étaient si pauvres qu'elles n'avaient rien à manger. Un jour, la fillette était si affamée qu'elle entra dans la forêt pour y chercher de la nourriture. Elle y rencontra une vieille femme qui la trouva si gentille qu'elle fit en sorte qu'elle n'ait plus jamais faim. La vieille femme donna à la petite fille un chaudron.

« Chaque fois que tu voudras du gruau d'avoine, a dit la vieille femme à la fillette, tu diras : « Chaudron magique, chaudron magique, fais-moi du bon gruau" et le chaudron te fera du bon gruau d'avoine. » Quand tu voudras que le chaudron cesse de cuisiner, tu devras dire : "Chaudron magique, arrête !" et le chaudron s'arrêtera. »

L'enfant apporta le chaudron à sa mère et elles n'eurent plus jamais faim. Elles mangèrent du bon gruau d'avoine sucré chaque fois qu'elles en eurent envie.

Un jour, la petite fille partit jouer dans la forêt. Sa mère a eu faim et elle a dit : «Chaudron magique, chaudron magique, fais-moi du bon gruau» et le chaudron se mit à faire du gruau. Quand la mère de la petite fille n'a plus eu faim, elle a demandé au chaudron de cesser. Mais comment faire ? Elle avait oublié les mots magiques. Le chaudron continuait à produire du gruau et débordait. Il continua jusqu'à ce que la cuisine puis la maison soient pleines de gruau. Ensuite, la cour a été remplie, puis la ville a été couverte de gruau d'avoine.

Finalement, la petite fille revint de la forêt. Elle eut du mal à trouver sa maison car celle-ci était couverte de gruau d'avoine. La petite fille prononça les mots magiques. Vous les rappelez-vous ? «Chaudron magique, arrête!»

Enfin le chaudron s'arrêta. Il a fallu bien du temps à la petite fille, à sa mère et aux habitants de la ville voisine pour manger tout ce gruau d'avoine!

Thèmes

Alimentation
Cuisine
Familles
Humour

Mercure et le bûcheron

(Ésope)

Un bûcheron coupait un arbre au bord d'une rivière quand sa hache lui échappa des mains et tomba dans l'eau. Il était sur la rive, pleurant sa perte, quand Mercure apparut et lui demanda pourquoi il était si triste. Quand il entendit l'histoire, Mercure plongea dans la rivière et ramena une hache d'or. «Est-ce celle que vous avez perdue?» a demandé Mercure.

Le bûcheron répondit que non et Mercure plongea une deuxième fois et ramena une hache d'argent. «Est-ce celle que vous avez perdue?» a demandé Mercure.

«Non, ce n'est pas la mienne non plus», a dit le bûcheron.

Mercure plongea encore une fois dans la rivière et ramena cette fois la hache disparue. Le bûcheron était très heureux de retrouver sa hache et remercia chaleureusement Mercure. Mercure, ravi de l'honnêteté du bûcheron, lui fit cadeau des deux autres haches.

Quand le bûcheron raconta l'histoire à ses amis, l'un d'entre eux lui envia sa bonne fortune. Il décida de tenter sa chance. Il alla au bord de la rivière et commença à couper un arbre. Il laissa tomber sa hache dans l'eau. Mercure apparut et, en apprenant que la hache de l'homme était tombée à l'eau, il plongea et ramena une hache d'or, comme il l'avait fait pour le bûcheron.

Sans attendre, l'ami du bûcheron s'écria : «C'est la mienne, c'est la mienne» et il tendit la main avec impatience pour avoir la hache d'or.

Mercure, dégoûté par la malhonnêteté de l'homme, refusa de lui donner la hache d'or et refusa aussi de récupérer celle qui était tombée dans les flots.

Morale

L'honnêteté est la meilleure conduite.

Thèmes

Émotions
Travail

Mon père cueille des oranges

par Pam Schiller

Chaque jour, mon père se réveille très tôt. Il s'habille, avale son petit-déjeuner, m'embrasse alors que je suis toujours confortablement dans mon lit et marche jusqu'à la route pour attendre le grand camion qui doit l'emmener au travail. Le camion l'emmène à l'orangeraie où il cueille des oranges toute la journée. Il enfile ses gants, attrape un panier et une petite échelle et marche vers les orangers.

Mon père choisit chaque orange avec soin. Il l'examine pour être sûr qu'elle soit assez mûre et qu'aucun insecte ne s'y trouve. Alors mon père place délicatement les oranges dans son panier. Sous le chaud soleil, mon père sent la sueur lui coller dans le dos, mais il continue inlassablement à cueillir les oranges. Ses jambes deviennent molles à force d'être debout sur l'échelle, mais il cueille tout de même soigneusement les oranges.

À l'heure du déjeuner, mon père s'assoit à l'ombre d'un grand arbre et mange le repas que ma mère lui a préparé. Il rit et plaisante avec les autres cueilleurs d'oranges pendant un moment et il retourne ensuite cueillir d'autres fruits. À la fin de la journée, le propriétaire de l'orangeraie comptera les paniers que mon père a remplis et dira : « Excellent, Miguel ». Mon père sourira parce qu'il sera heureux de savoir que ses oranges seront bientôt au supermarché où les gens les achèteront et les apporteront à la maison pour leur famille.

Quand mon père revient à la maison, je saute dans ses bras. Il dégage une douce odeur d'orange. Il cueille un cadeau dans sa poche et me le donne. C'est une orange de son orangeraie. Mon père dit que c'est l'orange la plus juteuse qu'il a vue de toute la journée. Quand je mange cette orange, je pense à mon père. Je suis heureux de savoir que grâce à lui, tout le pays profite du goût de délicieuses oranges.

Thèmes

Alimentation
Émotions
Familles
Travail

Le jardin de ma grand-mère

par Pam Schiller

Consigne : *Faites dire aux enfants : «Ah-h-h!» chaque fois qu'ils entendent le mot* roses *dans l'histoire.*

Le jardin de ma grand-mère est un des endroits les plus beaux que je connaisse. Elle possède toutes les fleurs auxquelles vous pouvez songer : chrysanthèmes, violettes, lis, pâquerettes, tournesols, tulipes, jonquilles, splendeurs du matin, pétunias et pensées. Et il s'agit seulement de quelques-unes d'entre elles. Si je les nommais toutes, nous serions ici toute la journée. Je dois vous parler d'une autre fleur, parce que c'est la favorite de ma grand-mère. C'est la rose. (Ah-h-h!) Quand elle se penche pour sentir ses roses, elle dit toujours : «Ah-h-h!». (Ah-h-h!)

Ma grand-mère me permet de l'aider à s'occuper des fleurs dans son jardin. Nous

Jardin de grand-maman

les arrosons. Nous arrachons les mauvaises herbes. Nous taillons les fleurs qui sont devenues trop grandes. Nous fertilisons certaines fleurs pour les faire grandir et nous les saupoudrons d'insecticide pour éloigner les insectes. Nous taillons toujours ses roses (Ah-h-h!), nous en balayons les insectes et bien sûr, nous prenons toujours un instant pour admirer leur beauté. Ma grand-mère dit qu'il n'y a aucune fleur qui sente aussi bon que ses roses. (Ah-h-h!)

Parfois, je m'assois simplement dans le jardin de ma grand-mère et j'observe les oiseaux, les abeilles et les papillons qui y vivent. Ma grand-mère aussi aime les animaux. Elle dit que les insectes (comme les coccinelles), les abeilles et les papillons sont bons pour ses fleurs. Les coccinelles mangent les pucerons qui détruisent les feuilles des fleurs. Les abeilles et les papillons fécondent avec du pollen les fleurs afin que de nouvelles fleurs poussent. Un jour, j'ai attrapé une coccinelle. Elle était sur les fleurs préférées de ma grand-mère, les roses. (Ah-h-h!) Ma grand-mère m'a laissé garder la coccinelle toute la journée, mais à la fin du jour elle a dit que je devais laisser la coccinelle retourner à la nature pour y faire son travail. Je l'ai remise sur les roses. (Ah-h-h!)

Quand les amis viennent souper, nous choisissons toujours quelques fleurs du jardin pour mettre sur la table. Nous cueillons des fleurs jaunes, des fleurs pourpres, des fleurs orange et nous cueillons toujours des roses rouges. (Ah-h-h!) Ma grand-mère dit que la couleur rouge ouvre l'appétit et que l'odeur des roses (Ah-h-h!) aide les gens à se sentir calmes et détendus. Elle veut que les gens apprécient ses repas.

Si jamais vous venez au Texas, arrêtez-vous en passant pour voir le jardin de ma grand-mère. Vous trouverez sûrement qu'il est beau. Si vous restez pour le repas, vous pourrez m'aider à choisir les fleurs. Vous pourrez couper les roses. (Ah-h-h!) Et quand vous repartirez, ma grand-mère vous donnera quelques-unes de ses roses. (Ah-h-h!) Ainsi, vous pourrez aussi avoir quelques roses (Ah-h-h!) à la maison.

Thèmes

Couleurs
Culture
Émotions
Familles
Insectes
Saisons

Un autre enfant

Il était une fois une femme très riche. Elle avait de beaux vêtements et une grande maison. Elle n'avait pas d'enfant et cela la rendait très triste.

Elle demanda à un ami : « Comment puis-je avoir un enfant ? »

Son ami lui répondit : « Va chez ta pauvre voisine. Elle a 12 enfants. Elle et son mari ne peuvent pas nourrir tous leurs enfants. Peut-être t'en donnera-t-elle un. Tu es riche. Tu peux nourrir les enfants beaucoup mieux qu'elle ne le peut ».

La femme riche a demandé à son ami : « Penses-tu qu'elle me donnera un enfant ? »

Son ami a répondu : « Pourquoi pas ? Donne-lui un sac d'or. Je crois qu'elle te donnera un enfant ».

Le jour suivant, la femme riche a apporté un sac d'or dans la petite maison de la pauvre femme. La pauvre femme a été étonnée de la voir. Elle a dit : « Entrez et assoyez-vous ».

Les enfants sont venus vers leur mère et ont gémi : « Donne-nous à manger, s'il te plaît. Nous avons faim ».

La mère a apporté de la soupe au riz. La pauvre, elle n'avait pas de bol. Elle a versé la soupe dans 12 trous dans le plancher. Les enfants ont mangé. Alors la mère affamée a bu l'eau qu'ils ont laissée dans les trous.

La mère a levé les yeux et a dit : « Oh, Dieu ! Donnez-moi s'il vous plaît encore un enfant. Alors j'aurai un peu plus d'eau de riz à boire ».

La femme riche regardait silencieusement. Elle était étonnée d'entendre la pauvre femme souhaiter encore un enfant. Elle s'est dit : « Cette femme ne me donnera jamais un de ses enfants ».

Elle a mis le sac d'or dans la main de la pauvre femme et a quitté la petite maison. Elle était triste parce qu'elle n'avait toujours pas d'enfant, mais elle avait compris l'amour qu'une mère éprouve pour ses enfants.

Thèmes

Argent
Familles
Nourriture

Le hibou et le chat

par Edward Lear

Le hibou et la chat naviguaient sur
la mer
Dans un beau bateau vert.
Ils ont apporté du miel et beaucoup
d'argent,
Enveloppé dans un billet de cinq livres.

Le hibou a regardé les étoiles dans le ciel,
Et a chanté avec sa petite guitare,
«Ô beau chat! Ô chat, mon amour,
Quel beau chat vous êtes,
Vous êtes!
Quel beau chat vous êtes.»

Le chat a dit au hibou, «Vous, élégant
oiseau!
Que vous chantez là d'une manière
charmante!
Ô marions-nous! Nous avons tardé trop
longtemps.
Mais que ferons-nous pour les anneaux?»

Ils ont navigué pendant une année et un
jour,
Vers la terre où pousse l'arbre Bong,
Et là, dans le bois, se tenait le cochon à
perruque,
Un anneau passé dans son nez.
Son nez,
Un anneau passé dans son nez

«Cher cochon, nous vendriez-vous pour
un shilling
Votre anneau?» Le cochon a dit : « Je le
ferai.»
Ils ont donc pris l'anneau et se sont
épousés le lendemain
Mariés par la dinde qui vit sur la colline.

Ils ont dîné de viande hachée et de
tranches de coing
Qu'ils ont mangées avec une large
cuillère;
Et la main dans la main, sur le bord de la
mer,
Ils ont dansé au clair de lune.

Thèmes

Chats
Cochon
Émotions
Nourriture
Océans
Oiseaux
Soleil, Lune, étoiles

Pam et Sam

par Pam Schiller

Pam et Sam sont les meilleurs amis du monde. Ils se ressemblent tellement. Pam et Sam adorent tous les deux être dehors. Pam et Sam préfèrent plus que tout les sandwichs au beurre de cacahuète et à la confiture. Ils aiment tous les deux nager et danser. Ils aiment regarder des films et ils aiment faire des bulles. Ils détestent les jours pluvieux. Ils aiment les chiots, les glaces, le soleil, le base ball, les voyages au Mexique, les promenades à bicyclette et les excursions dans la nature. Il y a même quelque chose dans leurs noms qui est identique. Vous savez quoi ?

Même si Sam et Pam sont semblables, ils sont aussi très différents. De beaucoup de façons... Sam est grand, Pam est petite. Sam a des cheveux courts, les cheveux de Pam sont longs. Sam a des yeux bruns, les yeux de Pam sont bleus. Sam a horreur des énigmes, Pam aime les énigmes. Sam aime rouler vite à vélo, Pam préfère aller lentement. Sam aime qu'il fasse chaud, Pam préfère qu'il fasse froid.

Vous voyez bien que Pam et Sam sont aussi semblables que différents. Il y a quelque chose d'autre de différent chez Pam et Sam. Savez-vous ce que c'est ? (Si nécessaire, donnez des indices aux enfants pour les aider à saisir que Sam est un garçon et Pam une fille.)

Thème
Amis

Le chapeau de la Combine Quangle

par Edward Lear

On the top of the Crumpetty Tree
The Quangle sat,
But his face you could not see,
On account of his Beaver Hat,
For his Hat was a hundred and two feet wide,
With ribbons and bibbons on every side,
And bells and buttons and loops and lace,
So nobody ever could see the face
Of the Quangle Wangle Quee.

The Quangle Wangle said
To himself on the Crumpetty Tree,
"Jam and jelly and bread
Are the best food for me!
But the longer I live on this Crumpetty Tree,
The plainer than ever it seems to me
That very few people come this way,
And that life on the whole is far from gay!"

But there came to the Crumpetty Tree,
Mr. and Mrs. Canary;
And they said, "Did ever you see
Any spot so charmingly airy?
May we build a nest on your lovely Hat?
Mr. Quangle Wangle, grant us that!
O please let us come and build a nest
Of whatever material suits you best,
Mr. Quangle Wangle Quee!"

And beside, to the Crumpetty Tree
Came the Stork and the Duck and the Owl :
The snail and the Bumble-Bee,
The Frog and the Fimble Fowl;
(The Fimble Fowl, with a Corkscrew leg);
And all of them said, "We humbly beg,
May we build our home on your lovely Hat
Mr. Quangle Wangle, grant us that!
Mr. Quangle Wangle Quee!"

And the Golden Grouse came there,
And the Pobble who has no toes,
And the small Olympian bear,
And the Dong with the luminous nose.
And the Blue Baboon, who played the flute,
And the Orient Calf from the Land of Tute,

And the Attery Squash,
and the Bisky Bat,
All came and built on the
lovely Hat
Of the Quangle Wangle
Quee.

And the Quangle Wangle said
To himself on the Crumpetty Tree,
"When all these creatures move
What a wonderful noise there'll be!"
And at night by the light of the Mulberry
moon
They danced to the Flute of the Blue

Baboon,
On the broad green leaves of the
Crumpety Tree,
And all were as happy as happy could be
With the Quangle Wangle Quee.

Thèmes

Canards
Humour
Insectes
Oiseaux
Maisons

Quilla Bung

Un jour, un homme et sa femme n'avaient rien à manger pour le dîner. L'homme a pris son fusil et est allé tuer quelque chose pour le dîner. Comme il marchait, il a entendu une chanson.

(Air : London Bridge is falling down)
Quilla, quilla, bung, bung, bung
Quilla, quilla, bung, bung, bung
Bung, bung, bung
Bung, bung, bung
Quilla, quilla, bung, bung, bung
Bung, bung, quilla

Il a levé les yeux et a vu une volée d'oies qui traversait le ciel en chantant. Il a épaulé son fusil et a tué une des oies. Alors qu'elle tombait du ciel, elle chantait : *(Chantez la chanson.)*

Il a ramené l'oie à la maison pour que sa femme la cuise. Elle a commencé à la plumer mais chaque plume qu'elle enlevait, sortait par la fenêtre. Et tout ce temps, l'oie continuait à chanter. *(Chantez la chanson.)*

Elle a fini de la plumer et a mis l'oie au four. Pendant qu'elle cuisait, on pouvait entendre l'oie chanter dans le four. *(Chantez la chanson.)*

L'homme et la femme se sont mis à table. La femme a déposé l'oie sur la table entre eux. L'homme a pris le couteau pour découper la volaille, mais tout ce temps l'oie a continué à chanter. *(Chantez la chanson.)*

Comme il s'apprêtait à enfoncer sa fourchette dans l'oie, un grand bruit s'est fait entendre. Toute la volée d'oies est entrée par la fenêtre et elles chantaient aussi fort qu'elles pouvaient. *(Chantez la chanson.)* Chaque oie a pris une plume et l'a collée sur l'oie, puis toutes ensemble elles ont retiré l'oie du plat. Et elles se sont envolées, en tournoyant par la fenêtre.

L'homme et sa femme sont restés assis là, la bouche ouverte devant des plats vides. Tout ce qu'ils ont eu pour dîner, ce soir-là, c'est une chanson. *(Chantez la chanson.)*

Thèmes

Animaux
Humour
Musique
Nourriture
Oies

Le lapin : une légende maya

Au début du monde, le lapin avait de grandes cornes. Le cerf, lui, n'en avait pas. Il en était si jaloux et si offensé qu'il a manigancé afin d'obtenir lui aussi de magnifiques cornes. Le cerf a dit au lapin combien il était majestueux et il lui a demandé s'il pouvait emprunter ses cornes, juste pour les essayer et voir si elles lui allaient bien. Flatté, le lapin a accepté puisque ce n'était que pour un moment. Le lapin a déposé ses cornes sur la tête du cerf et le cerf s'est mis à se pavaner et à sauter partout en demandant de quoi il avait l'air. Il s'est éloigné jusqu'à ce qu'il soit hors de vue. Le lapin s'est inquiété, se rendant finalement compte que le cerf n'allait pas lui rendre ses cornes. En colère, le lapin s'est plaint au Créateur et lui a demandé une autre paire de cornes. Le Créateur lui a dit que ce qui avait été fait ne pouvait pas être défait. Le lapin devait donc vivre sans cornes. Le lapin a alors demandé s'il pouvait être plus grand afin de montrer son importance aux autres animaux. Le Créateur a refusé, mais le lapin a tellement supplié et geint que le Créateur s'est penché, a saisi les oreilles du lapin et les a étirées, étirées. C'est donc avec ses longues oreilles que le lapin montre depuis son importance .

Thèmes

Cerf
Émotions
Escrocs
Lapins

Trois petits chatons

Trois petits chatons ayant perdu
leurs mitaines ;
Se sont mis à pleurer,
« Oh, chère maman, nous avons bien peur
D'avoir perdu nos mitaines. »
« Quoi ! Perdu vos mitaines, vilains
chatons !
Alors vous n'aurez pas de crème. »
« Mee-ow, mee-ow, mee-ow, mee-ow. »
« Non, vous n'aurez pas de crème. »
Les trois petits chatons ont retrouvé leurs
mitaines ;
Se sont mis à pleurer,
« Oh, chère maman, nous croyons bien
Avoir trouvé nos mitaines. »
« Quoi ! Trouvé vos mitaines ! Bons petits
chatons,
Maintenant vous aurez de la crème. »
« Rrr, rrrr, rrrr, rrrrr, rrrr, rrrr. »

Thèmes

Alimentation
Chats
Émotions
Les sons de la langue

La tortue et le lièvre
(Grèce)

Un jour un lièvre se moquait d'une tortue. « Vous êtes une lambine, a-t-il dit. Vous ne pourriez pas courir même si vous vouliez. »

« Ne riez pas de moi, a dit la tortue. Je parie que je pourrais vous battre dans une course. »

« Vous ne pouvez pas ! » a répondu le lièvre.

« Oh oui », a répondu à la tortue.

« D'accord, a dit le lièvre. Je ferai la course avec vous. Mais je gagnerai, même les yeux fermés ».

Ils ont demandé à un renard d'être le maître de jeu.

« Prêt, paré, allez-y ! » a dit le renard.

Le lièvre est parti à une grande allure. Il est arrivé si loin en si peu de temps qu'il a décidé de s'arrêter pour faire un petit somme. Il est tombé endormi. Il dormait à poings fermés.

La tortue allait son petit bonhomme de chemin, ne s'arrêtant jamais, pas même un instant.

Quand le lièvre s'est réveillé, il a couru aussi vite qu'il pouvait jusqu'à la ligne d'arrivée, mais il est arrivé trop tard car la tortue avait déjà gagné la course !

Thèmes

Animaux
Contraires

Oncle lapin et oncle coyote

Il y avait longtemps qu'oncle coyote n'avait vu oncle lapin. La dernière fois qu'ils s'étaient rencontrés, oncle lapin avait promis à oncle coyote qu'il amènerait ses nièces chez oncle coyote pour qu'il fasse un délicieux ragoût de lapin. Mais ça ne s'est jamais produit.

Depuis, oncle coyote avait voulu prendre oncle lapin au dépourvu et l'obliger à tenir sa promesse.

Un jour, oncle coyote a vu oncle lapin s'appuyer contre un gros rocher en admirant les canyons qui séparaient la forêt de la forêt dense. Oncle coyote s'est glissé derrière lui et a dit : «Cette fois, vous ne vous échapperez pas, oncle lapin».

«Pourquoi dites-vous ça?» a demandé oncle lapin.

«Parce que la dernière fois je vous ai vu vous avez promis de m'amener vos nièces pour faire un bon ragoût de lapin.»

«Mais je les ai amenées, a dit oncle lapin. Je suis allé les chercher, mais quand je suis revenu avec elles, vous n'étiez plus là. Je peux les amener ici tout de suite si vous voulez, mais vous devrez d'abord m'aider.»

«Vous aider? Et à faire quoi?» a demandé oncle coyote.

Oncle lapin a répondu : «Je suis ici depuis plusieurs jours à tenir ce rocher. Si je le lâche, ce sera la fin du monde. De plus, comme vous pouvez voir, je n'ai pas pu manger et je suis de plus en plus faible.»

«Allez, a dit oncle coyote. Allez manger quelque chose et ensuite, amenez-moi vos nièces. J'attendrai ici et je retiendrai le gros rocher pour vous.»

«Merci beaucoup, a répondu oncle lapin. Maintenant, venez ici, juste à côté de moi, oncle coyote, et appuyez-vous contre ce gros rocher. Je vais me déplacer petit à petit et vous pourrez prendre ma place et le tenir comme je le fais.» Oncle coyote a fait comme le suggérait oncle lapin. «Il me semble que je tiens le rocher maintenant», a dit oncle coyote. «Très bien, a fait oncle lapin, je serai bientôt de retour.» Les heures ont passé, les jours ont passé jusqu'à ce que, finalement, oncle coyote ne pouvant plus tenir ses bras levés plus longtemps, les a laissés tomber. À sa surprise, rien ne s'est passé; le monde ne s'est pas effondré. Oncle coyote s'est dit : «Encore une fois ce brillant lapin m'a dupé, mais la prochaine fois il ne me dupera pas.»

Thèmes

Alimentation
Coyotes
Escrocs
Humour
Lapins

Le vent et le Soleil

Le vent et le Soleil se disputaient pour savoir
lequel était le plus fort. Soudain, ils ont vu
un voyageur venir vers eux et le Soleil a dit :
«Il y a une façon de trancher notre
discussion. Celui de nous qui pourra faire
retirer son manteau à ce voyageur sera
considéré comme le plus fort. Commencez».
Le Soleil s'est retiré derrière un nuage et le
vent a commencé à souffler aussi fort qu'il le
pouvait sur le voyageur. Mais plus il soufflait,
plus le voyageur s'enveloppait étroitement
dans son manteau. Le vent a donc dû
abandonner en désespoir de cause. Le Soleil
est alors sorti et s'est mis à briller dans toute
sa gloire sur le voyageur, qui l'a bientôt
trouvé trop chaud pour marcher avec son
manteau sur le dos.

Thèmes

Contraires
Soleil
Temps

Histoires avec accessoires

Egbert l'œuf

Consignes : Décorez un gros œuf en plastique comme une marionnette. Collez-y des cheveux de fil de coton et des yeux qui s'agitent. Découpez une bouche en feutre et servez-vous de rubans pour faire des jambes et des bras

Composez une histoire racontant le premier jour d'école d'Egbert. Réunissez quelques accessoires pour appuyer votre histoire, comme un livre préféré, un crayon à colorier préféré, quelques blocs, un dessin et ainsi de suite. Racontez votre propre version des meilleurs moments du premier jour d'école d'Egbert.

Thème
Grandir

La fête d'Ellie

par Pam Schiller

Consignes : Faites des photocopies des personnages des pages 536-544. Faites deux ou trois copies de chaque animal. Faites une copie d'Arnie et une copie des clés (utilisez de vraies clés si vous en avez). Coloriez les personnages, découpez-les et collez-les sur des bandelettes de carton de format 15 x 20 cm. Attachez-y du fil de coton pour en faire des colliers.

Choisissez des enfants qui auront à jouer les rôles des animaux et du gardien du zoo.

Faites-leur interpréter les animaux pendant que vous racontez l'histoire.

Il y a des tas d'animaux qui vivent au zoo. Des animaux de toutes sortes : des éléphants, des gorilles, des serpents, des tortues, des lions, des ours et même des autruches! Ils vivent tous au zoo, mais dans des maisons séparées. Chaque matin, les animaux se disent tous bonjour. Le lion a un rugissement puissant, les gorilles frappent fièrement leur poitrine, les éléphants barrissent un air très aigu, les serpents sifflent tranquillement, les autruches rient joyeusement, les ours grondent et les petites tortues timides sortent et ressortent leur minuscule tête de leur carapace.

Les animaux rêvent tous de sortir et de partager la compagnie de tout un chacun. Ils veulent sortir de leurs maisons et faire des visites.

Un jour, Ellie l'éléphante eut une idée. Elle décida que lorsque Arnie, le gardien du zoo, se rapprocherait de sa cage pour la nourrir, elle emprunterait ses clés. Après tout, elle est la dernière à être nourrie. Ainsi, Arnie n'aurait probablement pas besoin de ses clés avant le matin suivant. Ce soir-là, au moment où Arnie quitta sa cage, elle tendit sa trompe et prit les clés dans la poche du gardien.

Lorsque tous les enfants et les visiteurs furent rentrés à la maison et que le zoo fut silencieux, Ellie l'éléphante se servit des clés d'Arnie pour sortir de sa cage et libéra ensuite tous les autres animaux. Elle ouvrit la porte des serpents. Ils sifflèrent de plaisir. Elle ouvrit la porte des gorilles. Ils martelèrent leur poitrine de joie.

Quand Ellie l'éléphante a ouvert la porte des lions, ils ont rugi de bonheur. Lisa la lionne a dit : «Donne-moi les clés. Je libérerai les autres. Va cherchez les trucs pour faire une fête».

Ellie donna les clés à Lisa, qui ouvrit la porte aux autruches. Elles ont ri d'un rire gai. Lisa ouvrit la porte aux tortues. Les tortues sortirent et ressortirent leur tête de leur carapace avec excitation. Lisa ouvrit la porte aux ours, les derniers mais non les moindres. Ils dansèrent et grondèrent en savourant le plaisir de la liberté.

Ainsi, tous les animaux furent libres et prêts à fêter. Ils marchèrent jusqu'à la maison d'Ellie. Quel festin ! Ils mangèrent, rirent, dansèrent et eurent un plaisir fou ! Ils mangèrent et dansèrent tellement qu'ils étaient très fatigués. En fait, ils étaient si fatigués qu'ils tombèrent tous profondément endormis dans la maison d'Ellie. Il y avait là tous les animaux, endormis avec de grands sourires sur leur visage.

Le matin suivant, lorsque Arnie arriva au zoo, toutes les maisons des animaux étaient vides sauf une : celle d'Ellie l'éléphante. Il fut étonné de trouver tous les animaux au même endroit, endormis les uns par-dessus les autres ! Arnie les réveilla. Il se demandait maintenant comment il réussirait à ramener tous les animaux à leurs maisons. Le zoo devaient ouvrir ses portes d'une minute à l'autre et les visiteurs commenceraient à arriver ! Comment ramener tous les animaux dans leurs maisons ? Comment ferait-il pour regrouper tous les animaux ? Et là, Arnie a eu une idée ! Qu'a-t-il fait, selon vous ? Et vous, comment feriez-vous pour regrouper tous les animaux ?

Thèmes

Autruches	Les cris des animaux
Éléphants	Gestuelle
Gorilles	Lions
Ours	Serpents
Travail dans un zoo	

Les objets de Ginny

Consignes : Décorez une boîte (ou utilisez un petit coffre à bijoux) et placez dans cette boîte les objets mentionnés dans l'histoire. Vous pouvez tresser des ficelles pour fabriquer des cheveux. Sortez les objets lorsqu' ils sont mentionnés dans l'histoire. S'il y a des objets auxquels vous n'avez pas accès, remplacez-les simplement par quelque chose de plus facile à trouver.

Ginny a un coffre aux trésors dans lequel elle garde ses objets, tous ses objets préférés, comme des photographies et des bagues.

Une photo de sa grand-mère, deux cailloux, un cadre doré, une lettre qu'elle avait écrite au père Noël et qu'elle avait oublié de signer.

Un dessin qu'elle avait fait pour sa mère, des billes jaunes, vertes et bleues, une plume que son frère lui avait remise et deux sous tout brillants et tout neufs.

Elle possède aussi une tresse de ses cheveux, un emballage de chocolat, un ruban de la foire régionale, un petit cœur, une dent, une étoile minuscule.

Tous ces objets vont ensemble, ce sont toutes les choses que Ginny préfère.

Elle garde tous ces précieux objets dans son coffre aux trésors.

Thèmes

Émotions
Grandir

La petite poule rouge

Consignes : *Photocopiez les masques des personnages des pages 541-544. Colorez et décorez les masques avec les enfants. Invitez les enfants à jouer l'histoire. Vous devrez la leur narrer.*

Il était une fois une petite poule rouge qui partageait sa minuscule maison de campagne avec une oie, une chatte et un chien. L'oie était une commère. Elle bavardait avec les voisins toute la journée. La chatte était fière. Elle brossait sa fourrure, redressait ses moustaches et polissait ses griffes toute la journée. Le chien était somnolent. Il dormait sur le perron toute la journée. La petite poule rouge faisait tout le travail. Elle cuisinait, elle nettoyait et sortait les ordures. Elle tondait le gazon, elle ratissait et faisait tous les achats.

Un jour, alors qu'elle se dirigeait vers le marché, la petite poule rouge a trouvé quelques grains de blé. Elle les a mis dans sa poche. Quand elle est rentrée à la maison elle a demandé à ses amis : « Qui plantera ces grains de blé ? »

« Pas moi », a dit l'oie.
« Pas moi », a dit la chatte.
« Pas moi », a dit le chien.

« Alors je les planterai moi-même », a dit la petite poule rouge. Ce qu'elle a fait.

Pendant tout l'été, elle s'est occupée du blé. Elle s'assurait qu'il avait suffisamment d'eau et retirait soigneusement les mauvaises herbes entre chaque rangée. Et quand le blé a finalement été prêt pour la moisson, la petite poule rouge a demandé à ses amis :

« Qui m'aidera à battre le blé ? »
« Pas moi », a dit l'oie.
« Pas moi », a dit la chatte.
« Pas moi », a dit le chien.

« Alors je le couperai et le battrai moi-même », a dit la petite poule rouge. Ce qu'elle a fait.

Quand le blé a été coupé et battu, la petite poule rouge a versé le blé dans une brouette et dit : « Ce blé doit être moulu pour faire de la farine. Qui m'aidera à l'amener au moulin ? »

« Pas moi », a dit l'oie.
« Pas moi », a dit la chatte.
« Pas moi », a dit le chien.

« Alors je le ferai moi-même », a dit la petite poule rouge. Ce qu'elle a fait.

Le meunier a moulu le blé en farine qu'il a versée dans un sac pour la petite poule rouge. Alors, toute seule, elle a poussé le sac jusqu'à la maison dans la brouette.

Un matin bien frais, quelques semaines plus tard, la petite poule rouge s'est levée tôt et a demandé : «C'est un jour parfait pour faire du pain. Qui m'aidera?»

«Pas moi», a dit l'oie.
«Pas moi», a dit la chatte.
«Pas moi», a dit le chien.

«Alors je cuirai le pain moi-même», a dit la petite poule rouge. Ce qu'elle a fait.

Elle a mélangé la farine avec du lait, des œufs, du beurre et du sel. Elle a pétri la pâte et a formé une belle boule dodue. Elle a ensuite mis le pain dans le four et l'a observé pendant sa cuisson.

L'odeur du pain a bientôt rempli la maison. L'oie a arrêté de bavarder. La chatte a arrêté de se brosser et le chien s'est réveillé. Un à un, ils sont entrés dans la cuisine. Quand la petite poule rouge a sorti le pain du four elle a dit : «Qui m'aidera à manger ce pain?»

«Moi», a dit l'oie.
«Moi», a dit la chatte.
«Moi», a dit le chien.

«Ah oui? a dit la petite poule rouge. Qui a planté le blé et s'en est occupé? Qui a coupé le blé et l'a battu? Qui a moulu le blé? Qui a cuit le pain? J'ai fait tout cela toute seule. Et je vais maintenant manger toute seule». Ce qu'elle a fait.

Thèmes

Alimentation Amis
Émotions Travail

Inventer des histoires avec des images de magazine

Découpez cinq ou six images dans un magazine. Encouragez les enfants à utiliser les images pour composer une histoire.

Thèmes

Tous les thèmes

Porte ouverte chez Pépé le potiron

Consignes : *Vous aurez besoin d'un morceau de papier de bricolage orange d'une grandeur de 30 x 45 cm et d'une paire de ciseaux. Suivez les instructions de découpage dans l'histoire.*

Il était une fois un petit homme nommé Pépé le potiron. Pépé le potiron aimait tellement les potirons qu'il ressemblait lui-même à un potiron. Il était gai et tout rond. Les gens l'appelaient Pépé le potiron gai.

Le meilleur ami de Pépé était une chatte nommée Catou. Qu'il aille n'importe où, Catou le suivait partout. Ils jouaient ensemble, ils dormaient ensemble, ils allaient à l'école ensemble. Ils faisaient tout ensemble.

Pépé le potiron ne vivait pas dans une maison. Il vivait dans un champ parmi les plants de potirons. Il pensait souvent qu'il serait agréable d'avoir une jolie maison, chaude, confortable qui serait la sienne. Il en

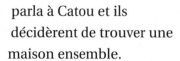

parla à Catou et ils décidèrent de trouver une maison ensemble.

Un matin d'automne encore froid, ils partirent donc à la recherche d'une maison. Devant une école, ils trouvèrent un grand morceau de papier orange. «Ma couleur préférée, a dit Pépé. C'est exactement ce qu'il nous faut.» Catou était d'accord.

Avec l'aide de Catou, Pépé tira et repoussa le papier jusqu'à ce que celui-ci ressemble à ceci :

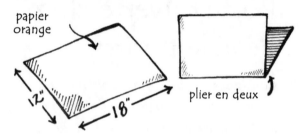

papier orange

plier en deux

Avec une paire de ciseaux, Pépé le Potiron a soigneusement et lentement arrondi les coins, jusqu'à ce que le papier ressemble à ceci :

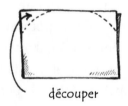

découper

«Miaou, a dit Catou. Déposons-le et jetons un coup d'œil à notre travail.» Et pendant un certain temps, ils sourirent, pleins d'admiration.

C'est alors que Pépé se rappela qu'il aurait besoin d'une porte. Il en coupa une grande, comme cela :

une porte

«Je pense que j'ajouterai une fenêtre aussi», a-t-il dit. Et il l'a fait, comme cela :

une fenêtre

Pépé le potiron était satisfait, mais pas Catou. Elle se demandait comment elle ferait pour entrer. «Miaou... Miaou», a-t-elle bougonné.

Pépé le potiron riait. Il ajouta rapidement une autre porte, une minuscule porte d'une taille parfaite pour un

une chatière

chat plutôt mince. «Ce sera toujours ouvert et tu pourras entrer à ta guise», a dit Pépé. Catou ronronna en guise de remerciements.

Le soir de l'Halloween, Pépé le potiron et Catou invitèrent la mère l'oie et tous leurs amis des livres d'histoires à une fête. Et quand ils ouvrirent la porte à leurs amis, chacun fut étonné et enchanté, même Pépé et Catou. Car voici ce qu'ils ont vu :

une belle et grande lanterne !

Thèmes

Amis

Chats

Fêtes

Maisons

Histoires qui riment dans une boîte de conserve

Placez plusieurs objets dont les noms riment (ou des photos d'objets), un crayon par exemple, un bouton et un marron dans une boîte de conserve. Demandez aux enfants de retirer les objets un à un et d'inventer une histoire. Les objets doivent faire partie de l'histoire. Assurez-vous du bon fonctionnement de cette activité de groupe.

Thème
Rimes

Une surprise spéciale

Consignes : Vous aurez besoin d'une craie et d'un tableau noir ou d'un stylo avec un très grand bloc de papier (tableau de conférence), d'un sac de pommes et d'un couteau.

Il était une
fois une petite vieille dame, nommée Annie, qui vivait dans les montagnes dans une petite maison juste ici. *(Dessinez la tige et la partie supérieure droite de la pomme.)*

Un jour, Annie a décidé de descendre de la montagne pour se rendre à la ville. Elle a donc quitté sa maison et a descendu la route comme ceci. *(Dessinez la moitié du côté gauche d'une pomme.)*

En route, elle a rencontré Abraham qui lui a demandé : «Où allez-vous, en cette belle journée ?» «Je vais à la ville», a répondu Annie.

«Qu'allez-vous chercher ?» a demandé Abraham.

«Attendez et vous verrez», a répondu Annie.

Elle a repris sa route *(Dessinez un peu plus le côté gauche de votre illustration de la pomme.)* jusqu'à ce qu'elle rencontre Ashley et les autres garçons et filles. Ils lui ont demandé : «Où allez-vous en cette belle journée ?»

«Je vais à la ville», a-t-elle répondu.

«Qu'allez-vous chercher ?» ont-ils demandé.

«Attendez et vous verrez», leur a répondu Annie.

Annie a finalement atteint la ville. *(Continuez à dessiner le côté gauche de la pomme ; arrêtez-vous au centre, à la base de la pomme.)* Elle est entrée dans un magasin et en est sortie avec un grand sac. *(Soulevez le sac de papier.)*

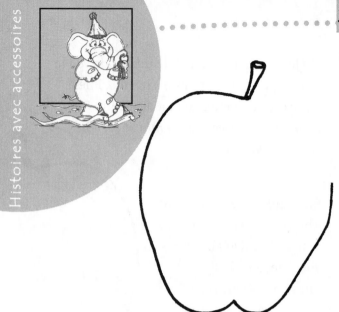

Elle a repris le chemin vers le haut de la montagne comme ceci. *(Commencez à dessiner le côté droit de la pomme, de la base jusqu'à l'illustration de milieu.)* Tous les garçons et les filles couraient vers elle. «Qu'êtes-vous allée chercher? Qu'est-ce qu'il y a dans votre sac?» lui ont-ils demandé.

«J'ai quelques étoiles», a répondu Annie.

«Marchez avec moi jusqu'à la maison et je vous en donnerai chacun une.»

Donc la petite vieille dame et tous les garçons et les filles ont grimpé sur la montagne comme cela. *(Terminez le dessin*

de la pomme.) Ils sont finalement arrivés à la maison d'Annie.

Annie s'est assise et a ouvert son sac. Elle en a retiré une pomme. *(Prenez une pomme du sac.)*

«Mais où sont les étoiles?» ont demandé les enfants.

Alors Annie a souri et a sorti son couteau. Elle a coupé sa pomme en deux et a montré aux enfants une belle étoile à l'intérieur de la pomme. *(Coupez la pomme en deux horizontalement et montrez l'étoile aux enfants.)* Puis elle a coupé toutes les pommes en deux et a offert une étoile à tous les enfants.

Thèmes

Alimentation
Pommes
Rapport à l'espace

L'étrange visiteur

Consignes : Découpez deux grandes chaussures; deux jambes maigres et longues; une paire de culottes courtes; une chemise; deux bras longs, maigrelets; deux grandes mains gantées; et une tête en forme de citrouille dans du papier de bricolage ou de la mousse. Déposez chaque morceau devant vous sur le sol alors qu'il entre dans la maison de la vieille femme.

Une petite vieille femme vivait toute seule dans une vieille petite maison dans les bois.

Un soir d'Halloween, elle était assise auprès du feu et elle filait.

Et toujours elle était assise et

toujours elle filait et

toujours elle espérait recevoir des visiteurs.

Et puis elle a vu que sa porte s'était ouverte un peu et elle a aperçu deux larges, très larges pieds *(une paire de grandes chaussures)*. Ils se sont assis près du foyer.

«C'est étrange», a pensé la petite vieille femme, mais

toujours elle était assise et toujours elle filait et toujours elle espérait recevoir des visiteurs.

Et puis elle a aperçu deux longues, très longues jambes *(une paire de longues jambes maigres)*.

Elles se sont assises sur les larges, très larges pieds.

«Alors ça, c'est étrange», a pensé la petite vieille femme,

mais toujours elle était assise et

toujours elle filait et

toujours elle espérait recevoir des visiteurs.

Et puis est entrée une toute petite taille *(une paire de culottes courtes)* et elle s'est assise sur les longues, longues jambes. «Alors ça, c'est étrange», a pensé la petite vieille femme, mais

toujours elle était assise et

toujours elle filait et

toujours elle espérait recevoir des visiteurs.

Alors sont apparues deux larges, très larges épaules *(une chemise)*.

Elles se sont assises sur la petite, petite taille.

«Alors ça, c'est étrange», a pensé la petite vieille femme, mais

toujours elle était assise et

toujours elle filait et

toujours elle espérait recevoir des visiteurs.

Alors dans la porte elle a aperçu

deux longs, longs bras *(deux bras très longs, maigrelets)*

et ils se sont assis sur les larges, larges épaules.

«Alors ça, c'est étrange», a pensé la petite vieille femme, mais

toujours elle était assise et

toujours elle filait et

toujours elle espérait recevoir des visiteurs.

Alors est apparue

une paire de mains bien épaisses *(une paire de grandes mains gantées)*

et elles se sont assises sur les longs, longs bras.

«Alors ça, c'est étrange», a pensé la petite vieille femme, mais

toujours elle était assise et

toujours elle filait et

toujours elle espérait recevoir des visiteurs.

Alors est entrée

une tête ronde, ronde *(grande tête en forme de citrouille)*

et elle s'est assise sur tout ce qui était déjà bien installé près du foyer.

La petite vieille femme a arrêté son filage et a demandé :

«Où avez-vous eu de si grands pieds?»

«En marchant beaucoup, en marchant beaucoup», a dit la personne.

«Où avez-vous eu de si longues jambes?»

«En courant beaucoup, en courant beaucoup», a dit la personne.

«Où avez-vous eu une si petite taille?»

«Personne ne sait, personne ne sait», a dit la personne.

«Où avez-vous eu de si longs bras?»

«Le balancement de la faux, le balancement de la faux», a dit la personne.

«Où avez-vous eu des mains si épaisses?»

«Avec la batteuse, avec la batteuse», a dit la personne.

«Comment avez-vous eu une tête si énorme?»

«D'un potiron, je l'ai faite», a dit la personne.

Alors la petite vieille femme a dit : «Pourquoi êtes-vous venue?»

«POUR VOUS!»

(Si vous croyez que la fin de l'histoire pourrait effrayer les petits enfants, changez-la. Dites simplement : «Pour vous rendre visite, pour vous rendre visite».)

Thèmes

Fêtes

Humour

Les parties du corps

Tillie le triangle

Consigne : *Suivez les instructions dans l'histoire pour dessiner Tillie avec une craie.*

Il était une fois un triangle qu'on appelait Tillie. *(Dessinez un triangle et ajoutez-y des bras, des pieds et une tête ronde.)*

Tillie était un petit triangle très heureux, mais depuis quelque temps il était bien triste.

Tillie était malheureux de sa forme. Il n'aimait pas avoir juste trois côtés. Il admirait toutes les autres formes. Le beau carré avec ses quatre côtés bien nets, le cercle tout lisse et plein.

Tillie décida donc de manger plus afin de se forger un autre côté. Il mangea et mangea et mangea. Il mangea des bonbons et des biscuits et de la glace et de merveilleux choux à la crème. Tillie mangea pendant trois jours. Lorsqu'il se réveilla le quatrième jour, il vit dans le miroir qu'il avait un autre côté. Il était un carré.

(Effacez le triangle et dessinez un carré.)

« Oh, oui ! a hurlé Tillie. Ça a marché. »

Tillie se dit que s'il continuait à manger il changerait de nouveau. Donc, il continua à manger tous les trucs sucrés qu'il avait sous la main. Bien sûr, deux jours plus tard, à son réveil, Tillie vit qu'il était devenu un cercle.

(Effacez le carré et faites un cercle.)

Pendant un certain temps, Tillie était… si heureux.

Ses amis ne le reconnaissaient plus. Il devait constamment se présenter. Et le pire, Tillie ne pouvait s'arrêter de manger. Plus il mangeait, plus il grossissait.

(Effacez le cercle et faites-le plus grand.)

Tillie appela le médecin. Le médecin lui dit que s'il n'arrêtait pas de manger il exploserait. Donc Tillie cessa. Il ne mangea plus rien.

Deux jours plus tard, il était moins gros.

(Effacez le cercle et faites-le plus petit.)

Mais Tillie s'ennuyait toujours de son autre forme.

Deux jours plus tard, Tillie était devenu un carré.

(Effacez le cercle et faites un carré.)

Tillie était heureux, mais il voulait toujours retrouver son ancienne forme. Deux jours encore et cela arriva finalement. Tillie s'est réveillé et tout était revenu à la normale.

(Effacez le carré et dessinez un triangle.)

Tillie était si heureux. Il se dit : « Je ne ferai plus jamais une chose aussi idiote ! »

Thèmes

Formes
Respect de soi

Un conte de ficelle

Consignes : *Démêlez l'extrémité d'une boule de ficelle et remettez-la à un des enfants. Cet enfant commence une histoire et remet ensuite la boule de ficelle à l'enfant suivant, qui continue l'histoire. Le deuxième enfant continue l'histoire et tient toujours la ficelle. Alors le deuxième enfant passe la boule de ficelle au troisième enfant, en tenant toujours son morceau de ficelle. Continuez le processus jusqu'à ce que chacun ait eu son tour ou jusqu'à ce que l'histoire arrive à sa fin.*

Discutez de la légende du fil d'Ariane. Aidez les enfants à voir le rapport entre cette activité et l'adage.

Thème
Respect de soi

Histoires de marionnettes

Cinq dauphins dansant

par Pam Schiller

Consignes : *Photocopiez les personnages des pages 545-547. Coloriez-les, découpez-les et plastifiez-les. Attachez-les aux abaisse-langues et utilisez-les pour vous aider à raconter l'histoire.*

*Un dauphin dansant sur une mer bleue
appelle sa sœur,*
Ils étaient donc deux.
*Deux dauphins dansant et nageant dans
    la mer,*
Ils ont appelé leur mère,
Ils étaient donc trois.
*Trois dauphins dansant et nageant près
    du rivage,*
Ils ont appelé leur papa,
Ils étaient donc quatre.
*Quatre dauphins dansant dans un
    gracieux plongeon,*
Ils ont appelé leur bébé,
Ils étaient donc cinq.
*Cinq dauphins dansant sur une mer
    bleue.*

Thèmes
Dauphins
Océans et mers

Cinq petits poulets

Consignes : *Photocopiez les personnages à la page 548. Coloriez-les, découpez-les et plastifiez-les. Collez un morceau de velcro à l'arrière de chaque personnage. Collez le morceau de velcro correspondant à un gant de travail bien propre. Placez les cinq poulets sur les cinq doigts du gant. Mettez-les sur le côté pour qu'ils touchent le pouce lorsque vous pliez les doigts. Placez les objets que les poulets recherchent sur le côté opposé (le côté de l'ongle) du gant, mais à l'envers. Assurez-vous de bien faire correspondre l'objet recherché et le poulet sur le même doigt. Utilisez du velcro pour attacher la mère poule au niveau de la main gantée.*

Le premier petit poulet dit (Agitez le doigt
    avec le premier poulet.)
avec de petits mouvements étranges :
«J'aimerais bien trouver
un petit ver gras. » (Penchez le doigt pour
    montrer le ver.)

Le deuxième petit poulet dit (Agitez le
    doigt du deuxième poulet.)
*avec un petit haussement d'épaules
    étrange :*
«J'aimerais bien trouver
un petit insecte bien gras. » (Penchez le
    doigt pour montrer l'insecte.)

Le troisième petit poulet dit (Agitez le
    doigt du troisième poulet.)
avec une petite saccade étrange :
«J'aimerais bien trouver
une petite limace bien grasse. » (Penchez
    le doigt pour montrer la limace.)

Le quatrième petit poulet dit (Agitez le
doigt du quatrième poulet.)
avec un petit signe de tête étrange :
«J'aimerais bien trouver
un haricot en cosse. » (Penchez le doigt
pour montrer le haricot en cosse.)

Le cinquième petit poulet dit (Agitez le
doigt du cinquième poulet.)
dans un petit soupir étrange :
«J'aimerais bien trouver
une petite mouche bien grasse. » (Penchez
le doigt pour montrer la mouche.)

La vieille mère poule dit (Retournez la
main pour montrer la poule.)
du fond de son jardin :
«Si vous voulez un petit-déjeuner,
c'est par ici le festin ! »

Thèmes

Fermes
Nourriture
Poulets

Le crapaud courtisan

Consignes : *Photocopiez les personnages des
pages 549-552. Coloriez-les, découpez-les et
plastifiez-les. Attachez-les aux abaisse-
langues et utilisez-les pour vous aider à
raconter l'histoire.*

*Le crapaud s'en allait courtiser, tout au
long de l'allée.*
Eh-Eh, Eh-Eh.
*Le crapaud s'en allait courtiser, tout au
long de l'allée.*

Avec une épée et un fourreau à son côté.
Eh-Eh, Eh-Eh.

Il est allé jusqu'au repaire de Mlle Souris.
Hi-hi, hi-hi.
Il est allé jusqu'au repaire de Mlle Souris
et a dit : «S'il vous plaît, mademoiselle
Souris, vous ne me feriez pas entrer ? »
Hi-hi, hi-hi.

«D'abord, je dois demander à mon oncle
Rat.
Ha-ha, ha-ha.
«D'abord je dois demander à mon oncle
Rat
Et voir ce qu'il dira. »
Ha-ha, ha-ha.

«Mademoiselle Souris, vous ne
m'épouseriez pas ? »
Ha-ha, ha-ha.
«Mademoiselle Souris, vous ne
m'épouseriez pas
sous le pommier ? »
Hé-hé, hé-hé.
«Où le dîner des noces sera-t-il ? »
Hil-hil, hil-hil.

«Où le dîner des noces sera-t-il ? »
«Sous le même vieux pommier. »
Hé-hé, hé-hé.
«Que sera le dîner des noces ? »
Os-os, os-os.
«Que sera le dîner des noces ? »
«Maïs concassé et bouillie de haricots
noirs. »
Oir-oir, oir-oir.

Le premier à entrer était le bourdon.
Hon-hon, hon-hon.
Le premier à entrer était le bourdon
avec un grand violon sur son genou.
Hou-hou, hou-hou.

*Le dernier à entrer était
un oiseau moqueur.
Eur-eur, eur-eur.
Le dernier à entrer était un
oiseau moqueur
qui a dit : «Ce mariage est
absurde.»
Urde-urde, urde-urde.*

Thèmes

Grenouilles	Humour
Insectes	Oiseaux
Souris	

La chenille poilue

Consignes : *Utilisez une chaussette brune ou noire, ou teignez une chaussette blanche ou noire pour créer cette marionnette. Mettez la chaussette à l'envers et cousez-y deux petites écharpes (ou du tissu soyeux) au milieu pour simuler des ailes de papillon ou collez-y des ailes de feutre. Collez deux yeux qui s'agitent (ou en feutre) à la base de la chaussette. Retournez la chaussette à l'endroit et collez-y deux autres yeux qui s'agitent aux orteils.*

Utilisez des restes de feutre pour créer des détails comme des antennes et des jambes.

Quand vous utilisez la chaussette avec la chanson, tournez simplement la chaussette à l'envers pour que la chenille devienne un papillon. Quand vous utilisez la chaussette avec le chant scandé, commencez avec la chaussette roulée en boule comme un œuf, allongez-la quand elle devient un ver, mettez-la en boule de nouveau lorsque vous la retournez pour représenter un cocon et le retournez-la ensuite complètement à l'envers quand la chenille devient un papillon.

Chanson

*Une chenille poilue est sortie faire une
promenade.
Son dos allait de haut en bas.
Elle rampait et rampait
Et elle rampait, rampait
Jusqu'à ce qu'elle ait rampé dans toute la
ville.
Elle n'était pas déçue
Du tout d'être un ver.
Pas une larme ne tremblait dans son œil
Parce qu'elle savait ce qu'elle était
devenue
Un très, très joli papillon.*

Chant scandé

*Je suis un œuf. Je suis un œuf. Je suis un
œuf, œuf, œuf! (Chaussette en boule.)
Je suis un ver. Je suis un ver. Je suis long et
rond et nu comme un ver! (Ouvrez la
chaussette et agitez-la.)
Je suis un cocon. Je suis un cocon. Je suis
un cocon tout rond et soyeux!
(La chaussette en boule tout en la
retournant à l'envers.)
Je suis un papillon. Je suis un papillon.
Je suis un grand et glorieux papillon!*

(Ouvrez la chaussette du mauvais côté.)

Je peux voler! Je peux voler! Je peux voler, voler et voler! (Faites voler la marionnette tout autour de vous.)

Thème
Insecte

La coupe du lion

par Pam Schiller

Consignes : *Photocopiez la face du lion à la page 553. Coloriez-la, découpez-la et plastifiez-la (facultatif). Collez-la au centre d'une assiette en polystyrène d'environ 25 cm. Perforez de petits trous tout autour des bords du plat. Découpez plusieurs ficelles de 20 cm. Faites un nœud dans une des ficelles. Utilisez un crochet pour tirer l'autre extrémité de cette ficelle à travers l'assiette, tout en laissant seulement 2,5 cm de ficelle exposée du côté du visage de la marionnette. Collez la face du lion à un abaisse-langue si désiré. Vous tirerez la ficelle à travers l'assiette pendant l'histoire. Vous devrez remplacer la ficelle toutes les fois que vous utiliserez la marionnette.*

Léo était un bébé lion très vif. Il aimait errer et se prélasser dans l'herbe verte. Il aimait courir après les papillons. Il aimait barboter dans l'eau de l'étang voisin. Mais surtout il aimait regarder son reflet dans l'étang miroir et voir à quel point il grandissait.

Léo voulait être comme son papa. Il regardait ses pattes et cherchait ensuite les empreintes de son papa afin de les comparer aux siennes. Il regardait son nez et ses oreilles et essayait de se souvenir de quoi avaient l'air le nez et les oreilles de son papa quand ils luttaient dans l'herbe. Il cherchait sa crinière et soupirait avec tristesse puisqu'elle n'avait rien de comparable à celle de son père. Léo demandait à sa maman : «Quand ma crinière grandira-t-elle?» Sa maman le léchait tendrement et répondait : «Lorsqu'il sera temps».

Jusqu'à la fin du printemps, Léo surveillait sa crinière. Elle n'avait pas allongé d'un centimètre. Pendant l'été, Léo surveillait sa crinière. Elle avait poussé un tout petit peu. *(Étirez un tout petit peu la crinière de l'assiette.)*

Au cours de l'automne, Léo surveillait sa crinière. Elle avait allongé encore un peu. *(Étirez un peu la crinière de l'assiette.)* Tout au long de l'hiver, Léo observait sa crinière. Elle avait poussé encore un peu plus. *(Étirez encore un peu la crinière de l'assiette.)*

Et lorsque le printemps réapparut, quelque chose est arrivé. La crinière de Léo a commencé à pousser. *(Étirez la crinière.)* Et elle a poussé et poussé jusqu'à ce qu'il ait une longue crinière comme son papa. *(Étirez la ficelle pour que la crinière soit très longue.)* Léo était si heureux qu'il se sentait rempli de bonheur ou, dans la langue des lions, rempli de papillons.

Léo a gambadé dans l'herbe verte. Il poursuivait des papillons. Il barbotait dans l'étang. Il s'est arrêté pour jeter un coup d'œil à sa belle, longue crinière et quand l'eau s'est calmée et qu'il a pu se voir, il a

crié. Sa crinière était dans un tel désordre et tout emmêlée.

Il a couru à la maison voir sa maman. Sa maman l'a léché et lui a simplement dit : «Il est temps de te couper les cheveux». Elle a pris une paire de ciseaux et a commencé à couper la crinière de Léo. *(Découpez la crinière jusqu'à environ 5 cm.)* Lorsqu'elle a eu terminé, il n'y avait plus de nœuds et Léo avait toujours une belle crinière. Elle était parfaite pour un joli petit lion.

Thèmes

Familles
Grandir
Respect de soi

Mme Bourdonnette et son miel

par Pam Schiller

Consignes : Photocopiez les personnages des pages 554-555. Coloriez-les, découpez-les, plastifiez-les et collez-les à des abaisse-langues pour créer des marionnettes de bâton. Animez les marionnettes comme il est suggéré dans l'histoire.

Mme Bourdonnette passe sa journée à cueillir du miel. Chaque matin, elle sort du lit, marche au bord de la ruche et regarde les belles fleurs du printemps. La plupart du temps, elle commence par les fleurs rouges

parce que le rouge est sa couleur préférée. Elle virevolte hors de la ruche, fait des cercles tout autour et atterrit directement sur la plus grande fleur rouge qu'elle peut trouver. *(Tenez la marionnette-abeille dans une main et une fleur rouge dans l'autre. Déplacez l'abeille lentement vers la fleur, en la déplaçant dans de petits cercles comme si elle s'approchait de la fleur.)* Elle boit le nectar de la fleur et le rapporte ensuite à la ruche pour faire le miel. *(Abeille qui retourne à la ruche. Continuez à bouger l'abeille comme il est suggéré ci-dessus.)*

Puis Mme Bourdonnette essaie le nectar des fleurs bleues. De nouveau, elle virevolte de la ruche et danse vers la fleur. Elle boit le nectar et retourne ensuite à la ruche.

Elle continue avec les fleurs jaunes, qui sont les fleurs préférées de l'abeille reine. Elle boit le nectar et retourne à la ruche. Le travail d'une abeille est très dur, mais Mme Bourdonnette pense que c'est aussi très amusant… et savoureux.

Les dernières visites de Mme Bourdonnette sont pour les zinnias orange. Elle les aime parce qu'ils ont des tas de pétales et lui laissent beaucoup de place pour atterrir. Elle prend une minute pour regarder le champ de fleurs *(Bougez la marionnette comme si elle regardait tout autour.)* avant de boire et de retourner à la ruche.

Mme Bourdonnette est fatiguée. Elle est heureuse que ce soit le dernier nectar pour aujourd'hui. Attendez! Qu'est-ce que c'est? Oh, c'est encore cet ours. Il veut prendre le miel de la ruche. Mme Bourdonnette bourdonne de rage. Elle sort de la ruche et pique l'ours directement sur le nez. L'ours pousse un cri, saisit son nez et part en courant. Mme Bourdonnette range sa dernière portion de nectar puis se couche pour dormir à poings fermés.

Thèmes

Insectes

Ours

Saisons

La vieille femme et son cochon

Consignes : photocopiez les personnages des pages 556-560. Coloriez-les, découpez-les, plastifiez-les et collez-les aux abaisse-langues pour créer des marionnettes de bâton. Déplacez des marionnettes comme il est suggéré dans l'histoire.

Il était une fois une vieille femme qui avait trouvé un euro tandis qu'elle balayait sa maison. Elle était si excitée qu'elle se mit à chanter une belle chanson. Avec l'argent, la vieille femme courut à toute vitesse jusqu'au marché pour acheter un petit cochon. En rentrant à la maison, le cochon ne voulut

pas franchir la clôture. La vieille femme fut vexée. Alors, elle dit : «Cochon, cochon, saute la clôture sinon nous ne rentrerons pas à la maison ce soir.» Mais le cochon ne voulut pas. Elle partit donc en courant chercher de l'aide.

Comme elle courait, elle arriva face à face avec un chien, alors elle dit : «Chien, chien, mords le cochon. Le cochon ne veut pas franchir la petite clôture et je ne rentrerai pas chez moi ce soir.» Mais le chien ne voulut pas, alors elle repartit chercher de l'aide.

Comme elle courait, elle trouva un bâton et alors elle dit : «Bâton, bâton, va battre le chien. Le chien ne veut pas mordre le cochon. Le cochon ne veut pas franchir la petite clôture et je ne rentrerai pas chez moi ce soir.» Mais le bâton ne voulut pas, alors elle repartit chercher de l'aide.

Comme elle courait, elle trouva du feu, alors elle dit : «Feu, feu, brûle le bâton. Le bâton ne veut pas battre le chien. Le chien ne veut pas mordre le cochon. Le cochon ne veut pas franchir la petite clôture et je ne rentrerai pas chez moi ce soir.» Mais le feu ne voulut pas, alors elle repartit chercher de l'aide.

Comme elle courait, elle trouva de l'eau, alors elle dit : «Eau, eau, éteins le feu. Le feu ne veut pas brûler le bâton. Le bâton ne veut pas battre le chien. Le chien ne veut pas mordre le cochon. Le cochon ne veut pas franchir la petite clôture et je ne rentrerai pas chez moi ce soir.» Mais l'eau ne voulut pas, alors elle repartit chercher de l'aide.

Comme elle courait, elle rencontra un cheval, alors elle dit : «Cheval, cheval, bois l'eau. L'eau ne veut pas éteindre le feu. Le feu ne veut pas brûler le bâton. Le bâton ne veut pas battre le chien. Le chien ne veut pas mordre le cochon. Le cochon ne veut pas franchir la petite clôture et je ne rentrerai chez moi ce soir.» Mais le cheval ne voulut pas, alors elle repartit chercher de l'aide.

Comme elle courait, elle rencontra une souris, alors elle dit : «Souris, souris, fais peur au cheval. Le cheval ne veut pas boire l'eau. L'eau ne veut pas éteindre le feu. Le feu ne veut pas brûler le bâton. Le bâton ne veut pas battre le chien. Le chien ne veut pas mordre le cochon. Le cochon ne veut pas franchir la petite clôture et je ne rentrerai pas chez moi ce soir.» Mais la souris ne voulut pas, alors elle repartit chercher de l'aide.

Comme elle courait, elle rencontra un chat, alors elle dit : «Chat, chat, poursuis la souris. La souris ne veut pas effrayer le cheval. Le cheval ne veut pas boire l'eau. L'eau ne veut pas éteindre le feu. Le feu ne veut pas brûler le bâton. Le bâton ne veut pas battre le chien. Le chien ne veut pas mordre le cochon. Le cochon ne veut pas franchir la petite clôture et je ne rentrerai pas chez moi ce soir.»

Le chat dit : «Si vous allez voir la vache et que vous m'obtenez une soucoupe de lait, je poursuivrai la souris.»

La vieille femme partit donc trouver la vache. Quand elle demanda le lait, la vache lui dit : «Si vous m'obtenez une brassée de foin de la grange, je vous donnerai une soucoupe de lait.» La vieille femme se rendit à la grange, prit du foin et le remit à la vache.

Quand la vache eut mangé le foin, elle donna du lait à la vieille femme, qui le transporta dans une soucoupe pour le chat.

Et quand il eut bu le lait, le chat poursuivit la souris.

La souris effraya le cheval.

Le cheval but l'eau.

L'eau éteignit le feu.

Le feu brûla le bâton.

Le bâton battit le chien.

Le chien mordit le cochon.

Le cochon fut si effrayé qu'il sauta la petite clôture.

Ainsi, ce soir-là, la vieille femme rentra chez elle.

Thèmes

Chats	Chiens
Cochons	Humour
Souris	Vaches

Le défilé

par Pam Schiller

Consignes : *Photocopiez les marionnettes au doigt aux pages 561-565. Coloriez-les, découpez-les et plastifiez-les. Vous pourrez ainsi renforcer l'arrière des ouvertures des jambes avec le papier-cache adhésif. Utilisez les marionnettes comme elles sont présentées dans l'histoire. N'hésitez pas à allonger la description de chaque participant au défilé. Vous pouvez utiliser un tube vide de papier hygiénique et l'utiliser comme microphone comme le font Kathy et Dorothy dans l'histoire.*

Kathy vit à New York. Elle vit dans un grand gratte-ciel directement au coin de la 42e rue. Kathy pense qu'elle a la meilleure des maisons. De sa fenêtre, elle peut très bien voir le défilé de l'Action de grâces du célèbre magasin Macy's. Elle invite toujours sa cousine Dorothy du Texas à passer l'Action de grâces chez elle. De la fenêtre de Kathy, elles regardent le défilé ensemble depuis qu'elles sont toutes petites. Parfois, quand le temps n'est pas trop froid, elles descendent et regardent le défilé du trottoir devant l'appartement de Kathy.

Aujourd'hui, c'est le grand jour et Kathy a décidé que cette année elle et Dorothy feront semblant de décrire le défilé. Après tout, elles ont plein d'expérience, elles ont vu plusieurs défilés.

Kathy commence la narration : «Le défilé nous présente les incomparables Rockettes du Radio City Music Hall. Ce sont les dames qui font le plus haut levé de la jambe du monde. Écoutez la foule qui exprime sa reconnaissance à ces remarquables danseuses».

Dorothy prend le microphone des mains de Kathy et continue : «Regardez les costumes très colorés des clowns du Cirque des frères Ringling. Ne sont-ils pas phénoménaux? Ils vous font rire rien qu'à les regarder. Regardez ce clown avec les cheveux verts marchant et reculant sur ses mains. Qu'est-ce qui suit, Kathy?»

«Eh bien, Dorothy, les ours dansants approchent lentement. Ce sont toujours les favoris. Cette année, ils ont même un ourson avec eux. Vous savez qu'il faut beaucoup de patience pour montrer à ces ours à danser ainsi.»

Dorothy et Kathy s'arrêtent pour une pause et courent à la cuisine prendre une collation. Elles rient de plaisir à voir combien leur imagination est fertile. Elles reconnaissent qu'elles pourraient facilement être de vraies annonceuses. Les filles sont si émerveillées par les chars allégoriques qu'elles oublient de commenter le défilé et celui-ci est presque fini. Dorothy prend le microphone et dit : «On peut voir s'approcher une fanfare de ma ville natale. C'est la fanfare de Jesse H. Jones. Applaudissez-les. Écoutez ces magnifiques tambours.»

Les deux filles remarquent que le défilé tire à sa fin, alors qu'elles aperçoivent le dernier char allégorique. Savez-vous qui est sur ce char? Vous avez raison – c'est le même tous les ans. C'est le père Noël! Lorsque le défilé est terminé, Dorothy et Kathy rangent leurs microphones et retournent à la cuisine pour vérifier la cuisson de la dinde.

Thèmes

Amis

Congés

Histoires avec marionnettes-photo

Prenez une photographie des enfants. Photocopiez la photo et attachez-la à un abaisse-langue. Demandez aux enfants de trouver un sujet. C'est une bonne activité lors d'une fête d'enfants. Elle leur apprend à mieux se connaître.

Thèmes

> Amis
> Les parties du corps
> Respect de soi

L'histoire de la vieille dame qui avait avalé une mouche

Consignes : *Photocopiez l'histoire et les personnages-marionnettes des pages 566-568. Collez le visage de la vieille dame au fond d'un sac de papier de taille moyenne avec le menton dirigé vers le côté ouvert du sac. Découpez une fente de 5 cm dans le pli au fond du sac. Cette fente deviendra la bouche de la vieille dame. Pendant que vous racontez l'histoire, glissez les différents objets qu'elle mange dans sa bouche. Découpez un petit carré devant le sac et collez-y un morceau de transparente. Cela permettra aux enfants de voir les objets dans l'estomac de la vieille dame. Agrafez le fond du sac pour le fermer. Faites une ouverture de 8 cm derrière le sac d'où vous pourrez récupérer les objets et les utiliser de nouveau. Collez ou agrafez les bras et les jambes au corps.*

Décoration (facultatif) : Ajoutez du fil de coton pour représenter les cheveux de la vieille dame. Recouvrez les yeux de son visage avec des yeux qui s'agitent. Découpez un morceau de papier peint pour faire la robe de la vieille dame. Ajoutez une frange à la base.

Coloriez et plastifiez les objets que mange la vieille dame.

> *Une vieille dame avait avalé une mouche.*
> *Je ne sais pas pourquoi elle avait avalé une mouche. Peut-être qu'elle mourra.*
> *Une vieille dame avait avalé une araignée.*
> *Celle-ci s'agitait et se tortillait à l'intérieur d'elle.*
> *Elle avait avalé l'araignée pour attraper la mouche.*
> *Je ne sais pas pourquoi elle avait avalé une mouche. Peut-être qu'elle mourra.*

Une vieille dame avait avalé un oiseau.
Mon Dieu, quelle absurdité d'avaler un oiseau!
Elle avait avalé l'oiseau pour attraper l'araignée.
Celle-ci s'agitait et se tortillait à l'intérieur d'elle.
Elle avait avalé l'araignée pour attraper la mouche.
Je ne sais pas pourquoi elle avait avalé une mouche. Peut-être qu'elle mourra.

Une vieille dame avait avalé un chat.
Imaginez, elle avait avalé un chat!
Elle avait avalé le chat pour attraper l'oiseau.
Elle avait avalé l'oiseau pour attraper l'araignée.
Celle-ci s'agitait et se tortillait à l'intérieur d'elle.
Elle avait avalé l'araignée pour attraper la mouche.
Je ne sais pas pourquoi elle avait avalé une mouche. Peut-être qu'elle mourra.

Une vieille dame avait avalé un chien.
Oh, quelle idée! Avaler un chien!
Elle avait avalé le chien pour attraper le chat.
Elle avait avalé le chat pour attraper l'oiseau.
Elle avait avalé l'oiseau pour attraper l'araignée.
Celle-ci s'agitait et se tortillait à l'intérieur d'elle.
Elle avait avalé l'araignée pour attraper la mouche.
Je ne sais pas pourquoi elle avait avalé une mouche. Peut-être qu'elle mourra.

Une vieille dame avait avalé une vache.
Je ne sais pas comment elle avait avalé une vache.
Elle avait avalé une vache pour attraper le chien.
Elle avait avalé le chien pour attraper le chat.
Elle avait avalé le chat pour attraper l'oiseau.
Elle avait avalé l'oiseau pour attraper l'araignée.
Celle-ci s'agitait et se tortillait à l'intérieur d'elle.
Elle avait avalé l'araignée pour attraper la mouche.
Je ne sais pas pourquoi elle avait avalé une mouche. Peut-être qu'elle mourra.

Une vieille dame avait avalé un cheval.
Elle est morte, bien sûr!

Thèmes

Chats	Chevaux
Chiens	Humour
Insectes	Oiseaux
Vaches	

Les rap des trois ours

Consignes : Photocopiez les marionnettes des pages 569-572. Collez-les aux abaisse-langues. Coloriez les accessoires pour l'histoire, découpez-les, plastifiez-les et attachez-les aux abaisse-langues. Présentez l'ours approprié lorsque mentionné dans le rap.

*Shh, shh, shh, shh, shh,
shh, shh, shh, shh, shh.
Dans la forêt, dans une
petite petite maison
vivaient trois ours.*

*Shh, shh, shh, shh, shh, shh,
shh, shh, shh, shh.*

*Il y avait la maman ours, il y avait le
papa ours et il y avait le bébé ours.*

*Shh, shh, shh, shh, shh, shh, shh, shh,
shh, shh.*

*Dans la forêt, se promenait Boucles d'Or
Et sur la porte elle frappait.*

Tac, tac, tac.

*Mais personne n'était là, hum hum,
personne n'était là.*

*Alors Boucles d'Or est entrée et s'est
régalée.*

*Elle ne s'est pas souciée, hum-hum, ne
s'est pas souciée.*

*À la maison, à la maison, à la maison
sont revenus les trois ours.*

*« Qui a mangé mon gruau ? » a demandé
maman ours.*

*« Qui a mangé mon gruau ? » a dit papa
ours.*

« Baa-baa bise », a dit le bébé ours.

« Qui a cassé ma chaise ? »

Crac !

*Et c'est là, et c'est là que Boucles d'Or s'est
réveillée.*

*Elle a cassé l'atmosphère et elle a fait de
l'air.*

*« Au revoir, au revoir, au revoir », a dit la
maman ours.*

*« Au revoir, au revoir, au revoir », a dit le
papa ours.*

« Baa-baa bise », a dit le bébé ours.

*Ça, c'est l'histoire des trois petits ours,
ouais !*

Thèmes

Familles	Maisons et logis
Nombres	Nourriture
Ours	Les sons du langage

Les trois petits cochons (Angleterre)

Consignes : *Faites des photocopies des personnages aux pages 573-574. Coloriez-les, découpez-les et plastifiez-les. Collez-les à l'abaisse-langue pour faire des marionnettes de bâton.*

C'est une version différente de l'histoire racontée avec le tableau en tissu. Dans cette version, le loup mange les deux premiers cochons et le troisième cochon fait bouillir le loup pour le dîner.

Vous pouvez utiliser l'une ou l'autre avec les marionnettes.

*Il était une fois des cochons qui parlaient
en rimes
Et les singes mâchaient du tabac,
qui les faisait tousser,
Et les canards disaient couac, couac,
couac, ah !*

Il y avait aussi une vieille truie avec les trois petits cochons. Comme elle n'était pas assez riche pour les faire vivre, elle les a lancés dans la vie pour y chercher fortune. Le premier cochon a rencontré un homme qui tenait un lot de paille et lui a dit : « S'il vous plaît, monsieur, donnez-moi votre paille pour construire une maison », ce que l'homme a fait et le petit cochon a construit une maison avec la paille.

Un jour, un loup a frappé à la porte et a dit : «Petit cochon, petit cochon, laisse-moi entrer».

Le petit cochon a répondu : «Non, non, tu n'auras même pas un poil de mon menton».

Le loup lui a alors dit : «Alors je soufflerai et je soufflerai et je soufflerai jusqu'à ce que disparaisse ta maison de paille».

Donc il a soufflé et il a soufflé et il a soufflé sur la maison et a mangé le petit cochon.

Le deuxième petit cochon a rencontré un homme avec un lot de bâtons et lui a dit : «S'il vous plaît, monsieur, donnez-moi vos bâtons pour construire une maison», ce que l'homme a fait et le cochon a construit sa maison.

Un jour, un loup a frappé à la porte et a dit : «Petit cochon, petit cochon, laisse-moi entrer».

Alors le petit cochon a dit : «Non, non, tu n'auras même pas un poil de mon menton».

Le loup lui a alors dit : «Alors je soufflerai et je soufflerai et je soufflerai jusqu'à ce que disparaisse ta maison de bois».

Et il a soufflé et il a soufflé et il a soufflé sur la maison et a mangé le petit cochon.

Le troisième petit cochon a rencontré un homme avec une charge de briques et lui a dit : «S'il vous plaît, monsieur, donnez-moi vos briques pour me construire une maison». L'homme lui avait donné les briques et le petit cochon a construit sa maison. Alors le loup est venu et, comme il avait fait avec les autres petits cochons, il a dit : «Petit cochon, petit cochon, laisse-moi

entrer». Le petit cochon a répondu : «Non non, tu n'auras même pas un poil de mon menton».

Le loup lui a dit : «Alors je soufflerai et je soufflerai et je soufflerai jusqu'à ce que disparaisse ta maison. »

Alors il a soufflé et il a soufflé et il a soufflé et il a soufflé et il a soufflé et a soufflé, mais il ne pouvait pas faire tomber la maison.

Lorsqu'il a constaté qu'il était incapable de faire tomber la maison avec tous ses efforts et son essoufflement, il a dit : «Petit cochon, je connais un beau champ de navets».

«Où ça?» a demandé le petit cochon.

«Oh, mais le champ de M. Smith, et si tu le veux bien, demain matin, je t'appellerai et nous irons y manger ensemble.»

«Très bien, a dit le petit cochon, je veux bien. À quelle heure avez-vous l'intention de passer?»

«Oh, à six heures. »

Eh bien, le petit cochon s'est levé à cinq heures et il est allé chercher des navets. À six heures, le loup est arrivé et a demandé : «Petit cochon, est-ce que tu es prêt?» Le petit cochon a dit : «Prêt! Je suis sorti et je suis revenu avec un pot plein de beaux navets pour le repas».

Le loup était très fâché, mais a pensé qu'il aurait le dessus sur le petit cochon d'une manière ou d'une autre. Il a dit : «Petit cochon, je connais un endroit où il y a un superbe pommier».

«Où ça?» a demandé le cochon.

«En bas, au jardin joyeux, a répondu le loup et si tu ne me dupes pas je serai là à cinq heures demain et nous irons y chercher quelques pommes.»

Eh bien, le petit cochon s'affairait déjà à quatre heures le matin suivant et il est parti chercher des pommes, espérant revenir avant que le loup soit venu. Mais c'était beaucoup plus loin et il dut grimper dans l'arbre. Et tout d'un coup, lorsqu'il descendit de l'arbre, il a vu le loup sur sa route et, comme vous pouvez le supposer, cela l'a effrayé.

Quand le loup est arrivé, il a dit : «Petit cochon... Quoi? Tu étais ici avant moi! Et ça, est-ce que ce sont de jolies pommes?»

«Oui, très jolies, a dit le petit cochon. Je vais vous en lancer une.»

Et il l'a lancée si loin que, pendant que le loup était parti la chercher, il est descendu d'un bond et a couru à sa maison.

Le jour suivant, le loup est revenu et il a dit au petit cochon : «Petit cochon, il y a une foire à Shanklin cet après-midi. Iras-tu?»

«Oh oui, a dit le petit cochon. Bien sûr que j'irai. À quelle heure serez-vous prêt?»

«À quinze heures», a répondu le loup.

Alors le petit cochon est parti plus tôt, comme d'habitude, et s'est rendu à la foire et y a acheté une baratte à beurre, qu'il apportait à la maison lorsqu'il a vu le loup s'approcher. Il ne savait vraiment pas ce qu'il devait faire. Il s'est donc caché dans la baratte, l'a renversée sur le côté et a roulé au bas de la colline à l'intérieur de la baratte. Cela a tellement effrayé le loup qu'il a couru à sa maison sans aller à la foire. Il est allé à la maison du petit cochon et lui a raconté comment il avait eu peur avec cette grosse chose ronde qui descendait la colline devant lui.

Alors le petit cochon a dit : «Ah! Je vous ai effrayé. Je suis allé à la foire. Je rapportais une baratte à beurre et quand je vous ai vu j'y suis entré et j'ai roulé en bas de la colline.»

Évidemment, le loup était très fâché et il a dit qu'il mangerait le petit cochon même s'il fallait qu'il passe par la cheminée pour l'attraper.

Quand le petit cochon a vu ce que faisait le loup, il a installé un chaudron plein d'eau dans l'âtre et a allumé un grand feu. Quand le loup est descendu dans la cheminée, il est tombé dans le chaudron. Le petit cochon a rapidement mis le couvercle sur le chaudron, a fait bouillir le loup et l'a mangé pour dîner. Et le troisième petit cochon a vécu heureux jusqu'à la fin de sa vie.

Thèmes

Cochons
Escrocs
Familles
Loups
Nombres

Histoires à rébus

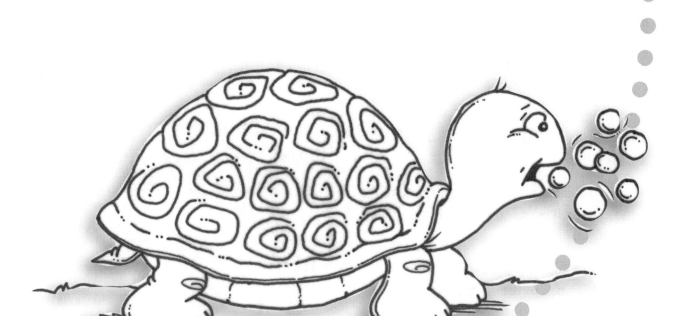

Le garçon qui a tenté de duper son père

(Zaïre)

Consignes : *Faites deux photocopies des personnages aux pages 575-578. Coloriez-les et découpez-les. Lisez la première partie de l'histoire, tout en montrant aux enfants le garçon et les animaux lorsqu'ils sont mentionnés. Écrivez la dernière partie de l'histoire (l'endroit est indiqué) sur des bandes en laissant un espace blanc pour y placer les images. Vous aurez besoin d'un double des personnages car les dernières phrases de l'histoire se chevauchent. Mettez les enfants au défi de se rappeler quel article est à l'intérieur de quel autre.*

Un jour, un garçon a dit à son père : « Je vais me cacher et tu ne seras pas capable de me trouver ».

« Cache-toi où tu veux, a dit son père, je te trouverai » et il est rentré à la maison pour se reposer.

Le garçon a vu une arachide par terre et il regrettait de ne pouvoir se cacher à l'intérieur. Aussitôt dit aussitôt fait ; le garçon s'est retrouvé à l'intérieur de l'écaille. Il attendait l'arrivée de son père.

Le coq cocorico-o-o a trouvé l'arachide et l'a avalée d'un coup.

Rrrrrrr le chat sauvage est entré dans la cour, a avalé le coq et est reparti se cacher dans le buisson.

Wouf-Wouf le chien a couru après le chat sauvage et l'a avalé. Puis le chien a eu soif et est allé à la rivière pour se rafraîchir.

Ssssssss le python a rampé subrepticement et a avalé le chien. Le python est tombé dans la rivière et a été attrapé dans un filet de pêche.

Pendant ce temps, le père du garçon avait fouillé partout pour trouver son fils, mais en vain. Il commençait à faire sombre et il devait vérifier ses filets de pêche à la rivière. Quand le père a tiré son filet jusqu'au bord de la rivière, il a trouvé un python avec le ventre tout gonflé.

(Commencez le rébus ici.)

À l'intérieur du python, il a trouvé un chien.

À l'intérieur du chien, il a trouvé un chat sauvage.

À l'intérieur du chat sauvage, il a trouvé un coq.

À l'intérieur du coq, il a trouvé une arachide.

Il a ouvert l'arachide et son fils en est sorti.

Le garçon n'a plus jamais essayé de duper son père !

Thèmes

Chiens   Coqs

Familles   Humour

Serpents

Jack se construit une maison

(Angleterre)

Consignes : *Photocopiez les personnages de l'histoire aux pages 579-583. Coloriez-les et découpez-les. Écrivez l'histoire sur des bandes de papier, en laissant un espace blanc pour les images qui seront nommées au cours de l'histoire.*

Ceci est une maison que Jack a construite.

Ceci est le grain entreposé dans la maison que Jack a construite.

Ceci est le rat qui a mangé le grain entreposé dans la maison que Jack a construite.

Ceci est le chat qui a poursuivi le rat qui a mangé le grain entreposé dans la maison que Jack a construite.

Ceci est le chien qui a menacé le chat qui a poursuivi le rat qui a mangé le grain entreposé dans la maison que Jack a construite.

Ceci est la vache avec une corne rabougrie qui a frappé le chien qui a menacé le chat qui a poursuivi le rat qui a mangé le grain entreposé dans la maison que Jack a construite.

Ceci est la demoiselle toute désespérée qui a trait la vache avec la corne rabougrie qui a frappé le chien qui a menacé le chat qui a poursuivi le rat qui a mangé le grain entreposé dans la maison que Jack a construite.

Ceci est l'homme aux vêtements en lambeaux qui a embrassé la demoiselle toute désespérée qui a trait la vache avec la corne rabougrie qui a frappé le chien qui a menacé le chat qui a poursuivi le rat qui a mangé le grain entreposé dans la maison que Jack a construite.

Ceci est le prêtre rasé de près qui a marié l'homme aux vêtements en lambeaux et qui a embrassé la demoiselle toute désespérée qui a trait la vache avec la corne rabougrie qui a frappé le chien qui a menacé le chat qui a poursuivi le rat qui a mangé le grain entreposé dans la maison que Jack a construite.

Ceci est le coq qui a chanté au petit matin qui a réveillé le prêtre rasé de près qui a marié l'homme aux vêtements en lambeaux qui a embrassé la demoiselle toute désespérée qui a trait la vache avec la corne rabougrie qui a frappé le chien qui a menacé le chat qui a poursuivi le rat qui a mangé le grain entreposé dans la maison que Jack a construite.

Thèmes

Chats	Chiens
Fermes	Travail
Oiseaux	Vaches

Chut, petit bébé

Consignes : *Faites deux photocopies des personnages de l'histoire aux pages 584-586. Coloriez-les et découpez-les. Écrivez l'histoire sur des bandes de papier en laissant un espace blanc pour les images qui seront nommées au cours de l'histoire.*

Chut, petit bébé, ne dis pas un mot.
Maman va t'acheter un oiseau moqueur.
Si ce moqueur ne chante pas,
Maman t'achètera une bague à diamant.
Si cette bague à diamant se change en
    cuivre,
Maman t'achètera un miroir.
Si ce miroir se casse,
Maman t'achètera un bouc.
Si ce bouc ne veut pas tirer,
Maman t'achètera un chariot et un
    taureau.
Si ce chariot et ce taureau se renversent,
Maman t'achètera un chien qu'on
    appellera Vagabond.
Si ce chien qu'on appellera Vagabond
    n'aboie pas,
Maman t'achètera un cheval et un
    chariot.
Si ce cheval et ce chariot tombent,
Tu seras toujours le petit bébé le plus doux
    du monde.

Thèmes

Chevaux	Chèvres
Chiens	Familles
Oiseaux	Taureaux
La sieste	

Mlle Marie Mack

Consignes : *Photocopiez les personnages de l'histoire aux pages 587-592. Coloriez-les et découpez-les. Écrivez l'histoire sur des bandes de papier en laissant un espace blanc pour les images qui seront nommées au cours de l'histoire.*

Mlle Marie Mack, Mack, Mack
Toute parée de noir, noir, noir
Avec boutons d'argent, gent, gent
Tout au long de son dos, dos, dos.
Elle a demandé à sa mère, mère, mère
Un petit quinze sous, sous, sous
Pour voir les éléphants, phants, phants
Qui sautent la barrière, ière, ière.
Ils ont sauté si haut, haut, haut
Ils ont touché le ciel, ciel, ciel
Et ils ne sont jamais revenus, nus, nus
Avant le mois de juillet, juillet, juillet.
Juillet peut bien marcher, cher, cher ;
Juillet peut bien parler, ler, ler ;
Juillet peut bien manger, ger, ger,
Avec une fourchette, chette, chette !

Thèmes

Congés

Humour

Rimes

Les mois

par Sara Coleridge

Consignes : Photocopiez les personnages de l'histoire et les cartes des mois aux pages 593-597. Coloriez-les et découpez-les. Écrivez l'histoire sur des bandes de papier en laissant un espace blanc pour les noms des mois et les images qui seront nommées au cours de l'histoire. Servez-vous des images lorsque apparaît le nom des mois.

*Janvier apporte la neige
et fait rougir nos pieds et nos doigts.*

*Février apporte la pluie
et dégèle le lac encore une fois.*

*Mars apporte des brises fortes et perçantes
et remue la jonquille dansante.*

*Avril apporte la jaune primevère
et disperse des pâquerettes dans le vent.*

*Mai nous apporte de jolis agneaux
qui sautent le petite clôture à barreaux.*

*Juin apporte des tulipes, des lis, des roses
et remplit les mains des enfants de
petits bouquets.*

*Juillet, très chaud, apporte des averses
rafraîchissantes,
des abricots et des muguets.*

*Août apporte blé et foin,
et un jour c'est la moisson dès le petit
matin.*

*Septembre encore chaud apporte le fruit
Les sportifs commencent alors à rêver de
prix.*

*Octobre, un peu frais, apporte le faisan
et cueillir des noix, c'est si plaisant.*

*Novembre si morne apporte le coup de feu
et s'enfouir dans les feuilles devient un
jeu.*

*Décembre ensoleillé apporte la neige si
belle,
le feu dans l'âtre et les plaisirs de Noël.*

Thèmes

Les mois de l'année

Saisons

Temps

En haut de la montagne

(Air : Là-haut sur la montagne)

par Pam Schiller

Consignes : Photocopiez les personnages de l'histoire aux pages 598-602. Coloriez-les et découpez-les. Assurez-vous de colorier les chaussettes de couleur lavande. Écrivez l'histoire/chanson sur des bandes de papier en laissant un espace blanc pour les images qui seront nommées au cours du texte.

En haut de la montagne,
isolé de sa bande,
là-haut vit un iguane
aux chaussettes lavande.

Il se prélasse au soleil
et se rafraîchit sous la souche.
Il mange des groseilles
et des gâteaux couverts de mouches.

Quand il est heureux,
il joue de la guitare
et toutes les iguanes
pensent qu'il est un dieu.

En haut de la montagne,
toute la jolie bande
danse avec l'iguane
aux chaussettes lavande.

Ah que j'aime cet iguane.
Il crée tant de houle.
Oh, j'aimerais que cet iguane
fasse danser les foules.

Thèmes

Amis
Couleurs
Humour

L'atelier du père Noël

Consignes : *Photocopiez les personnages de l'histoire aux pages 603-608. Coloriez-les et découpez-les. Écrivez l'histoire sur des bandes de papier en laissant un espace blanc pour les images qui seront nommées au cours de l'histoire.*

Dans l'atelier du père Noël, très, très loin,
Travaillaient, nuit et jour, dix petits
lutins.
Ce petit lutin fait des cannes de Noël ;
Ce petit lutin construit des trains ;
Ce petit lutin peint des poupées ;
Ce petit lutin s'occupe de les friser ;
Ce petit lutin trempe des baisers dans le
chocolat ;
Ce petit lutin fait des sucettes ;
Ce petit lutin emballe les diablotins ;
Ce petit lutin coud des chaussettes de
poupée ;
Ce petit lutin décore des livres pour les
garçons ;
Ce petit lutin vérifie tous les jouets ;
Alors que le père Noël les place dans son
traîneau
Pour un jour de Noël tout beau !

Thèmes

Fêtes
Jouets
Travail

Susie Moriar

(Adapté par Pam Schiller)

Consignes : *Photocopiez les personnages de l'histoire aux pages 609-610. Coloriez-les et découpez-les. Écrivez l'histoire sur des bandes de papier en laissant un espace blanc pour les images qui seront nommées au cours de l'histoire.*

> *Ceci est l'histoire de Susie Moriar.*
> *Tout a commencé une nuit alors que*
> *   Susie était assise au coin du _____*
> *   (feu).*
> *Le feu était si chaud*
> *que Susie a sauté dans un _____ (pot).*
> *Le pot était si grand*
> *que Susie y a laissé tomber une _____*
> *   (balle).*
> *La balle était si rouge*
> *que Susie est tombée dans le _____ (lit).*
> *Le lit était si long*
> *que Susie a chanté une _____ (chanson).*
> *La chanson était si douce*
> *que Susie a couru dans la _____ (rue).*
> *La rue était si grande*
> *que Susie a trouvé un _____ (cochon).*
> *Le cochon a sauté si haut*
> *qu'il a touché le _____ (ciel).*
> *Il ne pouvait pas toucher plus haut.*
> *Oh! quelle aventure*
> *a vécue Susie _____ (Moriar).*

Thèmes

Cochons

Humour

Tom Pouce

Consignes : *Photocopiez les personnages de l'histoire aux pages 611-614. Vous aurez besoin des doubles de certains personnages tels le docteur et l'infirmière. Coloriez-les et découpez-les. Écrivez l'histoire sur des bandes de papier en laissant un espace blanc pour les images qui seront nommées au cours de l'histoire.*

> *J'avais une petite tortue.*
> *Elle s'appelait Tom Pouce.*
> *L'ai mise dans la baignoire*
> *pour qu'elle nage dans la mousse.*
>
> *Elle a bu toute l'eau,*
> *et mangé tout le savon.*

> *Tom Pouce s'étranglait*
> *avec les bulles au fond.*
>
> *On a fait venir le docteur.*
> *On a fait venir l'infirmière.*
> *Est apparue au bout du corridor*
> *la dame avec le sac en alligator.*
>
> *Ils ont pompé toute l'eau,*
> *ont pompé tout le savon,*
> *ont fait sortir toutes les bulles*
> *qui étaient coincées au fond.*

Le docteur est donc parti.
L'infirmière est donc
partie.
Alors est disparue, au bout
du corridor,
la dame avec le sac en alligator.

Thèmes
Humour

Les roues du bus

Consignes : *Faitez deux photocopies de chaque personnage de l'histoire aux pages 615-617. Coloriez-les, découpez-les et plastifiez-les. Écrivez les deux premières phrases de la chanson sur des bandes de papier en laissant un espace pour les images qui seront placées au cours des phrases. Dès que vous chantez un nouveau couplet, enlevez les images précédentes pour les remplacer par les nouvelles.*

Les roues du bus tournent et tournent en
rond, en rond.
Les roues du bus tournent et tournent
tout autour de la maison.

Continuez l'histoire en substituant les
vers suivants :

Les essuie-glace du bus glissent, glisssent,
glissent...
Le bébé dans le bus dit : «Ouah,
ouah,ouah...»

Les gens dans le bus vont et viennent,
vont et viennent...
Le klaxon du bus fait fouin, fouin, fouin...
L'argent du bus tinte, tinte, tinte...
Le conducteur du bus dit : «Avancez vers
l'arrière...»

Thèmes
Les sons du langage
Transport

Bricolage, recettes de base

L'argile du boulanger

200 g de farine blanche
200 g de sel
Eau

Mélangez la farine et le sel dans un bol et ajoutez de l'eau, un peu à la fois, jusqu'à ce que le mélange devienne une pâte douce. Pétrissez jusqu'à ce que le tout devienne lisse. Si la pâte est trop humide, ajoutez plus de farine. Si la pâte est trop sèche, ajoutez plus d'eau.

Lorsque les enfants ont terminé leurs créations (pendentifs, amulettes, sculptures), vous pouvez les cuire dans le micro-ondes ou au four conventionnel. Au micro-ondes, réchauffez 30 secondes à la fois, en vérifiant la dureté de l'article. Au four conventionnel, cuisez à 120 °C, en vérifiant la dureté toutes les 15 minutes. Le temps de cuisson variera selon la densité de l'article. Retournez la pièce à mi-temps de la cuisson. Peignez
avec de la gouache lorsque la pièce a bien refroidi.

Peinture à bulles

Mélangez le savon à bulles ou utilisez un savon à bulles maison (voir les recettes ci-après) dans un bol avec de la peinture en poudre. Testez l'intensité de votre couleur en soufflant des bulles sur du papier pour en voir l'empreinte. Ajoutez de la peinture si nécessaire.

Savon à bulles n° 1
15 ml de glycérine
125 ml de détergent liquide
125 ml d'eau

Mélangez tous les ingrédients doucement. Pour de meilleurs résultats, laissez reposer le mélange pendant la nuit.

Savon à bulles n° 2
2,5 l d'eau
250 ml de savon à vaisselle
60 ml de glycérine (environ)

Pour de meilleurs résultats, préparez une journée à l'avance.

Craie au babeurre

Déposez environ 15 ml de babeurre sur du papier et laissez les enfants utiliser de la craie ou de la détrempe en poudre pour desssiner. Le babeurre dissout la craie et le résultat ressemble à celui de la peinture au doigt, mais en plus facile à contrôler.

Argile

200 g de sel
200 g de farine
125 ml d'eau
détrempe en poudre

Dans un bol, mélangez la farine avec l'eau. Ajoutez plus de farine si nécessaire pour donner au mélange une consistance pâteuse. Ajoutez de la détrempe en poudre et mélangez bien. Les objets fabriqués avec cette argile sécheront à l'air ambiant en 48 heures.

Pâte de nuage

250 ml d'huile
1 kg de farine
250 ml d'eau

Utilisez assez d'eau pour lier le mélange. Commencez avec la quantité suggérée dans la recette et, si nécessaire, ajoutez au besoin 5 ml à la fois. Pétrissez le mélange. La pâte de nuage est très huileuse et constitue une expérience tactile totalement différente.

Colle colorée

Ajoutez de la détrempe à peinture à la colle pour varier vos couleurs. Faites gicler la peinture au lieu de l'appliquer.

Sel durci coloré

Teignez du sel durci en mélangeant du colorant alimentaire avec de l'alcool. Laissez le sel se déposer pendant environ 10 minutes. Filtrez avec une serviette de papier. Utilisez ce sel pour des collages ou suggérez aux enfants de retirer les cristaux avec une pincette.

Pâte de sel colorée

2 parties de sel
1 partie de farine
Peinture en poudre
Eau

Mélangez le sel et la farine. Ajoutez la peinture en poudre. Graduellement, ajoutez suffisamment d'eau pour faire une pâte lourde et lisse. Rangez dans un récipient hermétique.

Sable coloré

Déposez 30 ml de sable (ou de sel) dans une assiette de papier. Râpez un morceau de craie colorée au-dessus du sable et celui-ci prendra graduellement la même couleur que la craie.

Pâte de fécule de maïs

1 partie de fécule de maïs
2 parties de sel
1 partie d'eau

Chauffez l'eau et le sel pendant quelques minutes et ajoutez lentement la fécule de maïs. Mélangez jusqu'à homogénéité. Pétrissez la pâte. Ajoutez de l'eau si nécessaire.

Peinture de fécule de maïs

250 ml d'eau
30 ml de fécule de maïs
Colorant alimentaire

Mélangez l'eau, la fécule de maïs et plusieurs gouttes de colorant alimentaire dans une casserole. Chauffez et remuez jusqu'à ce que le mélange épaississe (environ 5 minutes). Laissez refroidir et rangez dans un récipient hermétique. Utilisez pour faire de la peinture au doigt. Elle est aussi idéale pour peindre au chevalet puisqu'elle ne coule pas. Si le mélange devient trop épais, ajoutez de l'eau jusqu'à consistance souhaitée. Les abaisse-langues sont de bons outils pour mélanger. Mettez le mélange dans une bouteille à pression, il sera plus facile à utiliser.

Argile d'artiste

200 g de fécule de maïs
400 g de bicarbonate de soude
175 ml d'eau

Mélangez la fécule de maïs et le bicarbonate de soude dans une casserole et ajoutez l'eau graduellement jusqu'à l'obtention d'une pâte lisse. Réchauffez sur la cuisinière à température moyenne en remuant constamment. Déposez le mélange sur une planche de travail pour qu'il refroidisse ou rangez-le dans un sac en plastique. Utilisez cette argile pour faire des sculptures, des amulettes. Peignez avec de la gouache lorsque l'agile a complètement séché.

Pâte de papier crépon

5 ml de farine
5 ml de sel
30 ml de papier crépon découpé très fin
Eau

Mélangez les ingrédients secs et le papier crépon. Ajoutez suffisamment d'eau pour faire une pâte. Remuez et écrasez le mélange pour le rendre le plus lisse possible. Rangez dans un récipient hermétique.

Jardin de cristal

Étalez six briquettes de charbon de bois et six tessons d'argile dans un moule à tarte métallique. Mélangez 60 ml de chacun des ingrédients suivants : sel non iodé, liquide bleuissant et de l'eau. Ajoutez 15 ml d'ammoniaque. Sous la surveillance d'un adulte, invitez les enfants à verser en bruine le mélange liquide sur le charbon de bois et l'argile. Les cristaux se développeront immédiatement et dureront trois ou quatre jours.

Solution de sel d'Epsom

250 ml d'eau chaude
60 ml de sel d'Epsom

Mélangez les ingrédients. Sec, ce mélange a une apparence glacée.

Peinture pour le visage

30 ml de crème de beauté
2 ml de glycérine
5 ml de farine de maïs
5 ml de détrempe en poudre

Mélangez tous les ingrédients jusqu'à ce que le tout soit bien homogène.

Peinture au doigt - recette n° 1

Versez 15 ml d'amidon liquide sur du papier ou directement sur la table. Aspergez-le avec un peu de détrempe en poudre. Mélangez.

Peinture au doigt - recette n° 2

80 ml de fécule de maïs dissoute dans
175 ml d'eau froide
1 enveloppe de gélatine neutre
   dissoute dans 60 ml d'eau froide
125 ml de savon Ivory (ou de savon
   à lessive Ivory)
500 ml d'eau chaude

Ajoutez l'eau chaude au mélange de fécule de maïs et réchauffez sur une cuisinière (adultes seulement). Remuez jusqu'à ce que le mélange devienne clair. Ajoutez la gélatine et mélangez bien. Ajoutez le savon Ivory ou le savon à lessive. Versez dans plusieurs récipients. Donnez une couleur différente à chaque récipient en ajoutant de la détrempe en poudre.

Peinture au doigt - recette n° 3

300 g d'amidon de blanchisserie
1 litre d'eau bouillante
300 g de morceaux de savon
100 g de talc

Mélangez l'eau froide et l'amidon pour en faire une pâte crémeuse. Ajoutez l'eau bouillante (adultes seulement) et réchauffez jusqu'à ce que le mélange devienne transparent ou presque luisant. Remuez constamment. Ajoutez le talc et laissez le mélange refroidir. Ajoutez des morceaux de savon et mélangez jusqu'à ce qu'ils soient également distribués. Versez dans des récipients et ajoutez de la détrempe en poudre pour colorer.

Gak

215 ml de colle
275 ml d'eau
10 ml de Borax
250 ml d'eau chaude
Colorant alimentaire

Mélangez la colle, l'eau et le colorant alimentaire dans un bol. Dans un autre bol plus grand, dissoudre le Borax dans l'eau chaude. Ajoutez lentement le mélange de colle au Borax. Il épaissira rapidement et sera difficile à mélanger. Mélangez bien et enlevez l'excès d'eau. Laissez reposer quelques minutes. Versez ensuite dans un moule peu profond. Laissez sécher pendant 10 minutes. Rangez dans des sacs de plastique à fermeture hermétique (se conservera pendant 2-3 semaines).

Goop n° 1

400 g de sel
250 ml d'eau
200 g de fécule de maïs

Réchauffez le sel avec 125 ml d'eau pendant 4-5 minutes. Retirez du feu. Ajoutez la fécule de maïs et 125 ml d'eau. Remettez sur le feu. Remuez jusqu'à épaississement. Rangez dans des sacs de plastique à fermeture hermétique ou dans un récipient.

Goop n° 2

600 g de fécule de maïs
500 ml d'eau tiède

Ajoutez graduellement l'eau à la fécule de maïs et mélangez avec les mains. Le goop est prêt lorsque la masse acquiert une texture satinée.

Le goop durcit à l'air et devient liquide quand il est manipulé. Il résiste à un coup de poing, mais une légère pression du doigt permet de pénétrer la pâte.

Gaz maison

15 ml de bicarbonate de soude
30 ml de vinaigre

Mélangez le bicarbonate de soude avec le vinaigre.

Peinture maison

2 ml de vinaigre
2 ml de fécule de maïs
10 gouttes de colorant alimentaire

Mettez tous les ingrédients dans un bocal. Bien secouer.

Peinture glaçage

250 ml de détrempe en poudre
30 ml de colle à papier peint
65 à 125 ml d'amidon liquide

Mélangez tous les ingrédients jusqu'à consistance d'un glaçage. Servez-vous de bâtonnets de bois pour étendre le mélange sur du carton.

Pâte à modeler Kool-Aid

1 sachet de Kool-Aid
250 ml d'eau
15 ml d' huile pour bébé
200 g de farine
100 g de sel
10 ml de crème de tartre

Mélangez le Kool-Aid et l'eau sur la cuisinière à chaleur moyenne jusqu'à bouillonnement (adultes seulement). Ajoutez l'huile pour bébé et remuez. Mélangez dans un bol les ingrédients secs. Ajoutez graduellement au liquide et remuez jusqu'à une consistance de purée de pommes de terre. Retirez du feu. Déposez la pâte à modeler sur du papier sulfurisé et pétrissez jusqu'à ce qu'elle devienne lisse. Laissez refroidir.

Pâte à modeler au micro-ondes

200 g de farine
100 g de sel
5 ml de crème de tartre
15 ml d'huile de cuisson
250 ml d'eau
1 sachet de Kool-Aid non sucré
    ou colorant alimentaire

Ajoutez le colorant alimentaire ou le Kool-Aid à l'eau. Mettre tous les ingrédients dans un bol allant au micro-ondes. Chauffez à intensité élevée pendant 3-5 minutes. Remuez le mélange toutes les minutes jusqu'à ce qu'il forme une boule. Laissez refroidir et rangez dans un sac de plastique à fermeture hermétique au réfrigérateur.

Teintures naturelles

Vert	Brocoli
Jaune	Thé
Bleu	Myrtilles
Pourpre	Betteraves
Magenta	Canneberges

Faites bouillir un ou une de ces fruits, légumes ou herbes. Ajoutez 5 ml de sel à chaque litre de liquide.

Craie sans poussière

3 parties d'eau
1 partie de sucre
Craie colorée

Mélangez l'eau et le sucre jusqu'à ce que le sucre soit dissous. Trempez un morceau de craie colorée dans la solution pendant 30 minutes. On peut utiliser cette craie lorsqu'elle est sèche... sans poussière, sans bavure.

Pâte de flocons d'avoine

1 partie de farine
2 parties de flocons d'avoine
1 partie d'eau

Ajoutez de l'eau graduellement pour lier le mélange. Pour varier, la farine de maïs peut être utilisée au lieu des flocons d'avoine. Cela constitue une grande expérience tactile.

Peintures

À un litre de détrempe, ajoutez les ingrédients suivants pour modifier la consistance de la peinture :

Peinture gluante	Ajoutez 30 ml de sirop Karo
Peinture graveleuse	Ajoutez 2 ml de sable
Peinture glissante	Ajoutez 5 ml de glycérine
Peinture grumeleuse	Ajoutez 15 ml de farine
Peinture	Ajoutez 15 ml de sciure de bois (en quincaillerie)
Peinture brillante	Ajoutez 100 g de sucre
Peinture étincelante	Ajoutez 100 g de sel (utilisez immédiatement)
Peinture crémeuse	Ajoutez 65 ml d'amidon liquide
Peinture transparente	Ajoutez 60 ml de gel pour cheveux
Peinture épaisse	Mélangez 3 parties de poudre pour1 partie d'eau

Truc utiles :

Ajoutez du savon liquide à toutes les peintures pour rendre le lavage des vêtements plus facile.

Ajoutez 5 ml d'alcool à la peinture pour l'empêcher de tourner.

Pâte à papier mâché

400 g de pâte de blé (voir ci-après)
625 ml d'eau
Mélangez la pâte de blé et l'eau

Pour faire la pâte de blé :

Préparez 250 ml d'eau très chaude.
Mélangez 45 ml de farine de blé à une petite quantité d'eau froide. Versez lentement le mélange froid dans l'eau chaude en remuant

constamment. Portez à ébullition et faites épaissir. Laissez refroidir. Étendez comme toutes les autres colles. Si vous voulez augmenter légèrement la force de la colle, ajoutez 15 ml de sucre après que la colle aura épaissi. Après avoir utilisé une partie de la colle, réchauffez le reste dans un chaudron ou tout autre récipient avec couvercle afin de stériliser la pâte pour entreposage ou pour réfrigération. Vous pouvez également utiliser d'autres types de farine.

Pour le papier mâché :

Mélangez la farine de blé et l'eau dans un grand bol (500 ml d'eau pour 400 g de farine est suffisant pour commencer) jusqu'à obtenir une pâte lisse. Trempez une à une dans ce mélange des languettes de papier journal. Enlevez l'excès de pâte sur vos doigts et étendez les languettes trempées sur la forme à recouvrir. Recouvrez bien toute la surface. Quand la surface est entièrement sèche, peignez votre œuvre avec de la peinture acrylique ou avec de la gouache.

Une pâte qui se conservera

30 ml de farine
2 ml d'alun
Colorant alimentaire (facultatif)

Mélangez la farine à une petite quantité d'eau pour faire une pâte. Versez 500 ml d'eau bouillante dans le mélange. Bouillir pendant 3 minutes dans une casserole à fond épais. Ajoutez l'alun. Ajoutez le colorant alimentaire si désiré.

Mélange à plâtre

400 g de plâtre à moulage
300 ml d'eau

Mélangez jusqu'à ce que la consistance ressemble à une purée de pois. Le mélange épaissira en 3 à 4 minutes et séchera en 20 minutes.

Pâte à modeler n° 1

600 g de farine
300 g de sel
45 ml d'huile
50 ml de crème de tartre
750 ml d'eau

Mélangez tous les ingrédients. Réchauffez à chaleur très basse jusqu'à ce que le mélange ne colle plus aux doigts. Rangez dans un récipient hermétique. Voilà une pâte flexible et agréable au toucher qui ressemble beaucoup à la pâte à modeler du commerce.

Variation

Pâte à modeler parfumée

Ajoutez 5 ml d'essence parfumée (menthe poivrée, citron, etc.) à la recette de base. Vous pouvez utiliser des huiles de massage au lieu des essences, si désiré.

Pâte à modeler n° 2

1 kg de farine
600 g de sel
500 ml d'eau
125 ml d'huile
Colorant alimentaire

Mélangez et pétrissez tous les ingrédients. Rangez dans un récipient hermétique.

Pâte à modeler n° 3

400 g de bicarbonate de soude
200 g de fécule de maïs
375 ml d'eau froide
Farine

Mélangez tous les ingrédients et réchauffez à chaleur moyenne jusqu'à l'obtention d'une pâte. (Elle collera à la cuillère.) Réfrigérez pendant 30 minutes. Pétrissez pendant 4 minutes. Roulez la pâte sur une surface enfarinée. Rangez dans un récipient hermétique.

Pud

2 boîtes de fécule de maïs
Eau

Versez la fécule de maïs dans un bol et ajoutez l'eau lentement. Mélangez le tout avec les mains jusqu'à la consistance souhaitée. Les enfants peuvent pétrir eux-mêmes le mélange. Ils seront étonnés de l'effet. Vous pouvez lancer un morceau du mélange dans l'eau et il n'éclaboussera pas. Tenez-le dans vos mains et il se transformera en liquide. C'est un mélange fascinant. Assurez-vous de bien couvrir le plancher. Quand le mélange est sec, il se ramasse facilement avec l'aspirateur.

Peinture puff

75 ml de colle blanche
30 ml de détrempe
500 ml de crème à raser

Mélangez et utilisez comme peinture au doigt.

Peinture de sel n° 1

Mélangez 5 ml de sel à une peinture au doigt et proposez aux enfants de vivre une agréable expérience tactile.

Peinture de sel n° 2

Farine
Sel
Eau
Détrempe

Mélangez des parties égales de farine, de sel et d'eau jusqu'à l'obtention d'un mélange crémeux. Ajoutez à la peinture. Faites plusieurs couleurs différentes. Versez dans des bouteilles en plastique avec pulvérisateur. Expérimentez les différentes peintures sur du carton ou du papier de bricolage. Laissez sécher les dessins. À cause du sel, elles auront un effet miroir.

Pâte de sciure de bois

900 g de sciure de bois (en quincaillerie)
200 g de pâte de blé (voir la page 258)
1 l d'eau

Mélangez les ingrédients et rangez dans une boîte hermétique au réfrigérateur. Cette pâte durcira à l'air ambiant.

Peinture « Grattez et sentez ! »

Préparez une enveloppe de gélatine avec saveur (suivre les instructions sur la boîte), mais n'utilisez que la moitié de l'eau requise. Utilisez ce mélange pour peindre. Quand elle a séché, les enfants peuvent « gratter et sentir ».

Pâte de neige

200 g de farine
100 g de sel
250 ml d'eau
30 ml d'huile végétale
15 ml de crème de tartre
75 ml de brillants argent ou transparent
60 ml de détrempe en poudre blanche

Mélangez tous les ingrédients. Réchauffez à chaleur moyenne et brassez jusqu'à l'obtention d'un boule. Laissez refroidir un peu et pétrissez ensuite la pâte.

Crayons de savon

200 g de morceaux de savon (Ivory)
25 ml d'eau
3 gouttes de colorant alimentaire

Enduire un bac à glaçons ou des moules à Popsicle avec de l'huile de colza en vaporisateur. Mélangez tous les ingrédients dans un bol. Versez dans les moules. Laissez durcir et démoulez.

Peinture de savon

200 g de savon Ivory (savon à lessive)
Eau

Mélangez le savon et assez d'eau pour obtenir la consistance d'une crème fouettée. Battre avec un mélangeur jusqu'à ce que le mélange ressemble à de la crème à raser. Ajoutez du colorant alimentaire si désiré. Utilisez comme peinture au doigt.

Mousse de savon argileuse

125 g de savon en poudre
15 ml d'eau tiède

Dans un bol, mélangez le savon en poudre et l'eau. Battre avec un batteur électrique jusqu'à consistance d'argile.

Pâte à modeler douce faite à la maison

300 g de farine
200 g de sel
30 ml d'eau tiède
275 ml d'huile végétale

Mélangez tous les ingrédients et formez plusieurs boules. Laissez la pâte à la température ambiante. Il n'est pas nécessaire de la ranger dans un contenant hermétique.

Peinture pression

Versez de la colle dans un bol. Ajoutez de la peinture en poudre et de l'eau. Liez jusqu'à la consistance idéale pour utiliser dans une bouteille à pression.

Pâte de blé

250 ml d'eau chaude
45 ml de farine de blé
Eau froide

Préparez 250 ml d'eau très chaude. Mélangez 45 ml de farine de blé et de l'eau froide. Versez lentement le mélange froid dans l'eau chaude en remuant constamment. Portez à ébullition et faites épaissir. Laissez refroidir. Étendez comme toutes les autres colles. Si vous voulez augmenter légèrement la force de la colle, ajoutez 15 ml de sucre après que la colle aura épaissi. Après avoir utilisé une partie de la colle, réchauffez le reste dans un chaudron ou tout autre récipient avec couvercle afin de stériliser la pâte pour entreposage ou réfrigération.

Vous pouvez également utiliser d'autres types de farine.

Recettes de cuisine

Fourmis sur un rondin

Beurre de cacahuète
Céleri
Raisins secs
Couteau en plastique

Demandez aux enfants d'étendre du beurre de cacahuète sur un morceau de céleri et de placer ensuite des raisins secs sur le beurre de cacahuète pour représenter des fourmis.

Cidre

1 l de jus de pomme
5 ml de cannelle
65 ml de jus de citron
30 ml de miel

Mélangez tous les ingrédients. Chauffez. Laissez refroidir à la température ambiante et servez le cidre à une fête spéciale. Les enfants aiment-ils votre cidre?

Rondelles de pomme

(Attention aux allergies!)

8 pommes
125 ml de beurre de cacahuète croquant
65 ml de germes de blé
65 ml de lait en poudre
30 ml de miel

Lavez les pommes et retirez-en le cœur. Mélangez les autres ingrédients et farcissez-en les pommes. Tranchez en rondelles de 2,5 cm.
Donne 12-18 portions.

Glace en sac

Une portion :
125 ml de lait
15 ml de sucre
1 ml de vanille
Petit sac de plastique refermable
Grand sac de plastique refermable
45 ml de gros sel

Mélangez les trois premiers ingrédients dans le petit sac et scellez-le. Placez le petit sac, le sel et des glaçons dans le grand sac et fermez-le. Agitez.

Croquettes de banane

Bananes
Lait
Miel
Germes de blé grillés
Sac de plastique refermable

Coupez les bananes en tranches de 2,5 cm et trempez celles-ci dans un mélange moitié lait moitié miel. Laissez tomber les bananes dans un sac en plastique rempli de germes de blé grillés et secouez jusqu'à ce que les bananes en soient bien recouvertes. Servez sur un plateau avec des cure-dents.

Roues de banane

Bananes (1 pour 2 enfants)
5 ml de gélatine
Sac de plastique refermable

Faites trancher les bananes par les enfants avec des couteaux de plastique. Placez 5 ml de gélatine en poudre dans un sac de plastique refermable. Ajoutez 3 ou 4 tranches de banane dans le sac et secouez. Dégustez avec des cure-dents.

Chaussons aux pommes en pattes d'ours

Pâte à biscuits congelée
Garniture de tarte aux pommes

Donnez de la pâte à biscuits aux enfants et demandez-leur d'en faire chacun un de 15 cm. Mettre au centre 30 ml de garniture de tarte aux pommes. Montrez aux enfants comment replier la pâte en deux et en pincer les bords. Faites trois traits sur chaque chausson pour imiter une patte d'ours. Cuisez à 190 °C pendant 12 minutes.

Boissons au mélangeur

Lait frappé parfumé à la banane
2 bananes bien mûres
250 ml de lait froid
15 ml de sucre
1 ml de vanille

Pelez les bananes, écrasez-les et mettez-les dans le mélangeur. Ajoutez lentement le lait, le sucre et la vanille. Ne pas trop mélanger.

Smoothie *fruité*

500 ml de jus de fruits
(orange, ananas ou raisin)
125 ml de lait en poudre
1 goutte de vanille

Mettez tous les ingrédients au mélangeur. Ajoutez de la glace pilée. Donne de 4 à 6 portions.

Lait vanillé

125 ml de lait
2 ml de sucre
1 ml de vanille
1 goutte de colorant alimentaire

Mélangez et goûtez !

Mélange de lait pourpre

1 petite boule de glace à la vanille
30 ml de jus de raisin concentré
30 ml de lait

Mettez les ingrédients dans un pot vide de nourriture pour bébé. Fermez le couvercle et agitez, agitez, agitez. Dégustez ! Pour plus de plaisir, lisez le poème suivant :

La vache pourpre

par Gelett Burgess

Je n'ai jamais vu une vache pourpre.
J'espère ne jamais en voir !
Je peux vous dire
que j'aimerais mieux en voir une... que
d'en être une !

Biscuits Buckaroo

100 g de raisins secs
100 g de dattes hachées
30 ml de miel
Biscuits Graham
Sac de plastique refermable

Versez les raisins secs, les dattes et le miel dans un bol. Écrasez plusieurs biscuits Graham dans un sac de plastique refermable et ajoutez cette chapelure à l'autre mélange jusqu'à ce que le tout soit assez sec pour être roulé en boules.

Glace en conserve

500 ml de lait
20 ml de sucre
5 ml de vanille
Gros sel

Mettez le lait, le sucre et la vanille dans une petite boîte de café vide et fermez le couvercle. Placez la conserve, le sel et les glaçons dans une plus grande boîte de café et fermez le couvercle. Demandez aux enfants de faire rouler la boîte dans tous les sens pendant environ 15 minutes. Donne six portions.

Carrousel

Pommes
Beurre de cacahuète (Attention aux allergies!)
Biscuits en forme d'animaux

Évidez une pomme, coupez-la en rondelles et étalez-y du beurre de cacahuète. Faites tenir les biscuits en forme d'animaux dans le beurre de cacahuète.

Salade de carottes

Carottes
Raisins secs
Vinaigrette

Râpez les carottes et mélangez avec les raisins secs pour faire une salade. Vous pouvez ajouter environ 30-45 ml de vinaigrette si désiré. Mettre au frais. Le mariage de ces aliments donne aux enfants l'occasion de développer leur goût d'une façon différente. Laissez-les manger un bâtonnet de carotte et discutez-en. Puis faites-leur goûter un raisin sec et discutez-en. Comment le mélange de ces deux aliments change-t-il leur goût?

Homme de céleri

Céleri
Raisins secs
Tranches de carotte
Cure-dents
Feuilles de laitue
Beurre de cacahuète (Attention aux allergies!)

Remplissez une tige de céleri de beurre de cacahuète (Attention aux allergies!). Utilisez le bout feuillu du céleri pour faire la tête. Placez deux raisins secs dans le beurre de cacahuète pour les yeux. Ajoutez alors un nez de raisin sec. Coupez une tranche de carotte en deux et mettez-la dans le beurre de cacahuète pour faire une bouche. Enroulez une feuille de laitue autour de la tige du céleri juste sous la bouche et fixez-la avec un cure-dent pour lui faire un vêtement.

Fromage croquant

400 g de fromage cheddar râpé
100 g de beurre ramolli
200 g de farine tamisée
1 ml de sel

Mélangez tous les ingrédients avec les mains dans un bol à mélanger (ou laissez les enfants le faire). Roulez en petites boules et placez sur une tôle à biscuits à 2 cm l'une de l'autre. Cuisez à 190 °C pendant 12 minutes.

Serpents de cannelle

Pâte à biscuits congelée, un rouleau par enfant
Mélange de sucre et de cannelle

Demandez aux enfants de rouler la pâte en forme de serpents. Mélangez la cannelle et le sucre, saupoudrez sur les serpents et cuisez à 190 °C pendant 8 à 10 minutes.

Maïs coloré et savoureux

Faites éclater du maïs. Vous pouvez assaisonner le maïs avec une variété de sucre coloré (colorant alimentaire) ou de sel assaisonné. Essayez des assaisonnements comme le fromage parmesan ou un mélange de sucre et de cannelle.

Croustilles folles

Ajoutez à un bol de croustilles des raisins et des raisins secs.

Délices de fromage frais

30 ml de jus de cerise
125 ml de fromage frais

Ajoutez le jus de cerise au fromage frais et mélangez bien. Laissez les enfants étendre le mélange sur du pain ou des biscottes.

Coupez du pain en forme de cœur et donnez aux enfants des moitiés de cerise pour décorer.

Cœurs croustillants

Pâte à biscuits congelée, un rouleau par enfant
Beurre
Mélange de sucre et de cannelle

Roulez la pâte et découpez-y des cœurs. (Les enfants peuvent très bien y arriver.) Badigeonnez avec du beurre et saupoudrez d'un mélange de sucre et de cannelle. Cuisez tel qu'indiqué sur l'emballage.

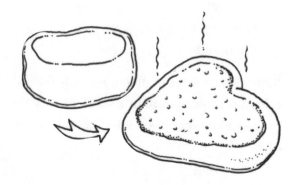

Salade dessert

1 berlingot de crème à fouetter
1 sachet de gélatine (n'importe quelle saveur)
1 petit contenant de fromage cottage
1 petite boîte de salade de fruits
200 g de guimauves miniatures

Mélangez la crème, la gélatine en poudre et le fromage cottage. Égouttez la salade de fruits et ajoutez les autres ingrédients. Ajoutez les guimauves. Refroidir pendant 2 heures. Servez dans des petits moules à gâteau en papier.

Beignets

Taillez des cercles dans de la pâte à biscuits congelée en utilisant un emporte-pièce circulaire. Déposez les biscuits dans une friteuse et faites-les frire jusqu'à ce qu'ils soient dorés et qu'ils flottent à la surface de l'huile (adultes seulement). Retirez-les de l'huile et égouttez. Saupoudrez de sucre en poudre.

Menorah comestible

(chanukiah)

(Attention aux allergies!)

Tiges de céleri
Beurre de cacahuète
Fromage cheddar doux
Bretzels en bâtons

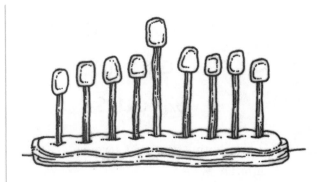

Coupez le céleri en bâtonnets. Étalez le beurre de cacahuète sur les bâtonnets et déposez-les dans une assiette. Le céleri fait office de chandelier (appelé un «*chanukiah*» pour *chanukah*). Coupez le fromage en petits cubes qui deviendront des flammes. Donnez aux enfants des bâtonnets de bretzel et montrez-leur comment enfoncer un bretzel dans un cube de fromage (la flamme). Faites-leur insérer ces bâtonnets dans le beurre d'arachide. La bougie du centre (appelé le «*shammash*») devrait être placée en premier, suivie de quatre autres de chaque côté. La bougie du centre devrait être un peu plus grande que les autres.

Biscuits de pompiers et de dalmatiens

Pâte à biscuits congelée sucrée
Pépites de chocolat

Façonnez des biscuits avec la pâte. Insérez-y des pépites de chocolat pour faire des taches de dalmatiens. Cuisez tel qu'indiqué sur l'emballage. Offrez les biscuits en cadeau aux pompiers quand vous visiterez leur caserne.

Un arc-en-ciel de saveurs

Gélatine de 3 ou 4 saveurs différentes

Choisissez trois ou quatre gélatines assaisonnées. Préparez les gélatines une à une, tel qu'indiqué sur le paquet. Versez une saveur dans un bol de verre. Laissez prendre puis refroidir avant d'ajouter la saveur suivante.

Pain doré

2 œufs
65 ml de lait
1 ml de sel
1 ml de vanille
5 ml de zeste d'orange râpé ou de citron râpé (facultatif)
15 ml de beurre
4 tranches de pain
Sirop ou sucre en poudre

Mélangez les œufs, le lait, le sel, la vanille et le zeste et versez dans un bol peu profond. Faites fondre le beurre dans une poêle. Coupez la tranche de pain en deux, trempez dans le mélange et faites griller des deux côtés. Servez avec le sirop ou le sucre en poudre.

Salade de l'amitié

Demandez aux enfants d'apporter chacun un fruit. Aidez-les à peler et à couper le fruit

pour en faire une salade. Assaisonnez la salade de crème fouettée ou du yaourt. Mangez la salade entre amis.

Popsicles à la banane

Banane
Bâtonnets de Popsicle
Sauce au chocolat (facultatif)

Pelez et coupez la banane en deux. Mettez chaque moitié sur un bâtonnet de Popsicle et congelez. Vous pouvez la plonger dans une sauce au chocolat avant de la mettre au congélateur si désiré.

Yaourt congelé

Yaourt, n'importe quelle saveur
Une grande boîte de café
Glace
Gros sel

Placez un contenant de yaourt non ouvert dans une boîte de café. Remplissez la boîte de glace et de sel. Invitez les enfants à rouler la boîte dans tous les sens pendant environ 15 minutes. Quand vous le sortirez, le yaourt sera congelé.

Trempette de fruits

250 ml de yaourt sans matières grasses
30 ml de miel
Le zeste râpé d'une demi-orange
Divers fruits au goût

Mélangez le yaourt, le miel et le zeste.
Coupez les fruits (adultes seulement) en gros
morceaux. Plongez les fruits dans la
trempette et dégustez. Miam !

Kebab de fruits

Coupez deux ou trois sortes de fruits en gros
morceaux (adultes seulement). Enfilez les
morceaux de fruit sur une brochette.

Salade d'arbre fruitier

Laitue
1 ananas en tranches
Banane
1 petite boîte de salade de fruits

Étalez la laitue dans un saladier. Placez
l'ananas en tranches sur la laitue. Coupez la
banane en deux et plantez-la debout au
centre de l'ananas. Égouttez la salade de
fruits. Piquez des cure-
dents dans les
morceaux de fruit et
plantez-les dans la
banane pour faire
un arbre
fruitier.

Sucettes de yaourt fruité

1 l de yaourt nature
200 g de fruits frais (fraises, bananes,
pêches ou ananas)
Miel (facultatif)

Écrasez ou tranchez finement les fruits
(adultes seulement). Mélangez avec le
yaourt. Ajoutez du miel si le fruit est âcre.
Versez dans des gobelets de papier de 60 ml.
Placez un bâton de Popsicle au centre de
chaque gobelet et congelez. Donne 15
portions.

Variation

Remplacez les fruits coupés par du jus
d'orange concentré non décongelé.

Vers de jardin

Biscuits au chocolat émiettés
Vers gluants (bonbons)
Émiettez des biscuits au chocolat sur des
vers gluants (bonbons) pour le goûter.

Les gélatines gigotent

Mélangez de la gélatine assaisonnée avec la
moitié de la quantité d'eau suggérée sur
la boîte. Laissez prendre. Coupez en forme
de cœur ou utilisez un emporte-pièce
à biscuits.

Pour ajouter au plaisir, lisez la poésie suivante :

Les gélatines gigotent

Les gélatines gigotent sur mon plateau.
Elles me font rire et me donnent envie de jouer.
Agitez, rigolez, lisse et frais.
Le genre de collation qui me plaît.

Maison de pain d'épice

Biscuits Graham
Boules de gomme
Bonbons M&M
Pastille de menthe poivrée
1 ml de lait
30 ml de sucre en poudre

Aidez chaque enfant à mélanger 30 ml de sucre en poudre à 1 ml de lait pour faire un glaçage qui servira de colle. Donnez à chaque enfant une petite assiette de carton qui sera la base de la maison. Aidez-les à construire une maison en collant des biscuits Graham ensemble. Décorez la maison de bonbons en utilisant le glaçage comme colle.

Bonhomme en pain d'épice

7,5 ml de beurre
7,5 ml de mélasse
Mélange de farine :
300 g de farine de blé entier
2 ml de gingembre
1 ml de cannelle
1 ml de muscade
1 ml d'eau
Raisins secs

Mélangez le beurre et la mélasse. Ajoutez 45 ml du mélange de farine. Brassez tous les ingrédients et ajoutez 3 ml d'eau (pas plus que nécessaire). Roulez la pâte sur du papier parchemin enfariné et découpez le bonhomme en pain d'épice. Décorez de raisins secs. Cuisez à 160 °C de 6 à 8 minutes sur une feuille de papier parchemin. (Donne une portion.)

Guimauves de sucre brillantes

1 paquet de guimauves
Crème fleurette ou lait en conserve
100 g de sucre
Colorant alimentaire

Mélangez 5 ou 6 gouttes de colorant alimentaire au sucre et mettez dans un sac de plastique refermable. Trempez les guimauves, quelques-unes à la fois, dans un bol peu profond contenant du lait et plongez-les ensuite dans le mélange de sucre. Secouer vigoureusement.

Ours dans son lit

Utilisez un emporte-pièce pour découper un ours dans une tranche de fromage. Couchez

l'ours sur une tranche de pain. Coupez une deuxième tranche de pain en deux et déposez-la sur la moitié inférieure de l'ours. Vous aurez ainsi un ours de fromage couché dans un lit de pain couvert en partie par une couverture de pain.

Biscuits Graham

100 g de beurre

100 g de cassonade

600 g de farine Graham

2 ml de sel

2 ml de levure chimique (poudre à pâte)

1 ml de cannelle moulue

250 ml d'eau

Préchauffez le four à 180 °C. Mettez-y le beurre et le sucre en crème. Mélangez les autres ingrédients et ajoutez-les au mélange crémeux, en alternant avec l'eau.

Mélangez bien et laissez reposer 30 minutes. Roulez la pâte à 0,5 cm d'épaisseur sur une surface enfarinée. Découpez en 2 carrés et déposez-les sur une tôle à biscuits graissée. Cuisez 20 minutes. Donne environ 3 douzaines de biscuits.

Œufs verts

Œufs

Lait

Colorant alimentaire vert

Versez quelques gouttes de colorant alimentaire vert dans des œufs crus avant de les mélanger à du lait et de faire cuire.

Crêpe en forme de visage heureux

Pâte à crêpes

Dans un poêlon chaud, versez deux gouttes de pâte à crêpes en demi-lune pour les yeux et une pour la bouche. Laissez cuire 1 minute et versez ensuite assez de pâte pour faire une crêpe de grandeur régulière. Complétez la cuisson. Les yeux et la bouche seront plus bruns que le reste de la crêpe.

Plaisirs sains

375 ml de jus de
canneberge concentré
500 ml de yaourt nature
5 ml de vanille

Mélangez les ingrédients. Versez dans des
verres de carton et mettez des cuillères de
plastique dans les verres.

Congelez pendant deux heures.

Compote de pommes maison

6 pommes
125 ml d'eau
5 ml de jus de citron
65 ml de sucre
Cannelle

Pelez, enlevez le cœur et coupez les six
pommes. Déposez dans une grande
casserole. Ajoutez l'eau, le jus de citron et le
sucre. Cuire jusqu'à tendreté. Ajoutez une
pincée de cannelle. Pressez dans une
passoire et servez.

Beurre maison

1 l de crème à fouetter
5 ml de sel
Colorant alimentaire jaune (facultatif)

Versez la crème à fouetter dans de petits
pots de bébé. Agitez jusqu'à ce que des
bulles se forment. Videz le résidu.

Ajoutez du sel. Étendez sur des biscuits ou
sur du pain.

Beurre de cacahuète maison

(Attention aux allergies !)
20 ml d'huile végétale
200 g de cacahuètes rôties
2 ml de sel

Mettez les ingrédients dans un mélangeur
électrique. Mélangez jusqu'à consistance
voulue (adultes seulement). Ajoutez un peu
plus d'huile si nécessaire.

Inventions au beurre de cacahuète

(Attention aux allergies !)

Mélangez du beurre de cacahuète et de la
confiture avant de l'étendre sur du pain ou
des biscuits. Remplacez la confiture par du
miel.

Recouvrez des pommes ou des tranches de
banane de beurre de cacahuète pour un
délice original.

Le beurre de cacahuète est plus facile à
tartiner quand le pain est légèrement gelé.

Dentifrice maison

15 ml de bicarbonate de soude
2 à 3 gouttes d'essence de menthe
poivrée

Mélangez les ingrédients et ajoutez une petite quantité d'eau pour faire une pâte.

Tartinade de beurre de miel

Deux parts de miel
Une part de beurre
Un peu de cannelle (facultatif)

Mélangez. Servez sur des biscuits ou des biscottes.

Flan au miel

3 œufs
70 ml de miel

500 ml de lait chaud
5 ml de vanille
Muscade

Préchauffez le four à 160 °C. Cassez les œufs dans un bol et battez bien. Mélangez tous les ingrédients sauf la muscade. Videz dans un plat allant au four et déposez ensuite ce plat dans un plat rempli à moitié d'eau chaude. Cuisez pendant 35 minutes ou jusqu'à ce qu'un couteau inséré au centre en ressorte propre. Laissez refroidir et saupoudrez de muscade. Réfrigérez. Donne 6-8 portions.

Chocolat chaud

15 ml de sirop de chocolat
250 ml de lait
Guimauves

Mélangez le sirop de chocolat au lait et chauffez. Ajoutez une guimauve. Donne 1 portion.

Les œufs Humpty Dumpty

Œufs
Relish sucrée
Mayonnaise

Faites cuire les œufs à la coque. Pelez-les. Coupez-les en deux, enlevez les jaunes et écrasez-les. Ajoutez la relish et la mayonnaise et farcir les œufs Humpty Dumpty. Servez-les pour le goûter.

Visage de clown en glace

Déposez une boule de glace sur une petite assiette. Collez un cornet de glace sur la boule de glace en guise de chapeau. Insérez des pépites de chocolat pour les yeux, des moitiés de cerise pour le nez et une gaufrette à la vanille découpée en forme de demi-lune pour la bouche.

Latkes

1 oignon râpé

5 ml de sel

1 œuf

6 pommes de terre moyennes (lavées, épluchées et râpées)

45 ml de farine

2 ml de levure chimique (poudre à pâte)

Huile à cuisson

Mélangez l'oignon, le sel et l'œuf aux pommes de terre. Ajoutez la farine et la levure. Versez cette pâte en cuillerées dans une poêle à frire huilée chaude (adultes seulement). Brunir des deux côtés. Égouttez sur des serviettes de papier. Servez avec de la compote de pommes.

Bretzels lettrés

125 g de margarine, à température ambiante

125 ml de sucre

5 ml de vanille

300 ml de farine tout usage

30 ml de lait

Battez ensemble la margarine et le sucre jusqu'à ce que le mélange soit homogène. Ajoutez la farine et le lait. Refroidissez au frigo. Divisez la pâte en quatre. Divisez chacune des 4 parties en 8. Roulez chaque morceau en un bâtonnet de 20 cm puis donnez-lui la forme d'une lettre. Cuisez à 190 °C pendant 8-10 minutes.

Crêpes de bûcheron

225 g farine tamisée

7 ml de levure chimique (poudre à pâte)

30 ml de sucre

3 ml de sel

1 œuf

300 ml de lait

45 ml d'huile

Sirop d'érable

Tamisez la farine, la levure, le sucre et le sel dans un grand bol à mélanger. Dans un bol plus petit, battez l'œuf et ajoutez ensuite le lait et l'huile. Versez le mélange liquide dans le mélange de farine. Cuire sur une plaque de cuisson ou dans une poêle à frire (adultes seulement).

Homme bagel

4 minibagels
Fromage à la crème
Papier sulfurisé
Raisins secs ou petits fruits

Tranchez un bagel et tartinez les deux moitiés de fromage à la crème. Tranchez les autres bagels. Placez 3 moitiés sur un morceau de papier sulfurisé pour former le corps de l'homme bagel. Coupez le bagel restant en deux pour faire ses bras. Ajoutez des raisins secs pour faire le visage. Vous pouvez aussi utiliser des baies fraîches ou séchées (framboises, canneberges) pour les traits du visage.

Le lait caillé de Mlle Muffet

1 l de lait
30 ml de vinaigre
Sel
Crème aigre (facultative)
Fruit

Chauffez le lait jusqu'à ce que des bulles commencent à se former (adultes seulement). Retirez du feu et ajoutez le vinaigre. Continuez à remuer pendant que le mélange refroidit et que se forme le lait caillé. Mettez une passoire dans un bol de verre et versez le mélange pour séparer le lait caillé du liquide (petit-lait). Pressez doucement le lait caillé avec une cuillère en bois pour en sortir le plus de petit-lait possible. Ajoutez du sel au goût et un peu de crème aigre pour la texture. Servez avec des fruits frais.

Bonbons sans cuisson

On peut donner ces confiseries en cadeau. Un carton à œufs en plastique coupé en deux couvert d'une pellicule de plastique fait un excellent contenant.

Menthes

30 ml de margarine
30 ml de graisse végétale
45 ml d'eau chaude
1,25 l de sucre en poudre
Colorant alimentaire et assaisonnement

Mélangez tous les ingrédients ensemble. Ajoutez le colorant alimentaire et l'assaisonnement désiré (la menthe poivrée et le citron sont indiqués). Étirez en roulant sur du papier sulfurisé et coupez en utilisant, par exemple, un bouchon de bouteille.

Fudge facile

     400 g de sucre en poudre
     80 ml de cacao
     100 g de beurre de cacahuète
     45 ml de lait

Mélangez tous les ingrédients. Mouillez vos mains et façonnez des boules. Gardez réfrigéré.

Donne 24 portions.

Meules de foin

(au four ou au micro-ondes)

     1 paquet de pépites de caramel
     1 paquet de pépites de chocolat
     1 boîte de germes de soja

Mélangez les pépites dans une casserole. Faire fondre à basse température (ou dans un micro-ondes). Versez dans les germes. Quand le mélange est assez froid pour qu'on

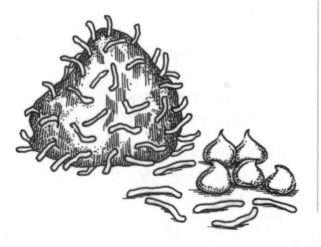

puisse le toucher, façonnez des meules de foin. Servez.

Donne 36 meules de foin.

Menthes toutes prêtes

     Huile de menthe poivrée
     1 œuf
     15 ml de lait
     Sucre à glacer

Cassez un œuf dans un bol. Ajoutez 2 gouttes d'huile de menthe poivrée, 15 ml de lait, 200 g de sucre à glacer. Mélangez. Ajoutez 100 g de sucre à glacer et mélangez de nouveau. Continuez à ajouter du sucre et à mélanger. Quand le mélange devient trop épais, mélangez avec vos mains. Une fois la pâte bien épaisse, façonnez de petites boules. Enveloppez dans du papier sulfurisé. C'est prêt. Apprenez aux enfants cette comptine :

> *Menthes toutes prêtes*
> *Menthes toutes prêtes*
> *Le boulanger*
> *Les roule, roule, roule*
> *Puis écrase les boules !*

Boules de beurre de cacahuète

     100 g de beurre d'arachide
     125 ml de miel
     250 ml de lait en poudre sans matières grasses

Mélangez bien tous les ingrédients jusqu'à ce que la pâte devienne brillante et douce. Façonnez en boules et laissez refroidir avant de manger.

Donne 24 boules.

Biscuits sans cuisson

Biscuits de flocons d'avoine au beurre de cacahuète et au chocolat

80 ml de beurre
100 g de sucre à glacer
65 ml de tasse de cacao
300 g de flocons d'avoine
15 ml de café froid

Mélangez le beurre, le sucre, le cacao et le café. Ajoutez les flocons d'avoine. Façonnez des boules de 2,5 cm et saupoudrez de sucre en poudre.

Biscuits Krispies

125 ml de sirop de glucose clair
125 ml de beurre de cacahuète
600 g de céréales Rice Krispies

Mélangez tous les ingrédients et formez des boules. Humidifiez vos mains pour éviter que la matière colle. Donne 24 biscuits.

Biscuits aux fruits sans cuisson

100 g de raisins secs
100 g de dattes en morceaux
30 ml de miel
12 biscuits Graham

Versez les raisins secs, les dattes et le miel dans un bol à mélanger, ajoutez les biscuits Graham écrasés. Formez des boules. Donne 24 boules.

Biscuits en boules d'orange

35 gaufrettes à la vanille
65 ml de jus d'orange
30 ml de sucre
Sucre à glacer

Écrasez les gaufrettes à la vanille. Ajoutez le jus d'orange et le sucre. Mélangez bien. Façonnez en boules. Roulez-les ensuite dans le sucre à glacer. Donne 24 boules.

Biscuits au beurre de cacahuète

250 ml de sirop Karo (blanc)
200 g de sucre
220 g de beurre de cacahuète
1 kg de flocons de maïs

Mélangez le sucre et le sirop. Portez à ébullition. Ajoutez le beurre de cacahuète. Retirez du feu et mélangez. Versez sur les flocons de maïs. Déposez à la cuillère sur du papier sulfurisé. Laissez refroidir.

Glace bleue océanique

Faites ramollir 4 litres de glace à la vanille. Versez-y 10 ml de glaçage à gâteau bleu ou 30 ml de colorant alimentaire bleu. Recongelez la glace.

Salade de fruits à la tasse

200 g de bananes coupées en dés

200 g de salade de fruits

200 g de guimauves miniatures

200 g d'ananas en morceaux

250 ml de crème aigre

Mélangez les ingrédients et refroidissez au frigo. Servez dans de petites tasses.

Donne environ 36 portions.

Biscuits peints

500 g de farine tout usage

5 ml de bicarbonate de soude

5 ml de crème de tartre

200 g de margarine

220 g de sucre à glacer

1 œuf

1 ml d'extrait d'orange

Tamisez les ingrédients secs ensemble. Mélangez la margarine et le sucre dans un grand bol. Cassez-y l'œuf et ajoutez l'extrait d'orange. Incorporez les ingrédients secs. Couvrez et laissez refroidir 2-3 heures au frigo. Séparez en deux. Roulez à une épaisseur de 1 cm sur une surface légèrement enfarinée. Découpez selon les formes désirées. Placez sur une feuille de papier parchemin non beurrée. Décorez avec du glaçage à biscuits. Cuisez à 190 °C pendant 8-10 minutes. Donne environ 3 douzaines de biscuits.

Glaçage à biscuits

Placez de petites quantités de lait condensé non sucré dans de petites tasses. Teintez le lait avec du colorant alimentaire. Peignez les biscuits en utilisant de petits pinceaux.

Beurre de cacahuète genre boules de pâte à modeler

(Attention aux allergies !)

100 g de beurre de cacahuète

125 ml de miel

250 ml de lait en poudre sans matières grasses

Battez ensemble tous les ingrédients jusqu'à ce que le mélange soit brillant et doux.

Cochons dans une couverture

Pâte à croissants

Petites saucisses en chapelet

Donnez à chacun des enfants une section de pâte à croissants et un petit chapelet de saucisses. Montrez-leur comment entourer les saucisses de pâte. Cuisez jusqu'à ce que la pâte soit brunie.

Pitas-visages

Pain pita
Salade de thon ou salade aux œufs
Carottes
Céleri
Tranches de fromage
Fromage en crème ramolli
Fruits et gros morceaux de légumes

Coupez une extrémité du pain pita. Ouvrez-le pour former une pochette. Remplissez-la de salade aux œufs ou de thon. Dessinez un visage sur le dessus du pain avec des fruits coupés et des légumes. Utilisez le fromage à la crème en guise de colle. Collez les carottes et le céleri dans la salade pour imiter des cheveux.

Pizzas-visages

Muffins anglais, 1/2 pour chaque enfant
Sauce à pizza
Fromage râpé
Olives, pepperoni et autres garnitures

Donnez à chaque enfant la moitié d'un muffin anglais. Fournissez la sauce à pizza, le fromage râpé, des olives, du pepperoni et d'autres garnitures pour créer un visage sur les pizzas. Grillez les pizzas-visages pendant 8 minutes (adultes seulement).

Crème anglaise à la citrouille

30 ml de garniture de tarte à la citrouille
30 ml de crème de guimauve
30 ml de crème fouettée
Cannelle

Mélangez 30 ml de garniture de tarte à la citrouille, 15 ml de crème de guimauve et 15 ml de crème fouettée. Saupoudrez d'un peu de cannelle.

Donne 1 portion.

Pains rapides

Recette n° 1
400 g de farine à pâtisserie de blé entier tamisée
20 ml de levure chimique (poudre à pâte)
5 ml de sel
75 ml d'huile
200 ml de lait

Permettez aux enfants de mesurer les ingrédients secs. Ajoutez graduellement les liquides et mélangez légèrement. Placez une petite quantité de farine sur une table et pétrissez et étirez jusqu'à ce que la pâte ait 1 cm d'épaisseur. Découpez selon la forme désirée. Cuisez doucement dans une poêle légèrement graissée. Laissez la pâte brunir et lever. Tourner et cuire de l'autre côté. Donne environ 20 pains.

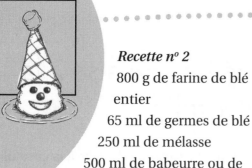

Recette n° 2

800 g de farine de blé entier

65 ml de germes de blé

250 ml de mélasse

500 ml de babeurre ou de yaourt nature

10 ml de soda

Une pincée de sel

Raisins secs et dates coupées (facultatif)

Préchauffez le four à 190 °C. Mélangez tous les ingrédients. Cuisez dans un grand ou plusieurs petits moules à pain graissés pendant 30-40 minutes.

Galettes de riz-lapins

Galettes de riz miniatures

Raisins secs ou groseilles

Amandes effilées

Carottes grossièrement coupées

Raisins verts

Fromage à la crème

Étendez le fromage à la crème sur une galette de riz. Utilisez les amandes pour faire des oreilles, des groseilles pour les yeux, des légumes pour les moustaches et des moitiés de raisin pour les queues. Créez aussi des animaux de votre invention.

Écume de mer

Glace bleue océanique (voir la page 275)

2-3 gouttes de colorant alimentaire vert

Boisson gazeuse citron-lime

Mettez une boule de glace bleue océanique dans un verre en plastique clair. Ajoutez deux ou trois gouttes de colorant alimentaire vert à votre boisson gazeuse citron-lime préférée. Versez sur la glace.

Pouding secoué

5 ml de pouding instantané en poudre (type Jell-o)

65 ml de lait

Versez dans un pot de nourriture pour bébé vides et agitez jusqu'à épaississement.

Donne 1 portion.

Potage avec un visage

125 ml de compote de pommes

125 ml de yaourt à la vanille

Raisins secs

Mélangez la compote de pommes et le yaourt. Couvrez le fond d'un bol avec ce mélange. Prenez des raisins secs pour faire les yeux et une bouche.

Pousses

Graines de luzerne ou fèves de soja
Grand pot de verre
Coton fromage

Faites tremper environ 5 ml de graines de luzerne ou une petite poignée de fèves de soja toute une nuit dans un pot d'eau chaude. Égouttez. Couvrez le pot avec du coton fromage et fixez avec un élastique. Rangez le pot dans un endroit sombre ou dans un sac de papier ouvert. Rincez et égouttez 3 fois par jour pendant 3 jours. Le quatrième jour, placez le pot sous la lumière directe du soleil pour favoriser le développement de la chlorophylle. Les pousses deviendront vertes. (Les fèves de soja prennent 2 ou 3 jours de plus pour germer.) Lavez-les et servez dans des sandwichs ou des salades.

Salade de pousses

1 pomme
2 petites carottes
750 g de pousses mélangées (soja, luzerne)
100 g de graines de tournesol
100 g de raisins secs
125 ml de yaourt nature
15 ml de miel
Jus de 1/2 citron

Pelez et enlevez le cœur d'une pomme puis hachez-en la chair. Râpez les carottes. Mélangez les germes, les carottes, la pomme, les graines de tournesol et les raisins secs dans un saladier. Mélangez le yaourt, le miel et le jus de citron. Versez sur la salade. Donne 12 portions.

Yaourt de fraises

200 g de fraises
70 ml de lait en poudre
250 ml de yaourt

Écrasez les fraises et ajoutez-les au lait en poudre. Ajoutez le yaourt. Donne 6 portions.

Céleri farci

(Attention aux allergies!)
1 pied de céleri
200 g de beurre de cacahuète croquant
50 g de noix de coco râpée
100 g de raisin
50 g de germes de blé
Muscade (facultatif)

Lavez et préparez le céleri. Mélangez les autres ingrédients et farcissez-en le céleri. Coupez en 10-12 petites portions.

Sandwichs ensoleillés

65 ml de jus d'orange congelé
non dilué
100 g de beurre de cacahuète
8 tranches de pain

Mélangez le jus d'orange et le beurre de cacahuète. Tartinez sur du pain grillé. Coupez en petits morceaux.

Gruau d'avoine des trois ours

Préparez le gruau instantané selon le mode d'emploi. Ajoutez des raisins secs et des graines de tournesol si désiré.

Graines de citrouille grillées

Lavez les graines de citrouille et séchez-les. Étendez-les sur une feuille de papier d'aluminium et cuisez à 180 °C jusqu'à ce qu'elles soient rôties.

Mélange de randonnée

100 g de margarine
1 sachet de vinaigrette à salade
400 g de petits Shredded Wheat
400 g de bretzels
400 g de cacahuètes salées

Faites fondre la margarine dans une casserole. Versez le mélange à vinaigrette. Mélangez bien. Mettez les ingrédients secs dans une grande casserole. Versez le mélange de margarine sur les ingrédients secs. Mélangez avec une fourchette jusqu'à ce que tout soit uniforme. Cuisez à 150 °C pendant 30 minutes. Remuez toutes les 10 minutes.

Bateaux de thon

Coupez un sandwich au thon en quatre triangles. Coupez une pomme en tranches de 1 cm. Placez un quart de sandwich de thon sur le dessus de chaque tranche de pomme, comme une voile.

Glace miroitante tutti frutti

Mélangez un paquet de poudre de boisson à la lime, 150 ml de sucre et 1 l d'eau. Versez le mélange dans des bacs à glaçons. Faites de même avec un paquet de poudre d'orange et un paquet de poudre de cerise. Congelez. Déposez un glaçon de chaque saveur dans de grands verres transparents. Remplissez-les alors de boisson gazeuse au citron froide. Ajoutez la moitié d'une tranche d'orange et servez. C'est encore meilleur avec une paille rayée rouge et blanc.

Biscuits en roues de chariot

Donnez à chaque enfant un petit morceau de pâte à biscuit congelée pour l'étendre en cercle. Faites ensuite des encoches imitant les rayons de la roue. Cuisez selon les indications sur l'emballage

Collations

Pommes (une par enfant)
Guimauves miniatures
Raisins secs
2 bananes
Raisins
Pacanes (facultatif)

Enlever le cœur des pommes et tranchez la banane. Placez les ingrédients dans des bols sur la table. Donnez une pomme à chaque enfant et invitez-les à la farcir des ingrédients de leur choix.

Punch aux fruits tièdes

1 l de cidre
250 ml de jus d'orange
125 ml de jus de citron
125 ml de jus d'ananas
1 bâton de cannelle
2 ml de clous de girofle moulus
5 ml de miel (facultatif)

Mélangez tous les ingrédients dans une casserole. Amenez à ébullition et laissez chauffer pendant quelques minutes (adultes seulement). Servez chaud.

Melon sur un bâton

250 ml de morceaux de melon sans pépins
250 ml de jus d'orange
250 ml d'eau
Verres en carton
Bâtons de Popsicle
Sac de plastique transparent

Mélangez les morceaux de melon sans pépins, le jus d'orange et l'eau. Versez le mélange dans des petits verres en carton et mettez-les au congélateur. Insérez des bâtons de Popsicle quand le mélange est partiellement gelé. Des sacs de plastique transparent placés sur les verres garderont les bâtons en place. Terminez de congeler.

Jet de baleine

Petits gâteaux, un pour chaque enfant
Réglisse ou bonbons aux cerises genre lacets

Cuisez et refroidissez de petits gâteaux ou achetez-en. Achetez de la réglisse ou des bonbons aux cerises genre lacets et coupez-les en 4 morceaux. Décorez les petits gâteaux en insérant les lacets de bonbons ou les réglisses au centre pour simuler un jet de baleine.

Punch Yankee Doodle

4 l de sorbet à l'ananas
1 l de boisson gazeuse au gingembre
Fraises ou bleuets

Mélangez le sorbet à l'ananas et la boisson gazeuse au gingembre dans un bol à punch. Ajoutez-y des fraises ou des bleuets.

Danses

Sur le pont d'Avignon

Consignes : *Les enfants se placent en deux files face à face et miment les paroles de la chanson pendant les couplets. Pendant le refrain, chacun fait un grand tour sur lui-même.*

Sur le pont d'Avignon
On y danse, on y danse
Sur le pont d'Avignon
On y danse tout en rond
1 – Les belles dames font comme ça
Et puis encore comme ça
2 – Les beaux messieurs font comme ça
Et puis encore comme ça
3 – Les cuisiniers font comme ça
Et puis encore comme ça
4 – Ajouter un nouveau sujet à chaque couplet

Thèmes

Chanson traditionnelle
Mouvement
Pont

La danse des lapins

Consignes : *Les enfants se tiennent en file indienne, les mains sur la taille de l'enfant devant eux. Chacun se déplace autour de la pièce sur la musique du* bunny hop, *sautant à l'unisson.*

Thèmes

Amis
Humour
Lapins
Mouvement

Mon merle

Vous aurez besoin de la musique «Mon merle a perdu son bec» pour cette danse.

1. Mon merle a perdu son bec (bis)
Un bec, deux becs, trois becs, marlo!
2. Mon merle a perdu son œil (bis)
Un œil, deux yeux, trois yeux, marlo!
3. Mon merle a perdu sa tête, son cou, son dos, ses ailes, son ventre, ses pattes, sa queue, etc.

Consignes : *Les enfants sont debout en cercle. Ils mettent leurs mains au-dessus de leur tête. Ils ouvrent et ferment les mains trois fois pendant qu'on chante «Un bec, deux becs, trois becs». Quand on chante : «Comment veux-tu mon merle, mon merle...» les enfants se déplacent en imitant le merle, battant des bras comme s'ils avaient des ailes.*

Thèmes

Amis
Compter
Humour
Mouvement
Oiseaux

Qui a tiré la queue du chien ?

Consignes : *Chantez la chanson. Les enfants sont en cercle. Le meneur marche à l'intérieur du cercle jusqu'à «ont juré que c'était toi». Alors le meneur s'arrête et donne la main à un des enfants. Ils font ensemble une grande salutation et changent de place. L'enfant qui est maintenant au centre devient le meneur. Et on recommence.*

Qui a tiré la queue du chien ?
C'est le lutin numéro 1.
Qui a perdu mon bonnet bleu ?
C'est le lutin numéro 2.
Qui a mangé les chocolats ?
C'est le lutin numéro 3.
Mais les trois lutins
ont juré que c'était toi.

L'enfant désigné devient le nouveau meneur.

Thèmes

Amis
Nombres

Le petit pouce
(Danse de doigts)

Consigne : *Suivez les indications données dans la comptine.*

Le petit pouce dit (lever le pouce)
bonjour à sa maman (pouce contre index)
bonjour à son papa (pouce contre majeur)
bonjour à son grand frère (pouce contre annulaire)
bonjour au p'tit bébé (pouce contre auriculaire)

Thèmes

Mouvement
Les parties du corps

La mélodie du bonheur

Consignes : *Les enfants se placent en file et doivent circuler dans la pièce selon un parcours défini par vous. Quand on arrive à «Et nous revenons à do», l'enfant qui est à la fin de la file vient se placer devant et on reprend la marche et la chanson.*

Do, le do il a bon dos
Ré, rayon de soleil d'or
Mi, c'est la moitié d'un tout
Fa, c'est facile à chanter
Sol, l'endroit où nous marchons
La, l'endroit où nous allons
Si, siffler comme un pinson
Et nous revenons à do
Do, le do...

Tapons des pieds

Consignes : *Récitez la comptine et faites faire aux enfants un tour avec leur voisin de droite, puis un tour avec leur voisin de gauche. Continuez tant que les enfants s'amusent en changeant constamment de partenaires.*

Tapons des pieds, tapons des mains
un p'tit tour avec sa voisine
tapons des pieds, tapons des mains
un p'tit tour avec son voisin

Thèmes

Humour
Les sonorités de la langue
Mouvement

Entrez et sortez par les fenêtres

Consignes : *Faites mettre les enfants en cercle et demandez-leur de joindre les mains au-dessus de leur tête pour créer des arcs. Suivez les directives.*

Entrez et sortez par les fenêtres. (Le meneur marche autour du cercle, passant entre les enfants.)
Entrez et sortez par les fenêtres,
Entrez et sortez par les fenêtres,
Comme nous l'avons fait auparavant.
Choisissez votre partenaire… (Le meneur choisit un partenaire.)
Suivez-le à Londres … (Le meneur et son partenaire se mettent à entrer et sortir du cercle à leur tour.)
Saluez votre partenaire et quittez-le… (Le meneur laisse son partenaire, qui devient le nouveau meneur, et entre dans le cercle. On continue avec le nouveau meneur.)

Thèmes

Maisons
Mouvement

Hansel et Gretel : une danse des contraires

par Pam Schiller

Consignes : *Demandez aux enfants de choisir un partenaire. Un des enfants sera Hansel, l'autre, Gretel.*

> Hansel fait deux pas en avant et tourne
> sur lui-même.
> Gretel fait deux pas en arrière et touche
> par terre.
> Hansel danse les yeux fermés.
> Les yeux de Gretel sont ouverts.
> Hansel a la langue bien tirée.
> Gretel lui souffle un baiser.
> Hansel danse les mains devant le nez.
> Gretel danse toujours penchée.
> Hansel glisse à gauche et salue.
> Gretel saute à droite et salue.
> Hansel et Gretel twistent vers le bas
> et ensuite ils se prennent dans leurs bras.
> Hansel pointe le pied en avant
> et ensuite il recule en sautant.
> Gretel pointe le pied en arrière
> et saute les deux pieds par terre.
> Hansel et Gretel danseront toute la nuit
> car quand on danse jamais on ne
> s'ennuie !

Thèmes

Amis

Contraires

Mouvement

Les parties du corps

Un tour d'hélicoptère

Consignes : *Apprenez la rime suivante aux enfants et laissez-les se déplacer comme des hélicoptères sur n'importe quelle musique à tempo modéré.*

Pointez et descendez. (*Levez-vous sur le bout des orteils et redescendez ensuite sur les talons.*)

Démarrez le moteur et tournez sur vous-mêmes.

(*Feignez de tourner une clé et tournez ensuite sur vous-même.*)

Étendez vos bras de chaque côté et tournez, tournez, c'est le tour d'hélicoptère.

(*Tournez-vous d'un côté et de l'autre.*)

Encouragez les enfants à voler autour de la pièce.

Thèmes

Les parties du corps

Transport

À droite, à gauche

Consigne : Suivez les directives données dans la comptine.

À droite, à gauche, regarde de ci, regarde de là.

(Un pas à droite, un pas à gauche, la tête à droite, la tête à gauche.)

À droite, à gauche, encore de ci, encore de là.

(Un pas à droite, un pas à gauche, la tête à droite, la tête à gauche.)

Prends ma main et viens danser.

(Se prendre la main et tourner en rond vers la droite.)

Et tourne en rond d'un pied léger.

(Se prendre la main et tourner en rond vers la droite, puis se lâcher.)

L'autre main et puis changer.

(Se prendre la main à gauche et tourner vers la gauche.)

Et nous dansons heureux et gais.

Thèmes

Contraires
Les parties du corps

Voilà une danse toute simple

Consigne : Joignez le geste aux paroles.

Avancez-vous et dansez avec moi.
Un pas ou deux, moi et toi.
Je t'apprendrai comment faire.
Nous commencerons par les bonnes manières.
C'est une danse toute simple, très cher.

Frappez dans vos mains. *(Frappez trois fois.)*
Tapez du pied sur le plancher. *(Tapez du pied trois fois.)*
C'est une danse toute simple, très cher.

Attendez ! C'est fou, j'ai oublié
deux ou trois choses qu'il faut se rappeler.
Tournez sur vous-mêmes *(Tournez sur vous-même.)*
et touchez vos orteils. *(Touchez vos orteils.)*
C'est une danse toute simple, très cher.

Frappez dans vos mains. *(Frappez trois fois.)*
Tapez du pied sur le plancher *(Tapez du pied trois fois.)*
et touchez vos orteils. *(Touchez vos orteils.)*
C'est une danse toute simple, très cher.

Attendez ! C'est fou, j'ai oublié
deux ou trois choses qu'il faut se rappeler.
Tirez vos oreilles *(Tirez vos oreilles.)*
et agitez vos bras. *(Agitez vos bras.)*
C'est une danse toute simple, très cher.

Frappez dans vos mains. *(Frappez trois fois.)*
Tapez du pied sur le plancher *(Tapez du pied trois fois.)*
et touchez vos orteils. *(Touchez vos orteils.)*
Tirez vos oreilles. *(Tirez vos oreilles.)*
C'est une danse toute simple, très cher.

Attendez! C'est fou, j'ai oublié
deux ou trois choses qu'il faut se rappeler.
Étirez votre corps bien haut *(Étirez-vous par
en haut.)*
et laissez-vous retomber. *(Tombez.)*
C'est une danse toute simple, très cher.

Frappez dans vos mains. *(Frappez trois fois.)*
Tapez du pied sur le plancher *(Tapez du
pied trois fois.)*
et touchez vos orteils. *(Touchez vos orteils.)*
Tirez vos oreilles. *(Tirez vos oreilles.)*
Étirez votre corps bien haut. *(Étirez-vous par
en haut)*
C'est une danse toute simple, très cher.

Thèmes

    Contraires
    Mouvement
    Les parties du corps

En passant par la Lorraine

Consigne : *Mimez les paroles de cette vieille chanson traditionnelle.*

En passant par la Lorraine avec mes sabots
En passant par la Lorraine avec mes sabots
*Rencontrai trois capitaines, avec mes
    sabots dondaine*
Oh, oh, oh ! avec mes sabots
Rencontrai trois capitaines avec mes sabots
Rencontrai trois capitaines avec mes sabots
*Ils m'ont appelée « vilaine », avec mes
    sabots dondaine*
Oh, oh, oh ! avec mes sabots.
Ils m'ont appelée « vilaine », avec mes sabots

*Ils m'ont appelée « vilaine », avec mes
    sabots*
*Je ne suis pas si vilaine, avec mes sabots
    dondaine*
Oh, oh, oh ! avec mes sabots
Je ne suis pas si vilaine, avec mes sabots
Je ne suis pas si vilaine, avec mes sabots
*Puisque le fils du roi m'aime, avec mes
    sabots dondaine*
Oh, oh, oh, avec mes sabots
*Puisque le fils du roi m'aime, avec mes
    sabots*
*Puisque le fils du roi m'aime, avec mes
    sabots*
*Il m'a donné pour étrenne, avec mes sabots
    dondaine*
Oh, oh, oh, avec mes sabots
Il m'a donné pour étrenne, avec mes sabots
Il m'a donné pour étrenne, avec mes sabots
*Un bouquet de marjolaine, avec mes sabots
    dondaine*
Oh, oh, oh, avec mes sabots
Un bouquet de marjolaine, avec mes sabots
Un bouquet de marjolaine, avec mes sabots
*Je l'ai planté dans la plaine, avec mes
    sabots dondaine*
Oh, oh, oh, avec mes sabots
Je l'ai planté dans la plaine, avec mes sabots
Je l'ai planté dans la plaine, avec mes sabots
*S'il fleurit je serai reine, avec mes sabots
dondaine*
Oh, oh, oh, avec mes sabots.
S'il fleurit je serai reine, avec mes sabots
S'il fleurit je serai reine, avec mes sabots
*S'il y meurt, j'aurai ma peine, avec mes
    sabots dondaine*
Oh, oh, oh, avec mes sabots

Thème

    Mouvement

La macarena

Consignes : *Faites jouer la chanson «La macarena». Faites les mouvements afin que les enfants vous imitent.*

Mettez votre bras droit devant vous, la paume en bas.

Mettez votre bras gauche devant vous, la paume en bas.

Mettez votre bras droit devant vous, la paume en haut.

Mettez votre bras gauche devant vous, la paume en haut.

Prenez votre coude gauche avec la main droite.

Prenez votre coude droit avec la main gauche.

Placez la main droite derrière votre cou.

Placez la main gauche derrière votre cou.

Mettez la main droite sur la poche avant de votre pantalon.

Mettez la main gauche sur la poche avant de votre pantalon.

Mettez la main droite sur la poche arrière de votre pantalon.

Mettez la main gauche sur la poche arrière de votre pantalon.

Déplacez vos fesses à gauche.

Déplacez vos fesses à droite.

Déplacez vos fesses à gauche.

Frappez des mains et tournez de 90 degrés à droite.

Thèmes

Contraires
Les parties du corps

Lundi matin...

Consignes : *Attribuez des rôles aux enfants et faites-leur mimer la chanson en changeant d'acteurs chaque jour de la semaine de la chanson. Ceux qui n'ont pas de rôle font une ronde autour des acteurs. Changer le sens de la ronde chaque jour de la semaine de la chanson.*

Lundi matin, le roi, sa femme et le p'tit prince
Sont venus chez moi pour me serrer la pince
Mais comme j'étais parti
Le petit prince a dit :
«Puisque c'est ainsi nous reviendrons mardi!»
Mardi matin, le roi, sa femme et le p'tit prince
Sont venus chez moi pour me serrer la pince

Mais comme j'étais parti
Le petit prince a dit :
« Puisque c'est ainsi nous reviendrons
mercredi ! »
Mercredi matin...
Jeudi matin...
Vendredi matin...
Samedi matin...
Dimanche matin, le roi, sa femme et le
p'tit prince
Sont venus chez moi pour me serrer la
pince
Mais comme j'n'étais pas là
Le p'tit prince se vexa :
« Puisque c'est comme ça nous ne
reviendrons pas ! »

Thèmes

Les jours de la semaine
Mouvement
Roi et reine

Statue musicale

Consignes : *Invitez les enfants à danser ou à*
se déplacer en cercle pendant que joue une de
leurs chansons préférées. Quand vous arrêtez
la musique, ils arrêtent de se déplacer et
figent comme des statues. Quand vous
recommencez la musique, ils recommencent
à se déplacer.

Naranja dulce

Consignes : *Les enfants forment deux lignes*
parallèles. Ils marchent vers le centre et
saluent leurs partenaires debout en face

d'eux. Puis ils reculent vers leurs lignes
originales. Ils reviennent de nouveau au
centre et étreignent leurs partenaires. Puis ils
retournent à leurs lignes originales et saluent
leurs partenaires.

Orange douce
Orange douce et tranche de citron
Donnez-moi un bec, pas un melon
Dites-moi la vérité ; je ne vous oublierai
pas
Mais si vous me quittez, je pleurerai.
Je vous vois partir, donc je pleure.
Au revoir mon ami, nous sourions
maintenant.
Si je ne vous vois pas pour quelque temps
Je me rappellerai ces moments doux
Orange douce et tranche de citron
Donnez-moi un bec, pas un melon

Thèmes

Couleurs
Émotions
Nourriture

J'ai perdu le do

Consignes : *Chantez la chanson suivante.*
Chaque fois que vous dites : « tra la la », les
enfants frappent trois fois dans leurs mains.
Puis, quand vous dites : Au pas, camarade »,
les enfants marchent au pas autour de la
pièce.

J'ai perdu le do de ma clarinette
Ah si papa savait ça tra la la
Ah si papa savait ça tra la la
Il dirait : « Ohé !
Tu n'connais pas la cadence

Tu n'sais pas comment
l'on danse
Tu n'sais pas danser
Au pas cadencé
Au pas, camarade
Au pas camarade
Au pas, au pas, au pas
Au pas camarade
Au pas camarade
Au pas, au pas, au pas.
J'ai perdu le ré...
J'ai perdu le mi...
J'ai perdu le fa...
J'ai perdu le sol...
J'ai perdu le la...
J'ai perdu le si...

Thèmes

Mouvement
Notes

Le bon roi Dagobert

Consignes : *Faites mimer la chanson aux enfants.*

Le bon roi Dagobert
Avait sa culotte à l'envers.
Le grand saint Éloi
Lui dit : « Ô mon roi
Votre Majesté
est mal culottée. »
« C'est vrai, lui dit le roi,
je vais la remettre à l'endroit. »
Le bon roi Dagobert
fut mettre son bel habit vert.
Le grand saint Éloi
lui dit : « Ô mon roi
votre habit paré
au coude est percé. »

« C'est vrai, lui dit le roi,
le tien est bon, prête-le-moi. »
Le bon roi Dagobert
avait des bas rongés de vers.
Le grand saint Éloi
lui dit : « Ô mon roi
vos deux bas cadets
font voir vos mollets. »
« C'est vrai, lui dit le roi,
les tiens sont neufs, donne-les-moi. »
Le bon roi Dagobert
faisait peu sa barbe en hiver.
Le grand saint Éloi
lui dit : « Ô mon roi
il faut du savon
pour votre menton. »
« C'est vrai, lui dit le roi,
As-tu deux sous ? Prête-les-moi. »
Le bon roi Dagobert
avait sa perruque de travers.
Le grand saint Éloi
lui dit : « Ô mon roi
que le perruquier
vous a mal coiffé. »
« C'est vrai, lui dit le roi,
je prends ta tignasse pour moi. »
Le bon roi Dagobert
portait manteau court en hiver.
Le grand saint Éloi
lui dit : « Ô mon roi
Votre Majesté
est bien écourtée. »
« C'est vrai, lui dit le roi,
Fais-le rallonger de deux doigts. »

Thèmes

Mouvement
Parties du corps
Rois
Vêtements

Mettez votre petit pied

Consignes : Demandez aux enfants de choisir un partenaire et de se mettre ensuite en cercle. Demandez aux partenaires de se donner les mains en se faisant face et en croisant les mains. Leur main gauche tiendra ainsi la main gauche de leur partenaire et leur main droite tiendra la main droite de leur partenaire.

Demandez aux enfants de marcher vers la droite sur les deux premières lignes de la chanson et ensuite de se déplacer de nouveau à droite et de pointer leurs orteils du pied droit sur la troisième ligne de la chanson.

Répétez ces pas pour les trois lignes suivantes de la chanson. Pendant le deuxième vers, les enfants font trois pas et se retournent ensuite, passant sous les bras les uns des autres. Sur le dernier vers, les enfants répètent les pas du premier vers, se déplaçant vers la gauche au lieu de vers la droite.

Mettez votre petit pied.
Mettez votre petit pied,
Mettez votre petit pied juste là.
Mettez votre petit pied,
Mettez votre petit pied,
Mettez votre petit pied juste là.
Marchez, marchez, marchez,
Marchez encore et tournez.
Marchez, marchez, marchez,
Marchez encore et tournez.

Thèmes

Amis
Mouvement
Les parties du corps

Sally le chameau

Consignes : Les enfants sont debout en cercle. À chaque vers, ils se balancent de gauche à droite. Sur la ligne qui dit : «Ainsi Sally, galope, galope», les enfants bougent les hanches, frappant les hanches des enfants de chaque côté d'eux.

Sally le chameau a cinq bosses (*Balancez-vous dans les deux sens sur les talons et les orteils et montrez cinq doigts.*)
Sally le chameau a cinq bosses (*Répétez le mouvement.*)
Sally le chameau a cinq bosses (*Répétez le mouvement.*)
Ainsi Sally, galope, galope (*Agitez votre corps en vous penchant vers le sol et remontez.*)
Boum, boum, boum, boum (*Les enfants bougent les hanches, frappant les*

hanches des enfants de chaque côté d'eux.)

Répétez la chanson en diminuant le nombre de bosses jusqu'à zéro. Finissez la chanson avec :
« Sally est un cheval, c'est normal ! » *(Mettez les mains sur les hanches comme si vous étiez étonnés.)*

Thèmes

Chameaux   Chevaux
Compter   Mouvement
Nombres

Danse de l'écharpe

Donnez des écharpes colorées aux enfants et encouragez-les à danser librement sur plusieurs tempos différents. Essayez de la musique classique, populaire, du blues et de la polka. Demandez aux enfants de décrire comment leurs mouvements changent avec les différents types de musique.

Thèmes

Couleurs
Musique

Danse des formes

Découpez des cercles, des carrés, des rectangles et des triangles dans du papier de bricolage et plastifiez-les. À l'aide de ruban adhésif, tracez un grand cercle, un carré, un rectangle et un triangle sur le plancher. Donnez une forme (que vous avez découpée) aux enfants et demandez-leur de trouver la forme correspondante sur le plancher. Faites jouer une musique et demandez aux enfants de marcher sur les lignes de la forme dans laquelle ils se trouvent. Après un moment, arrêtez la musique et échangez les formes découpées. Répétez l'activité.

Thèmes

Formes
Mouvement

Mouche, ouste !

Consignes : *Placez les enfants en cercle. Suivez les directives.*

Mouche, vole, ne me dérange pas *(Marchez en cercle vers la gauche.)*

Mouche, vole, ne me dérange pas *(Marchez en cercle vers la droite.)*

Mouche, vole, ne me dérange pas *(Marchez en cercle vers la gauche.)*

Car je ne veux pas jouer. *(Placez les mains sur les hanches et faites non de la tête.)*

Les mouches dans le beurre *(Marchez en chassant les mouches.)*

Allez, volez, allez.

Les mouches dans le beurre

Allez, volez, allez.

Les mouches dans le beurre

Allez, volez, allez.

Partez s'il vous plaît. *(Placez les mains sur les hanches et faites non de la tête.)*

Mouche, vole, ne me dérange pas *(Marchez en cercle vers la gauche.)*

Mouche, vole, ne me dérange pas *(Marchez en cercle vers la droite.)*

Mouche, vole, ne me dérange pas *(Marchez en cercle vers la gauche.)*

Reviens un autre jour. *(Placez les mains sur les hanches et faites non de la tête.)*

Thèmes

Insectes

Mouvement

Passe, passera

Consignes : *Deux joueurs sont choisis pour faire un pont (en se tenant face à face par les mains en l'air). Sous ce pont, les autres joueurs passent au rythme de la chanson :*

Passe passera la dernière la dernière
Passe passera la dernière y restera
Qu'est-ce qu'elle a donc fait la p'tite hirondelle
Elle nous a volé trois p'tits sacs de blé
Nous la rattraperons la p'tite hirondelle
Et nous lui donnerons trois p'tits coups d'bâton
Un, deux, trois.

Durant toute la chanson, la farandole passe, mais lorsqu'on arrive à 1, 2, 3 le pont s'abaisse sur le troisième enfant qui passe et l'emprisonne.

Les autres joueurs s'écartent. Le pont demande au joueur pris de choisir entre « pomme » ou « banane » par exemple, mots secrets qu'ils auront choisis au préalable. Si le joueur pris choisit « pomme », il se place derrière la partie du pont qui avait opté pour ce mot. S'il préfère « banane », il se place derrière la partie du pont qui avait pris « banane » comme mot secret. À la fin du jeu, les deux parties du pont, aidées par ceux qui sont accrochés derrière elles, s'affrontent. Chacune tente de tirer l'autre vers son territoire. Ce ne sont pas forcément les plus nombreux qui gagnent.

Thèmes

Amis

Mouvement

Patinage en chaussettes

Invitez les enfants à enlever leurs chaussures et à patiner sur le plancher. Faites jouer de la musique de patinage sur glace et mettez les enfants au défi de créer une danse sur patins. Avertissement : Assurez-vous que le plancher ne soit pas trop glissant.

Thèmes

Mouvement

Saisons

Temps

Quadrille

Les enfants choisissent un partenaire. Ils se placent de manière à former un cercle. Pour aider, vous pouvez tracer un carré sur le sol avec du ruban adhésif. Invitez-les à suivre ces simples pas :

Saluez votre partenaire. *(Salut.)*

Swinguez votre compagnie. *(Tenez votre partenaire dans vos bras et tournez ensemble.)*

Do-si-do. *(Prenez les mains en croisant les bras dans votre dos.)*

Promenez-vous! *(Les partenaires se tiennent par les mains et marchent autour de la pièce.)*

Thèmes
> Amis
> Formes
> Mouvement

Danse de serpentins

Coupez des bandes de 5 cm de serpentins en papier crépon rouge, bleu, jaune et vert. Prenez des bandes de 30 cm de plastique rouge, jaune, bleu et vert et placez-les sur le plancher.

Donnez un serpentin à chaque enfant. Mettez de la musique et encouragez les enfants à danser avec leurs serpentins. Quand la musique s'arrête, demandez aux enfants de rejoindre la bande qui est de la même couleur que leur serpentin. Relancez la musique et laissez les enfants se mélanger de nouveau. Au prochain arrêt de la musique, laissez les enfants échanger leurs serpentins et reprenez l'activité.

Thèmes
> Couleurs
> Mouvement

La promenade

Demandez aux enfants de se placer en deux lignes parallèles se faisant face. Montrez-leur à se déplacer vers la droite, puis à faire une pause, puis à se déplacer vers la gauche et à faire une pause. Suggérez aux enfants en tête des deux files de passer d'une ligne à l'autre. Ils peuvent faire n'importe quel pas quand ils sont entre les deux lignes.

Si les enfants sont capables d'exécuter un pas plus compliqué, ils peuvent marcher à droite, puis à droite de nouveau en passant leur pied gauche derrière le droit et répéter ensuite ce pas vers la gauche. Ce pas est appelé le pas de vigne.

Thème

Mouvement

La baignade

Faites marcher les enfants côté à côte, vers l'avant et vers l'arrière, en bougeant leurs bras comme s'ils étaient des nageoires. N'importe quelle musique rock des années 1960 sera parfaite pour cette danse.

Thèmes

Humour
Mouvement
Océans et mers

Le pouce de Pauline

Consigne : *Faites les mouvements du pouce tel qu'indiqué.*

Le pouce de Pauline pointe vers le haut, le pouce de Pauline pointe vers le bas

Le pouce de Pauline danse dans toute la ville.

Faites-le danser sur vos épaules, faites-le danser sur votre tête.

Faites-le danser sur vos genoux et mettez-le dans le lit.

Nommez d'autres doigts (Phillip le majeur, Thierry l'index, Richard l'annulaire, Laurent l'auriculaire) et faites-les danser sur d'autres parties du corps.

Thèmes

Mouvement
Les parties du corps

Le twist

Placer les enfants debout, les pieds écartés d'une largeur d'épaules, et demandez-leur de balancer leurs hanches. Montrez-leur comment balancer leurs bras dans la direction opposée pour danser le twist. Faites jouer « *The Twist* » par Chubby Checker pour une séance de twist amusante.

Thèmes

Humour
Mouvement

Tooty-Ta

Consignes : *Chantez les paroles et mariez les actions aux mots.*

Tooty ta, Tooty ta, Tooty ta, ta.
Les pouces en haut !
Tooty ta, Tooty ta, Tooty ta, ta.
Les coudes en arrière !
Tooty ta, Tooty ta, Tooty ta, ta.
Les pieds écartés !
Tooty ta, Tooty ta, Tooty ta, ta.
Les genoux ensemble !
Tooty ta, Tooty ta, Tooty ta, ta.
Le corps en avant !
Tooty ta, Tooty ta, Tooty ta, ta.
Sortez la langue !
Tooty ta, Tooty ta, Tooty ta, ta.
Les yeux fermés !
Tooty ta, Tooty ta, Tooty ta, ta.
Tournez sur vous-mêmes !

Thèmes

Mouvement
Les parties du corps

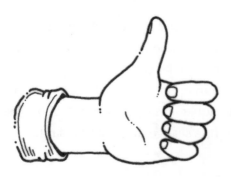

Danse à claquettes

Invitez les enfants à coller une rondelle de métal au bout de leurs chaussures et à taper sur un plancher dur. Fournissez des hauts-de-forme pour un effet bœuf.

Thèmes

Mouvement

Tourne, douceur, tourne

Consignes : *Demandez aux enfants de se tenir debout en cercle. Choisissez un enfant pour commencer la danse. Suivez les directives.*

En haut, en bas, mon chéri.

(L'enfant désigné marche à l'extérieur du cercle en frappant des mains et en chantant la chanson.)

En haut, en bas, nous bougeons.

En haut, en bas, mon chéri.

En haut, en bas, nous bougeons.

Cette dame fait swingner son favori.
(L'enfant choisit un partenaire pour être le favori.)

Cette dame fait swingner son favori. *(Les partenaires se rencontrent, se tiennent les mains et bougent les bras dans les deux sens.)*

Cette dame fait swingner son favori. *(Les partenaires continuent à balancer leurs bras.)*

Oh, tourne, douceur, tourne. *(Les partenaires tournent en se tenant bras dessus, bras dessous.)*

Les partenaires continuent de se tenir les mains et se promènent en cercle. Chantez la chanson de nouveau, mais cette fois le favori choisit un nouveau partenaire et répète la danse. L'enseignant choisit aussi un nouveau partenaire et répète la danse.

Répétez la chanson jusqu'à ce que tous les enfants aient dansé.

Thèmes

Contraires

Mouvement

Danse des abeilles

Expliquez aux enfants que les abeilles font une danse pour communiquer entre elles. «La direction dans laquelle elles volent quand elles retournent à la ruche laisse savoir aux autres abeilles où est le pollen. Les abeilles tourneront aussi autour d'un endroit où la nourriture a été placée. Elles agitent leur derrière et tournent autour de cet endroit. C'est la danse que nous ferons.»

Consignes : *Placez une fleur ou une fausse fleur sur le plancher. Invitez les enfants à étendre leurs ailes (bras) et à tourner autour de la fleur en agitant leur derrière. Après quelques minutes, changez l'emplacement de la fleur et invitez les abeilles (enfants) à suivre la fleur. La musique ajoute au plaisir.*

Les abeilles – zoum, zoum, zoum! *(rapide)*

Font du miel – zoum, zoum, zoum! *(lent)*

Dans leur ruche – zoum, zoum, zoum! *(rapide)*

Elles chantent – zoum, zoum, zoum! *(lent)*

Thèmes

Insectes

Mouvement

Nature

Les fourmis marchent

Consignes : *Chantez en imitant les fourmis de la chanson. Demandez aux enfants de se placer en deux lignes parallèles pour former deux groupes de fourmis.*

– Les fourmis marchent une par une, hourra, hourra
Les fourmis marchent une par une
En transportant des petites prunes
Hourra, hourra, hourra hourra hourra !

– Les fourmis marchent deux par deux, hourra, hourra
Les fourmis marchent deux par deux
En transportant des raisins bleus
Hourra, hourra, hourra hourra hourra !

– Les fourmis marchent trois par trois, hourra, hourra
Les fourmis marchent trois par trois
En transportant des petits pois
Hourra, hourra, hourra hourra hourra !

– Les fourmis marchent quatre par quatre, hourra, hourra
Les fourmis marchent quatre par quatre
En transportant des grosses tomates
Hourra, hourra, hourra hourra hourra !

– Les fourmis marchent cinq par cinq, hourra, hourra
Les fourmis marchent cinq par cinq
En transportant du beau blé d'Inde
Hourra, hourra, hourra hourra hourra !

– Les fourmis marchent six par six, hourra, hourra
Les fourmis marchent six par six
En transportant un pain d'épice
Hourra, hourra, hourra hourra hourra !

– Les fourmis marchent sept par sept, hourra, hourra
Les fourmis marchent sept par sept
En transportant des fèves vertes
Hourra, hourra, hourra hourra hourra !

– Les fourmis marchent huit par huit, hourra, hourra
Les fourmis marchent huit par huit
En transportant des patates frites
Hourra, hourra, hourra hourra hourra !

– Les fourmis marchent neuf par neuf, hourra, hourra
Les fourmis marchent neuf par neuf,
En transportant chacune un œuf
Hourra, hourra, hourra hourra hourra !

– Les fourmis marchent dix par dix, hourra, hourra
Les fourmis marchent dix par dix
Et maintenant nous sommes assis
Hourra, hourra, hourra hourra hourra !

Thèmes

Fourmis
Groupes
Nombres

C'est la mère Michèle

Consigne : *Faites mimer les gestes de la chanson par les enfants.*

C'est la mère Michèle qui a perdu son chat
Elle crie par la fenêtre à qui le lui rendra
C'est le père Lustucru
Qui lui a répondu
Allez la mère Michèle
Votre chat n'est pas perdu !

Thèmes

Chats
Mouvement
Les sonorités de la langue

Annexe

MODÈLES – ACTIVITÉS

Le chien et l'os - Jeu de jumelage

Le chien et l'os - Jeu de jumelage

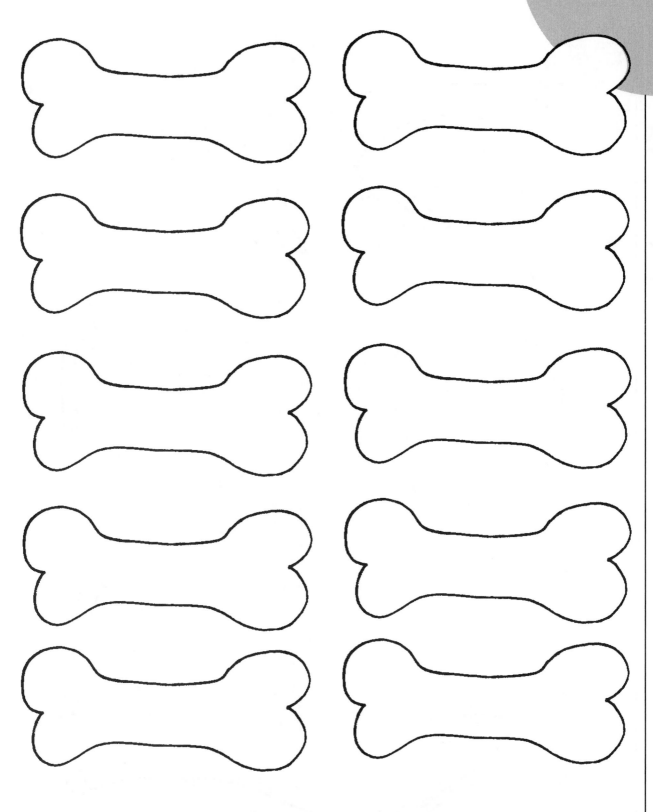

Le grand livre des activités, danses, histoires, jeux et recettes

Jumelage d'éléphants et de cacahuètes

MODÈLES – ACTIVITÉS

Jumelage d'éléphants et de cacahuètes

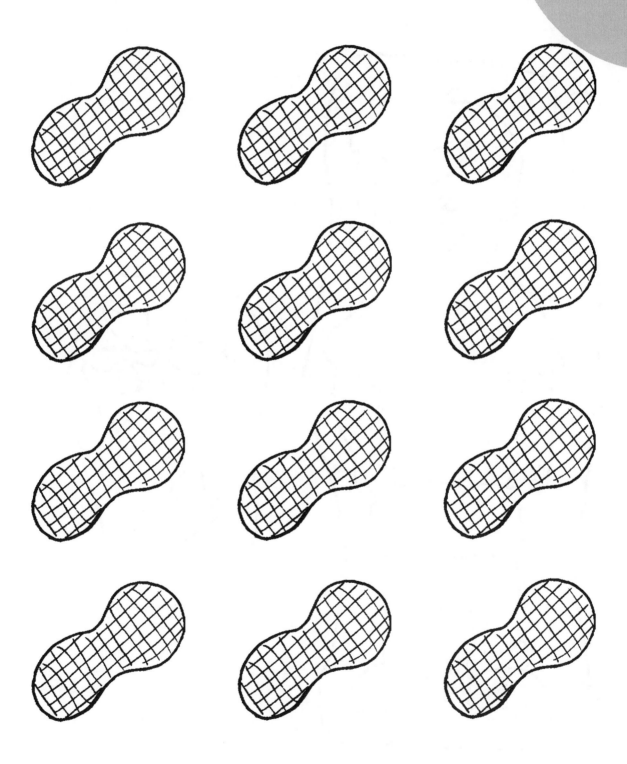

MODÈLES – ACTIVITÉS

Pierre Piment

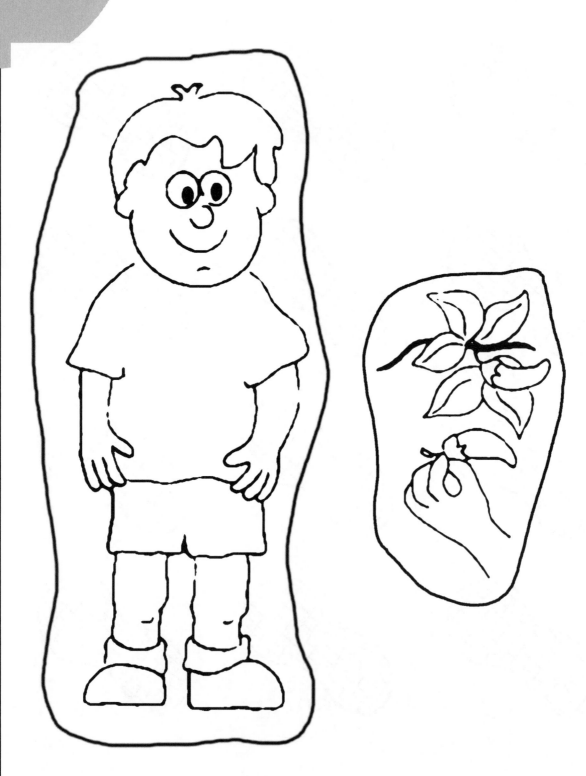

Pierre Piment

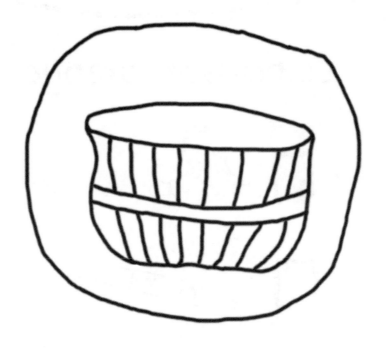

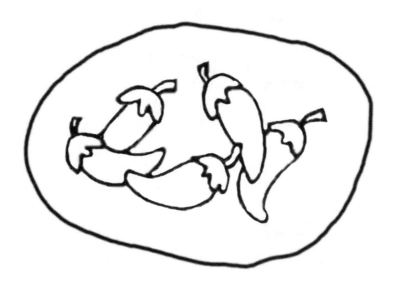

Le grand livre des activités, danses, histoires, jeux et recettes

Chasse aux trésors

Le poisson orange

La brioche

La brioche

La brioche

La brioche

La brioche

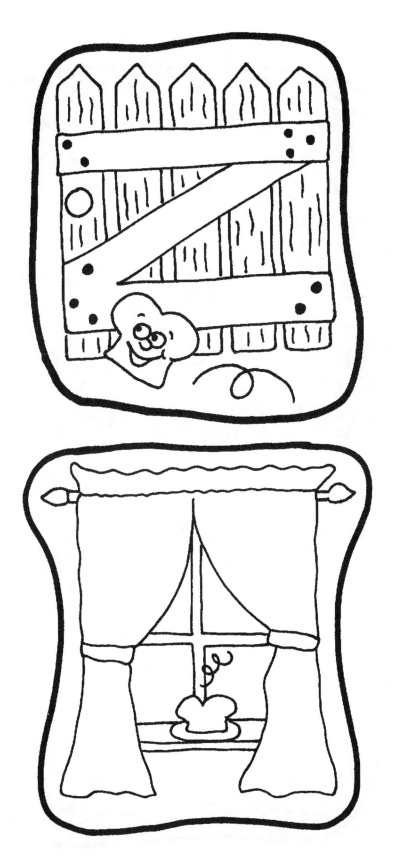

Le grand livre des activités, danses, histoires, jeux et recettes

Chapeaux à vendre

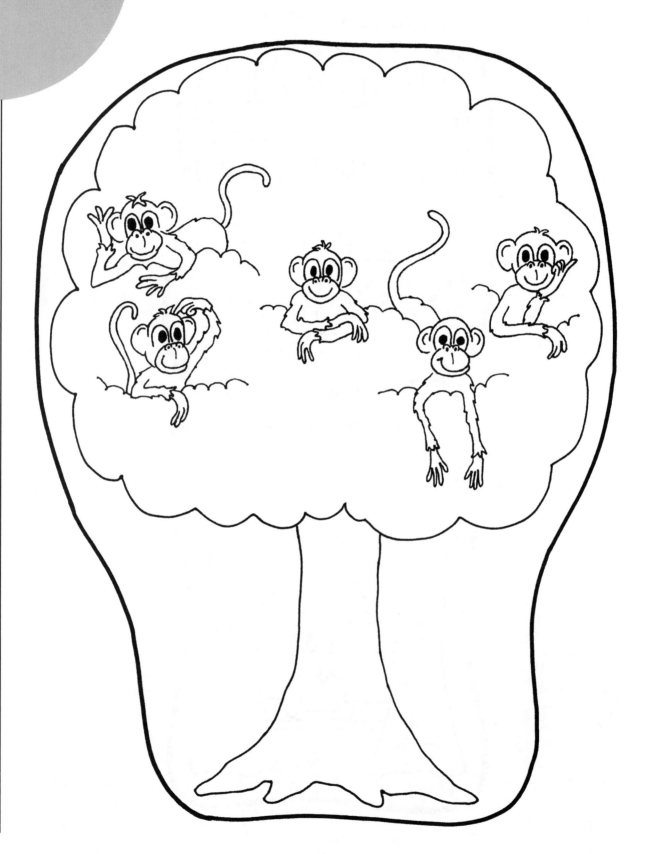

Chapeaux à vendre

Chapeaux
à vendre

HISTOIRE À RACONTER DEVANT UN TABLEAU

La chanson des couleurs

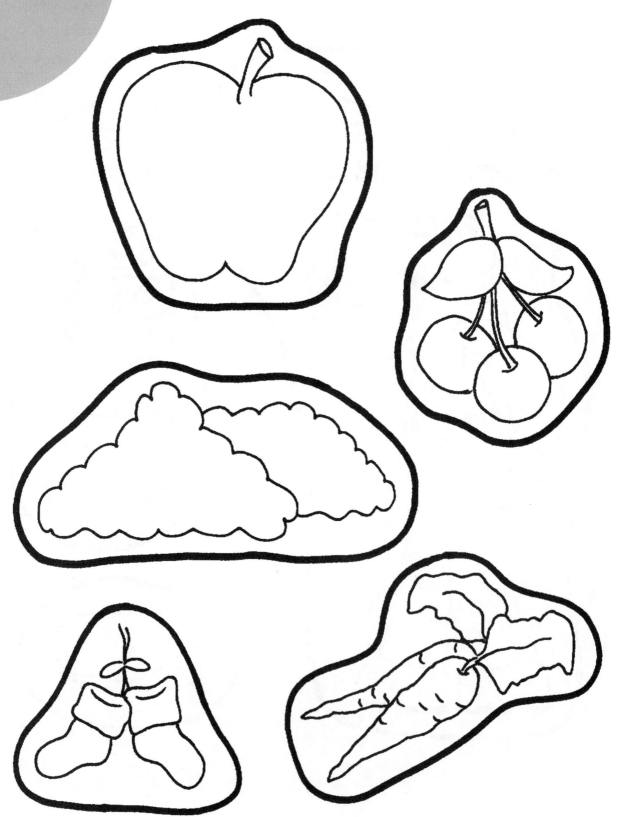

La chanson des couleurs

La chanson des couleurs

La chanson des couleurs

Poupées à habiller: Marc et Melissa

Histoire de base

Poupées à habiller: Marc et Melissa
Histoire de base

Le grand livre des activités, danses, histoires, jeux et recettes

Poupées à habiller: Marc et Melissa

Histoire de base

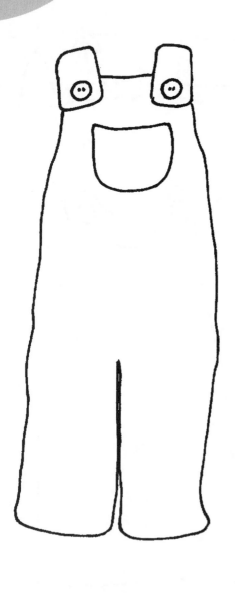

Poupées à habiller : automne

Le grand livre des activités, danses, histoires, jeux et recettes

Poupées à habiller : automne

Poupées à habiller : automne

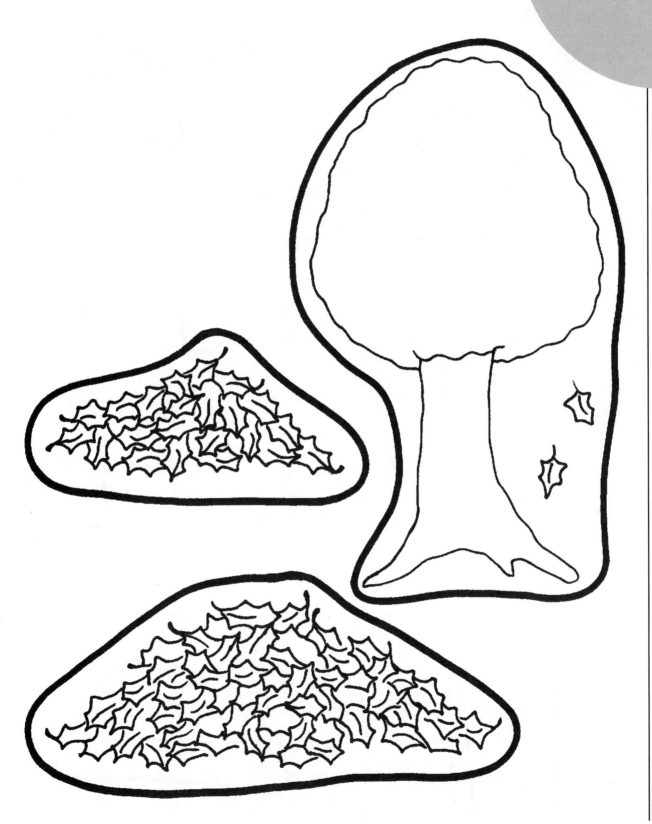

Le grand livre des activités, danses, histoires, jeux et recettes

Poupées à habiller : hiver

Poupées à habiller : hiver

Annexe

Poupées à habiller : hiver

HISTOIRE À RACONTER DEVANT UN TABLEAU

Poupées à habiller : hiver

Le grand livre des activités, danses, histoires, jeux et recettes

Poupées à habiller : printemps

Annexe

HISTOIRE À RACONTER DEVANT UN TABLEAU

HISTOIRE À RACONTER DEVANT UN TABLEAU

Le grand livre des activités, danses, histoires, jeux et recettes

Poupées à habiller : printemps

HISTOIRE À RACONTER DEVANT UN TABLEAU

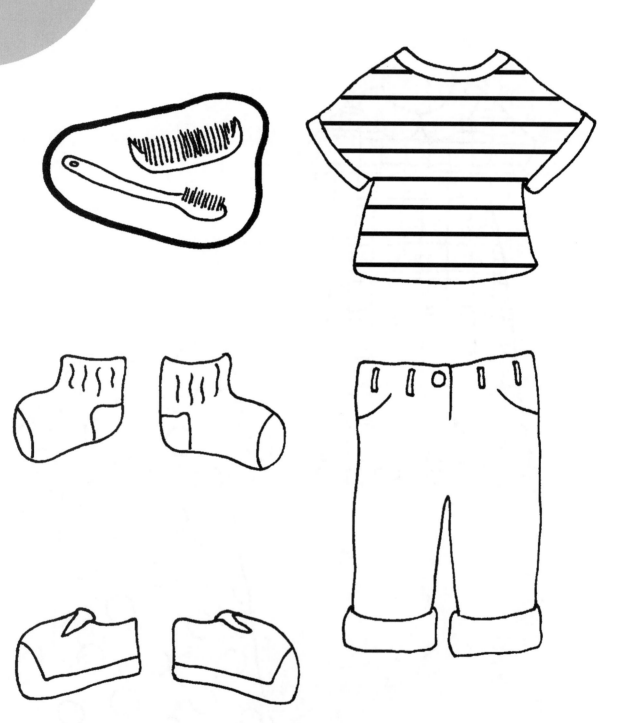

Poupées à habiller : été

Le grand livre des activités, danses, histoires, jeux et recettes

Poupées à habiller : été

HISTOIRE À RACONTER DEVANT UN TABLEAU

L'elfe et le loir

Le grand livre des activités, danses, histoires, jeux et recettes

L'elfe et le loir

L'elfe et le loir

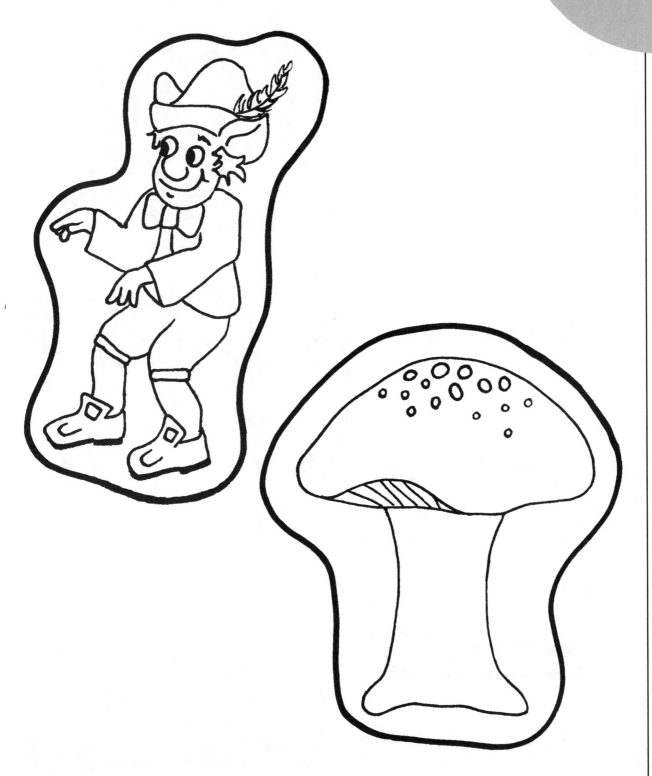

Les elfes et le cordonnier

Les elfes et le cordonnier

Les elfes et le cordonnier

Les elfes et le cordonnier

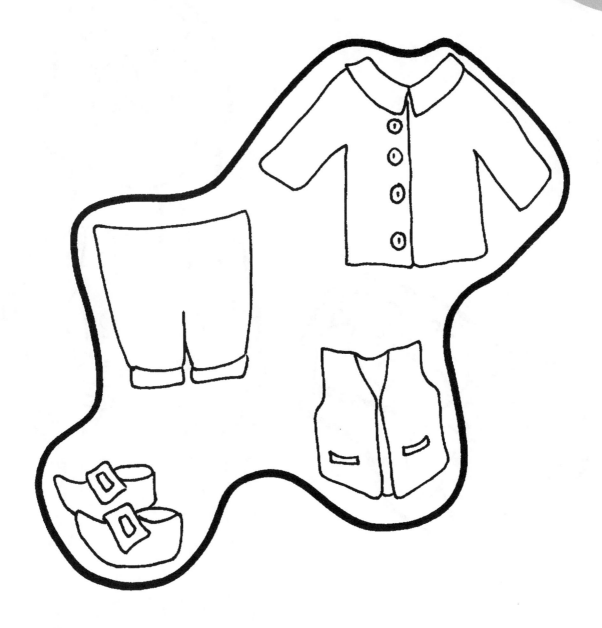

Les elfes et le cordonnier

Les elfes et le cordonnier

Gros minet : un conte populaire danois

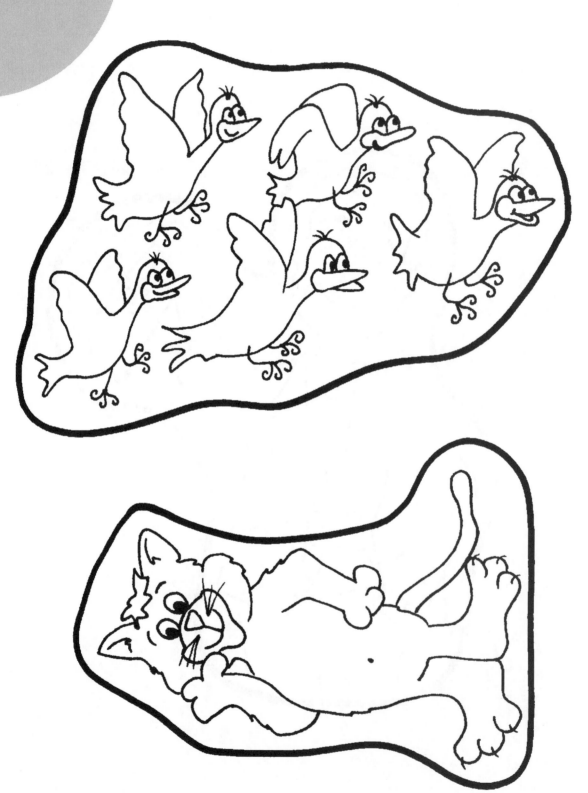

Gros minet : un conte populaire danois

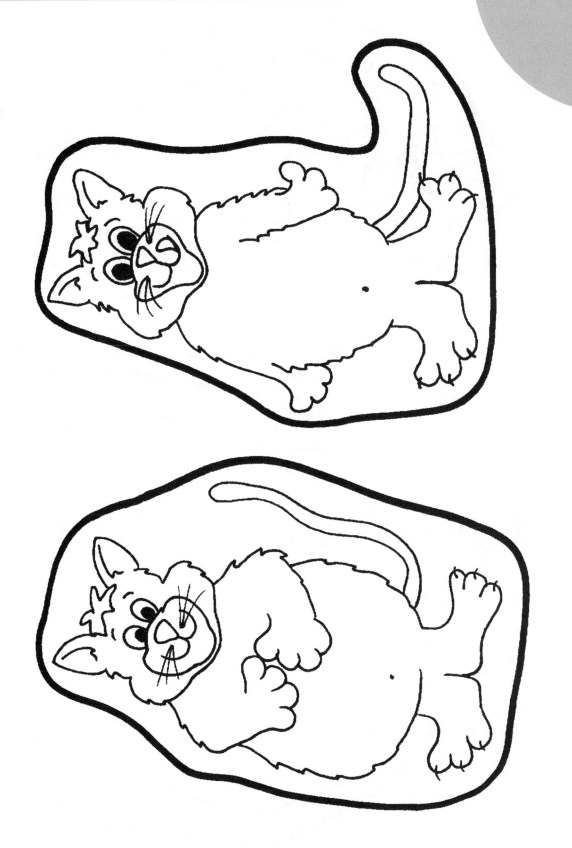

Gros minet : un conte populaire danois

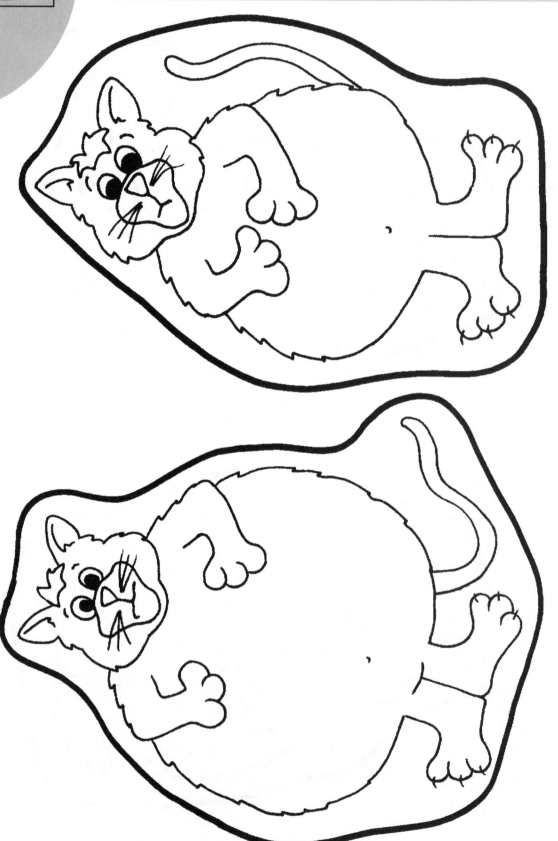

Gros minet : un conte populaire danois

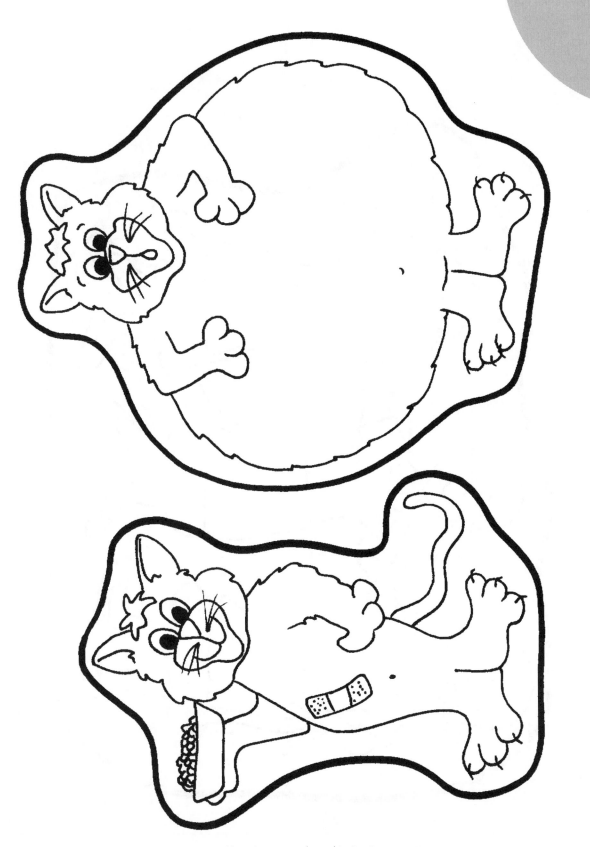

Le grand livre des activités, danses, histoires, jeux et recettes

HISTOIRE À RACONTER DEVANT UN TABLEAU

Gros minet : un conte populaire danois

Gros minet : un conte populaire danois

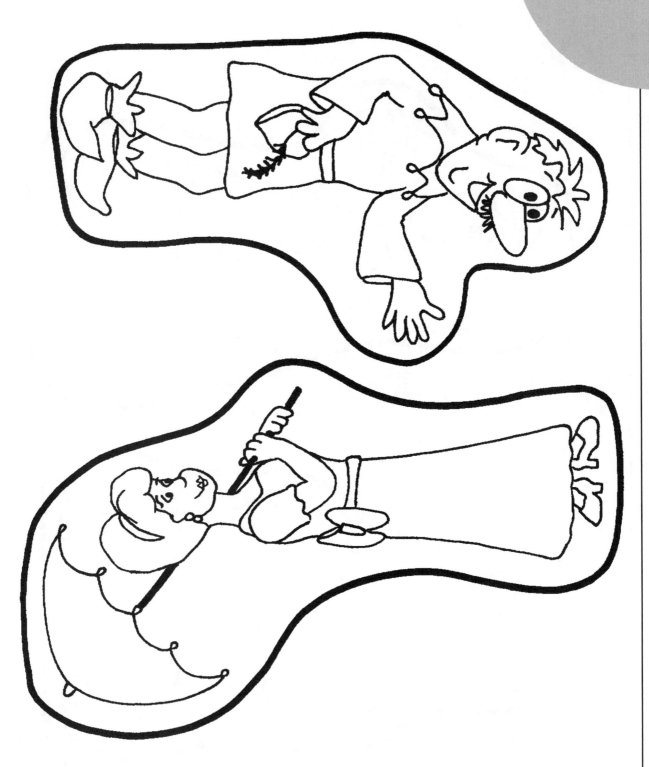

Gros minet : un conte populaire danois

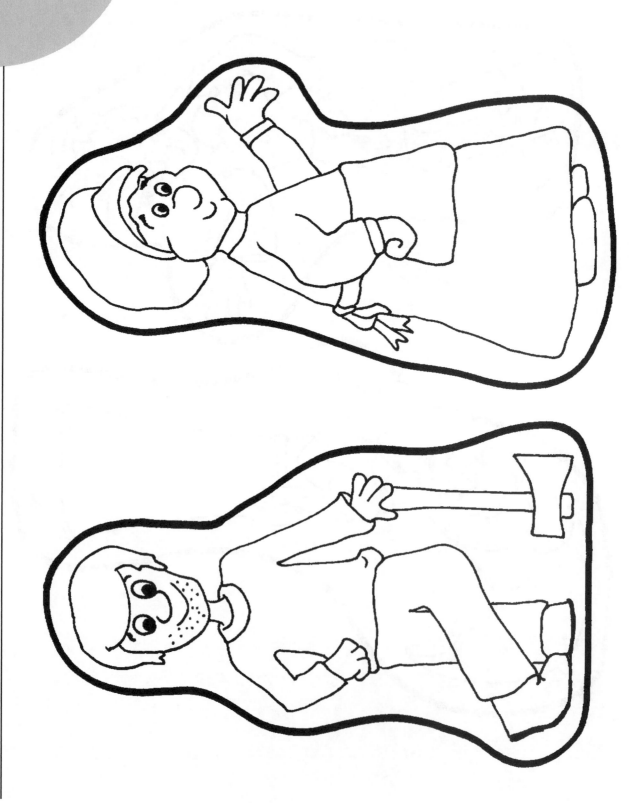

Gros minet : un conte populaire danois

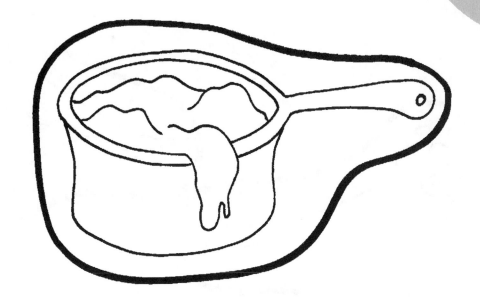

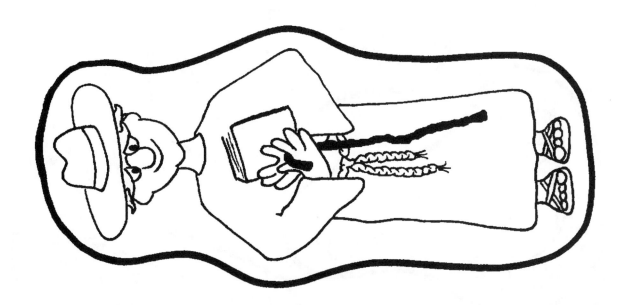

Le grand livre des activités, danses, histoires, jeux et recettes

Cinq petites mésanges à tête noire

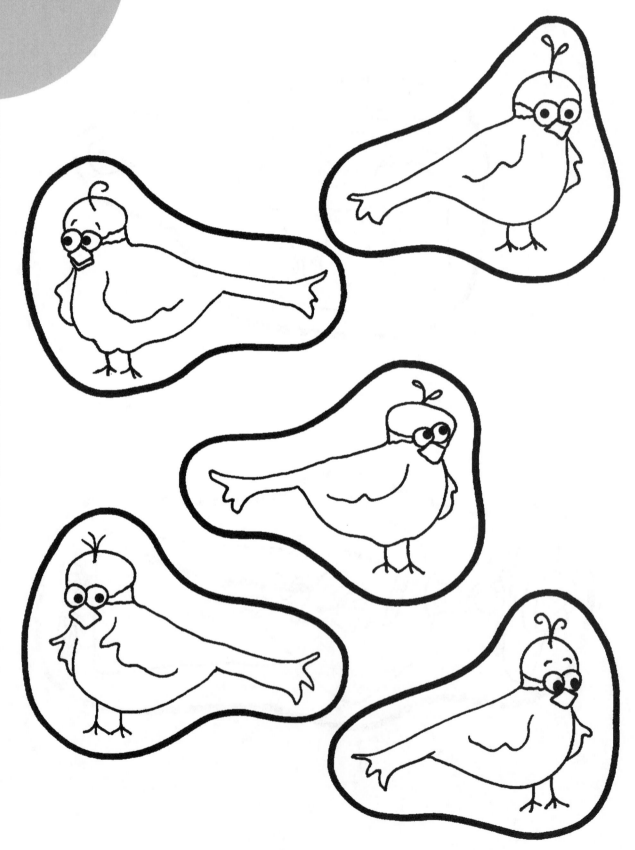

Cinq petites mésanges à tête noire

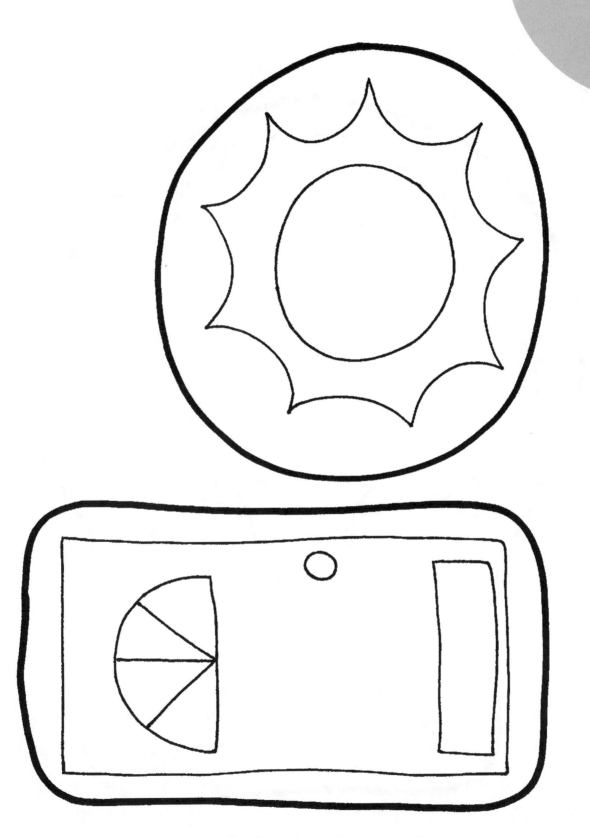

Cinq petites mésanges à tête noire

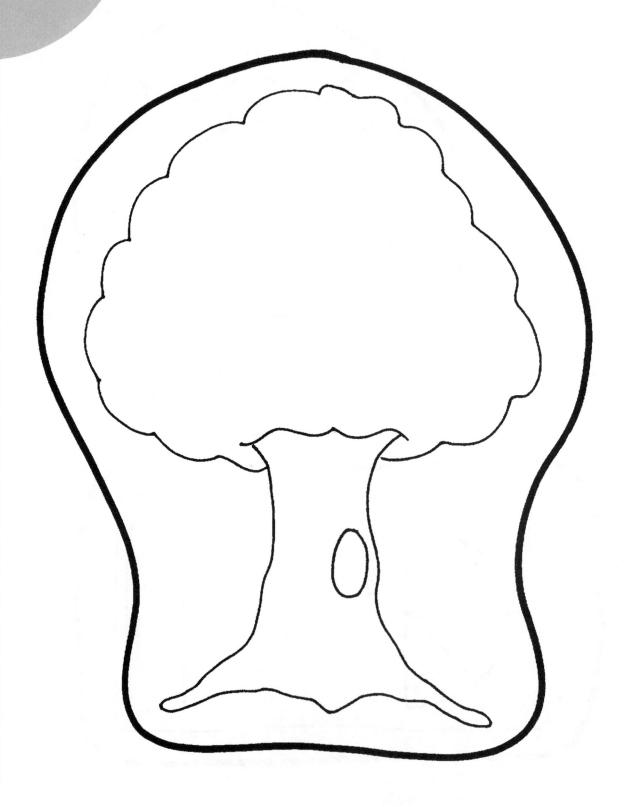

Cinq petites mésanges à tête noire

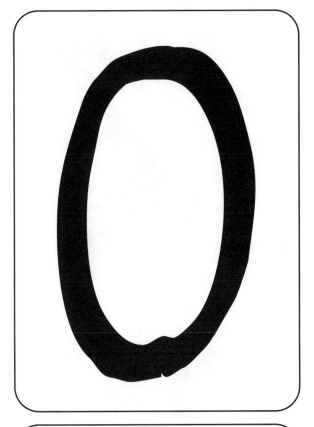

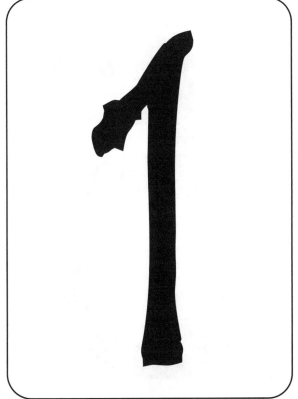

Le grand livre des activités, danses, histoires, jeux et recettes

HISTOIRE À RACONTER DEVANT UN TABLEAU

Cinq petites mésanges à tête noire

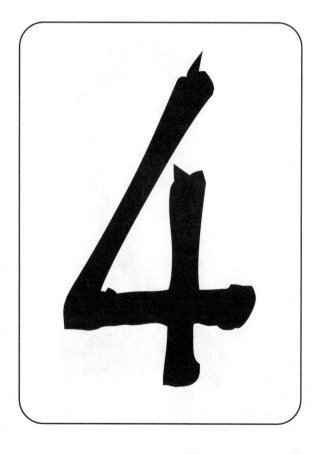

Mon bonhomme de neige

Mon bonhomme de neige

HISTOIRE À RACONTER DEVANT UN TABLEAU

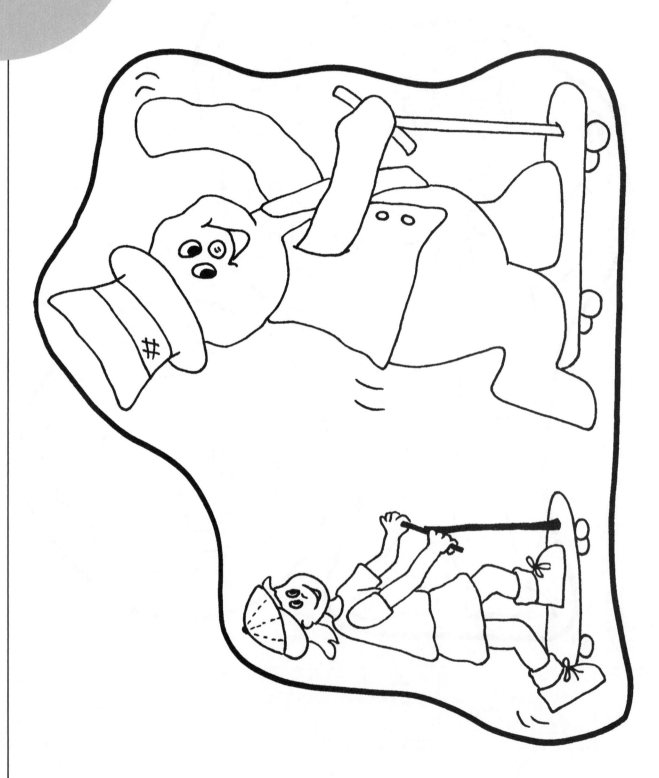

Mon bonhomme de neige

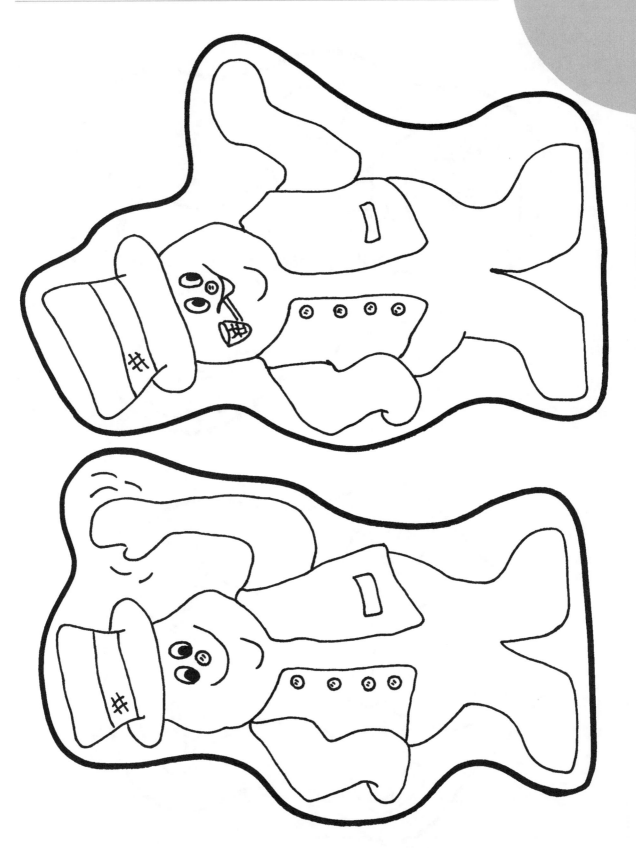

Le grand livre des activités, danses, histoires, jeux et recettes

Le bonhomme de pain d'épice

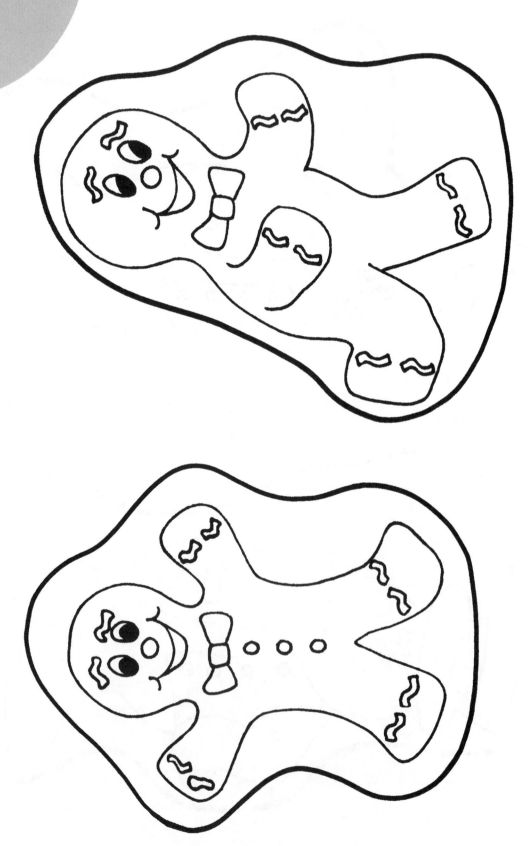

Le bonhomme de pain d'épice

Le bonhomme de pain d'épice

Le bonhomme de pain d'épice

Le bonhomme de pain d'épice

Boucles d'Or et les trois ours

Boucles d'Or et les trois ours

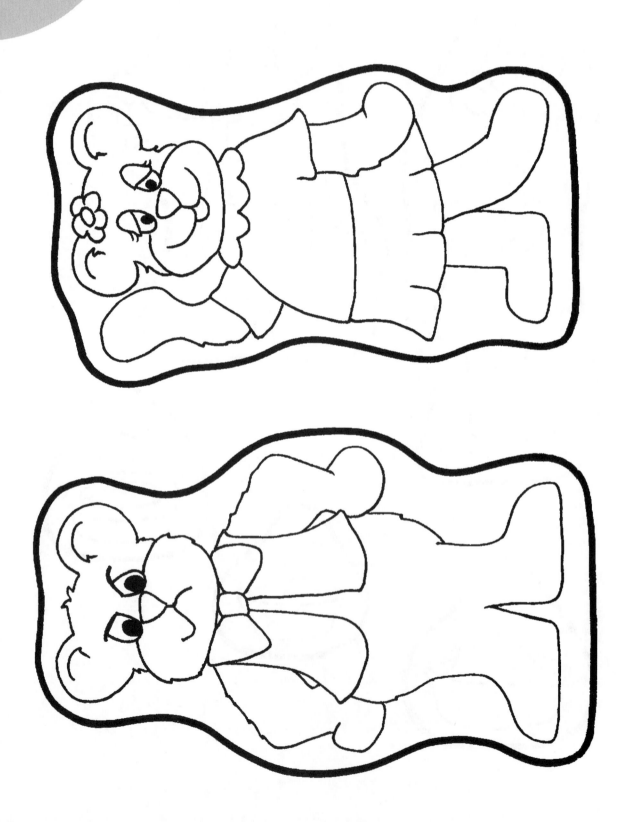

Boucles d'Or et les trois ours

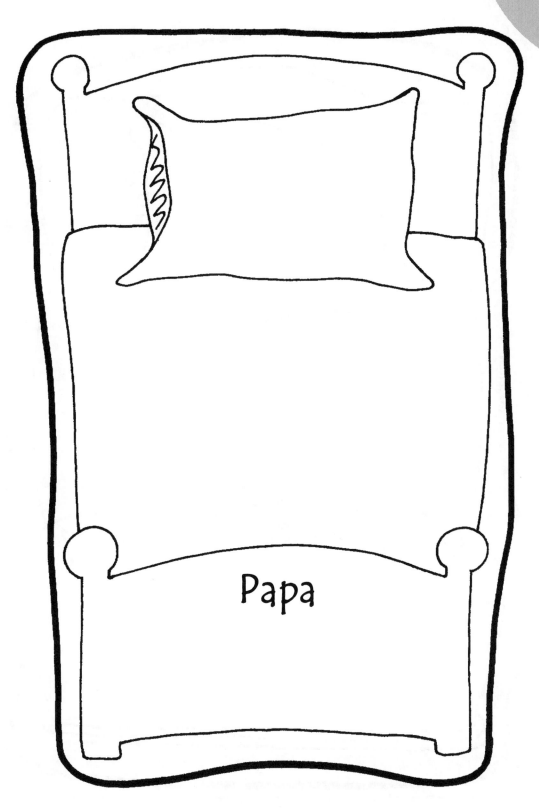

Papa

Annexe

Boucles d'Or et les trois ours

HISTOIRE À RACONTER DEVANT UN TABLEAU

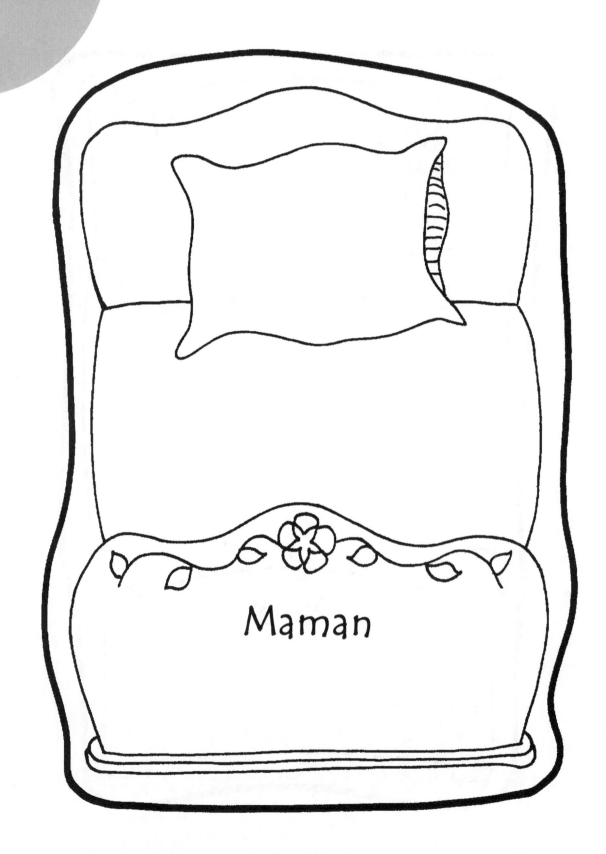

Maman

Boucles d'Or et les trois ours

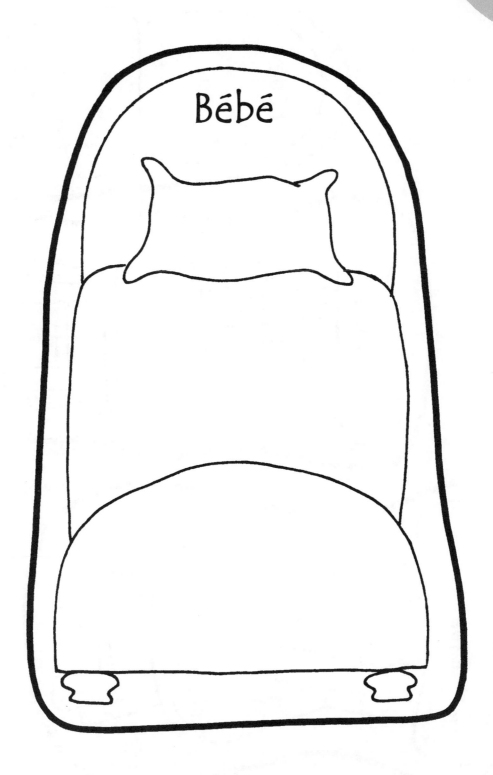

Bébé

Boucles d'Or et les trois ours

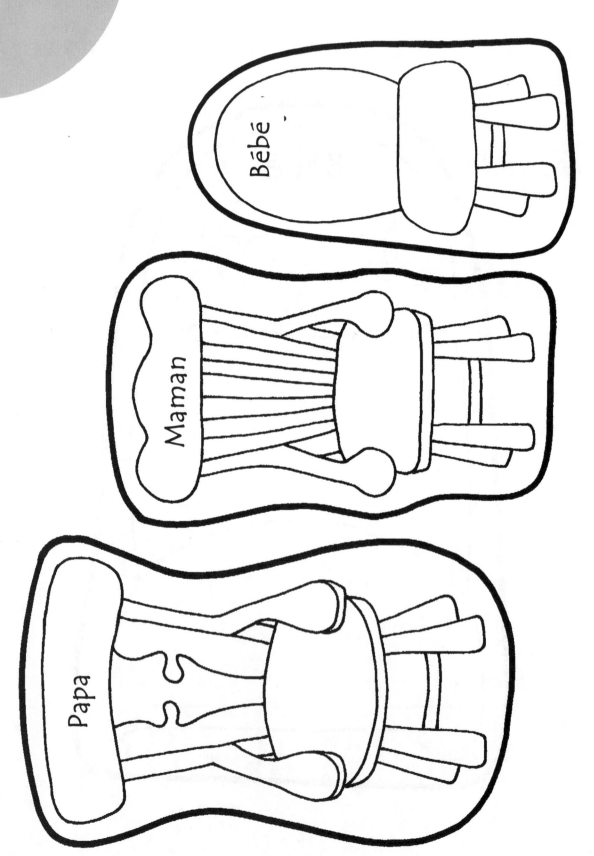

L'immense citrouille

Le grand livre des activités, danses, histoires, jeux et recettes

L'immense citrouille

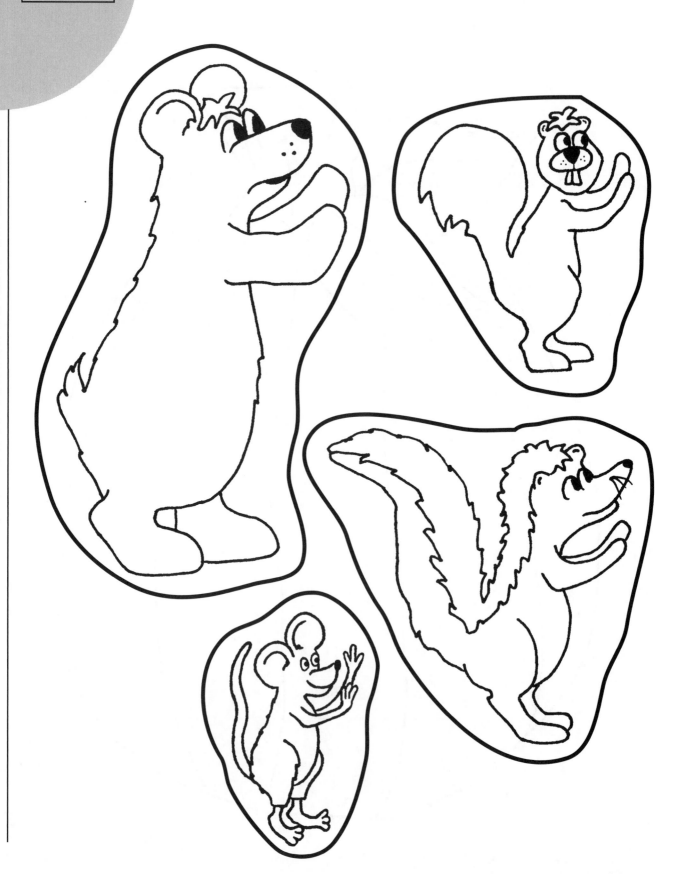

L'immense navet

Le méchant loup

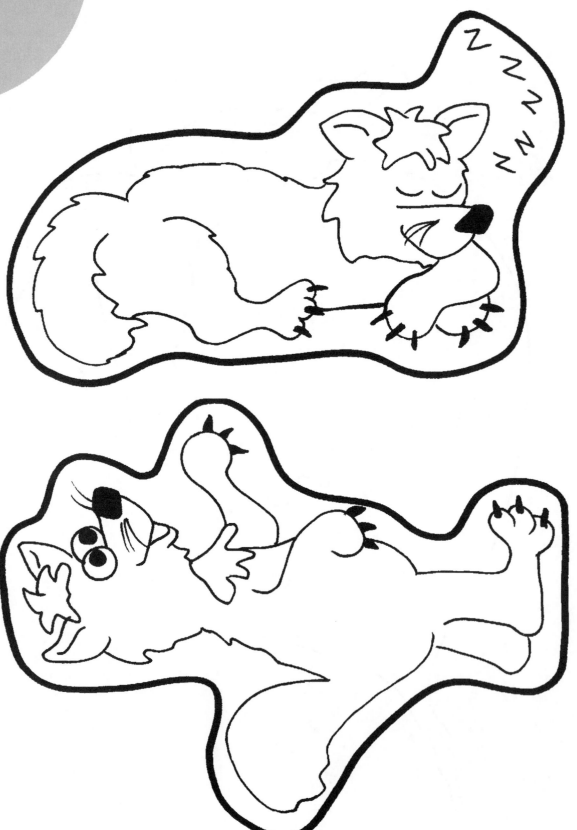

Le méchant loup

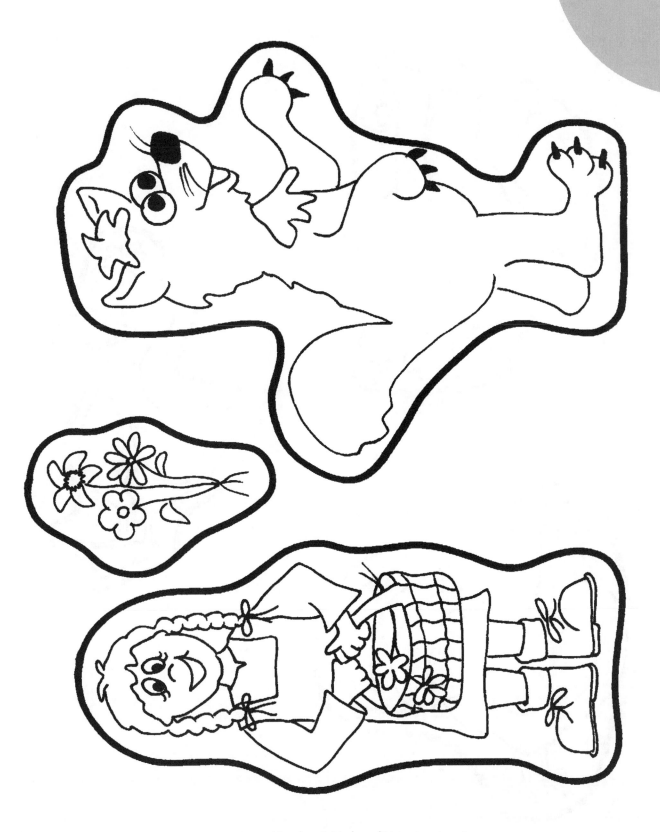

Cot-Cottie

HISTOIRE À RACONTER DEVANT UN TABLEAU

Cot-Cottie

Le grand livre des activités, danses, histoires, jeux et recettes

J'aime le noir

J'aime le noir

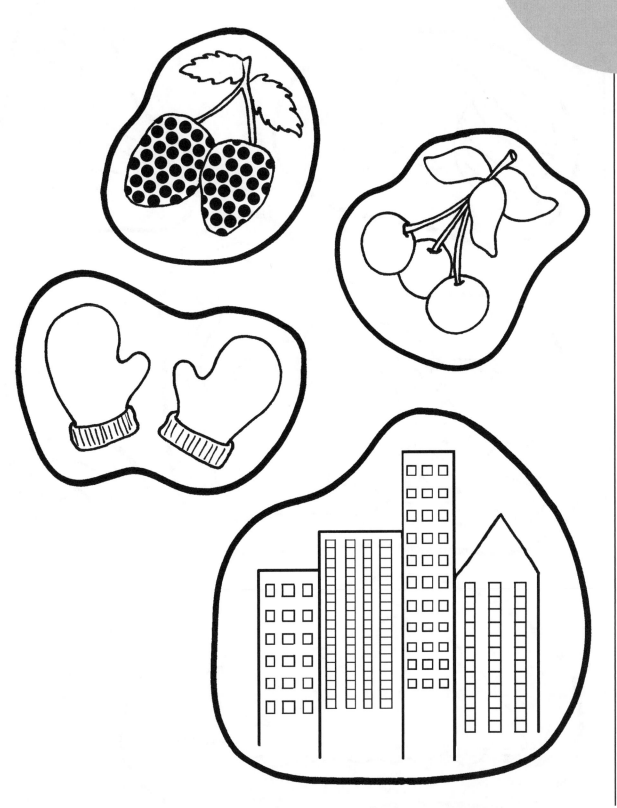

J'aime le bleu

J'aime le bleu

Le grand livre des activités, danses, histoires, jeux et recettes

J'aime le bleu

Lotion

J'aime le vert

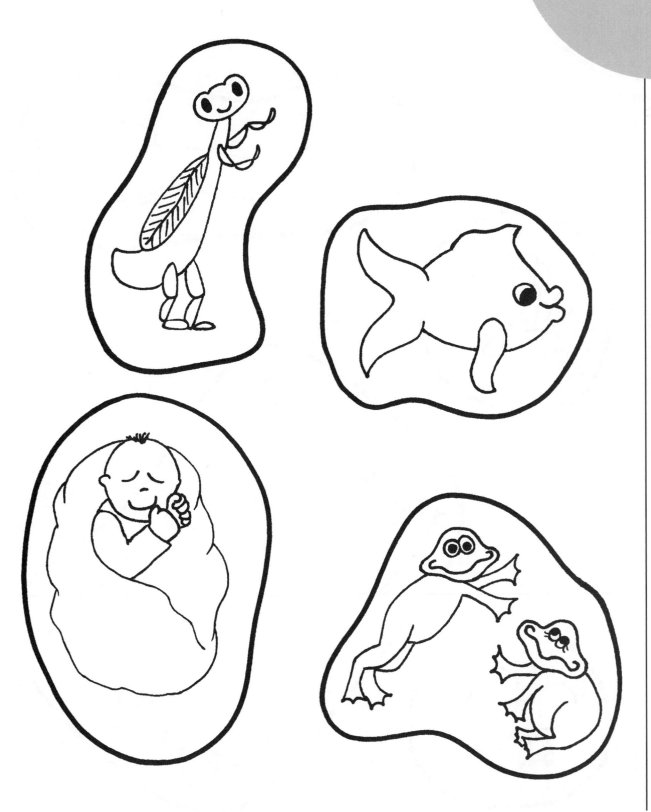

J'aime le vert

J'aime l'orangé

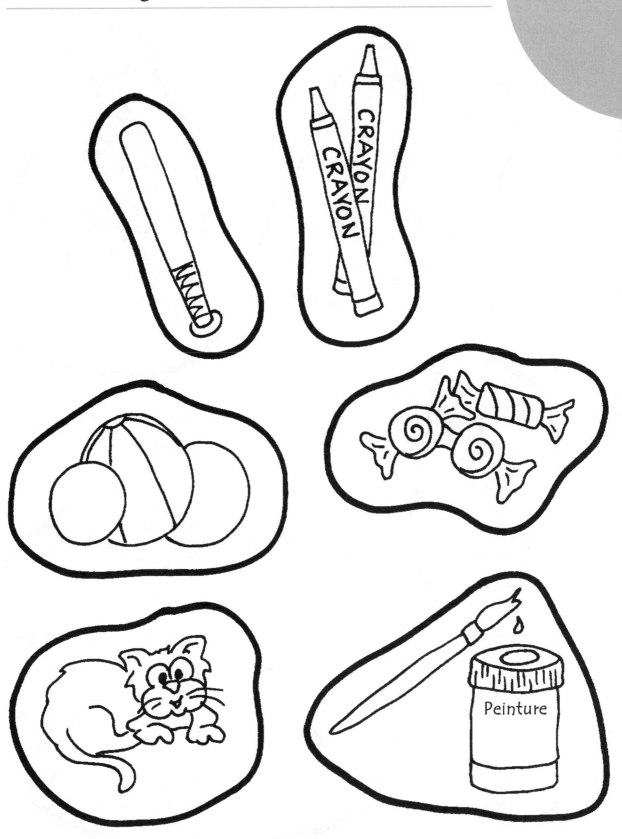

J'aime le pourpre

J'aime le pourpre

Encre

J'aime le pourpre

J'aime le rouge

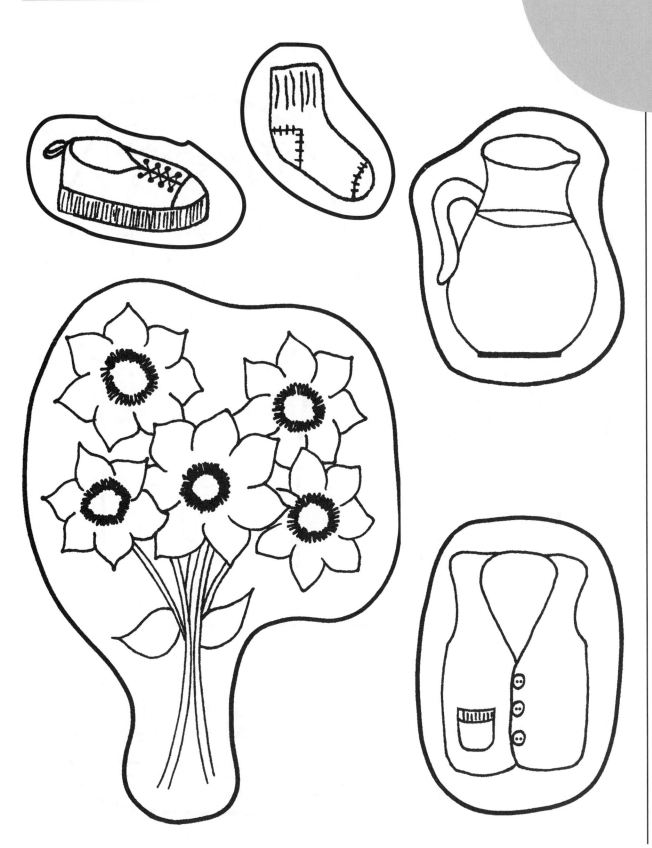

J'aime le rouge

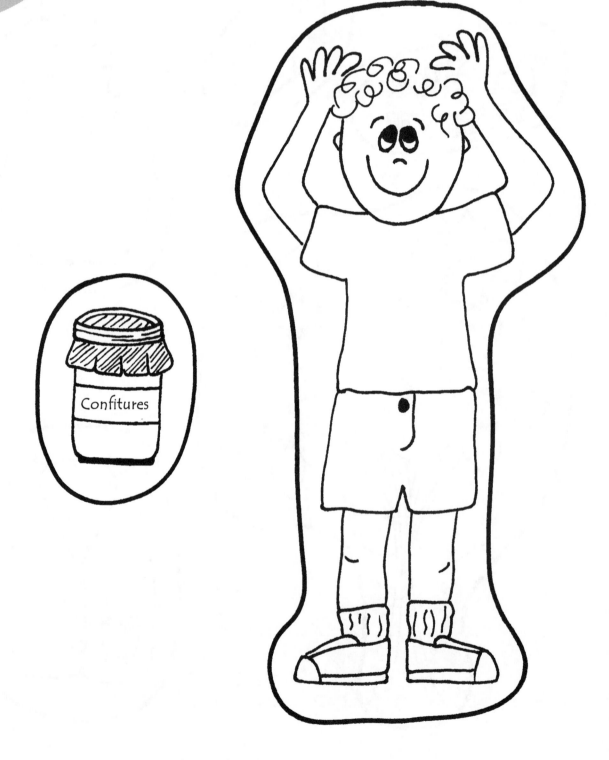

Confitures

J'aime le blanc

J'aime le blanc

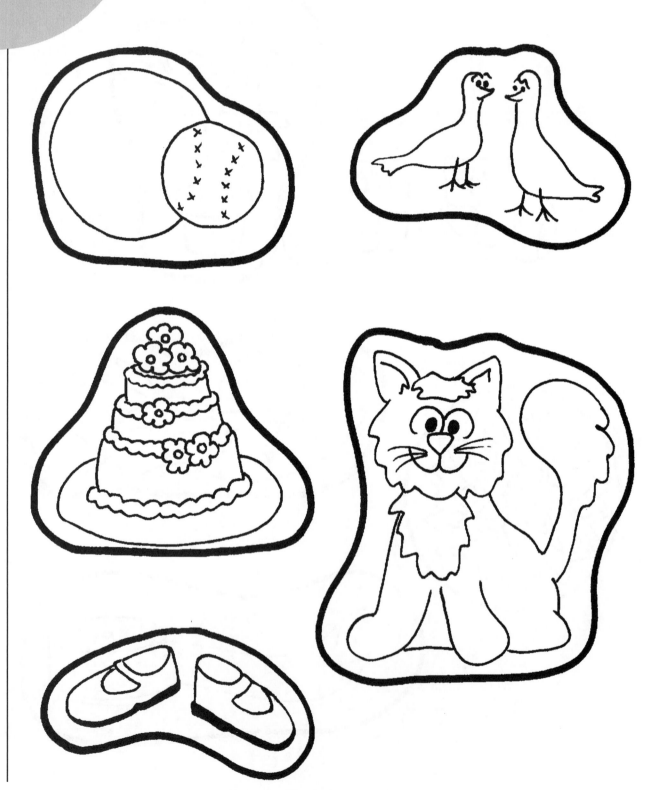

J'aime le blanc

Le grand livre des activités, danses, histoires, jeux et recettes

J'aime le jaune

Vernis
à ongles

J'aime le jaune

J'aime le jaune

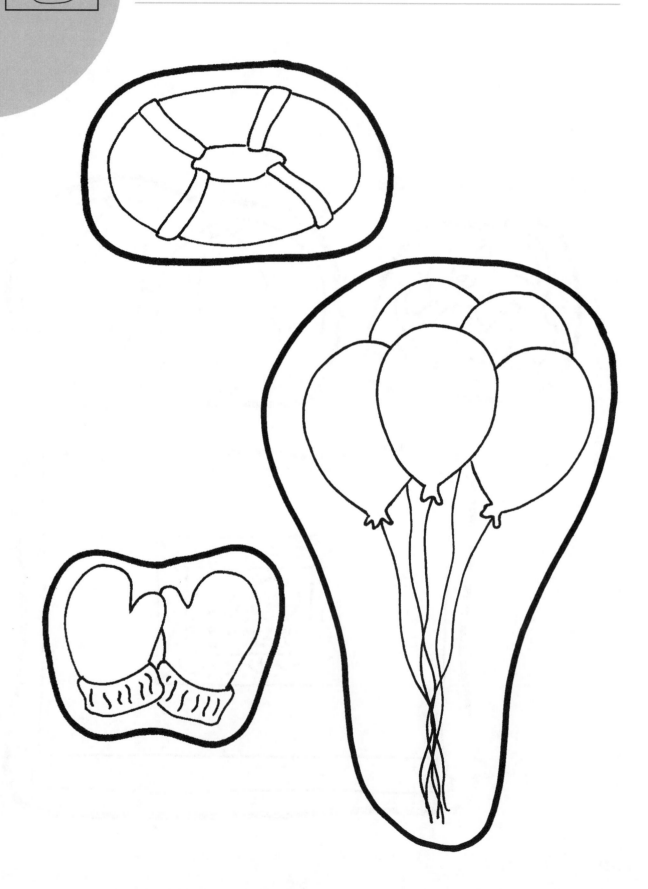

J'aime le jaune

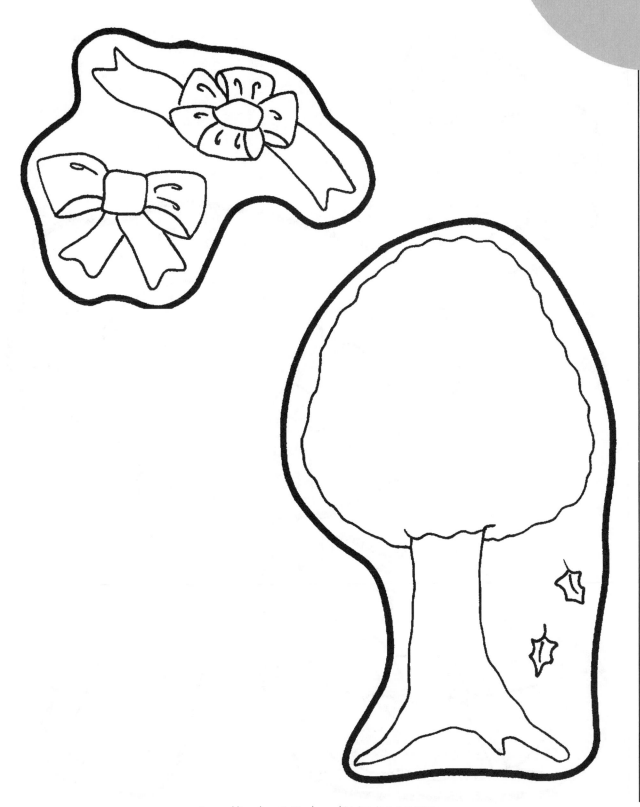

Issun Boshi

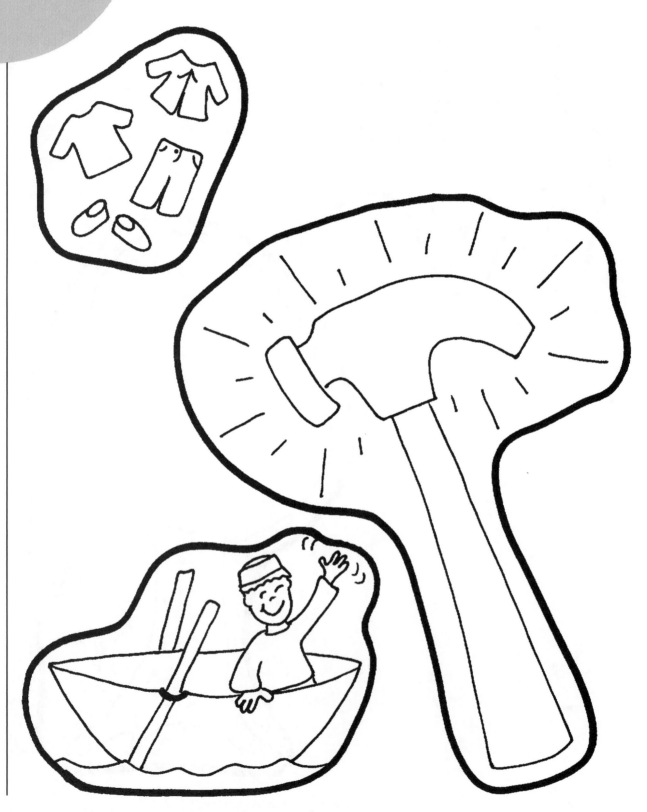

Issun Boshi

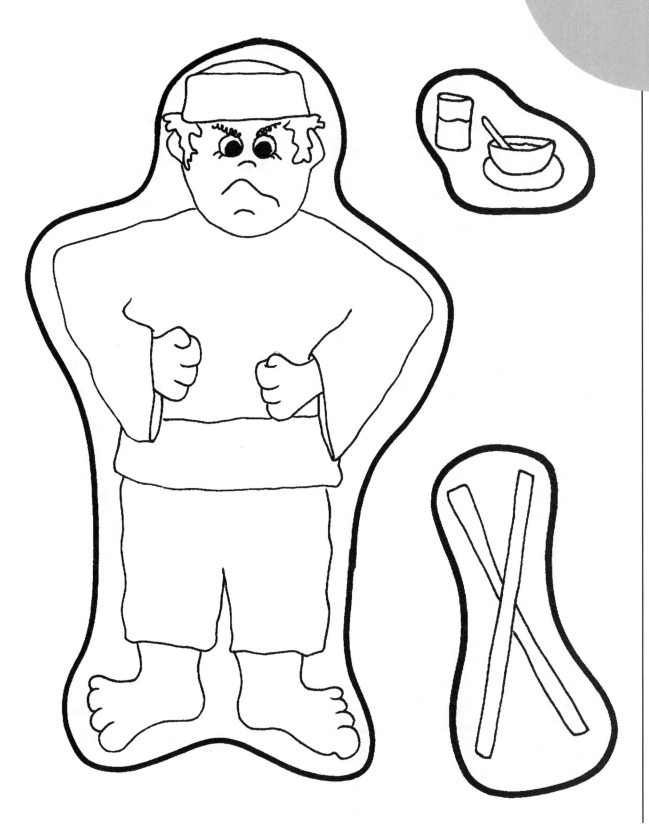

Le grand livre des activités, danses, histoires, jeux et recettes

Issun Boshi

Issun Boshi

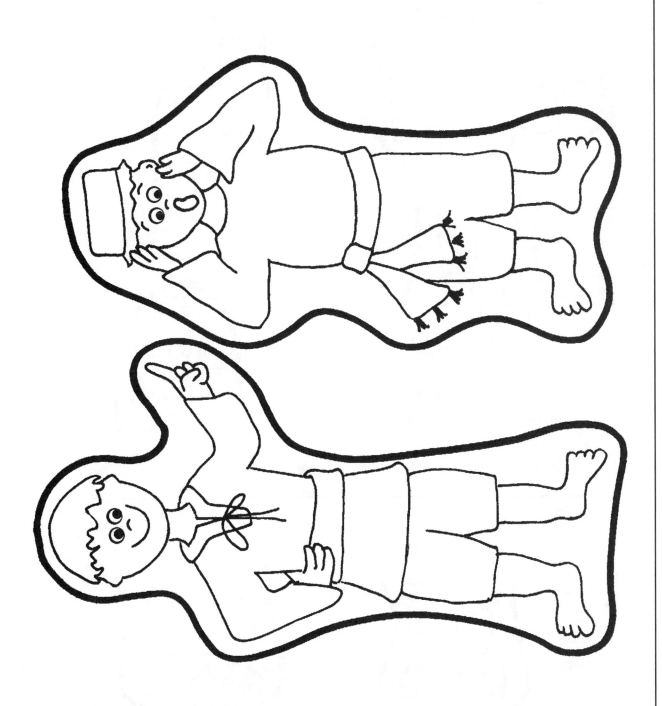

Issun Boshi

Issun Boshi

Jack et le plant de haricots

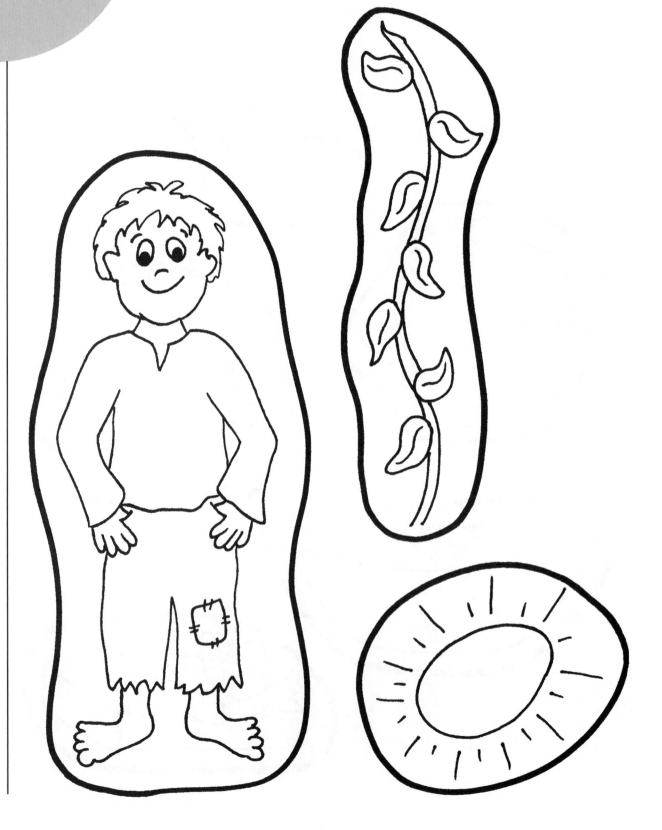

Jack et le plant de haricots

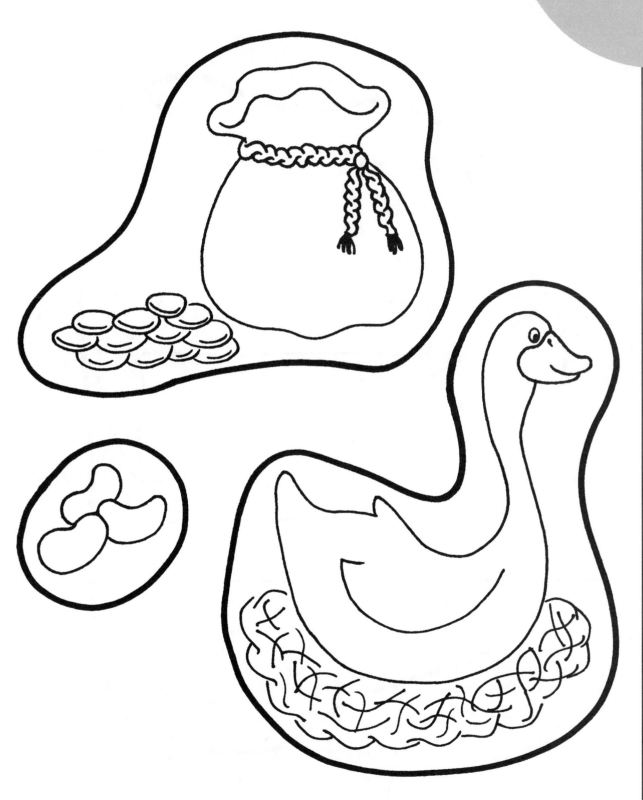

Jack et le plant de haricots

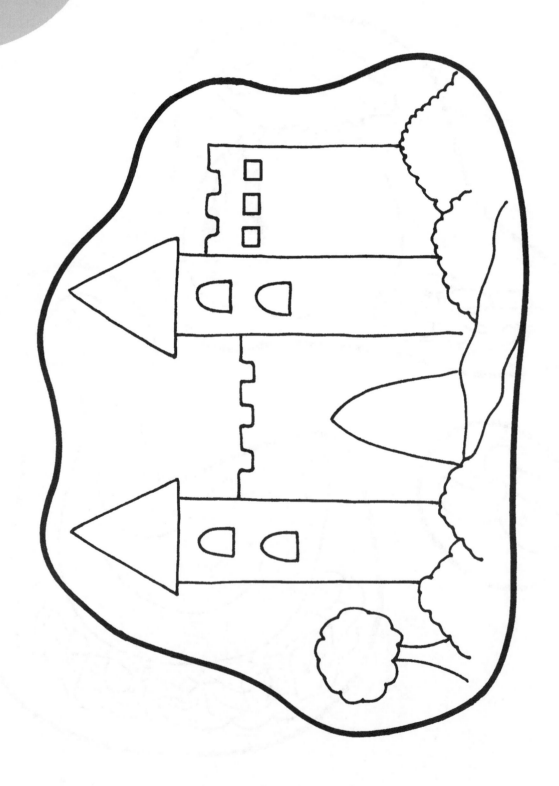

Jack et le plant de haricots

Le grand livre des activités, danses, histoires, jeux et recettes

Jack et le plant de haricots

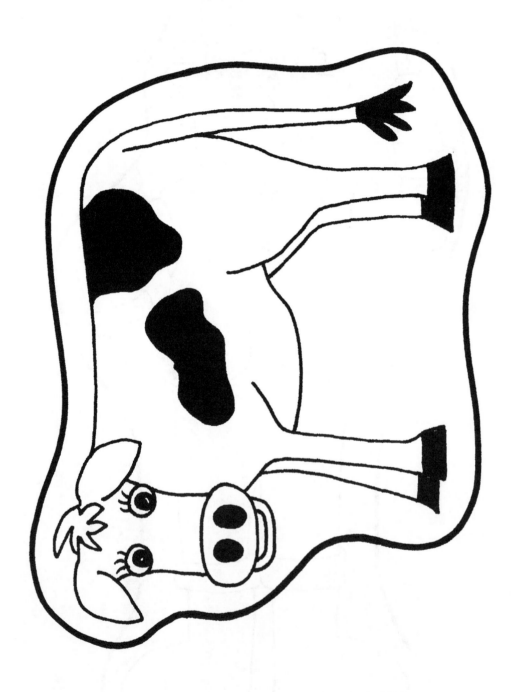

Le renard paresseux

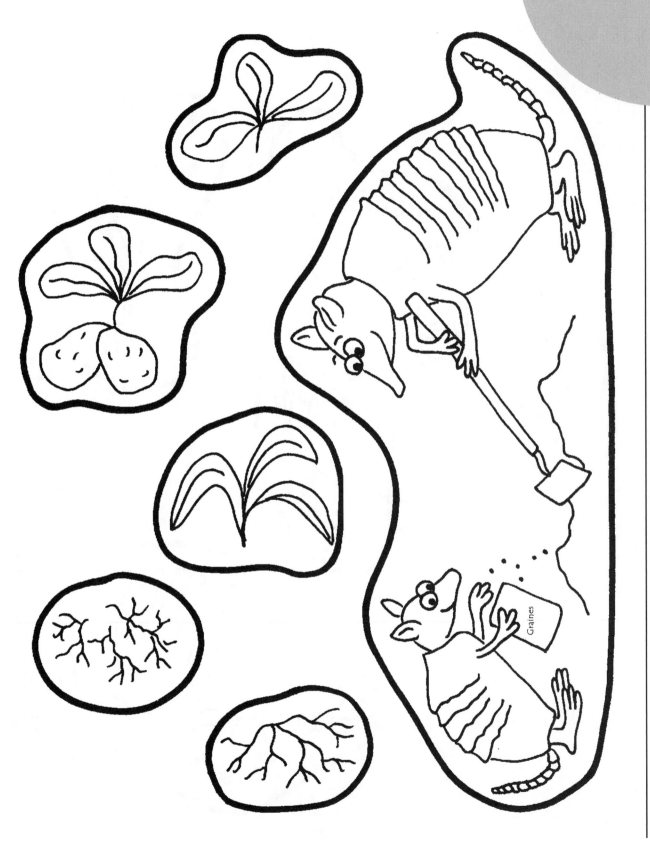

Graines

Le renard paresseux

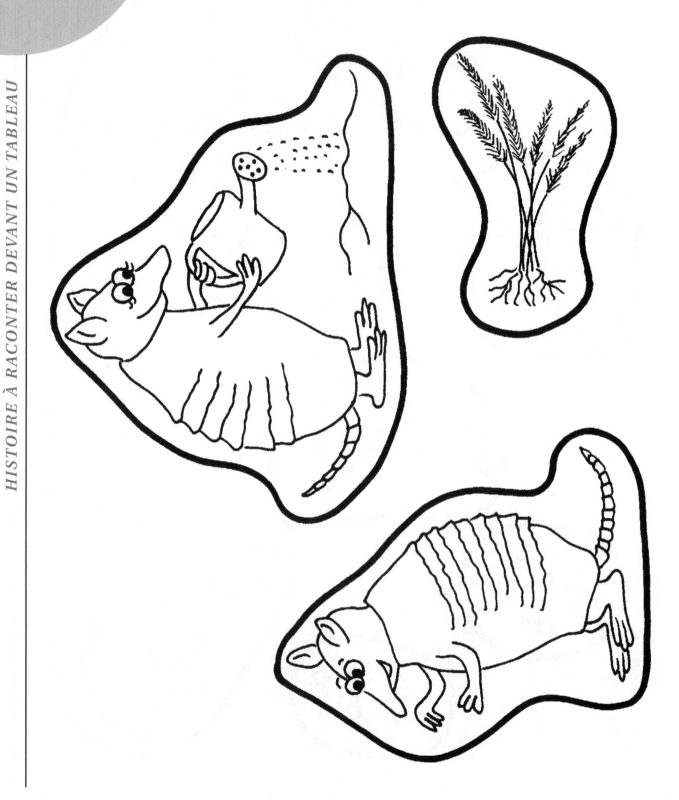

Le renard paresseux

Le grand livre des activités, danses, histoires, jeux et recettes

La petite Annie Oakley

La petite Annie Oakley

La petite Annie Oakley

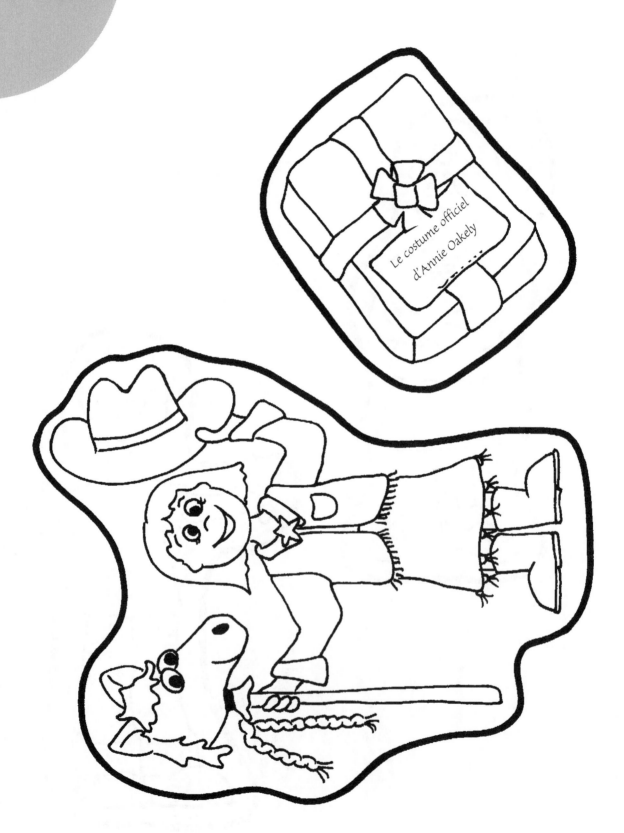

Le costume officiel d'Annie Oakely

La locomotive 99

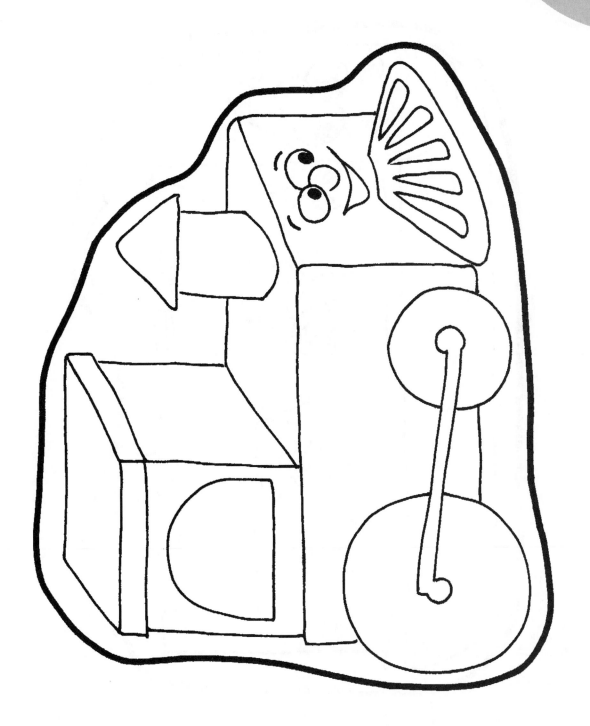

Le grand livre des activités, danses, histoires, jeux et recettes

La locomotive 99

La locomotive 99

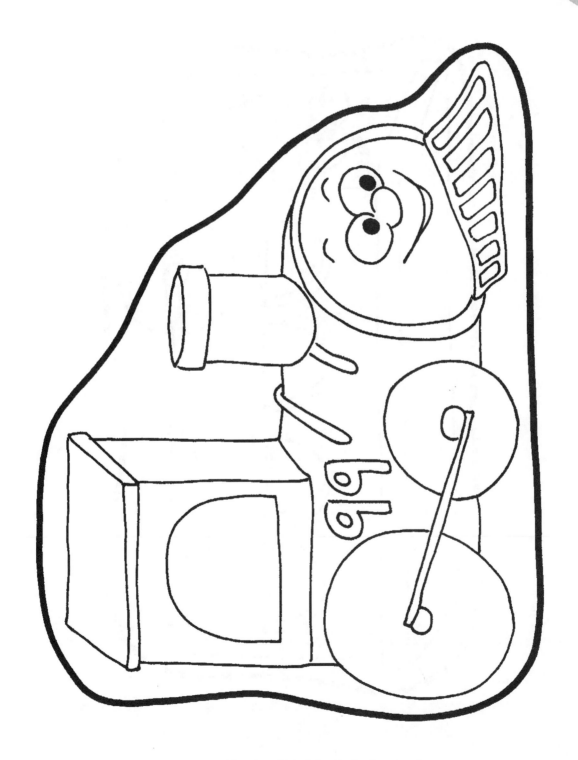

Le grand livre des activités, danses, histoires, jeux et recettes

La locomotive 99

La locomotive 99

Le grand livre des activités, danses, histoires, jeux et recettes

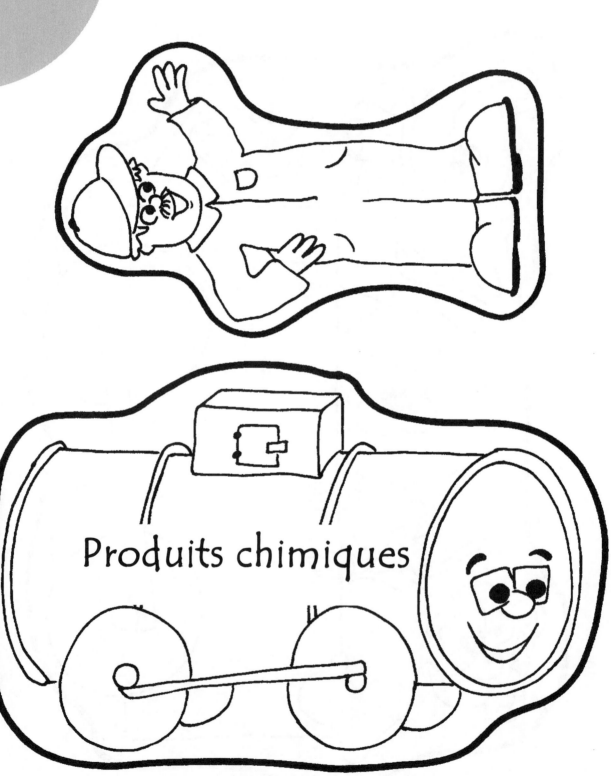

Produits chimiques

La petite vieille qui vivait dans
une bouteille de vinaigre

La petite vieille qui vivait dans une bouteille de vinaigre

La petite vieille qui vivait dans
une bouteille de vinaigre

La petite vieille qui vivait dans une bouteille de vinaigre

La petite vieille qui vivait dans
une bouteille de vinaigre

La petite vieille qui vivait dans une bouteille de vinaigre

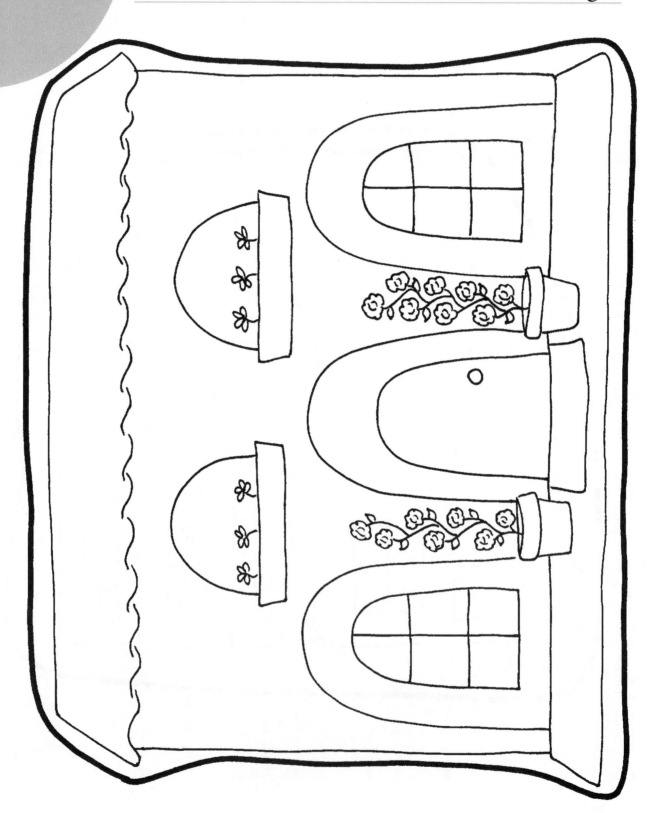

La petite poule rouge

Le grand livre des activités, danses, histoires, jeux et recettes

La petite poule rouge

La petite poule rouge

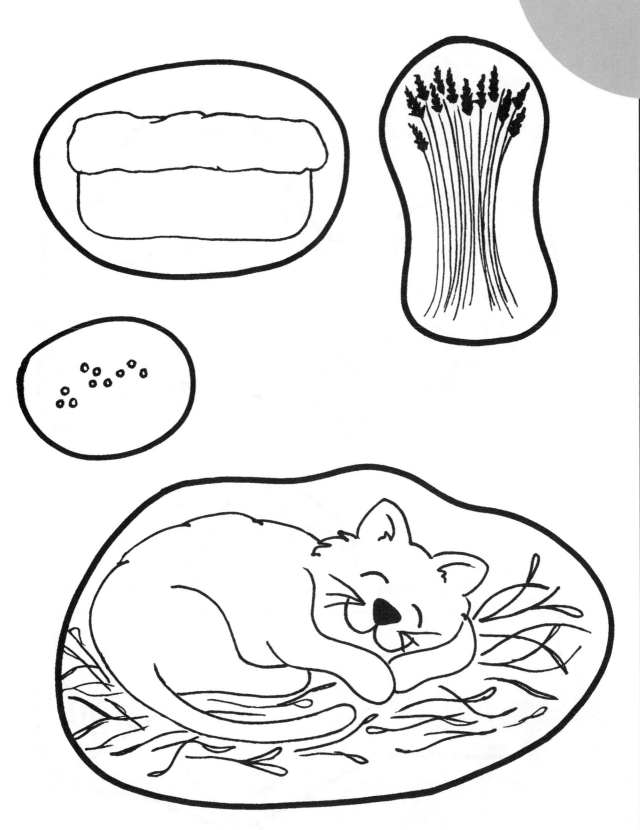

HISTOIRE À RACONTER DEVANT UN TABLEAU

Le petit Chaperon rouge

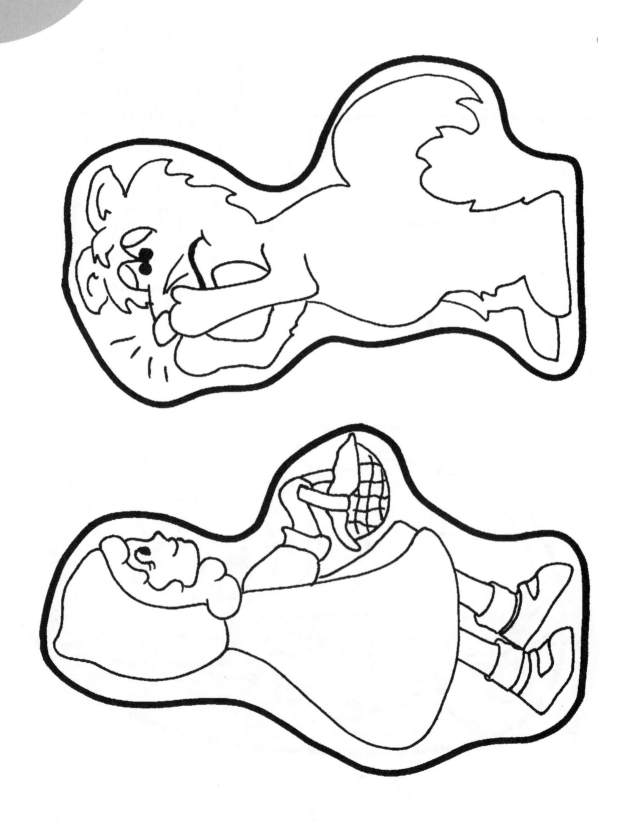

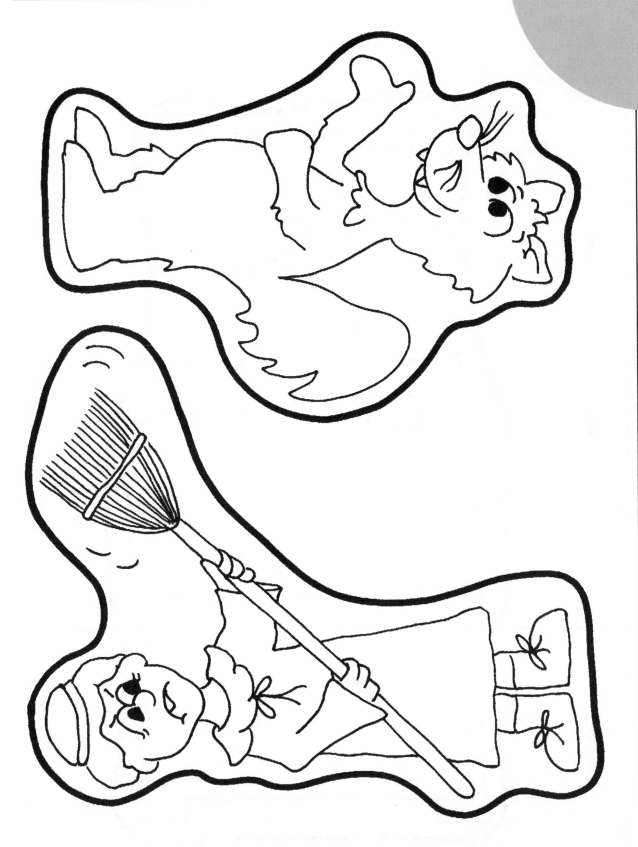

HISTOIRE À RACONTER DEVANT UN TABLEAU

Le petit Chaperon rouge

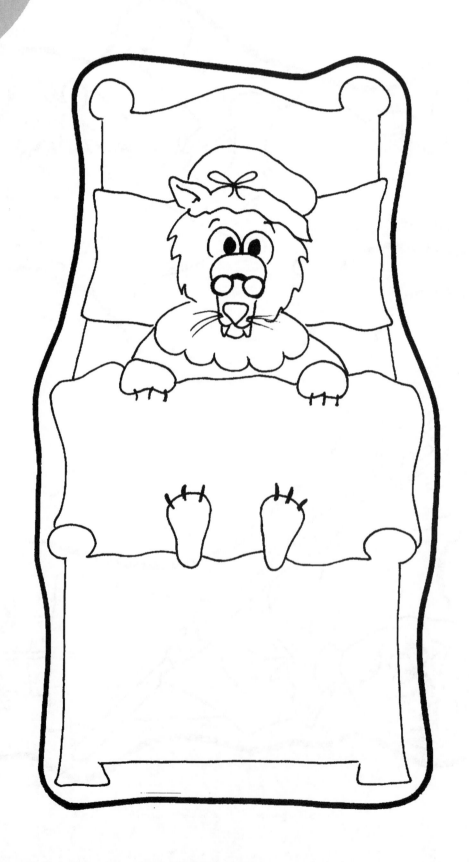

Le petit Chaperon rouge

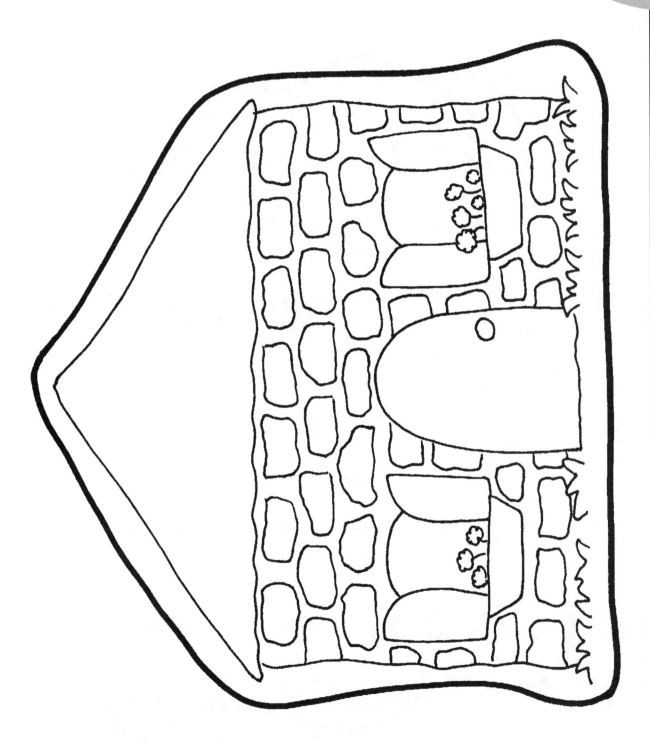

Le grand livre des activités, danses, histoires, jeux et recettes

La journée de Marie-Line

La journée de Marie-Line

Le grand livre des activités, danses, histoires, jeux et recettes

Miguel l'intrépide

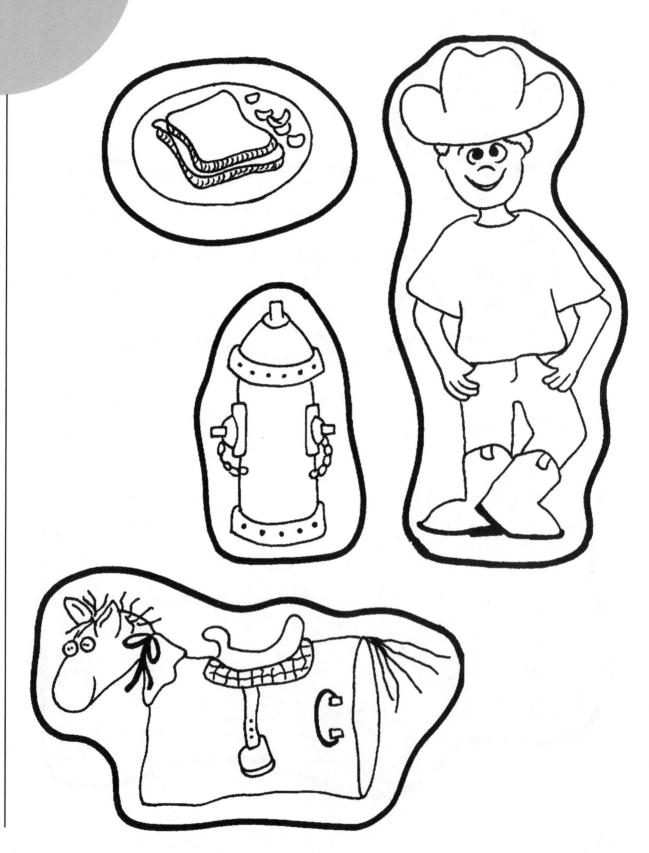

Miguel l'intrépide

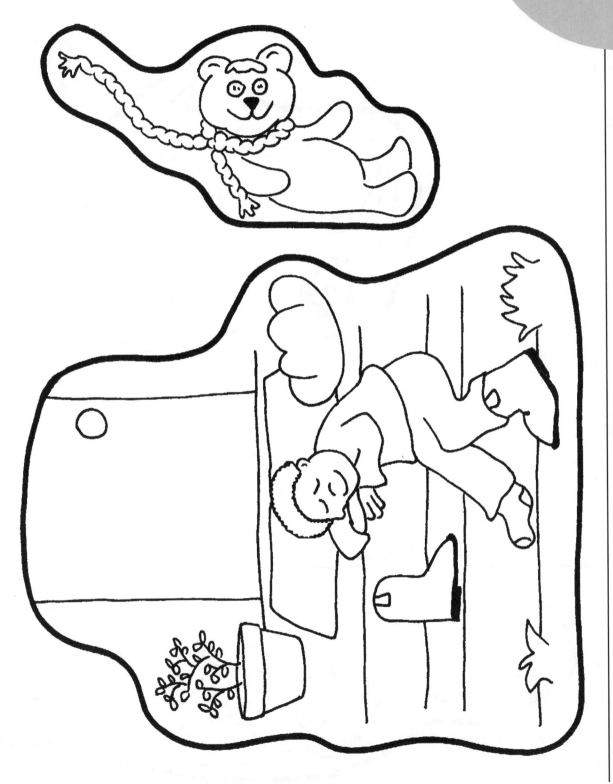

Miguel l'intrépide

Le grand livre des activités, danses, histoires, jeux et recettes

Mon premier jour d'école

Mon premier jour d'école

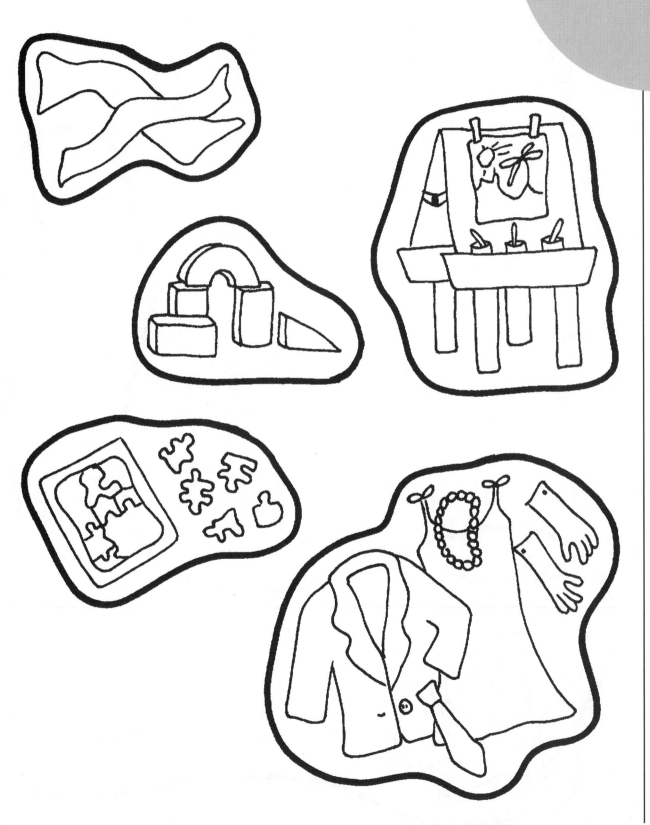

Mon ombre

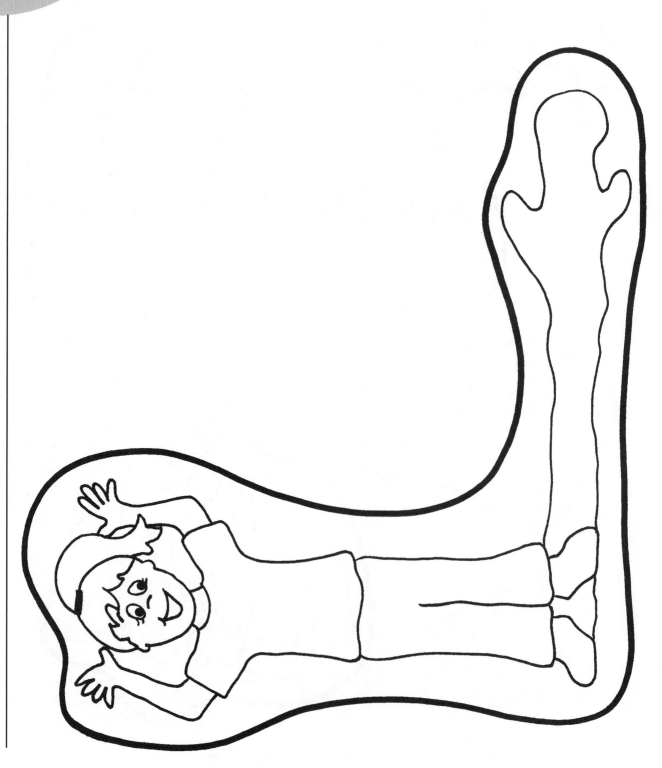

Mon ombre

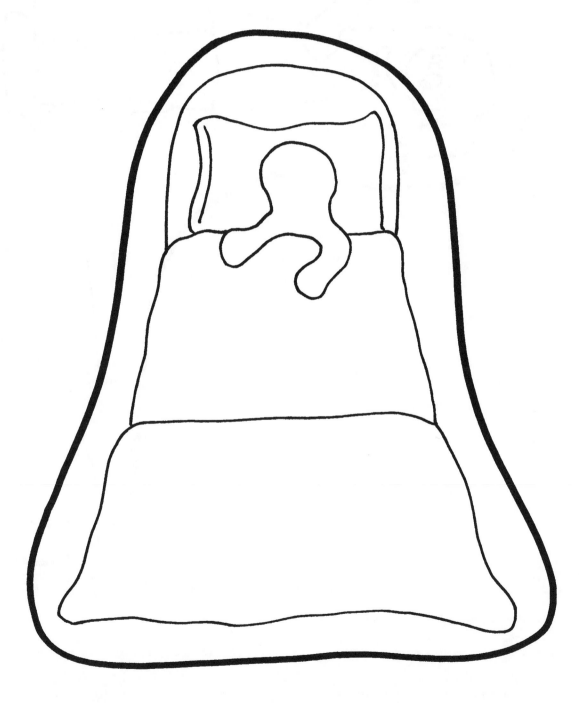

Le grand livre des activités, danses, histoires, jeux et recettes

Mon ombre

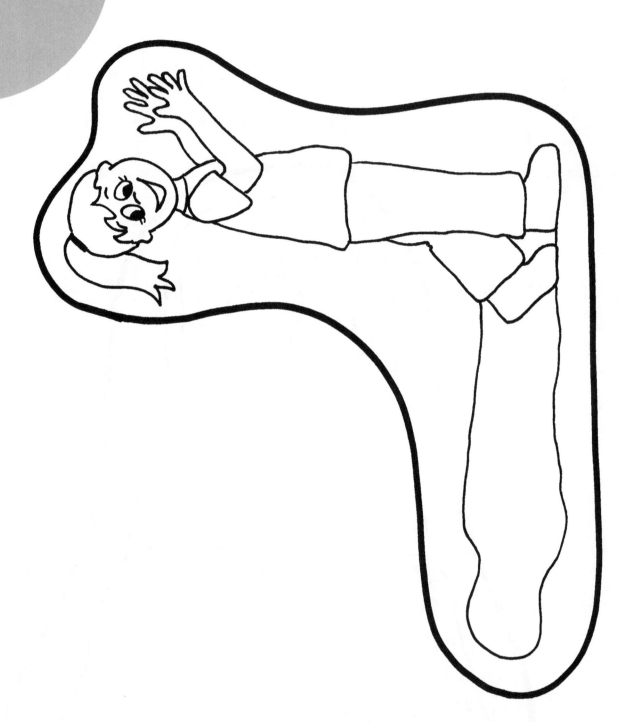

Mon ombre

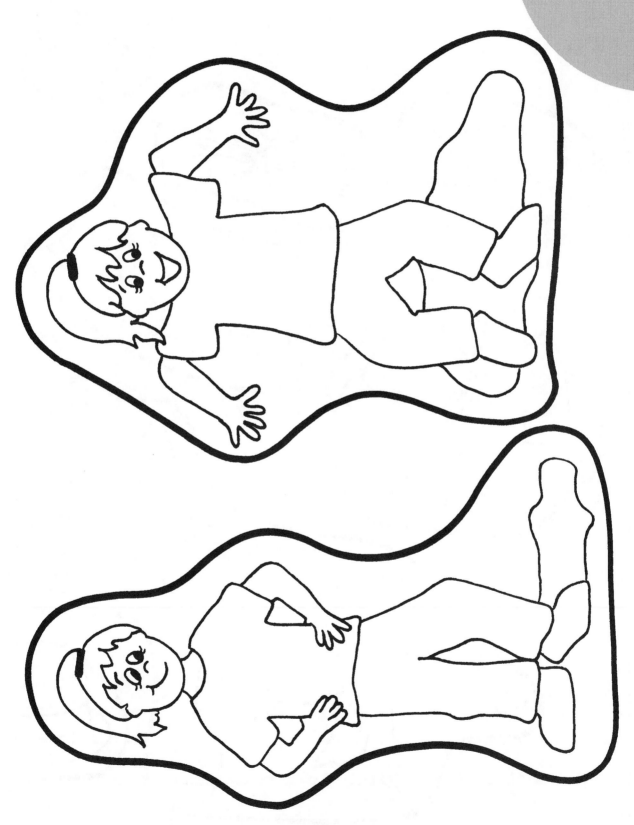

Mon petit âne malade

Mon animal de compagnie à moi

La ferme à Mathurin

HISTOIRE À RACONTER DEVANT UN TABLEAU

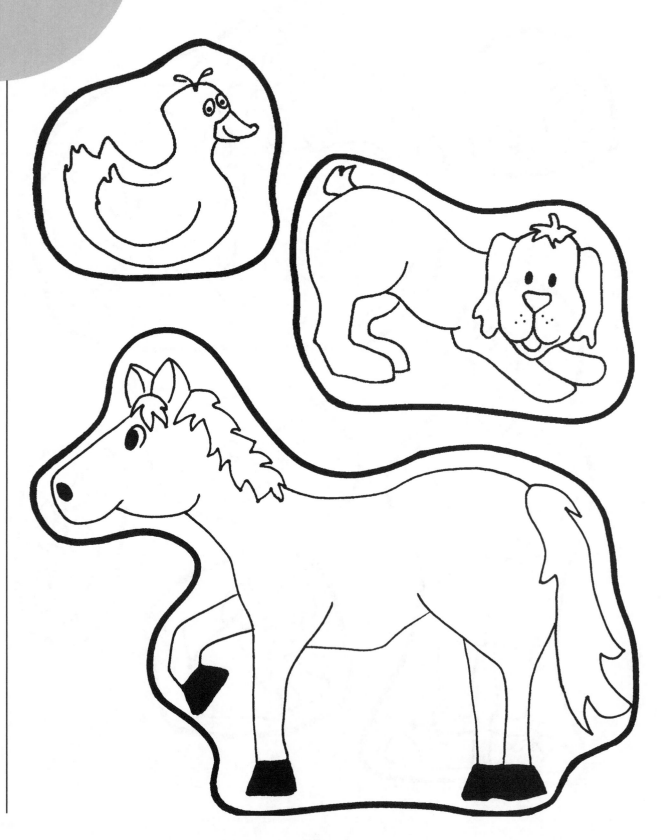

La ferme à Mathurin

Le grand livre des activités, danses, histoires, jeux et recettes

La ferme à Mathurin

La crêpe

Le grand livre des activités, danses, histoires, jeux et recettes

La crêpe

HISTOIRE À RACONTER DEVANT UN TABLEAU

La crêpe

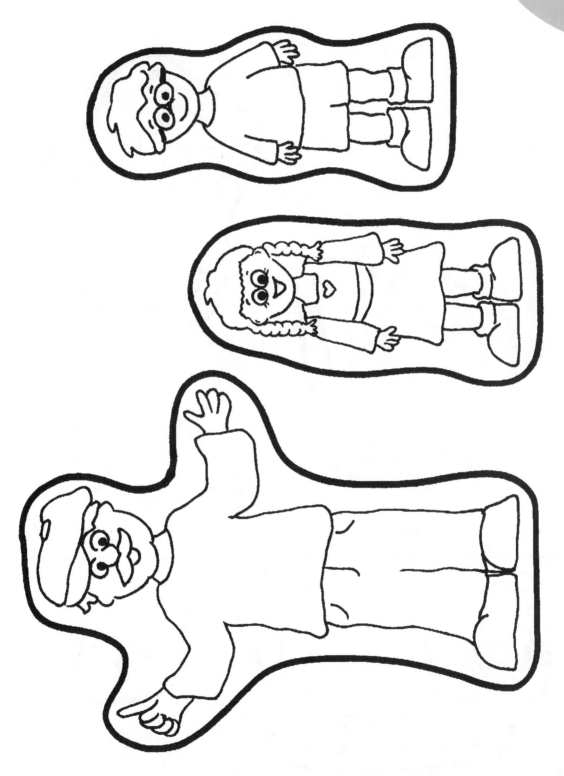

Le grand livre des activités, danses, histoires, jeux et recettes

La crêpe

HISTOIRE À RACONTER DEVANT UN TABLEAU

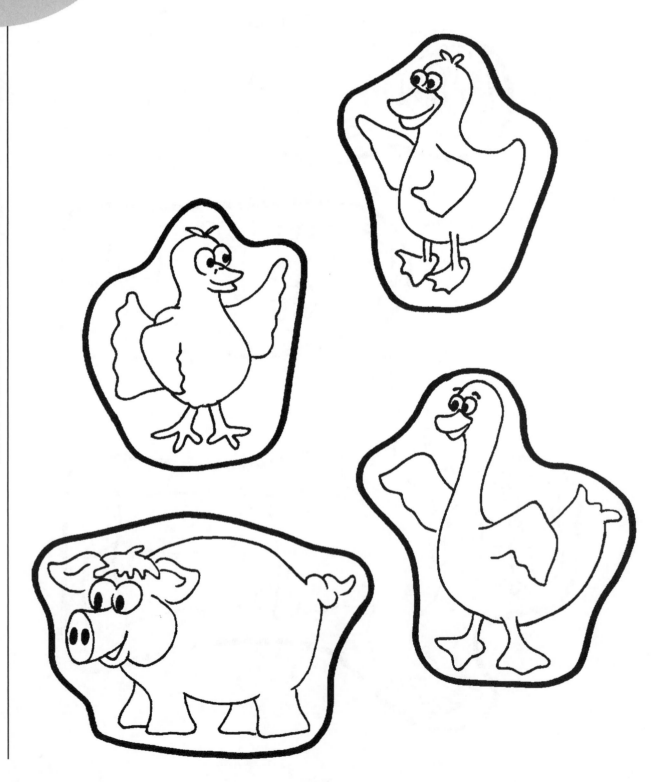

Bout de chou, le plus petit chiot de la planète

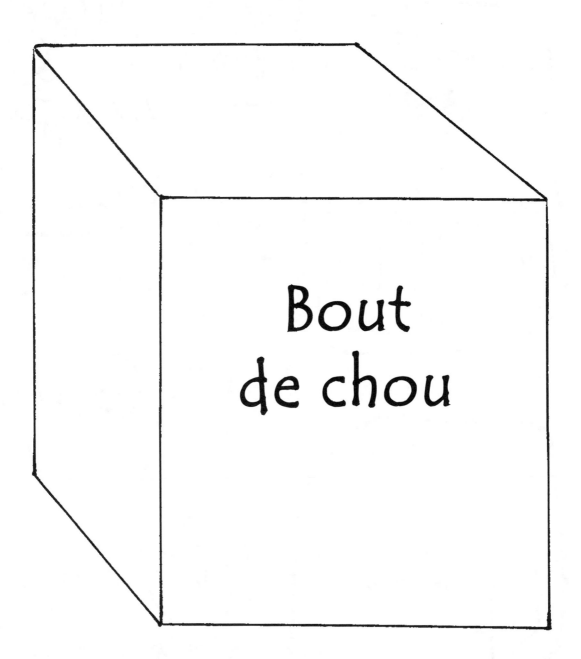

Bout
de chou

Bout de chou, le plus petit chiot de la planète

HISTOIRE À RACONTER DEVANT UN TABLEAU

Bout
de chou

Bout de chou, le plus petit chiot de la planète

La princesse et le pois

La princesse et le pois

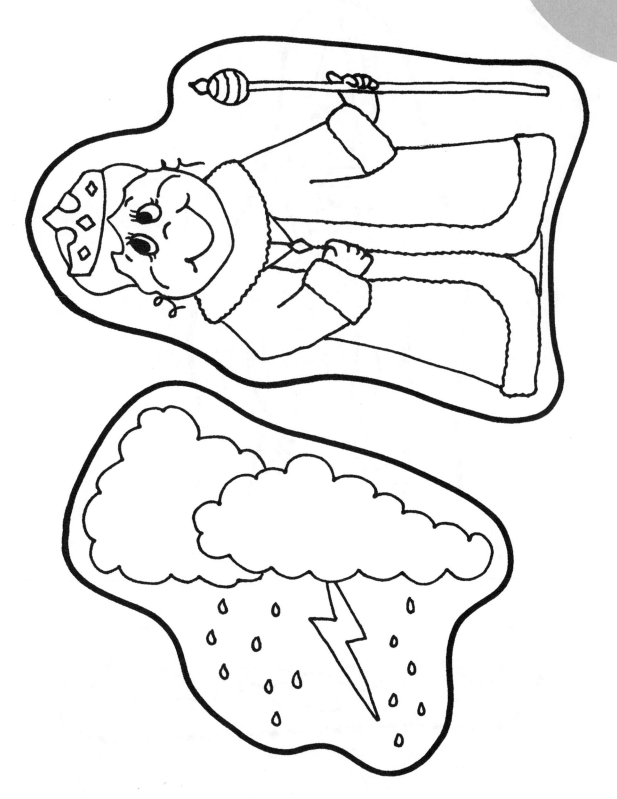

La princesse et le pois

La princesse et le pois

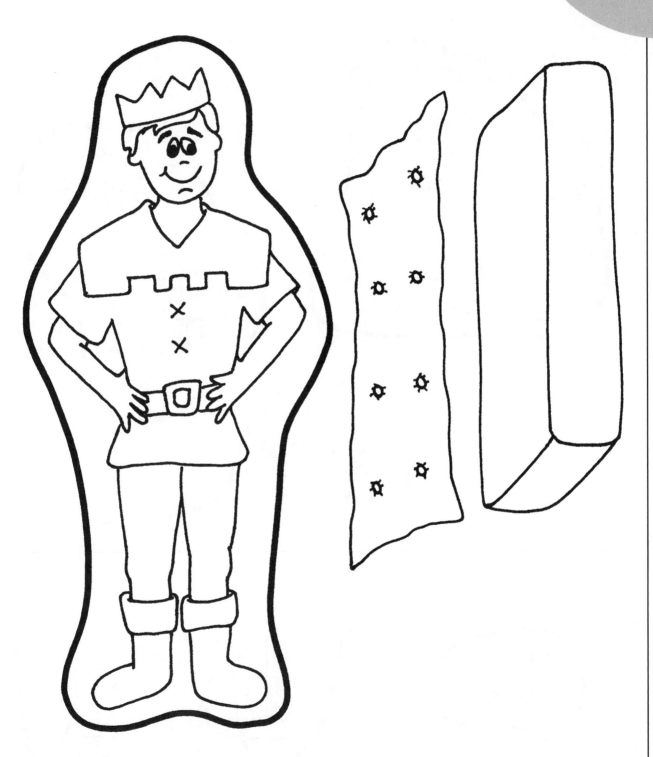

Le bélier dans le champ de piments

Le bélier dans le champ de piments

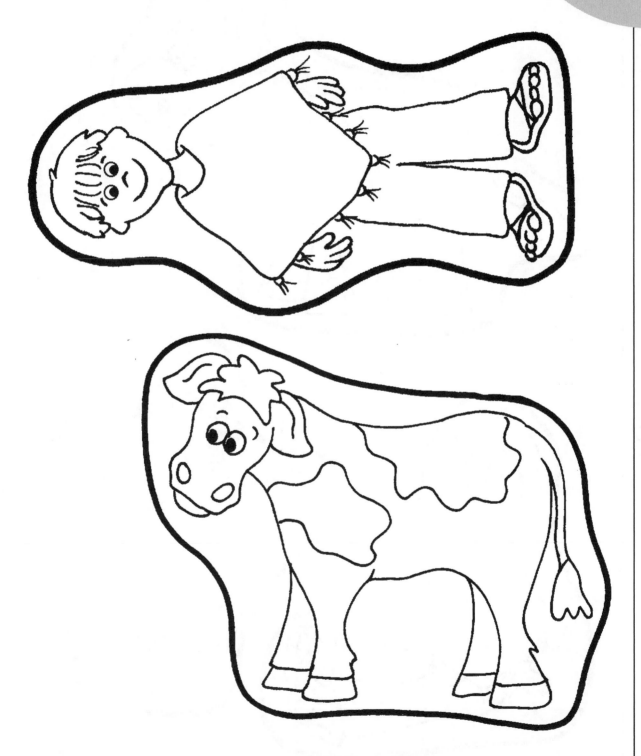

HISTOIRE À RACONTER DEVANT UN TABLEAU

Le bélier dans le champ de piments

Le défilé des biscuits en farandole

Le défilé des biscuits en farandole

Le grand livre des activités, danses, histoires, jeux et recettes

Le défilé des biscuits en farandole

HISTOIRE À RACONTER DEVANT UN TABLEAU

Sammy, l'hippocampe de rodéo

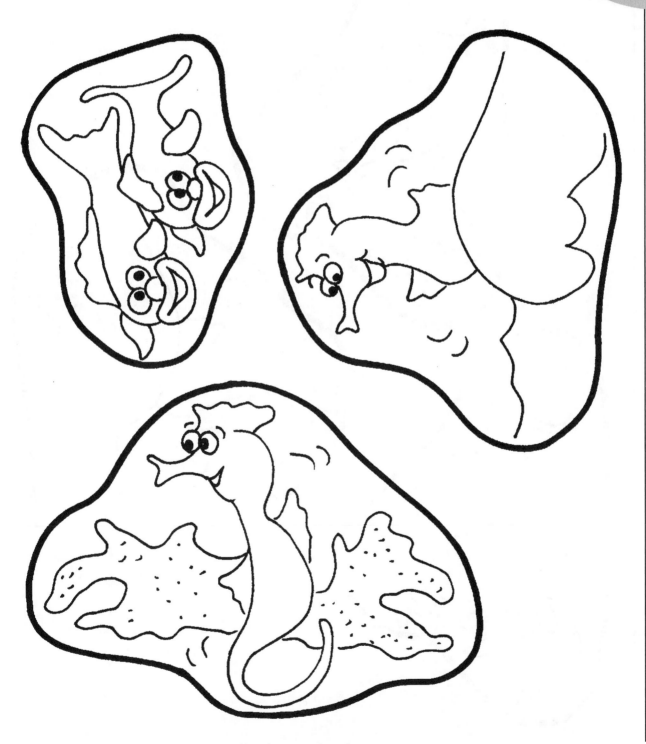

Le grand livre des activités, danses, histoires, jeux et recettes

Sammy, l'hippocampe de rodéo

HISTOIRE À RACONTER DEVANT UN TABLEAU

Sammy, l'hippocampe de rodéo

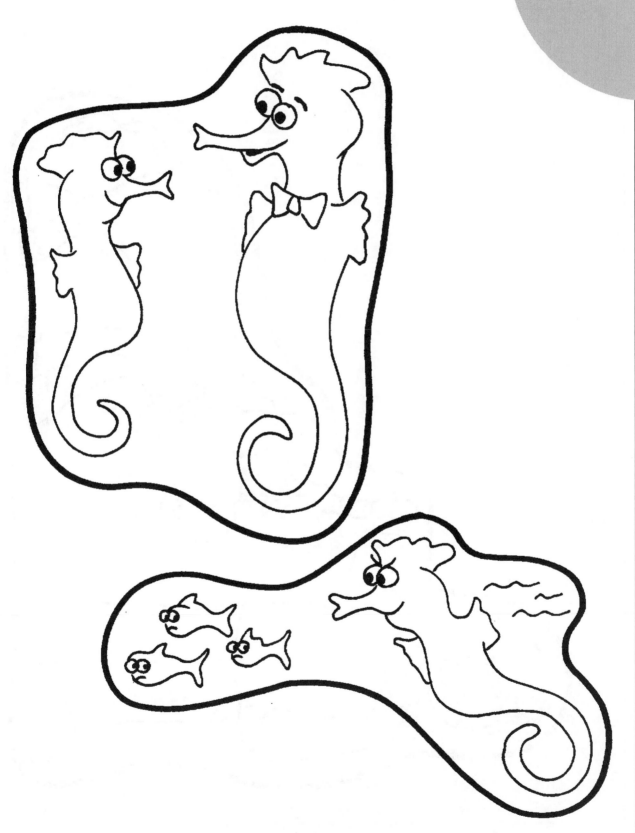

Jack l'idiot

HISTOIRE À RACONTER DEVANT UN TABLEAU

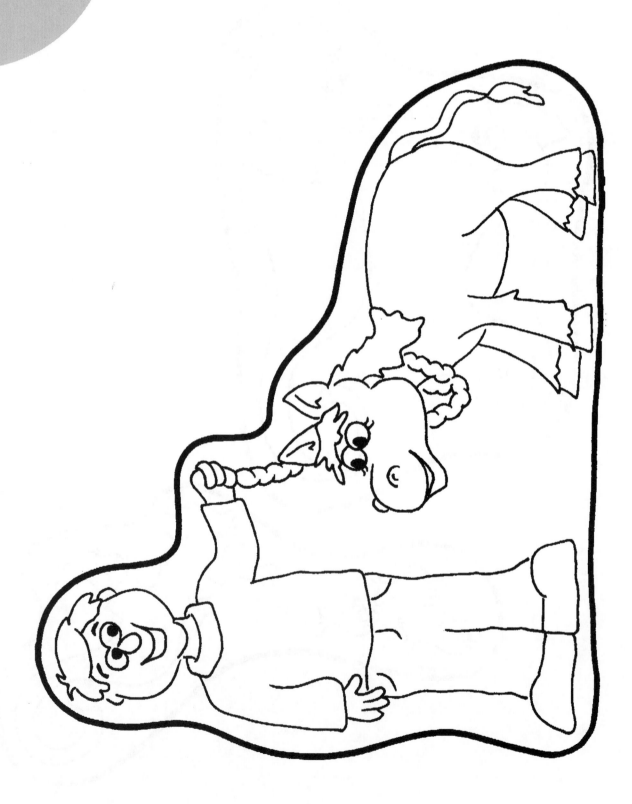

Jack l'idiot

Le grand livre des activités, danses, histoires, jeux et recettes

Jack l'idiot

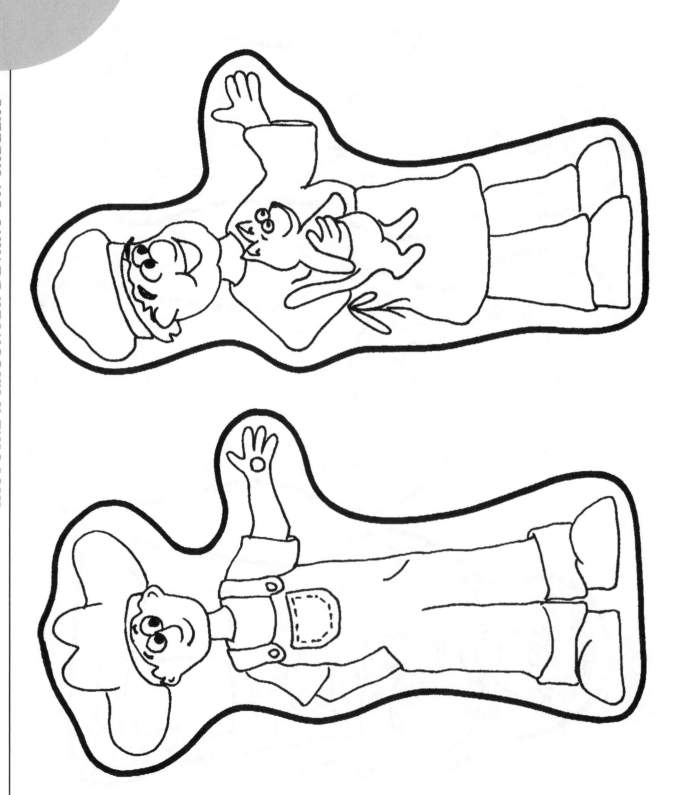

Jack l'idiot

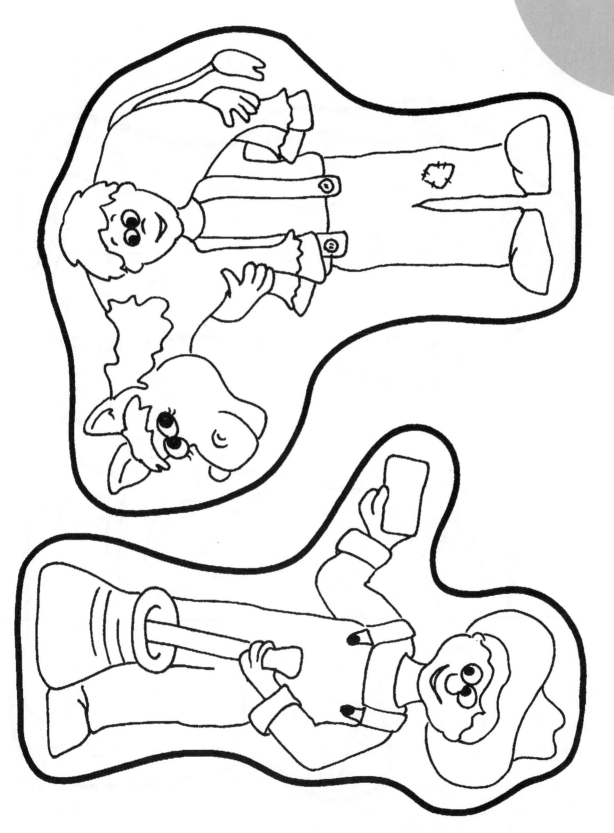

Le grand livre des activités, danses, histoires, jeux et recettes

Jack l'idiot

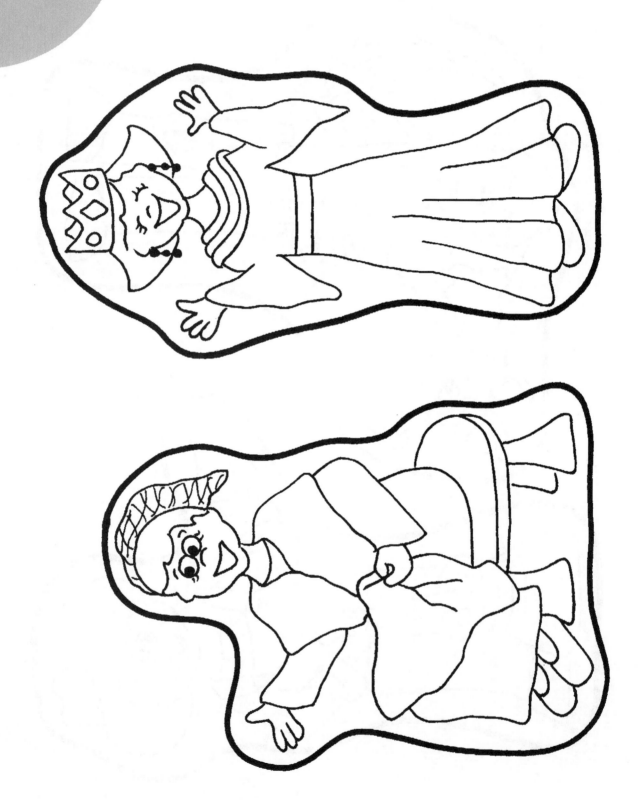

Millie l'idiote

Le grand livre des activités, danses, histoires, jeux et recettes

Millie l'idiote

Millie l'idiote

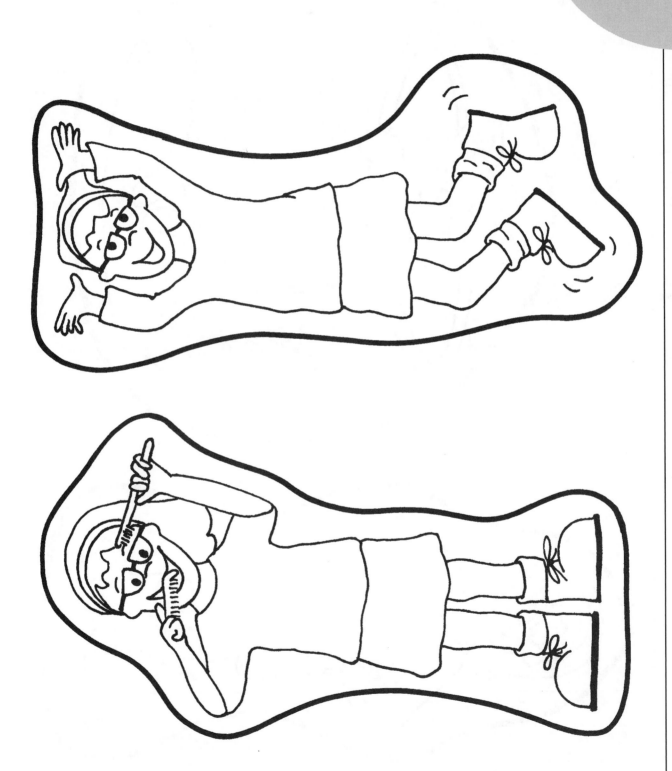

Nellie l'idiote : l'histoire d'une drôle de dinde

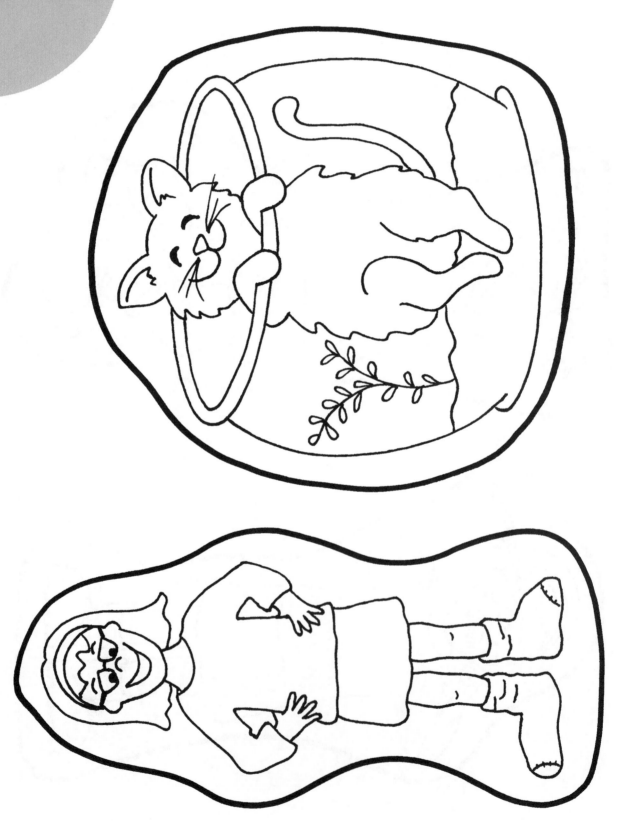

Nellie l'idiote : l'histoire d'une drôle de dinde

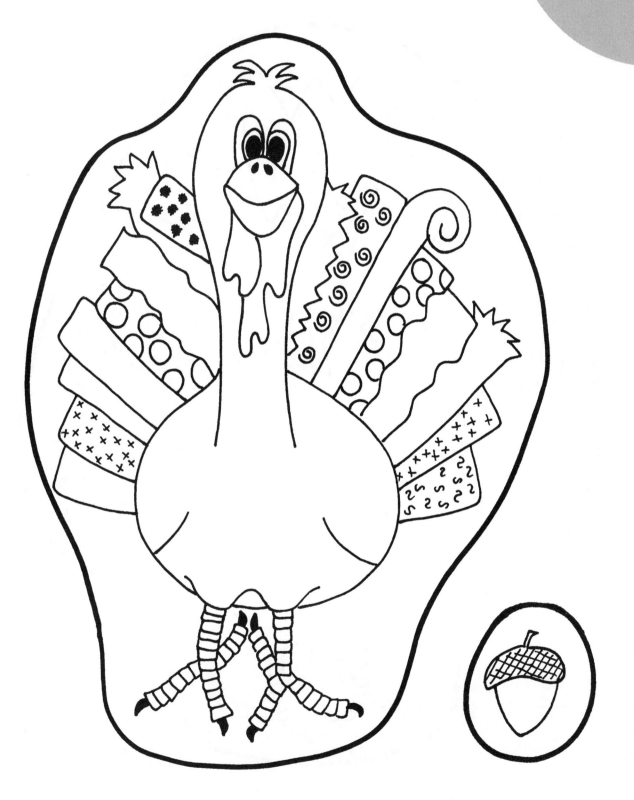

Nellie l'idiote : l'histoire d'une drôle de dinde

Nellie l'idiote : l'histoire d'une drôle de dinde

Nellie l'idiote : l'histoire d'une drôle de dinde

Nellie l'idiote : l'histoire d'une drôle de dinde

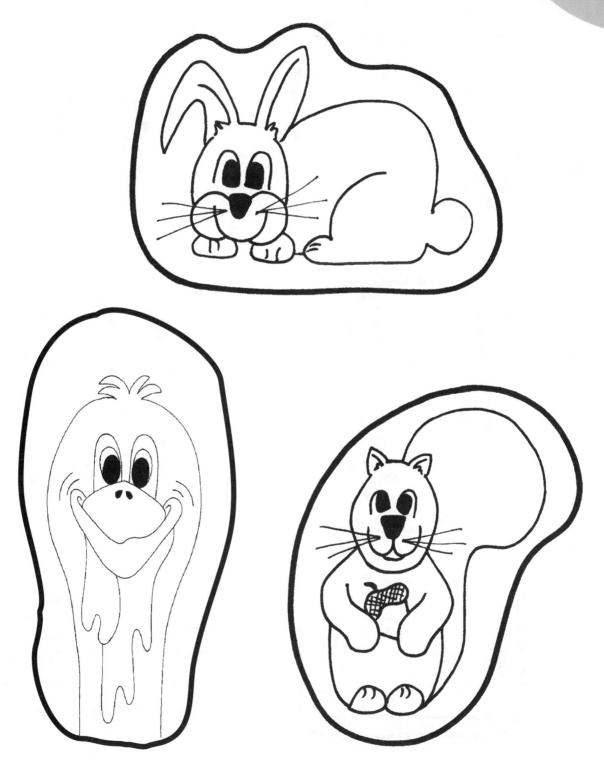

Chantez la chanson des contraires

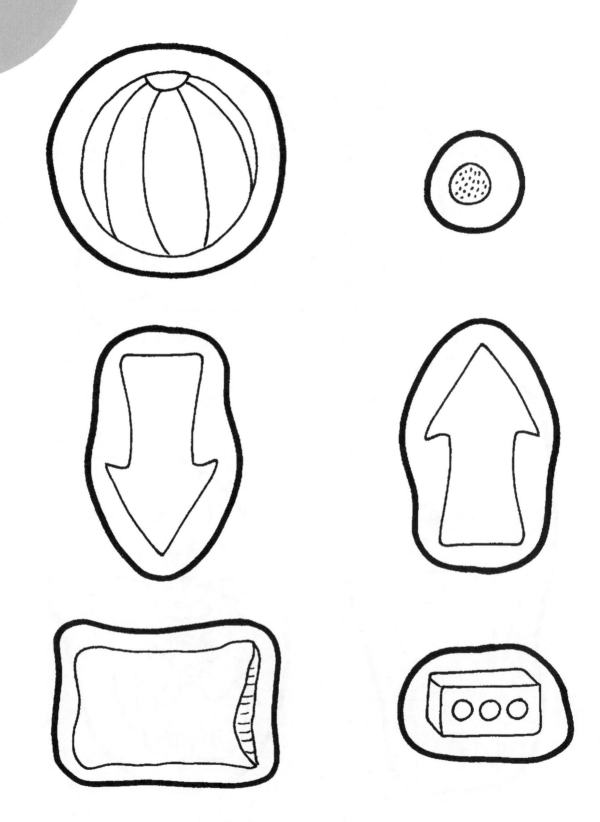

Chantez la chanson des contraires

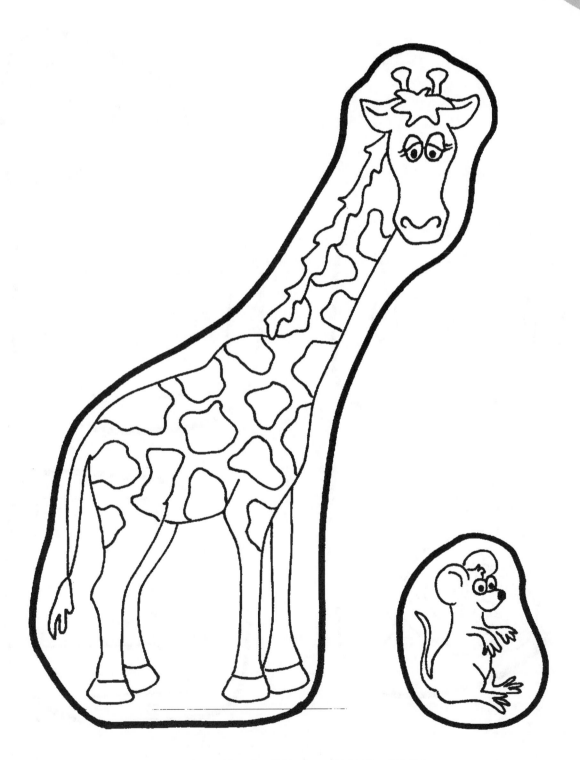

Chantez la chanson des contraires

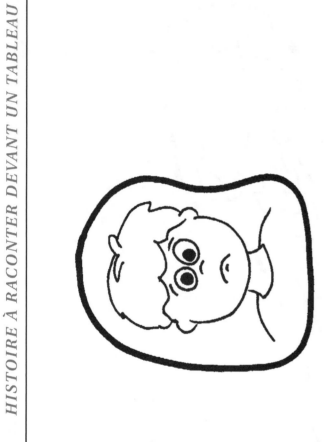

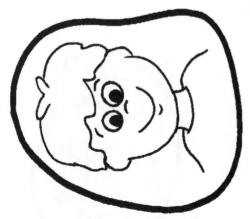

Gabby Graham, le meilleur ami de Brillant Biscuit

Le grand livre des activités, danses, histoires, jeux et recettes

Gabby Graham, le meilleur ami de Brillant Biscuit

La brillante idée de Brillant Biscuit

La brillante idée de Brillant Biscuit

L'enfant de neige

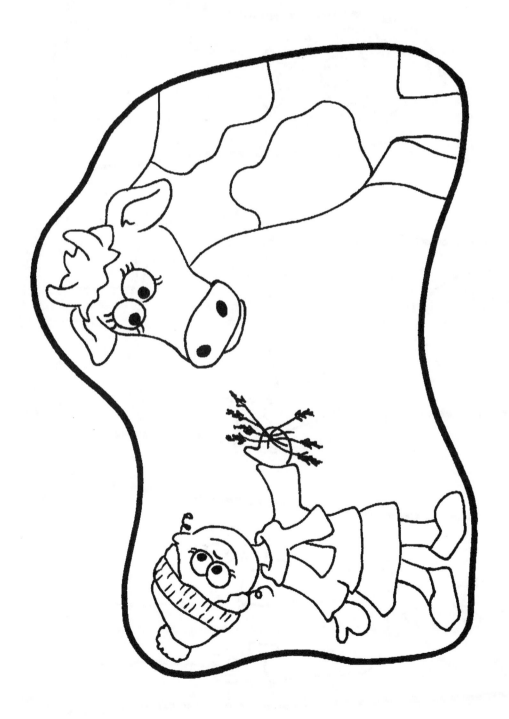

L'enfant de neige

L'enfant de neige

Le Soleil et la Lune

Le Soleil et la Lune

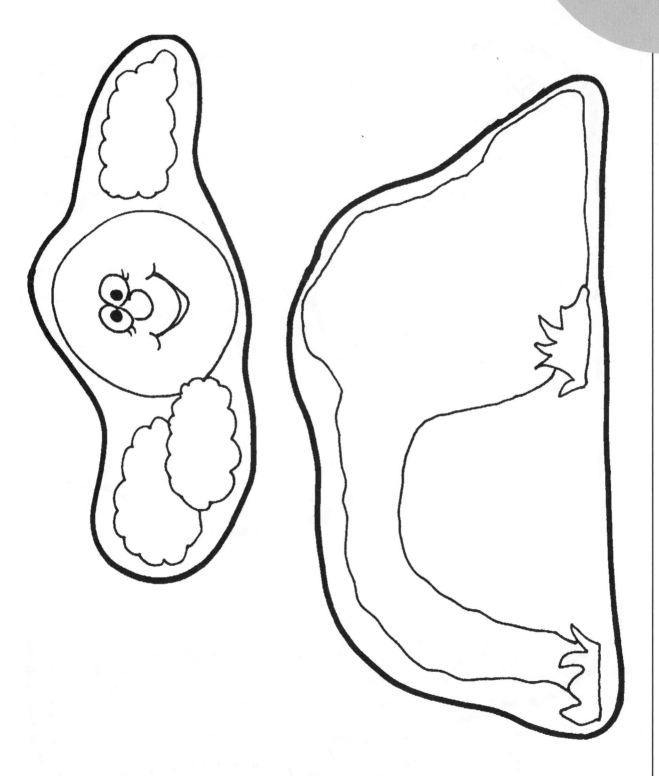

Bonhomme, bonhomme, sais-tu jouer ?

Bonhomme, bonhomme, sais-tu jouer?

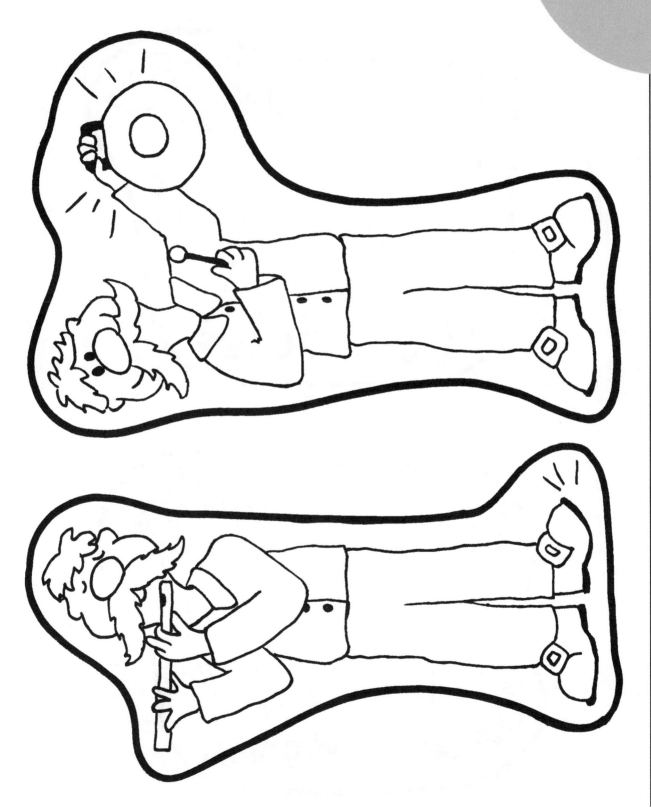

Trois chèvres des montagnes

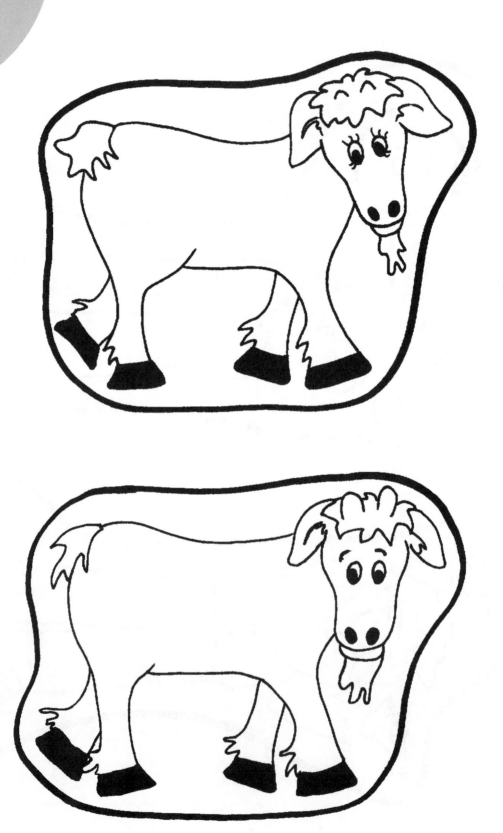

Trois chèvres des montagnes

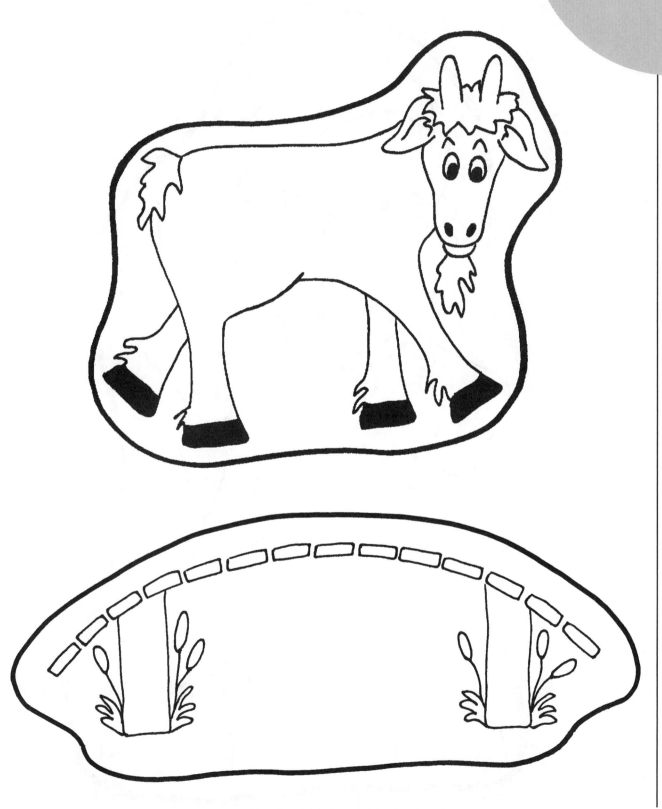

Trois chèvres des montagnes

Trois chèvres des montagnes

Les trois petits cochons

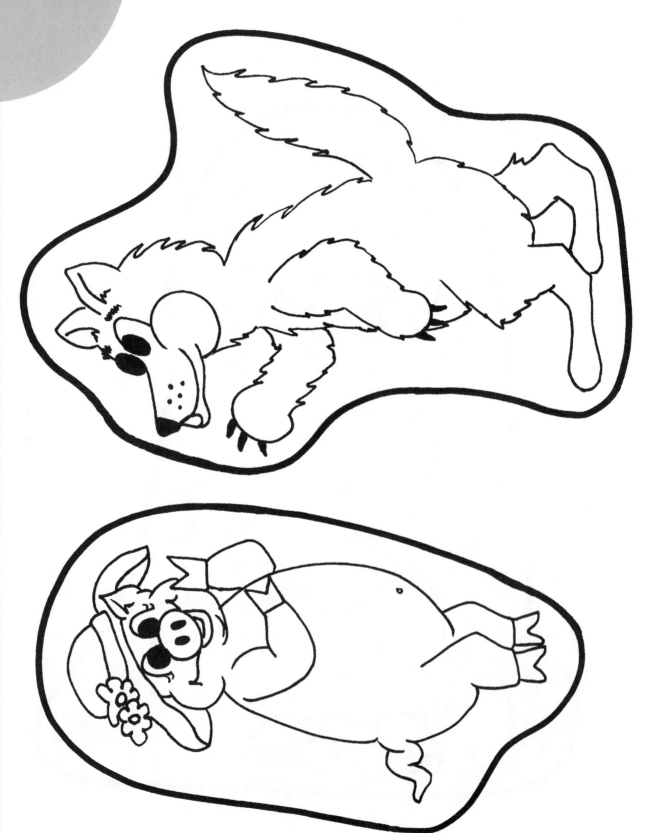

Les trois petits cochons

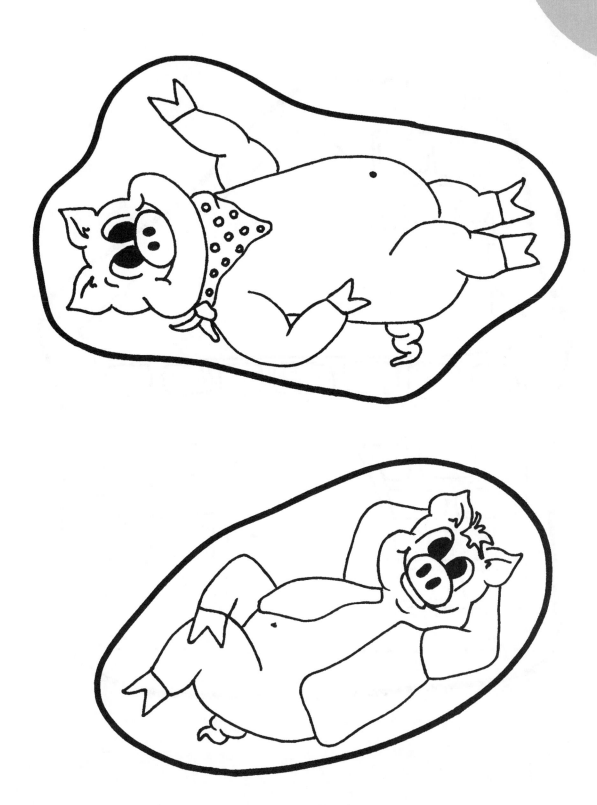

Les trois petits cochons

Les trois petits cochons

Les trois petits cochons

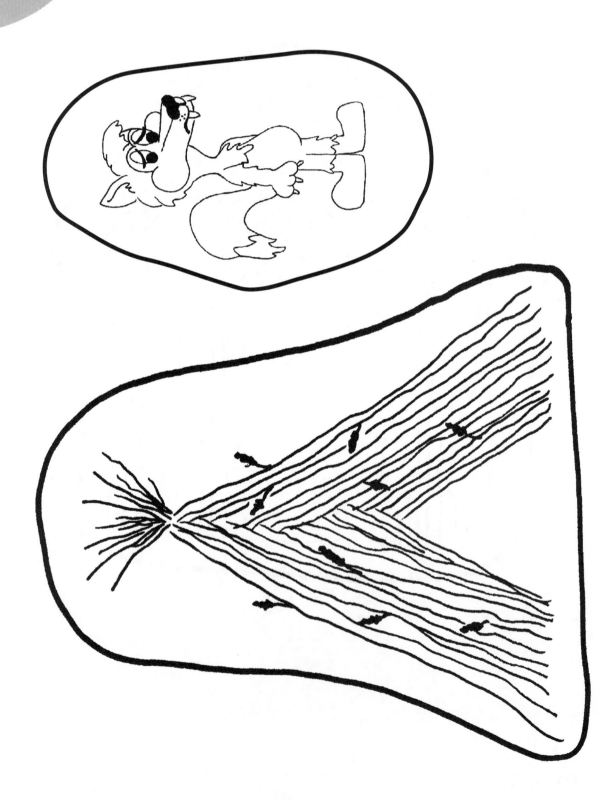

Les trois petits cochons

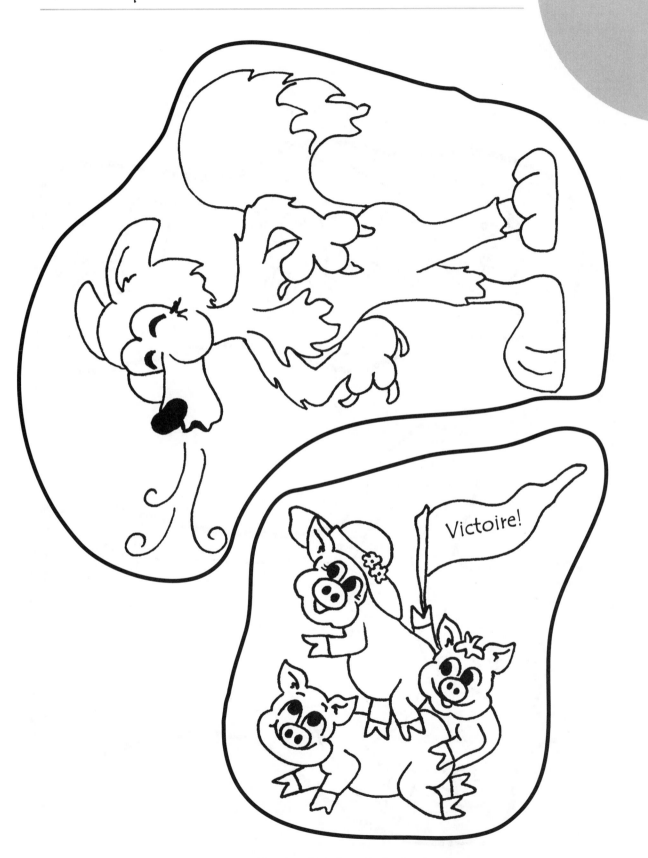

Victoire!

Le grand livre des activités, danses, histoires, jeux et recettes

Trois vœux

Trois vœux

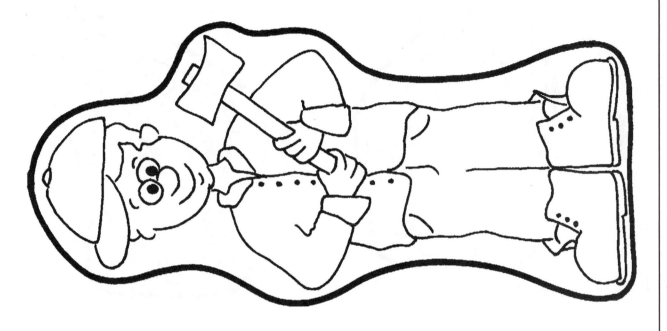

Le grand livre des activités, danses, histoires, jeux et recettes

La tortue gagne la course

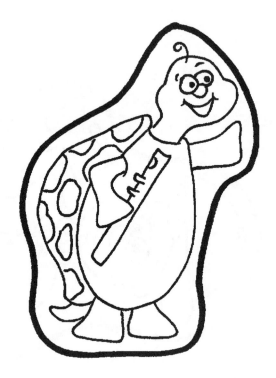

La tortue gagne la course

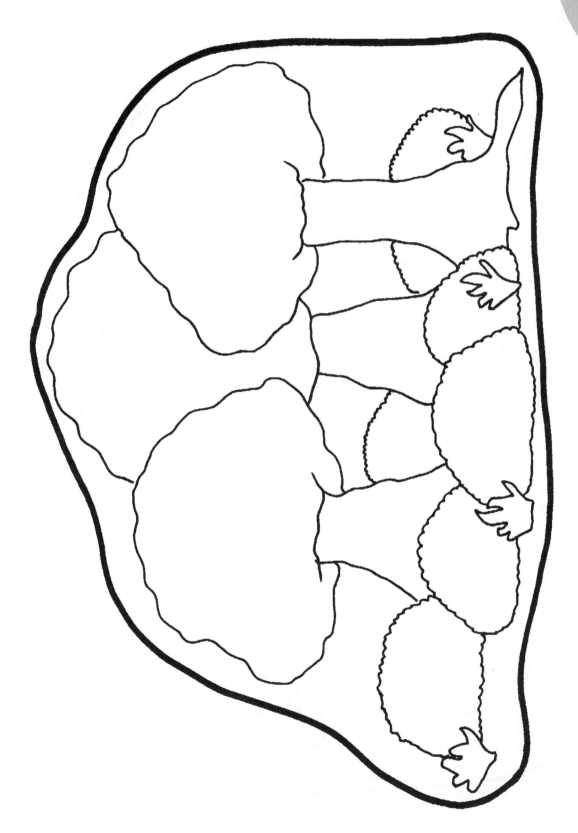

La tortue gagne la course

Les troubadours

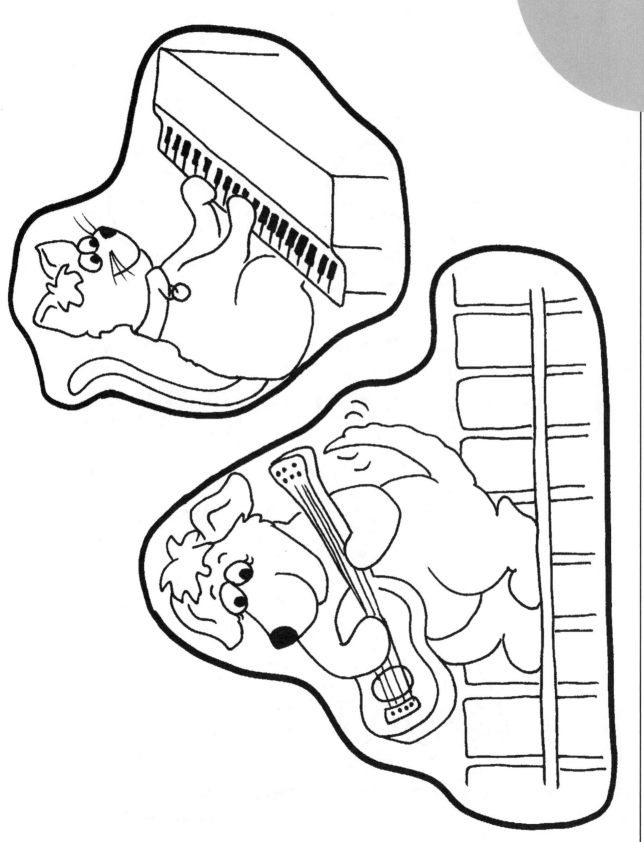

Les troubadours

Les troubadours

Le grand livre des activités, danses, histoires, jeux et recettes

Les troubadours

Les troubadours

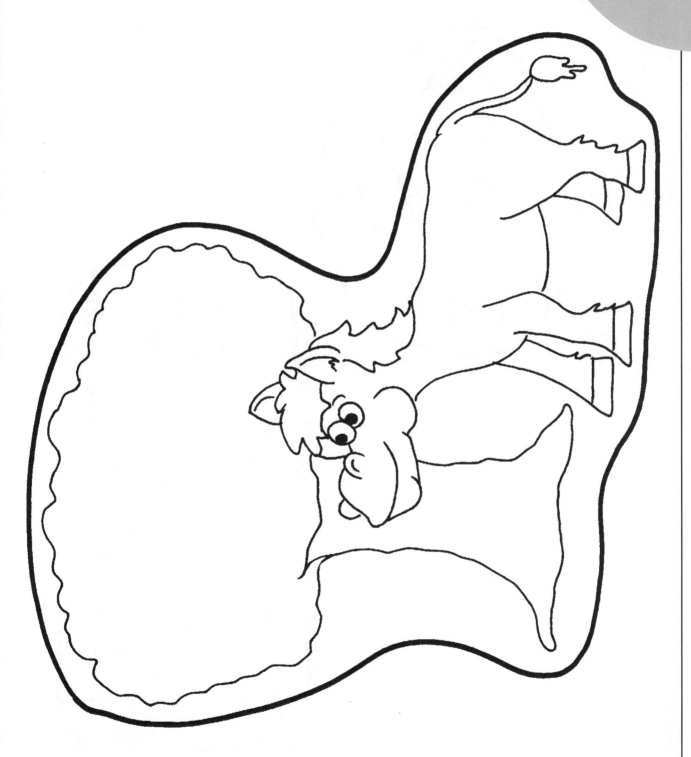

Les troubadours

HISTOIRE À RACONTER DEVANT UN TABLEAU

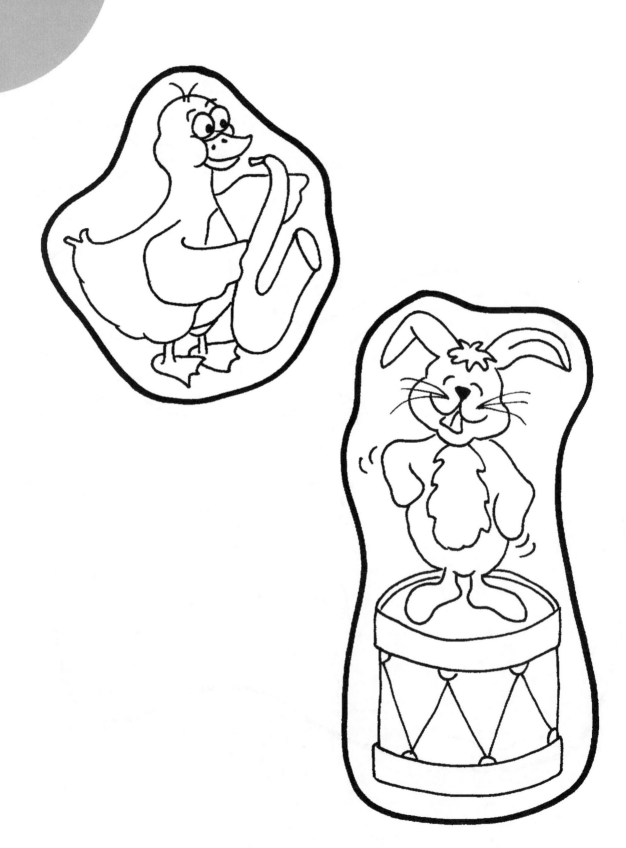

Valérie Valentine

Le grand livre des activités, danses, histoires, jeux et recettes

Valérie Valentine

Qu'y a-t-il dans la boîte?

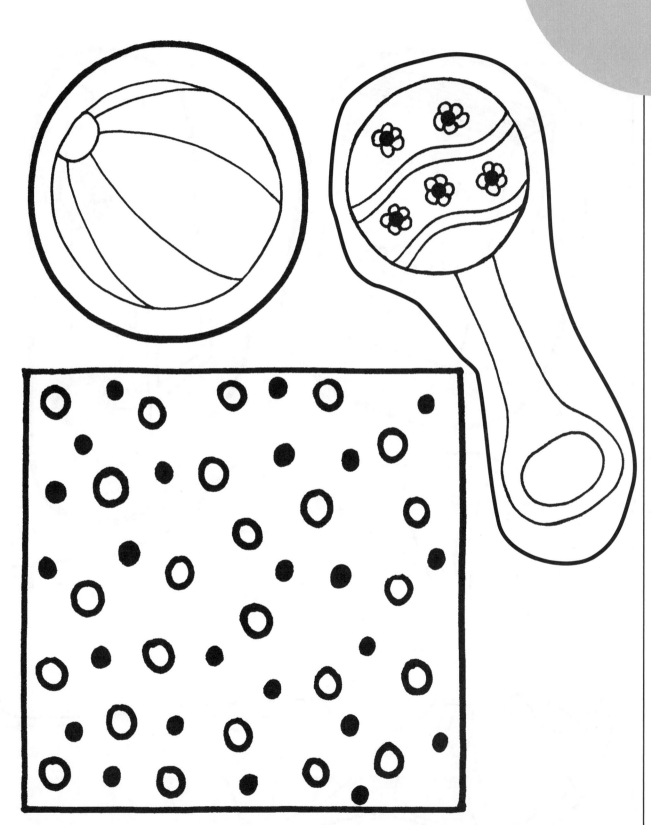

Qu'y a-t-il dans la boîte ?

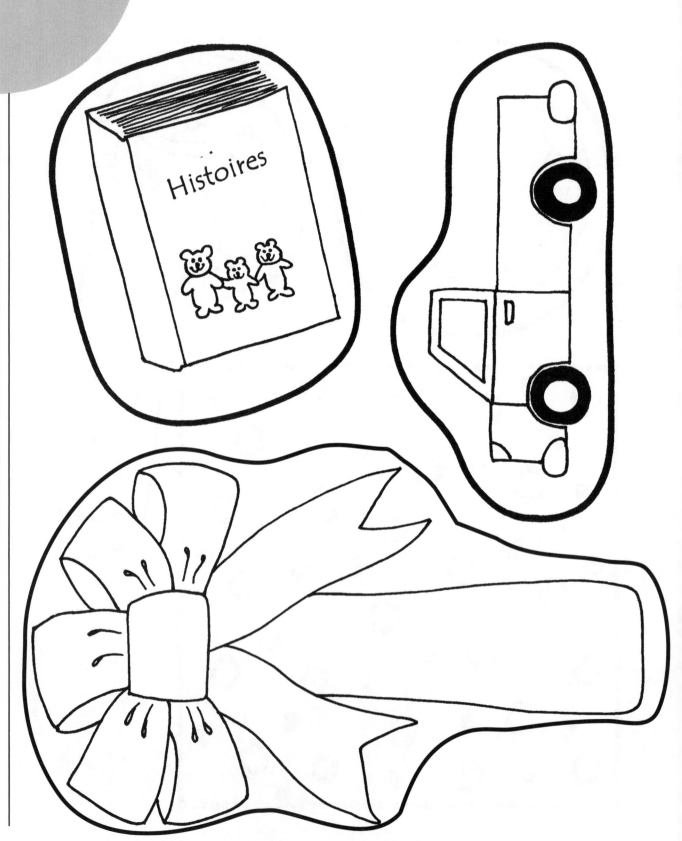

Qu'y a-t-il dans la boîte ?

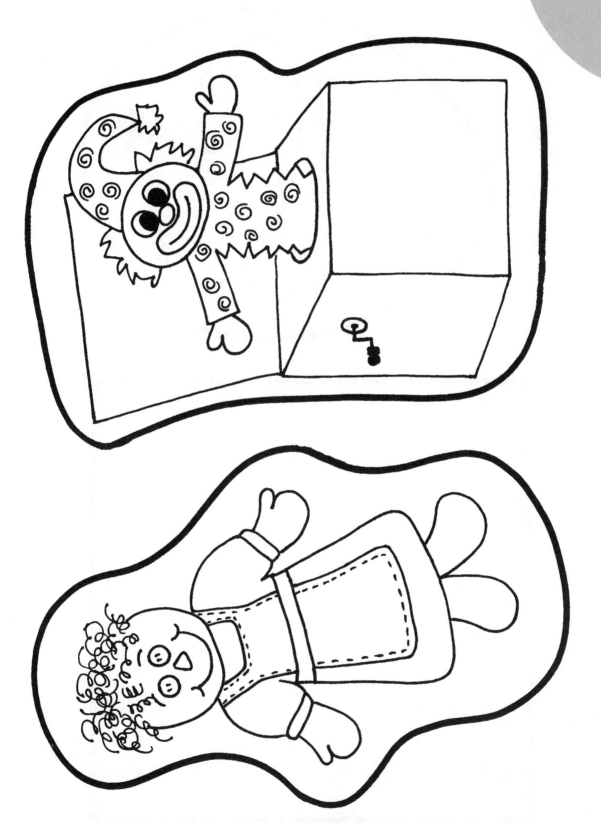

Qu'y a-t-il dans la boîte?

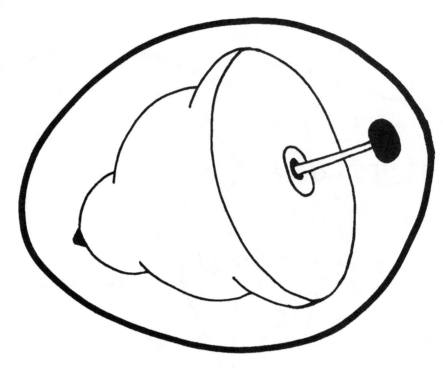

Le zèbre sur le Zyder Zee

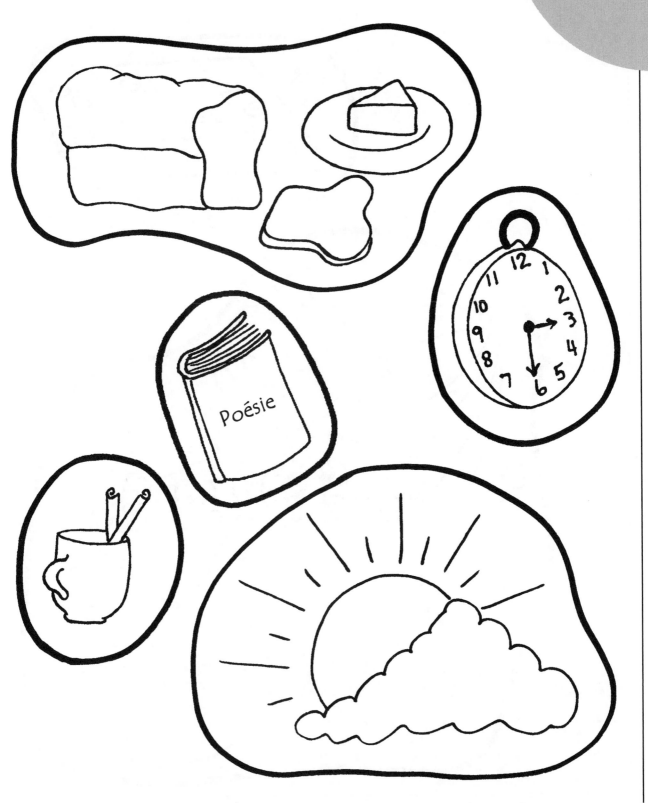

Poésie

Le grand livre des activités, danses, histoires, jeux et recettes

Le zèbre sur le Zyder Zee

Le zèbre sur le Zyder Zee

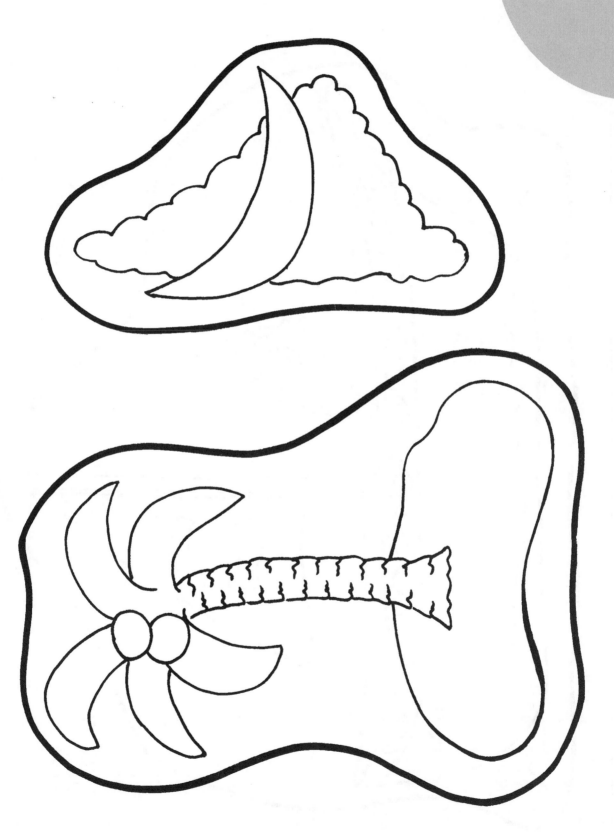

Le zèbre sur le Zyder Zee

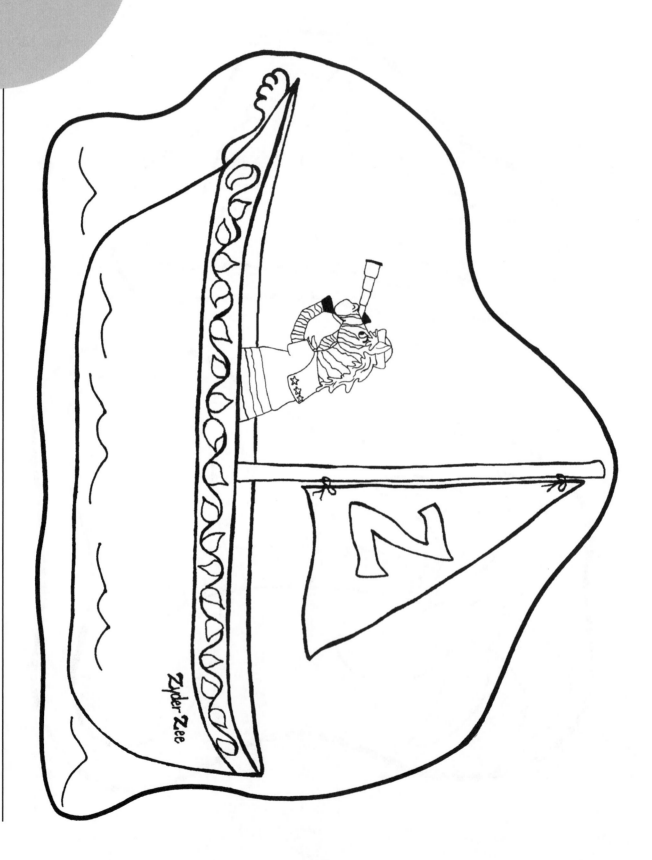

Le zèbre sur le Zyder Zee

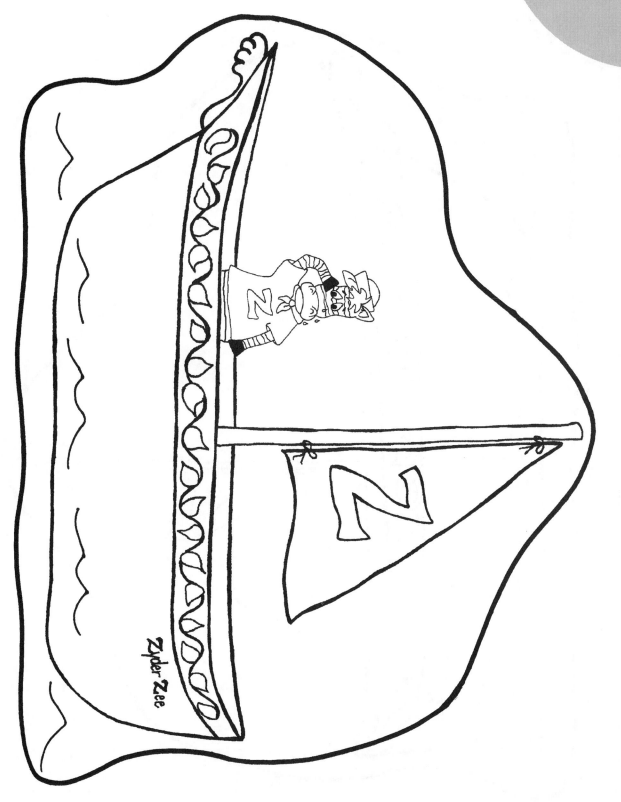

Le zèbre sur le Zyder Zee

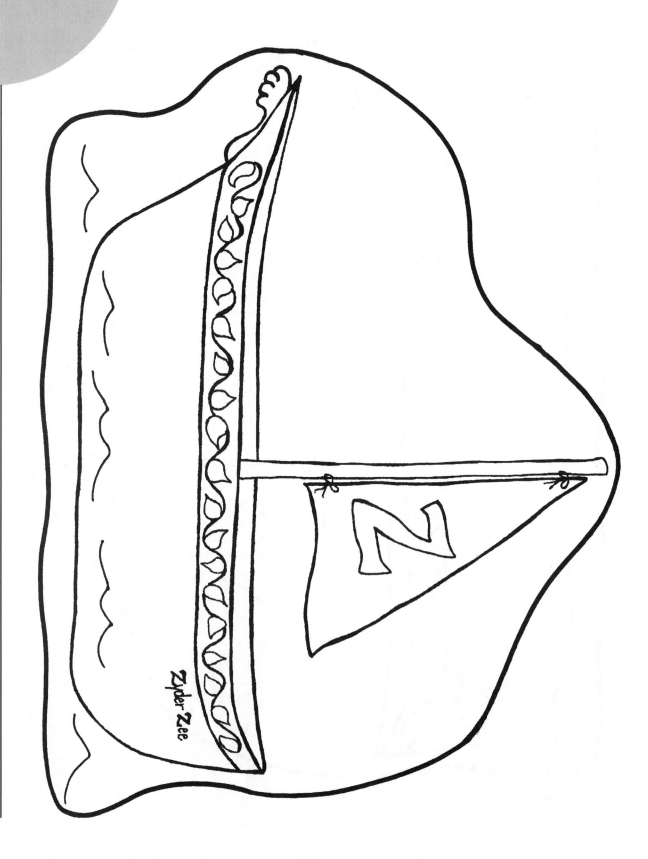

Zyder Zee

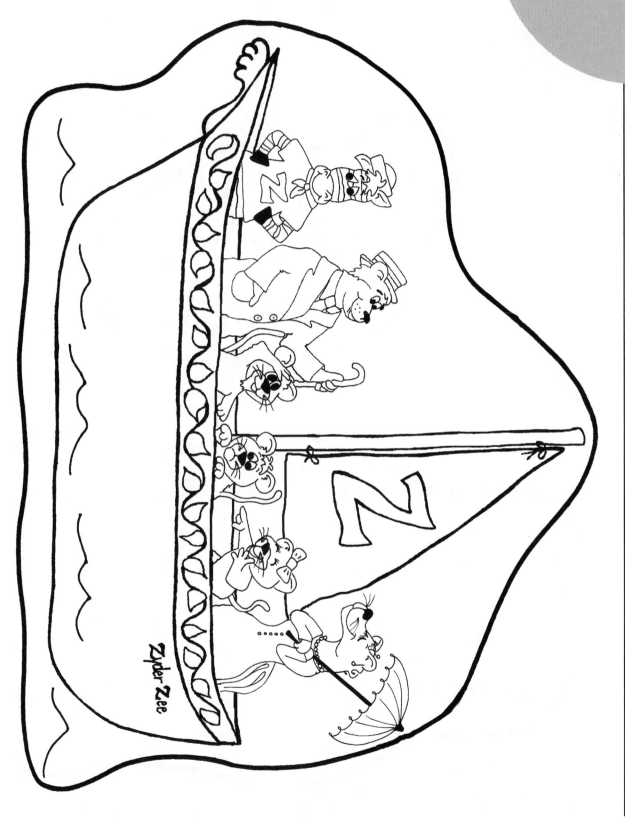

HISTOIRE À RACONTER DEVANT UN TABLEAU

La fête d'Ellie

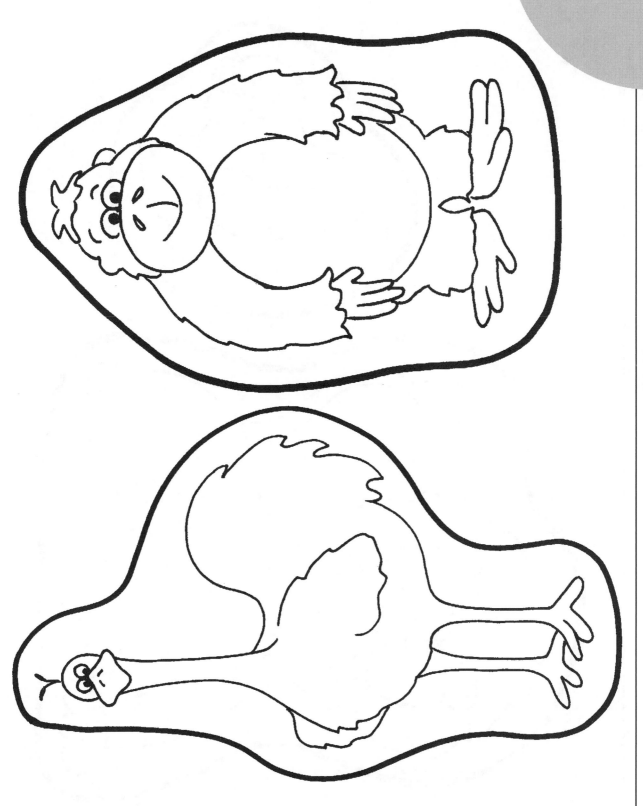

HISTOIRES AVEC ACCESSOIRES

La fête d'Ellie

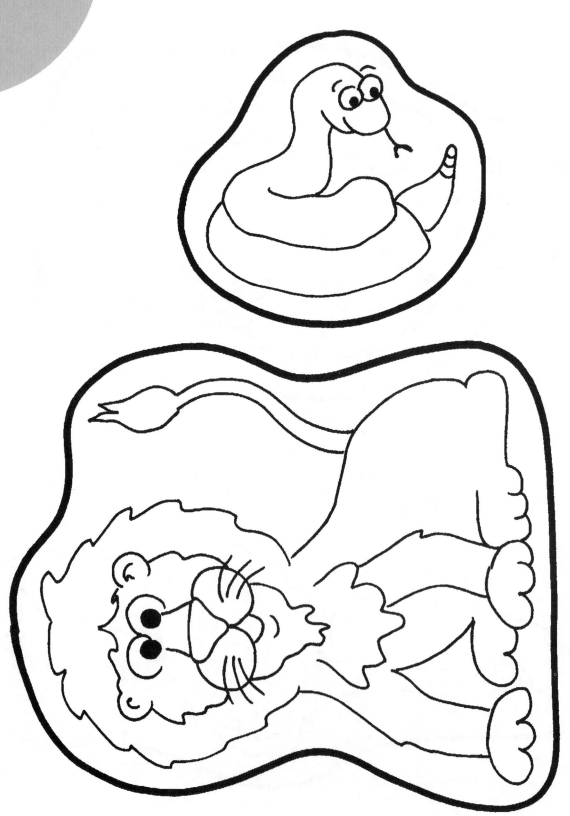

La fête d'Ellie

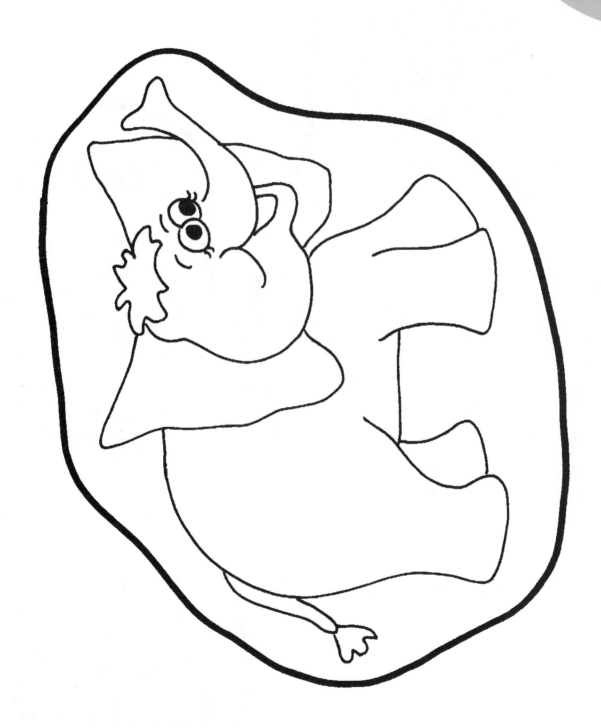

La fête d'Ellie

La fête d'Ellie

Le grand livre des activités, danses, histoires, jeux et recettes

La fête d'Ellie

La fête d'Ellie

La fête d'Ellie

Cinq dauphins dansant

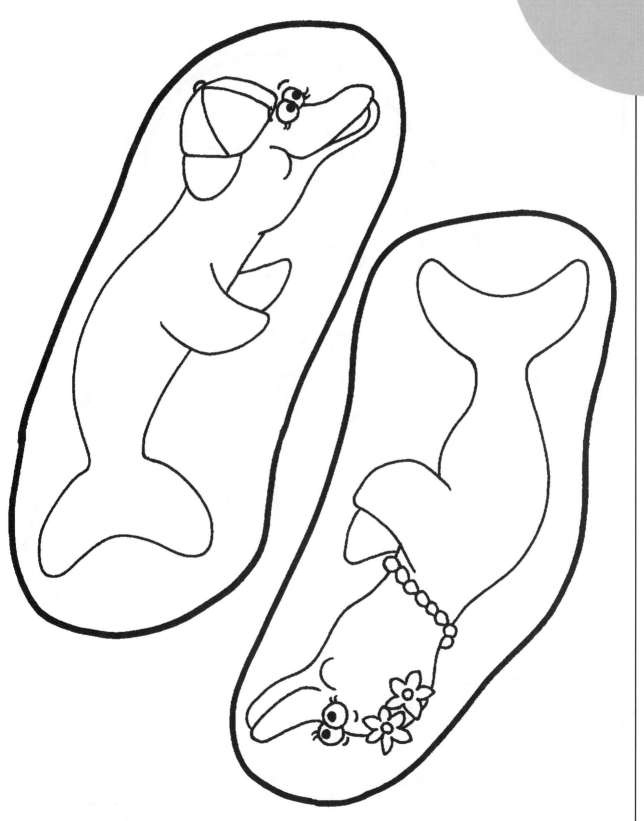

Le grand livre des activités, danses, histoires, jeux et recettes

Cinq dauphins dansant

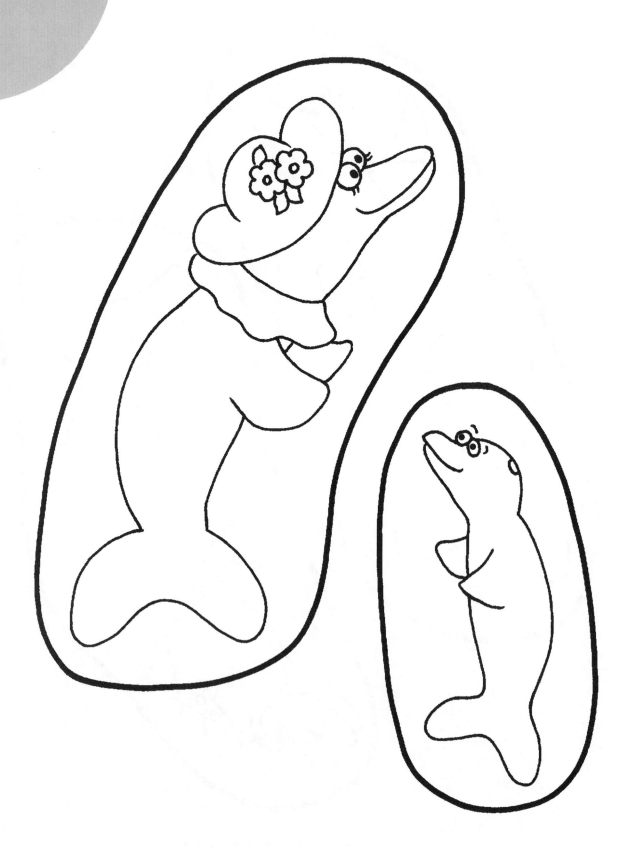

Cinq dauphins dansant

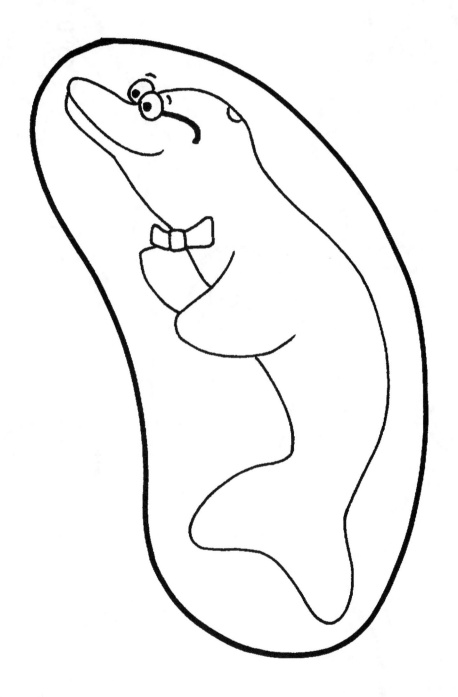

Le grand livre des activités, danses, histoires, jeux et recettes

Cinq petits poulets

Le crapaud courtisan

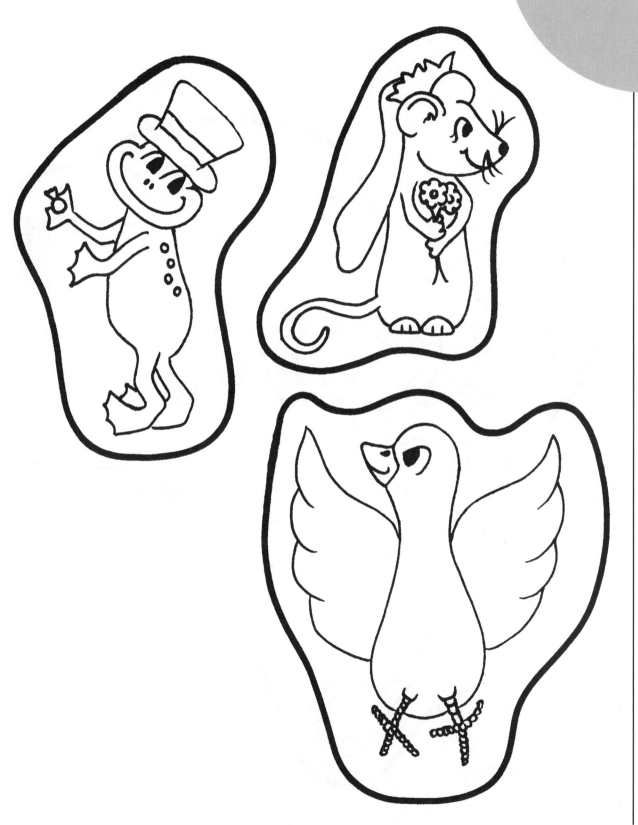

Le grand livre des activités, danses, histoires, jeux et recettes

Le crapaud courtisan

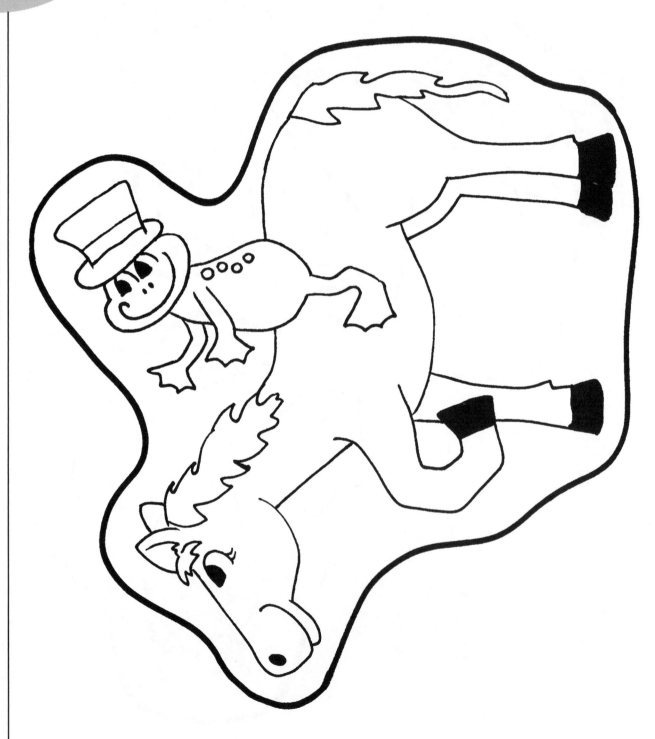

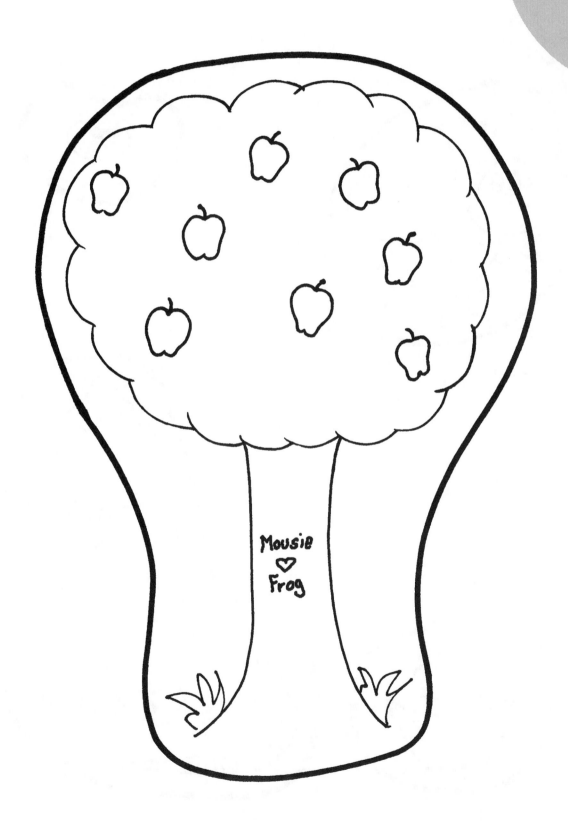

Le grand livre des activités, danses, histoires, jeux et recettes

Le crapaud courtisan

La coupe du lion

Le grand livre des activités, danses, histoires, jeux et recettes

HISTOIRES DE MARIONNETTES

Mme Bourdonnette et son miel

Mme Bourdonnette et son miel

Le grand livre des activités, danses, histoires, jeux et recettes

La vieille femme et son cochon

HISTOIRES DE MARIONNETTES

La vieille femme et son cochon

Le grand livre des activités, danses, histoires, jeux et recettes

La vieille femme et son cochon

La vieille femme et son cochon

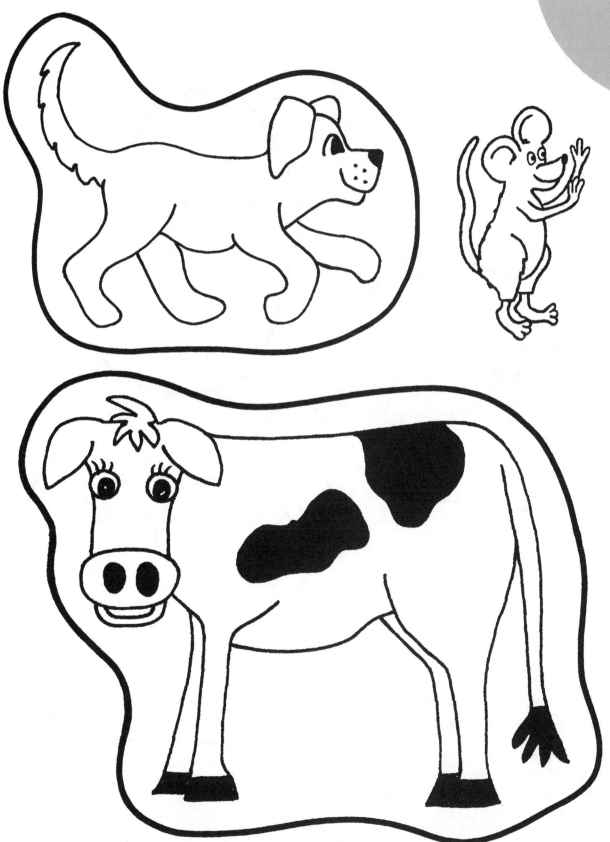

Le grand livre des activités, danses, histoires, jeux et recettes

La vieille femme et son cochon

Le défilé

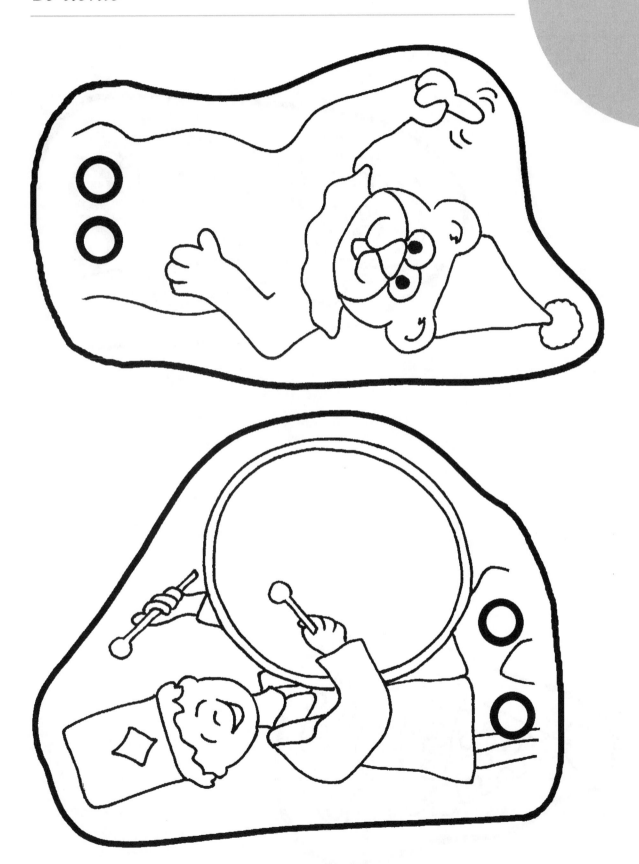

Le grand livre des activités, danses, histoires, jeux et recettes

Le défilé

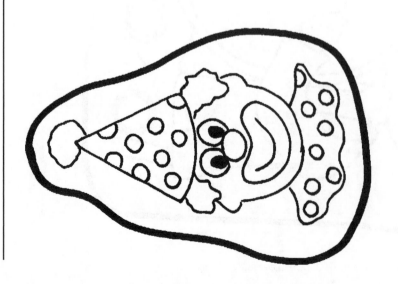

Le défilé

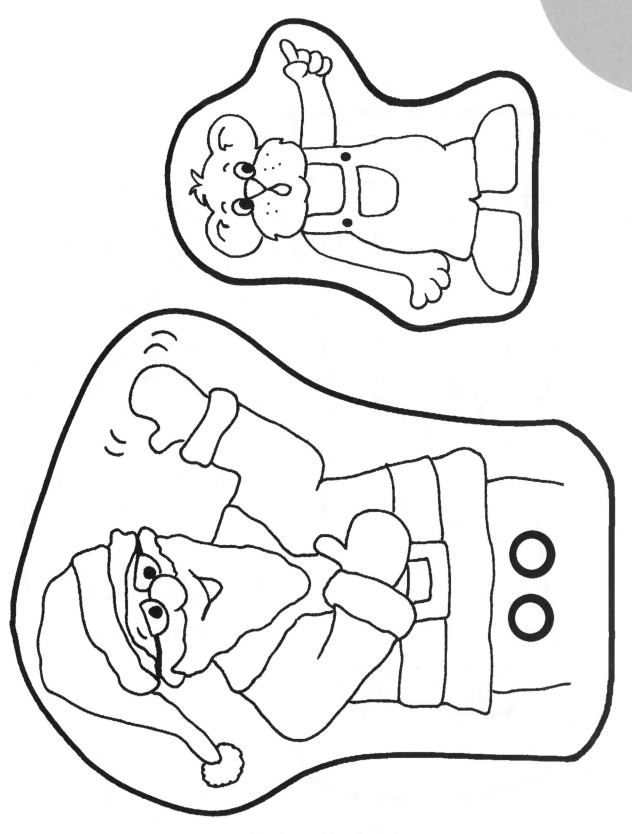

Le grand livre des activités, danses, histoires, jeux et recettes

Le défilé

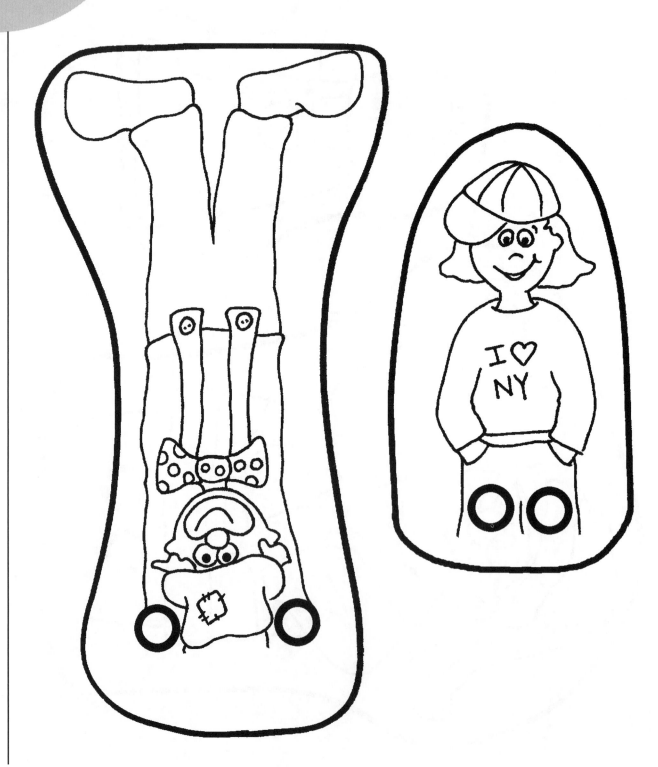

Le défilé

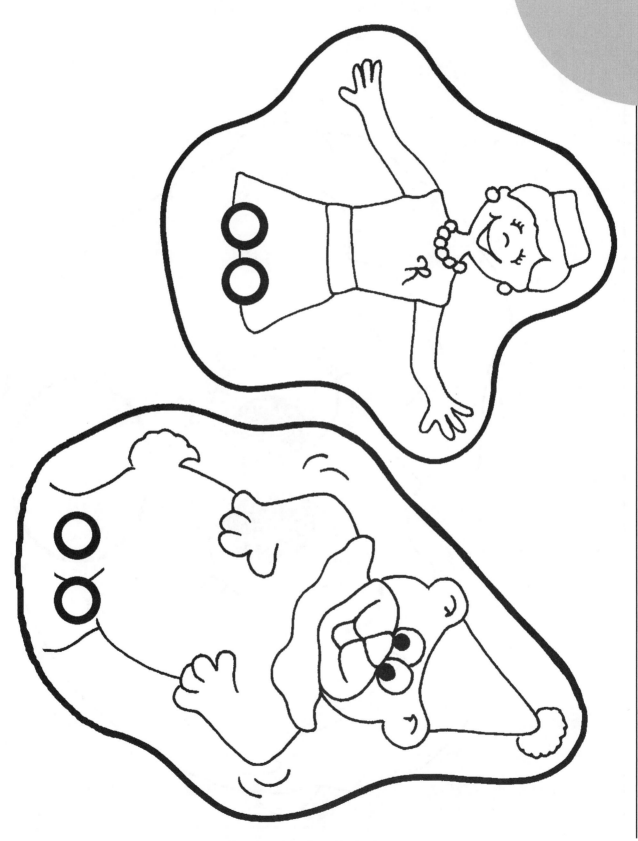

Le grand livre des activités, danses, histoires, jeux et recettes

L'histoire de la vieille dame qui avait avalé une mouche

HISTOIRES DE MARIONNETTES

L'histoire de la vieille dame
qui avait avalé une mouche

L'histoire de la vieille dame
qui avait avalé une mouche

Le rap des trois ours

HISTOIRES DE MARIONNETTES

Le rap des trois ours

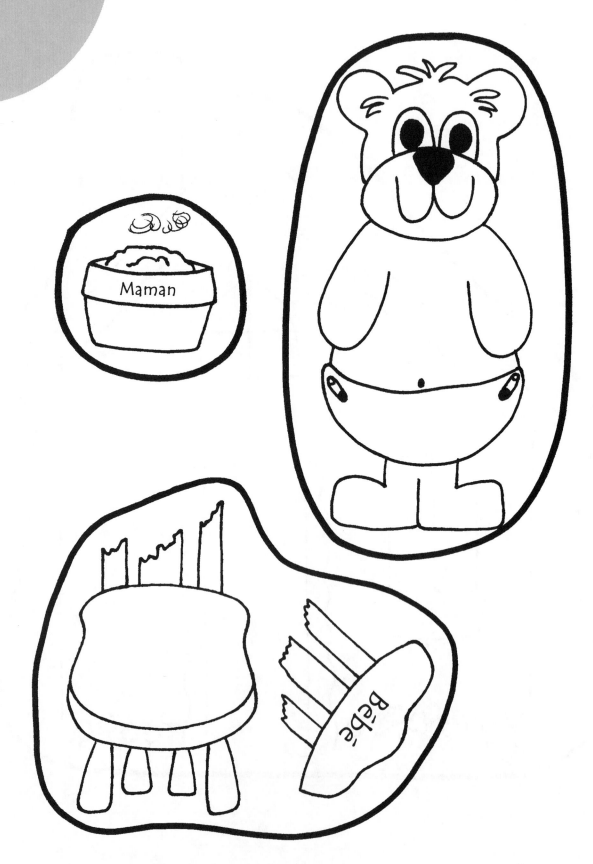

Maman

Bébé

Le rap des trois ours

Le grand livre des activités, danses, histoires, jeux et recettes

Annexe

Le rap des trois ours

HISTOIRES DE MARIONNETTES

Les trois petits cochons

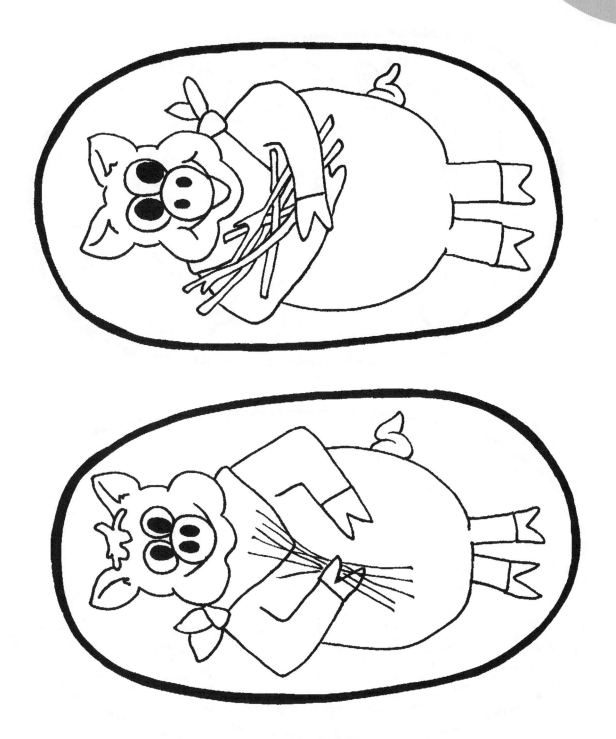

Les trois petits cochons

Le garçon qui a tenté de duper son père

Le garçon qui a tenté de duper son père

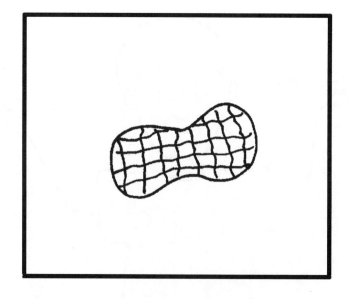

Le garçon qui a tenté de duper son père

Le garçon qui a tenté de duper son père

Jack se construit une maison

Le grand livre des activités, danses, histoires, jeux et recettes

Jack se construit une maison

Jack se construit une maison

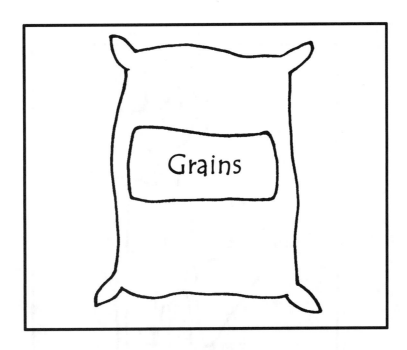

Grains

Jack se construit une maison

Jack se construit une maison

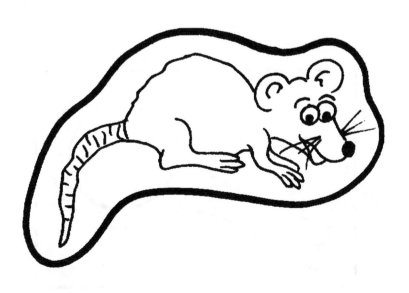

Chut, petit bébé

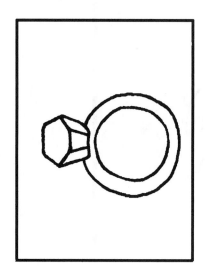

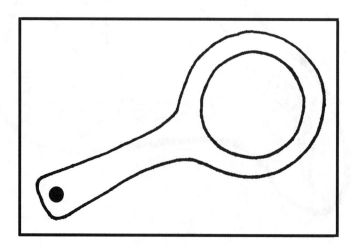

Chut, petit bébé

Chut, petit bébé

Mlle Marie Mack

Mlle Marie Mack

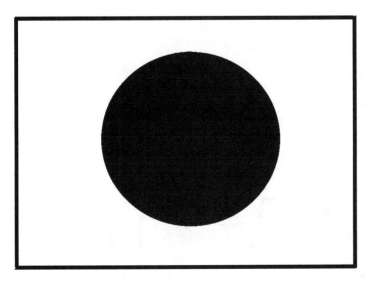

Noir

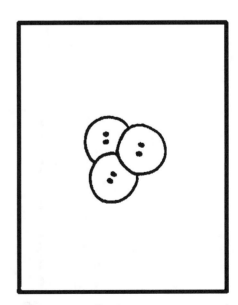

Boutons

Le grand livre des activités, danses, histoires, jeux et recettes

Mlle Marie Mack

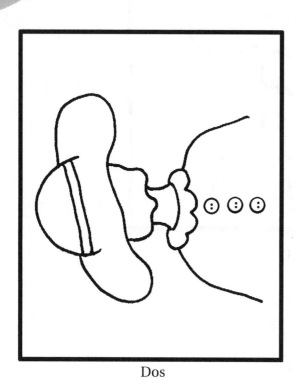

Dos

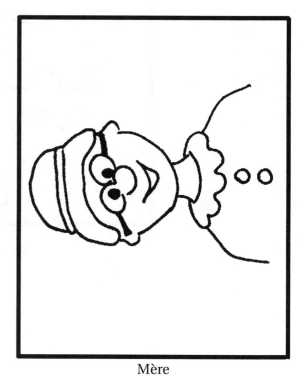

Mère

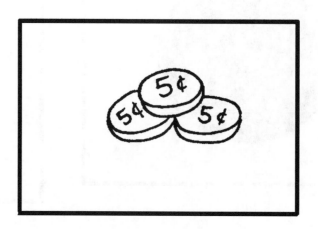

Quinze cents

Mlle Marie Mack

Éléphants

Barrière

Manger

Le grand livre des activités, danses, histoires, jeux et recettes

Mlle Marie Mack

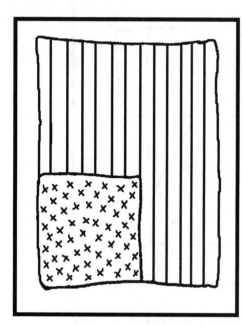

4 juillet

Haut

Ciel

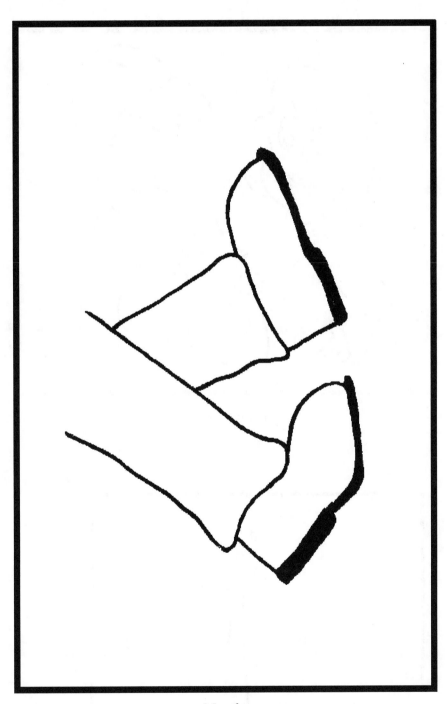

Marche

Le grand livre des activités, danses, histoires, jeux et recettes

Mlle Marie Mack

Parler

Fourchette

Le grand livre des activités, danses, histoires, jeux et recettes

Les mois

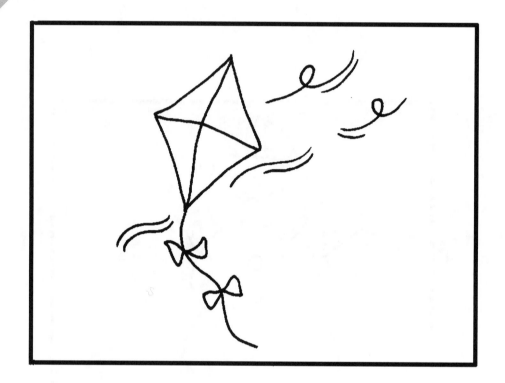

Les mois

Les mois

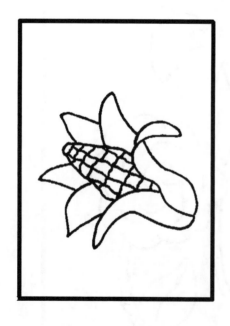

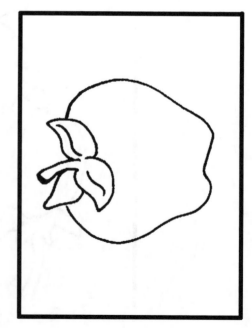

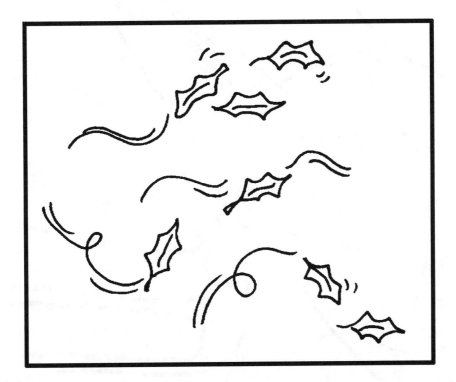

En haut de la montagne

En haut de la montagne

En haut de la montagne

En haut de la montagne

L'atelier du père Noël

Le grand livre des activités, danses, histoires, jeux et recettes

L'atelier du père Noël

L'atelier du père Noël

Le grand livre des activités, danses, histoires, jeux et recettes

L'atelier du père Noël

L'atelier du père Noël

L'atelier du père Noël

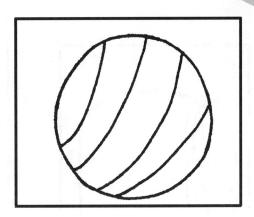

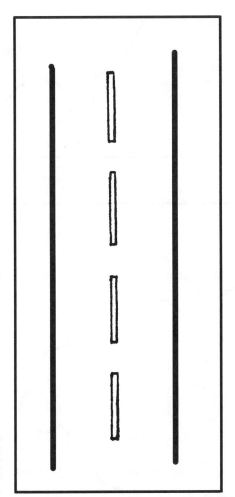

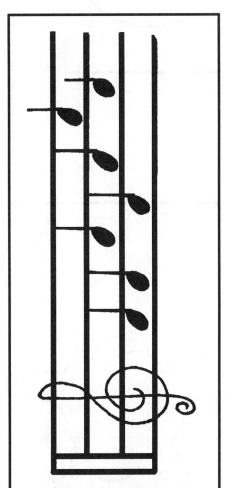

Susie Moriar

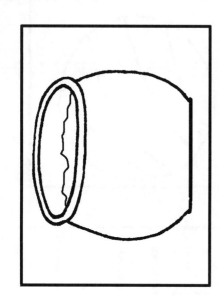

Tom Pouce

Savon

Le grand livre des activités, danses, histoires, jeux et recettes

Tom Pouce

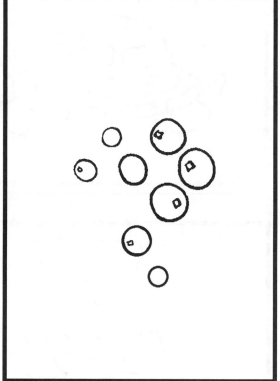

Tom Pouce

Le grand livre des activités, danses, histoires, jeux et recettes

Tom Pouce

Les roues du bus

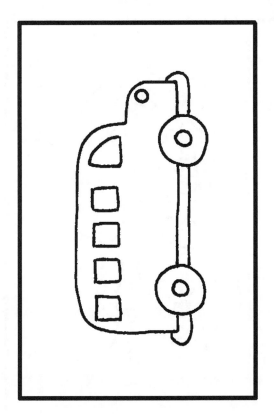

HISTOIRES À RÉBUS

Les roues du bus

Les roues du bus

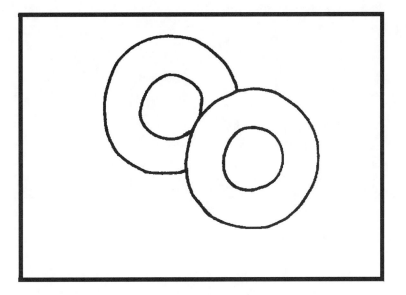

Le grand livre des activités, danses, histoires, jeux et recettes

Index alphabétique

C

D

Le grand livre des activités, danses, histoires, jeux et recettes